Antitrust Law
Case Field Book

独占禁止法
ビジネスに活かす
事案からの教訓

向 宣明・南部利之［著］

中央経済社

はじめに

　独禁法違反とは何でしょうか。
　それに対する答えについては，「実際の事例で独禁法違反とされたもの」という学び方があるように思います。
　では，独禁法違反とは何か，を問う意味にはどういったことがあるでしょうか。
　企業活動におけるその意味としては，独禁法違反にならないようにするということのほか，違反の疑いが生じたときに，それに適切に対処できるようにするということがあると思います。
　本書では，このような観点から，独禁法違反に関する過去の事例を分析検討して，将来に向かっての教訓や示唆を得ることを試みています。
　そもそも，「過去の事例で独禁法違反とされたもの」を正確に理解することは容易ではありません。この「『違反とされたもの』を理解する」とは，その事案で示された判断自体を理解することと，併せて，同種・類似の別事案があったときに，同じ結論が導かれるのか，異なる結論が導かれるのかを峻別できるようにする，ということを意味します。そしてそれは通常，「事実に法を適用することで，判断の結論を得る」という思考枠組みを前提に，「事実が同じなら結論も同じであり，事実が異なれば結論も異なる」と考えられていると思います。ただ，問題となるのは，その「事実」の認定自体，しばしば関係証拠の評価という，価値判断を含み，必ずしも価値中立的に，万人が異を唱えることはないだろうというような「事実」の認定がなされるとは限りません。そうなりますと，証拠を見ないことには，事実認定の当否を論じることが難しいということになります。しかし，例えばその事例に関する判決や審決に，重要な証拠が漏れなく挙げられているとは限りません。また，その事案で最も重要な決め手となった証拠さえ，漏れなく挙げられているとは限りません。特に独禁法違反については，そのように決め手となるような証拠が1つに絞られるとは限りません。本書では，各事例を検討するにあたり，それぞれの判示の中で重要視されていた証拠にスポットライトを当てていますが，これも，採り上げたそれらの証拠が，それぞれの事案において最も重要な決め手となった証拠であるというような意味で着目したということではありません。それでも，それらの証拠は，それぞれの事案において違反の成否をめぐって争われた内容と，大きく関わっていたことが示されています。すなわち，例えば社内調査の過程で，同種の証拠が見つかったという場合に，それは，同種の違反が認定されてしまうというリスクについての気付きを与えるきっかけとなり得ます。つまり，将来に向かっての教訓や示唆を得ようとする際に，そのような証拠に着目し

ながら過去の事例を検討するのは，有効な方法論だということです。

もちろん，同種の証拠が見つかったとしても，直ちに同種の違反が認定されるとは限りません。例えばそれが電話や会話のメモであったとして，仮に同種の言葉が交わされていたとしても，その文脈が異なっていれば，その意味や受け取られ方も異なるということになるでしょう。したがって，証拠に着目しつつ，過去の事例検討から将来への示唆を得るためには，それらの事例の事実関係を，できるだけ詳細に拾い上げることが必要となります。本書では，このような発想から，全14講のそれぞれにおいて，基本的には各1事例を採り上げて検討し，そのⅠでは注目すべき証拠について説明した上で，Ⅱでは各事例の事実関係をできるだけ詳細に拾い上げて，それらの検討から得られる教訓を「まとめ」として説明しています。

本書で，これらの14事例を採り上げることとしたのは，以上のようなアプローチを採るための検討素材として適切であったから，というのがその理由です。そもそも本書は，実務的な視点に立った独禁法の書籍を執筆してみませんかというお問い合わせを頂いたことがきっかけでした。実務的な視点ということである以上，事例検討に軸足を置くべきであろうというところから，本書のようなアプローチを考えました。そして，過去の事例を検討し，それらの審決や判決の中での関係証拠についての言及の有無や，その証拠が関連付けられていた争点の位置付けや意味などを踏まえて，採り上げることとしたのがこれらの14件でした。もちろん，これらの14件以外にも，採り上げる余地のある事例はありました。特に，本書の**第1編**の共同行為（カルテル・入札談合・業務提携）についていえば，候補に挙げつつ最終的に取り扱っていない事例もあります。それに比べますと，**第2編**の単独行為（私的独占・不公正な取引方法）については，本書のようなアプローチで採り上げられそうに思われた事例は，おおむね，採り上げています。ただ，それは裏を返せば，私的独占・不公正取引の分野については，そもそも判審決例の数が必ずしも多くないということのようにも思われます。またそれ故に，この**第2編**の単独行為（私的独占・不公正な取引方法）については，講学上の議論の対象とはされているとしても，過去の事例において具体的に争点化され，証拠を伴う形で一定の判示がなされているわけではないために，残念ながら本書では取り扱うことはできていない事項もあります。加えて，独禁法における重要な規制分野の1つである企業結合規制に関する内容も，本書では取り扱っておりません。これらについては，別の機会の課題ということで考えておきたく思います。

以上のような意味で，本書は，独禁法について何らかの「あるべき」体系論を提示しようとするものではありません。したがってまた，そういった体系論に照らして，過去の事例において示されていた違反の成否に関する結論の当否を論じようとするものでもありません。ただし，本書において提示しようとしている将来への教訓や示唆

は，直接的には各講で採り上げている事例を下敷きにはしていますが，それに限らず，これらの14件を代表例とする，その他の過去の独禁法違反事例を通観したところから得られるものでもあります。その意味では，本書は，「独禁法違反とは何か」について，過去の事例の集積を経て示されてきていると筆者らが考える内容を述べたものになっています。また，独禁法を判例法的なアプローチで理解するというのは，このような作業によって行われるものであると考えています。

本書は，**第1編**の共同行為（カルテル・入札談合・業務提携）と**第2編**の単独行為（私的独占・不公正な取引方法）のそれぞれについて，基本的には時系列に沿った構成としています。これは，こういった法規範の形成は，先行する事例によって示されてきた内容を踏まえつつ，それへの蓄積や，そこからの差別化という形で進展されてくるものだという理解によるものです。ただし若干の例外もあり，**第1編**では，共同行為（カルテル・入札談合・業務提携）の分野において，しばしば，違反の成否とは別に，課徴金賦課の有無や範囲などが争点となることを踏まえ，特にこの観点で採り上げている土屋企業事件は，時系列を崩して，違反の成否に関する6件の後の**第7講**として扱っています。また**第2編**でも，優越的地位の濫用に関するトイザらス事件は，私的独占・不公正取引に含まれる他の違反行為類型と，議論の様相がやや異なるように思われるということで，全6件中では最後ということで**第14講**で扱っています。

本書では，目次の前に，OUTLINEとして，事例検討から得られる「教訓や示唆」の方に着目して，整理した内容を掲示するようにしています。反面，事案の名称を見て，その事実経過や判示された内容などを想起していただける方々への便宜として，目次や各講の扉では「事件名」についても付記してあります。独禁法違反の成否に関する議論では，実務上，新規の事案についての議論の中で，極めて頻繁に，過去の判審決例が引き合いに出されることがあります。これは，独禁法違反の成否については，しばしば，行為そのものの属性よりも，それによって生じるとされる影響，すなわち反競争性という対市場効果といった，目に見えず，定量的な議論を行うことも容易ではない事項がポイントとなるということが，関係しているようにも思われます。すなわち，目の前の検討対象である事案に関する事実関係のみならず，同種事案において過去に認められてきた経験則に照らした評価が，有用な指標とされることが多いと考えられます。そうであるなら，本書が，過去の判審決例によって判示された内容について，その背景や文脈を踏まえて説明した事例集ともなり得れば，そこに意味があるのではないかとも考えました。

各講で，事案をできるだけ具体的にご紹介するようにした理由は，もう1つあります。

本来，過去の事例から得られる教訓や示唆とは，本書で採り上げる14事例について

みても，本書で説明している内容にとどまるものではありません。読者の方におかれても，例えばご自身がたまたま独禁法違反事件に関わる機会をお持ちであった場合，そのご経験が，その後の様々な場面で，場合によっては全く思いがけない形で活かされるということもあるのではないかと思います。そしてそれはおそらく，それが当事者としてのご経験であるが故に，1つひとつの出来事がそれぞれその前後の文脈の中で理解されているからこそ，可能となるのではないかと思います。本書では，例えば，具体的に交わされていた電子メールの内容や，それが送受信されていた日時や経緯など，できるだけ詳細な事実関係を整理して紹介しています。そのように，過去の事例をできるだけ詳細に再現して「追体験」を試みるということで，事案の実像に迫るための助けとなるのではないかと考えました。

独禁法分野では，例えばカルテル・入札談合について，令和元年の法制度改正により，課徴金減免制度（リニエンシー制度）について，新たに調査協力減算制度が導入され，調査対応の巧拙により処分の軽重が大きく異なり得ることになっています。ちなみに，その制度改正の際の議論では，そういった当局による調査への協力の度合いによって処分の軽重に差が設けられる制度には，その負の側面として，安易・軽率な形での当局の審査方針への迎合を誘発してしまうのではないかという懸念も示されていました。調査対応の巧拙とは，そのように，単に一刻も早く違反を認めて協力を申し出るというようなことではなく，否認すべき嫌疑は否認するという意味で，迅速かつ適切に真の実態解明を行う必要があるということです。また，私的独占・不公正取引の分野でも，近時の確約制度の導入によって，従来の当局による正式処分とは異なる形で事案の決着が図られるケースや，それといわば同時並行的に，事業者によって自発的な改善措置がとられることを踏まえての当局による審査の打ち切りといったケースが見受けられています。ここでもやはり，手続対応の巧拙により，事案の帰趨やその後の事業活動への影響が異なってくるという事態が現出しています。

加えて，「平時」における競争戦略の立案においても，例えば製品特性や他社との競合状況など，ある市場環境の中で，他社動向に関する必要な情報収集を行いつつ，独禁法違反の嫌疑を未然に回避するという予防法務的な観点で，過去の事例の検討からは，様々な教訓や示唆を得ることができます。

本書が，そういった企業活動の場面で，何らかの有用な視座を提供するものとなり得ていることを願ってやみません。

＊＊＊

改めて，本書はこのように，実務的な視点から過去の事例を検討し，得られる教訓や示唆を示すという構成を採ることとしたため，書籍としての趣旨は，本編となる全

14講で尽くされており，特に総説的な序章をおく必要はありませんでした。そこで，ここで述べておりますような本書の構成の趣旨や，事例の取り上げ方の意図については，このような巻頭で述べることとしました。

それ故に，この「はじめに」に加えてさらに「はしがき」的な解説を置くことは少々躊躇われまして，以下では恐縮ながらここで併せまして，「はしがき」的なことも述べさせて頂ければと存じます。

改めまして，本書は，2017年4月に，実務的な視点に立った独禁法の書籍を執筆してみませんかという，大変有り難いお問い合わせを頂いたことがきっかけでした。

独禁法に関する議論の中で登場する様々な法概念は，しばしば，抽象的な思索というよりも，具体的な事実関係の中で，例えばある事象を別の事象から区別して議論するために案出される，というようなことがあると思います。例えば，第1編の共同行為（カルテル・入札談合・業務提携）で扱う議論の中に，いわゆる「意思の連絡」という概念について，現時点では「自発的な自己拘束の相互認識・認容」という捉え方が示されてきているということがあります。これは，そのような考え方が示されるに至った事案の事実関係によるところが大きいと思われます。本書では，第5講で「多摩談合事件」を扱う中で，この点について紹介しています。また，第2編の単独行為（私的独占・不公正な取引方法）で扱う議論の中に，流通政策（垂直的制限）に関して議論される，「価格維持効果」という概念が登場します。さらに，排除型の私的独占をめぐっては，「人為性」と呼ばれる概念をめぐって議論がなされています。これらの法概念がなぜ必要とされ，どのような場合にそれが要件として充足されるのか，といったことについて，第9講「ソニー・コンピュータエンタテインメント事件」や，第11講「NTT東日本事件」，第12講「JASRAC事件」などで，それぞれ紹介しています。

このように，本書を執筆するにあたりまして，私としましてはまず，事例の中から浮かび上がってくるものを丁寧に取り上げたいと考えました。そしてその「浮かび上がる」という語感について，何か「証拠を手がかりになぞ解きをするような，読み物のようなイメージで」書き上げることはできないものかという，無謀なことを企てるに至りました。そこで，無理をお願いしまして，採り上げることとした各事例について，まず，雑誌記事として連載する機会をいただくことができました。選んだ基準は上記のとおりですが，各講ともそのIでは，本書の出版にあたり必要となった修文を除き，基本的には，連載時の内容をそのまま収載しています。

このIでは，例えば電子メールや電話メモ，あるいは社内会議や他社との打合せ議事録など，いわゆる日常的なビジネス文書について，可能な限りで再現を試みたものを，それぞれの事案で証拠として引用されていた内容に基づいて，紹介しています。

そこには，違反の疑いがかけられることとなった企業活動について，関係者の方々の当時の認識や意図などが記されています。このように，時に抽象的で難解な議論となりがちな独禁法に関する問題も，元を質せば，個別具体的で日常的な事象について行われているのであって，それを離れたものではないと思います。

　本書は，そのような日々の企業活動に関する法務をお手伝いするという機会を得たという経験が下敷きとなっています。また，そういった実務経験を踏まえつつ，様々な場で，独禁法分野に関する議論の場に加えていただくことが，私にとりまして，研鑽を積むための貴重な機会となりました。そのような機会を頂いたことにつきまして，依頼者の皆様，それらの案件対応や，議論の中でお世話になりました諸先輩方，関係先の皆様，同僚，後輩の皆様に，心より御礼を申し上げます。特に実務法曹として，所属事務所の桃尾重明弁護士，松尾眞弁護士，難波修一弁護士を始めとする皆様に，またこの分野で博士（経営法）の学位を頂く際に論文指導を頂いた村上政博教授（一橋大学大学院国際企業戦略研究科（当時））に，さらに「オータム会」（独禁法実務家の勉強会）に加えていただき，貴重な研鑽の機会を頂いております上杉秋則氏（元公正取引委員会事務総長）に，この場をお借りしまして，深く感謝を申し上げます。

　その上で，本書の共著者である南部利之氏（元公正取引委員会事務総局審査局長）にも，感謝を申し上げたいと思います。共著者の1人である私が，このような場で，このようなことを書くのは少々異例かもしれません。しかし，連載を終え，本書の目的である「事案から得られる教訓・心得」について，各講のⅡの執筆に取りかかってみまして，私は，当初の構想を実際に形にすることがいかに難しいかを，何度も痛感することとなりました。それでもなお，ここにたどり着くことができましたのは，極めて偶然の出来事でしたが，このように企画の途中で，有り難くも南部さんに参加していただくことができたおかげであると思っております。南部さんは，私の起案部分に対して，数多くの示唆や実際の筆入れをして下さり，また議論の延長線上でご自身の問題意識を新たに書き下ろすための加筆を行った上で，それに対する私からの修文を求めて下さいました。その結果，本書は，両名による執筆が実に細かく折り重なって出来上がるに至っています。なお，私が，僭越ながら本書の序文を書いておりますのは，このように，元は単独での執筆の企画であったという経緯によるものです。

　末尾となってしまいますが，中央経済社の露本敦氏には，当初のお声がけから，本当にお世話になりました。また，雑誌連載の際には，同社の阿部奎佑氏（当時）にも，大変お世話になりました。元々の執筆の構想として，「証拠を手がかりになぞ解きをするような，読み物のようなイメージで」，「できれば，ソファに寝転んで気楽に読めてしまえるような」というのは，何を目指そうというのか，困惑されるようなことであったようにも思います。事実，それには遠く及んでいないことは，誠に申し訳なく

思っております。ただ，事案を少し詳しめに読んでみたときに分かってくることというのは，「なぞ解き」とまではいかなくても，「実際に現地に出て，その現場を知る」という感覚に近いように思っておりまして，そういった感覚を提供できるものになっていることを願っています。本書のタイトルは，当初，そのような願いを込めまして，Case Field Book としておりました。それは，現場に出て実地で調査して得られたものを記録した「野帳」のようなイメージで，field book に関する "A log or book containing a surveyor's notes that are made on-site and that describe by course and distance the running of the property lines and the establishment of the corners of a parcel of land." (Black's Law Dictionary (11th ed. 2019)) にちなんで，考えてみたものでした。ただし本書は，併せてそこから得られる教訓もご提供したいということで，このタイトルと致しました。

最後に，しばしば長く回りくどくなりがちな私の初稿を，最初の読者として批判してくれる，妻に心からの感謝を込めて，本書の序文とします。

令和6年7月

向　宣　明

■ OUTLINE ■

第1編　共同行為（カルテル・入札談合・業務提携）

第1講　カルテル事案での「独自値上げ」という反論の説得力

　　　カルテル合意に当たる「意思の連絡」は，「事前の連絡・交渉」「連絡・交渉の内容」と「事後の行動の一致」によって「推認」されるが，その「推認」は「特段の事情」により破られるとも説明される。この「特段の事情」について，「他社と同じように値上げをしたとしても，それは価格カルテルに従ったものではなく，『独自の経営判断に基づく値上げ』であった」という反論の説得力が，事案によって異なるのは何故か。
　　　「東芝ケミカル事件」（審判審決平6・5・26，東京高判平7・9・25）

第2講　違反行為について，関係者の素朴な認識や調査当初の想定と最終的な認定とがズレる場合

　　　社内調査ではしばしば，当事者としての素朴な事実認識にある程度依拠せざるを得ず，必要な認識が欠けていたり，逆に曖昧な部分まで広く含めて「違反」と捉えられていることがあり，それ故，「最終的に認定される違反行為」が，社内調査の際の「見立て」とは，広狭いずれにも，ズレることがあり得る。またその種のズレは，当局による事件調査においても生じ得る。
　　　「安藤造園土木事件」（審判審決平13・9・12）

第3講　カルテル事案では「木を見る」のでなく「森を見る」ことが必要

　　　カルテル事案の認定においては「森を見る」必要があるのに，個々の違反事業者には「木」しか見えず，「木を見た」だけで違反はなかったと誤解するおそれがある。すなわち，社内調査で得られた関係資料や当事者の陳述に基づくと，違反行為の一参加当事者の眼からは，「違反とまでは言えないのではないか。」と見えてしまうことがあり得るが，当局による事件調査では，一参加当事者の視点からは届かない範囲にある事実まで含めて法的評価が下され得る。
　　　「元詰種子事件」（審判審決平18・11・27，東京高判平20・4・4）

第4講　カルテル事案で求められる「証拠探し」と「事実の見立て」の間の試行錯誤

「意思の連絡」の立証の筋道は1つではないところ，実際の事実の探求の場面では，しばしば「証拠探し」と「事実の見立て」の間で，試行錯誤を繰り返す作業が求められ得る。すなわち，ある程度の量の「証拠」が出揃ってこないことには事案の「スジを見立てる」ことができず，反面，ある程度，事案の「スジを見立てる」ことができてこないことには何が「証拠」として重要なのかが分からないという中での，試行錯誤（トライ・アンド・エラー）である。

「モディファイヤー事件」（審判審決平21・11・9，東京高判平22・12・10）

第5講　「自発的な自己拘束の相互認識認容」から始まる，カルテル規制の要件充足性

従来，カルテル合意に当たる「意思の連絡」について，「相互拘束」という呼び方で「誰か」と縛り合っている関係を問うというイメージで捉えられてきたものが，事例判例を通して，「自発的な自己拘束の相互認識認容」という捉え方をすることで，「何か」で自己を自発的に縛っており，他者と，そのことを知り・知られている関係（相互認識認容）にあることというイメージで捉えられるようになった。そしてそれは，「競争の実質的制限」，「一定の取引分野」といった要件の捉え方にも波及する。

「多摩談合事件」（審判審決平20・7・24，東京高判平21・5・29～東京高判平22・3・19，最判平24・2・20）

第6講　「競争事業者と情報交換をしない」との「べからず集」の規定でカルテルを予防できるか

カルテル合意（意思の連絡）は，時に，言葉にならない態度や仕草（「無言」や「無反応」などを含む。）によっても成立し得る。それ故，単なる言葉表現にのみ注意を払って，「競争事業者と情報交換をしない」との「べからず集」を作成し，守っていても，「相手方の機微情報は聴いてしまったとしても，それに対して何も反応していないし，当方の機微情報は伝えていないから情報交換とならない。」といった誤解も招きかねず，違反を防ぎきれないことがある。

「ニンテンドーDS用液晶モジュール事件」（審判審決平25・7・29）

第7講　課徴金の対象となる「談合破り」と対象とならない「フリー物件」
　　　　いわゆるリニエンシー申請は，「課徴金減免申請」という性格上，課徴金の賦課のあり方に関する理解を前提とするところがあり，実務上，事案の対応の巧拙が，その理解に左右されることがあり得る。
　　　　「土屋企業事件」（審判審決平15・6・13，東京高判平16・2・20）

第8講　業務提携における共同での利益追求と「反競争性」
　　　　業務提携において，参加事業者が一体となって共同で利益追求を目指すことは当然である反面，それが「必要な範囲」を超え，あるいは「競争環境の変化」に沿わない内容となっている場合には，反競争的であるとみなされ得る。すなわち，各社各様の判断に委ねられるべき事項は，共有・共同せず，引き続き各社各様で行われる必要があることへの留意が求められる。
　　　　「着うた事件」（審判審決平20・7・24，東京高判平22・1・29）

第2編　単独行為（私的独占・不公正な取引方法）

第9講　流通政策に「価格維持効果あり」とされてしまう場合とは
　　　　流通戦略は，再販売価格維持を「目的」とするものであってはならないが，別の「正当な目的」のためのものでありつつ，副次的な「価格維持効果」もある場合をどう考えるべきか。特に，流通政策における取引先への条件設定が，それ自体として再販売価格の拘束を目的とするものではないとしても，「値崩れを防止する効果」があると認識されているような場合には，慎重な検討を要する。
　　　　「ソニー・コンピュータエンタテインメント事件」（審判審決平13・8・1）

第10講　ライバルとの直接的な競争行動の中で採られる攻撃的な社内方針の注意点
　　　　ライバルとの熾烈な競争の中で，「徹底的に攻撃せよ」といった社内方針が採用される場合，その意図・目的が，独禁法の観点から，競争者を排除するものとして非難されることになるか。なお，行為者が他の事業者の事業活動を排除する意図を有していることは，排除行為に該当するための不可欠の要件ではないが，主観的要素としての排除する意図は，問題となる行為が排除行為であることを推認させる重要な事実となり得るともいわれる。
　　　　「第一興商事件」（審判審決平21・2・16）

第11講　競争戦略の「動機・目的」と私的独占（「人為性」の要件その１）

私的独占の成否の検討にあたって，「排除の意図」は重要な考慮要素にとどまるとされる反面，実務上，「人為性」は必須の条件であると説明されることがある。ただし，その評価は，いずれも，競争戦略において採られていた「動機・目的」を踏まえて行われるとされており，この２つは時に近接して交錯する。そしてそれ故にその認定においては，事業者内の「誰の」「いつの時点での」認識や発言をもって，事業者としての「動機・目的」と認定し得るのかについて，慎重な検討を要することにもなる。

「NTT東日本事件」（審判審決平19・3・26，東京高判平21・5・29，最判平22・12・17）

第12講　通常の経済活動とみられる行為と私的独占（「人為性」の要件その２）

なすべき行為がなされていなかったという「不作為犯」的な行為については，その当時の状況で採られていた具体的な行為自体は「通常の経済活動」とみられてしまいがちでもある。それでもなお，「人為性」ありとして違反とされてしまうのは，どういった事情によるものか。社内調査検討にあたっては，関連法規制や市場環境の変化などの様々な要因を考慮に入れた上で，従来からの実務慣行に流されず，「なすべき行為」について競争法的観点から検討することが求められ得る。

「JASRAC事件」（審判審決平24・6・12，東京高判平25・11・1，最判平27・4・28）

第13講　知的財産権のライセンス契約がライセンシーの研究開発意欲を阻害するおそれのある場合とは

知的財産権に関するライセンス契約の中で，ライセンサーがライセンシーに対して一定の制約条項を課すことについての独禁法違反の成否を考える場合に，その公正競争阻害性を，「研究開発意欲を阻害するおそれ」という観点から評価するという規範は，ライセンサーが自らの行為の反競争性を顧みる際に，有用な基準となり得るのか。また，事業戦略上，何は譲ることができて何は譲れないのかを見極めた上で，相手方ごとに個別の交渉に応じることを，独禁法違反の成否において考慮する場合，どういった観点からどのように評価すべきか。

「クアルコム事件」（審判審決平31・3・13）

第14講 優越的地位の濫用に当たるとされる実務的指標と，違反を回避するための注意点

優越的地位の濫用に関する社内調査においては，自社に対する取引上の地位が劣っていると見られる取引先事業者を証拠に基づき選別し，優越的地位の存在が認められる範囲を厳密に画定することにはしばしば困難が伴う。特に公取委による行政調査・処分の対象とされてきた事案に着目したときに，実務的な指標として，何が優越的地位の濫用に当たるとされてきたのか，またどういった点に注意すれば違反を回避できるか。

「トイザらス事件」（審判審決平27・6・4）

目　次

はじめに／i
OUTLINE／viii

第1編　共同行為（カルテル・入札談合・業務提携）

第1講　カルテル事案での「独自値上げ」という反論の説得力
――東芝ケミカル事件――――――――――――――――――――3

Ⅰ　証拠からみた，独禁法違反認定の鍵　4

1．「Pアップ方針決定の件」と題する文書　4
　(1) 何のために作成された文書であったのか／5　(2) 8社は皆，同じ認識認容を共有したのか／6
2．東芝ケミカルの認識認容に関する判示　7
　(1) 「意思の連絡」／7　(2) 本件東京高判が補強した，東芝ケミカルの主観面についての認定根拠／7
3．補論　「独自値上げ」の主張　8
　(1) 三分類説／8　(2) 本件事案における「独自の判断による値上げ」の主張／9

Ⅱ　事案検討から得られる教訓　10

1．同種の状況で違反の嫌疑を受けないために採るべき行動　10
2．本件事案の経緯　11
　(1) 東芝ケミカルの勧告不応諾と審判開始決定／11　(2) 公取委勧告における違反被疑事実の内容と東芝ケミカルの勧告不応諾の理由／11　(3) 審判，訴訟における公取委の主張と東芝ケミカルの反論／13　(4) 6月10日の臨時部会における「意思の連絡」の立証／16　(5) 「意思の連絡」の推認が認められなかった事例／19　(6) 「独自の判断による値上げ」の主張／21
3．価格決定権者のカルテル会合不参加・意思疎通への不関与　23
4．本講のまとめ　24
　(1) 協調値上げに関する「認識」を完全に回避すること／24　(2) 協調値上げに関する「認容」を明確に否定すること／25　(3) 事後の販売価格引上げに向けての行動の一致に与しないこと／26

第2講　違反行為について，関係者の素朴な認識や調査当初の想定と最終的な認定とがズレる場合
　　　──安藤造園土木事件────────────────29

Ⅰ　証拠からみた，独禁法違反認定の鍵　30

1．「1997年版の手帳」と題する文書　30
　⑴「誰が」「何を」決めたのか／31　⑵「超特Aランク」物件との照らし合わせ／32　⑶手帳の記載と実際の受注結果の異同／33
2．本件手帳の記載が，違反認定において果たした役割　34
　⑴「本件合意の意思形成の過程を，日時，場所等をもって具体的に特定することを要するものではない」との判示／34　⑵「合意の存否」という問題／35

Ⅱ　事案検討から得られる教訓　36

1．法務部門や管理部門が検討すべき対応　36
　⑴　課徴金減免申請について（総論）／36　⑵　本件事案において課徴金減免申請を行う際に生じ得る検討事項／38
2．本件事案において，当初の想定と最終的な認定との間に差異が生じたと考えられる経緯　40
　⑴　本件審査の経緯／40　⑵　審判開始決定における認定事実／41　⑶　入札談合の基本合意と個別合意／41　⑷　本件入札談合の合意内容と被審人らの反論のポイント／42　⑸　本件入札談合の基本合意の認定方法／42　⑹　基本合意の当事者の顔ぶれの広狭／45　⑺　一定の取引分野の広狭／47　⑻　一定の取引分野の画定と違反行為者の範囲の関係／50
3．本講のまとめ　52
　⑴　違反行為の不継続の要件／52　⑵　課徴金減免申請事実の第三者への開示の禁止／53　⑶課徴金減免申請と公取委の事件着手／54

第3講　カルテル事案では「木を見る」のでなく「森を見る」ことが必要
　　　──元詰種子事件────────────────57

Ⅰ　証拠からみた，独禁法違反認定の鍵　58

1．「元詰部会討議研究会」の開催案内と「アンケート」の配布，回収　58
2．「A」「B」「C」（等級区分）の意味　59

3．アンケートの「とりまとめ」の意味　60
4．どの程度の「相互予測」が違反となるのか　62
　(1) 本件審決の認定に対する評価／62　(2) それぞれの事業者が誰と意思の連絡をしているのかを相互に認識できていない？／62　(3)基準価格という「目安」だけでは，他の事業者の事業活動を予測できない？／63
5．補　論　63
　(1)「品種間競争」「品種間価格競争」の議論／63　(2) 違反行為主体／64

Ⅱ　事案検討から得られる教訓　64

1．本件事案の審査の経緯及び違反事業者の状況認識　65
　(1) 本件違反行為の内容及び審査の経緯／65　(2) 違反事業者の状況認識／66
2．本件審決及び本件東京高判の俯瞰的・鳥瞰的判断　69
　(1) 基準価格と価格表価格の連動性／69　(2) 価格表価格と実際の販売価格との連動性／71　(3) 討議研究会を欠席しながら違反行為者とされた事業者の存在等／72　(4) 基準価格の等級区分の不明確性／74　(5) 基準価格が決定されていた元詰種子は9種であったこと／75　(6) 討議研究会に出席しながら違反行為者とされなかった事業者の存在／76　(7) 本件合意の主体／77　(8) 過去の不問事件との関係／78　(9) 品種間競争の存否／79　(10) 品種間価格競争の存否／81
3．本講のまとめ　82
　(1)「自発的な自己拘束の相互認識認容」という視点／83　(2) 本件東京高判で示された本件事案の相互認識認容に関する判断／83　(3)社内調査のポイント：「自発的な自己拘束の相互認識認容」の有無／84

第4講　カルテル事案で求められる「証拠探し」と「事実の見立て」の間の試行錯誤
─モディファイヤー事件─────────87

Ⅰ　証拠からみた，独禁法違反認定の鍵　88

1．平成11年の「進捗状況」に関する資料等　88
　(1)「……合意。」の意味／90　(2) 値上げ実施のために必要な職務権限／90
2．「平成12年の合意」　91
　(1) 平成12年の進捗状況の情報交換／91　(2)【図表3】の資料の意味／92
3．補　論　94

II 事案検討から得られる教訓　94

1. 本件事案の審査の経緯　96
2. 審判開始決定に見る違反行為の認定　97
   (1) 平成11年の合意／97　(2) 平成12年の合意／97
3. 本件審決の判示　98
   (1) 本件事案における2つの合意／98　(2) 本件事案における東芝ケミカル事件の判示内容の参照／99　(3) 東芝ケミカル事件判示内容／100　(4) 2つの合意の立証における上記東京高判の判示内容の活用／101
4. 平成11年の合意に関する本件審決の判断　102
5. 平成12年の合意に関する本件審決の判断　104
   (1) 平成12年の合意の立証過程／105　(2) 平成12年の合意の立証（推認）手法／107
6. 本件審決における両合意の認定に関する本件東京高判の判断　111
7. 本講のまとめ　112

第5講　「自発的な自己拘束の相互認識認容」から始まる，カルテル規制の要件充足性
── 多摩談合事件 ──────────────115

I　証拠からみた，独禁法違反認定の鍵　116

1. 「平成11年度営業活動状況」　116
   (1) 「町田，山崎汚水枝線」の意味／116　(2) 「指名メンバーセットが成功した」の意味／117
2. 「多摩営業所12月定例打合せ」等の社内資料　118
   (1) 「楢原町下水道工事」の意味／119　(2) 「当社本命の為，色々と人の出入り，連絡等があるので要注意」の意味／119
3. 何に（誰に？）「拘束」されるのか　120

II　事案検討から得られる教訓　122

1. 本件審決における違反認定と審決取消訴訟　123
   (1) 公取委の一発課徴金納付命令／123　(2) 審判手続及び本件審決／124　(3) 審決取消訴訟／128
2. 審決取消訴訟判決とI記載の各書証との関係　129

(1)　東京高判平22・1・29（番号42の物件：町田市公共下水道山崎町，図師町汚水枝線工事）／130　(2)　東京高判平21・12・18（番号51の物件：八王子市楢原町251番地先外下水道築造45－公10工事）／131

3．東京高判平22・3・19（新井組ほか3名提訴にかかる審決取消訴訟）及び当該事案に関する最高裁判決　132

　　(1)　東京高判平22・3・19の立論／132　(2)　最判平24・2・20／134

4．本講のまとめ　142

第6講　「競争事業者と情報交換をしない」との「べからず集」の規定でカルテルを予防できるか
　　　　──ニンテンドーDS用液晶モジュール事件────────145

Ⅰ　証拠からみた，独禁法違反認定の鍵　146

1．「N専務」宛て社内文書　146

　　(1)　関係者間での情報交換／147　(2)　「確認し合った」ことの認定／147

2．「DS Lite」　149

　　(1)　「確認し合って」いない？／149　(2)　「9月5日」についての争い／150　(3)　「無反応」という反応？／152

Ⅱ　事案検討から得られる教訓　153

1．本件事案審査の背景と経緯　154

　　(1)　液晶ディスプレーパネル国際カルテル／154　(2)　本件審査の経緯／154　(3)　排除措置命令及び課徴金納付命令における公取委の違反事実の認定／155

2．本件審決による判示内容の確認（特にⅡで検討の対象とする事項について）　157

3．「明示の合意」と「黙示の合意」の比較検討　163

　　(1)　平成18年11月7日の被審人側からの情報提供が，本件事案とは異なり，「賛同」を表明するものだった場合／164　(2)　平成18年9月5日の情報交換に関する上記の被審人の主張が正しかった場合／165　(3)本件事案と上記シナリオ(2)の場合との比較／167

4．本講のまとめ　169

第7講　課徴金の対象となる「談合破り」と対象とならない「フリー物件」
　　　──土屋企業事件──────────────────────────── 171

I　証拠からみた，独禁法違反認定の鍵　172

1．「電話メモ」と「手帳の記録」　172
　(1)「22㈬　入札の件皆様の了解得ています」の意味／172　(2)「町田市入札（土屋）」の意味／173

2．小田急小田原線玉川学園駅付近の都市計画道路工事　174
　(1)　ここでも「皆様の了解」は得られていた／174　(2)「皆様の了解」を「了承した」のか，しなかったのか／175　(3)　決裂後「協力依頼していない」ことでよいか，むしろ「自由競争にすべき」といった積極的な訴えかけまで必要か／176

3．補　論　177

II　事案検討から得られる教訓　178

1．甲（他の入札参加事業者への協力依頼を行っていた者）との間の受注予定者決定に関する調整を決裂させた上で，たたき合いにより乙が落札受注した場合　179
　(1)　事実経過等／179　(2)　本件審決による判断／180　(3)本件東京高判による判断／181

2．甲（他の入札参加事業者への協力依頼を行っていた者）が受注予定者となっていたにもかかわらず，乙が勝手に落札受注した場合　183
　(1)　事実経過等／183　(2)　同事案において示された判断／184

3．本講のまとめ　185

第8講　業務提携における共同での利益追求と「反競争性」
　　　──着うた事件──────────────────────────── 189

I　証拠からみた，独禁法違反認定の鍵　190

1．参加メーカーへの説明資料　190
　(1)「参入障壁を築き，競合他社が参入する余地を排除」の意味／190　(2)　プレゼンテーションのための強調？／192

2．参加メーカー22社との差異　193
　(1)　なぜ「5社のみ」が違反とされたのか／193　(2)　5社による「アフィリエート戦略」とは／193　(3)　5社と22社の相違／195

3．補　論　195
　(1)　本件東京高判における判示／195　(2)　共同して利用許諾を拒絶すれば価格競争を回避できるか？／196

II　事案検討から得られる教訓　197

1．はじめに　197
　(1)　本件審査の経緯／197　(2)　公取委の認定事実／198
2．本件審・判決の解釈論的検討　199
　(1)　共同事業の当事者間における「共同性」の有無という争点／199
　(2)　本件行為の反競争性／204
3．本件の実態論的検討　209
　(1)　正当な業務活動性等に関する被審人4社の主張／209　(2)　5社の着うた提供事業の評価及び内容／210　(3)　利用許諾と業務委託の差異と価格競争への影響／214　【参考】　電子書籍価格カルテル事件との対比／214　(4)　本件事案の競争制限のメカニズム／216
4．本講のまとめ　221
　(1)　共同事業体と各参加事業者との関係性／221　(2)　実務上の留意点／222

第2編　単独行為（私的独占・不公正な取引方法）

第9講　流通政策に「価格維持効果あり」とされてしまう場合とは
―ソニー・コンピュータエンタテインメント事件―――――　227

I　証拠からみた，独禁法違反認定の鍵　228

1．「中古品」の扱いに関する社内会議資料　228
　(1)　「価格イジ」の意味／228　(2)　「新譜の価格を下げる」の意味／229　(3)新品の「売行き」への影響と「販売価格」への影響／230
2．「横流し」の扱いに関する社内会議資料　230
　(1)　「未取引店への流出」による「安売り」の懸念／230　(2)　「目的」の検討だけでよいか／232
3．補論（横流し禁止行為についての違法性の判断基準）　233

Ⅱ 事案検討から得られる教訓　235

1．SCE の流通政策，公取委の違反事件審査，SCE の勧告不応諾と審判審決　235
(1) SCE のテレビゲーム市場新規参入とその流通政策／235　(2) 本件審査の経緯／237　(3)審判開始決定における公取委の事実認定／237　(4) 公取委の勧告を受けた SCE の対応と審判の結果／238

2．PS ソフトの再販売価格の拘束　240
(1) 原則違法行為／240　(2) 再販売価格拘束行為と他の 2 つの非価格制限行為との関係／241　(3)再販売価格拘束と他の 2 つの非価格制限行為の一体性／242

3．中古品取扱い禁止　243
(1) 中古品取扱い禁止と再販売価格拘束の関係／243　(2) 中古品取扱い禁止行為の公正競争阻害性／244　(3)本講のまとめ（その 1）／246

4．横流し禁止　247
(1) 横流し禁止と再販売価格拘束の関係／247　(2) 横流し禁止の価格維持効果／247　(3)PS ソフトの横流し禁止行為の違反の認定／249　(4) 中古品取扱い禁止，PS ソフト横流し禁止及び PS ハードの横流し禁止の相違／249　(5) 再販売価格拘束行為の存在の影響／251　(6) 本講のまとめ（その 2）／252

第10講　ライバルとの直接的な競争行動の中で採られる攻撃的な社内方針の注意点
―第一興商事件――――――――――――――――――253

Ⅰ　証拠からみた，独禁法違反認定の鍵　254

1．「管理楽曲」を使わせないという「攻撃」の意味　254
(1) 「管理楽曲」の意味／254　(2) 「『クラウン及び徳間』の管理楽曲を使わせない」の意味／256

2．エクシングによる管理楽曲の「無断使用」とは　257

3．補　論　259
(1) 特許訴訟の存在／259　(2) 権利性の有無と取引慣行／260

Ⅱ　事案検討から得られる教訓　261

1．本件違反行為の内容と競争者に対する取引妨害（不公正な取引方法一般指定第14項）　261
(1) 本件違反行為の内容／261　(2) 競争者に対する取引妨害／262

2．本件審決による公正競争阻害性の認定　263
　3．本件事案における「競争手段の不公正さ」の意味　263
　4．「競争手段の不公正さ」の前提となる行為の「目的」　265
　5．本件行為が独禁法違反に当たるとされた実質的理由（排除行為）　267
　6．本講のまとめ（同種の状況における，競争戦略上の留意事項）　268

第11講　競争戦略の「動機・目的」と私的独占
（「人為性」の要件その1）
―― NTT東日本事件 ――――――――――――――――― 271

Ⅰ　証拠からみた，独禁法違反認定の鍵　272

　1．NTT東日本の営業戦略　272
　　(1)「ダークファイバ」の意味／273　(2)「設備ラインから受け取る情報」は「他事業者にも開示される」／273
　2．本件審決の争点（「ユーザー料金」と「接続料金」の「逆ざや」）　274
　　(1)「接続料」と「ユーザー料金」／274　(2)「ニューファミリータイプ」導入の背景と実情／275
　3．審決取消訴訟を通じて浮上した新たな争点　276
　　(1)「ダークファイバ」をめぐる駆け引き／276　(2) 単なる「逆ざや」を問題視した事案ではないということ／277　(3)残された疑問点／277
　4．補　論　279

Ⅱ　事案検討から得られる教訓　279

　1．勧告及び本件審決における公取委の違反認定とその後の本件事案の経緯　280
　2．本件東京高判を受けた公取委ガイドラインの記載　281
　3．本件事案の調査官解説　282
　4．調査官解説が指摘した本件東京高判による判示の具体的内容　284
　5．「排除の意図」についての懸念　286
　　(1)「人為性」と「排除の意図」／286　(2) 動機・目的を議論する際の懸念／289
　6．本講のまとめ　293

第12講　通常の経済活動とみられる行為と私的独占
（「人為性」の要件その2）
―― JASRAC事件 ―――――――――――――――――― 295

Ⅰ　証拠からみた，独禁法違反認定の鍵　296

1．放送事業者による楽曲の利用控え／296
　(1)「楽曲の管理」とは／298　(2)「イーライセンス」とは／299
2．排除措置命令と公取委自身によるその取消し／300
　(1) なぜ敬遠されたのか／300　(2) JASRACの徴収方法により発生する「追加負担」とは／300
3．本件東京高判による審決取消と本件最判によるその是認／301
　(1) 本件証拠をめぐる事情に対する本件東京高判の評価／301　(2) 本件最判の評価／301　(3)調査官解説による評価と別の観点から見た本件証拠の意義／302
4．補　論　303

Ⅱ　事案検討から得られる教訓　305

1．本件事案の経緯：公取委自身の取消とイーライセンスの訴訟提起　306
　(1) 公取委の排除措置命令の内容／306　(2) 本件事案が辿ったその後の経緯／307
2．本件最判における「人為性」の認定：通常の経済活動との差異　309
　(1)「作為性」がある場合の「人為性」についての調査官解説の記載／309　(2)「作為性」の有無が意味するもの／311
3．「人為性」の要件と排除型私的独占のその他の要件／考慮要素　312
　(1)「作為性」がない場合の「人為性」／312　(2)「人為性」と正当理由（理論面）／314　(3)「人為性」と正当理由（実証面）／316
4．本講のまとめ　317
5．課徴金が賦課される際には検討が必要となる事項　320

第13講　知的財産権のライセンス契約がライセンシーの研究開発意欲を阻害するおそれのある場合とは
　——クアルコム事件——　323

Ⅰ　証拠からみた，独禁法違反認定の鍵　324

1．「範囲が広範」で「無償」の「不均衡」なライセンス？　324
　(1) クロスライセンス条項／325　(2) クロスコベナント条項／326
2．契約の一部のみを取り出して議論するのは適切か　327
　(1) 審査官は契約条項の不当性を主張／327　(2) 本件審決は審査官の主張を排斥

/328
3．補　論　329
　(1)　そもそも判断に「範囲が広範」,「無償」,「不均衡」といった要素は必須か／329　(2)　「抱き合わせ」という観点からの評価／330

Ⅱ　事案検討から得られる教訓　332

1．本件違反行為の背景及び排除措置命令における違反行為の認定　334
　(1)　違反行為の背景；クアルコムのビジネスモデル／334　(2)　本件排除措置命令が認定した違反行為の概要と法令の適用／336　(3)　知財ガイドラインに依拠した違反行為の捉え方／337
2．審査官の主張に対する本件審決の判示　339
　(1)　公正競争阻害性／339　(2)　国内端末等製造販売業者の研究開発意欲を阻害するおそれ／339　(3)　審査官のその他の主張とそれに対する本件審決の判示／343　(4)　被審人の有力な地位が強化されるおそれ／345
3．本件審決の論旨　346
　(1)　研究開発意欲を阻害するおそれの推認と具体的立証／346　(2)　研究開発意欲を阻害するおそれを推認させるとする3つの根拠の排斥／347　(3)　技術的必須知的財産権と商業的必須知的財産権の区別／348
4．本件事案の結論と今後の同種事案の法的検討における規範　351
　(1)　証拠不十分による判断の留保／351　(2)　有効に機能し得る規範／351
5．本講のまとめ　358
　【参考】　マイクロソフトNAP事件／359

第14講　優越的地位の濫用に当たるとされる実務的指標と，違反を回避するための注意点
　── トイザらス事件 ──────────────── 371

Ⅰ　証拠からみた，独禁法違反認定の鍵　372

1．「返品」や「減額」の受け入れをめぐる商談　372
　(1)　トイザらス側の方針／373　(2)　L社側の方針／373　(3)本件事案の概要とトイザらスの主張／374
2．減額（や返品）が「濫用」に該当することの意味　375
　(1)　「優越的地位」と「濫用」の先後関係／375　(2)　濫用の「例外」の判断方法／376

3．本件審決の意義　377
Ⅱ　事案検討から得られる教訓　379
1．本件審査の経緯，本件事案の意義，今後の優越的地位濫用事件審査の方向性　379

⑴　本件事案の審査の経緯／379　⑵　優越的地位濫用事件における本件事案の意義／379　⑶　優越的地位濫用事件に対する審査の状況等／381　⑷　優越的地位濫用事件審査の方向性と事業者の対応／385

2．社内調査等に関する視座としての「不利益（濫用）行為」　386

⑴　近時の判審決例の状況／386　⑵　「不利益（濫用）行為」に関する公取委の法運用の概況／391

3．優越的地位　400

⑴　本件審決／400　⑵　山陽マルナカ事件審判審決以降の判審決の状況／403

4．本講のまとめ　408

5．その他の論点　411

⑴　違反行為の実施と違反行為期間の認定／411　⑵　違反行為の取りやめ・終了／413

あとがき／417

索　引／419

第1編

共同行為
(カルテル・入札談合・業務提携)

第1講

カルテル事案での「独自値上げ」という反論の説得力

【図表】 本件文書

> **Ｐアップ方針決定の件**
>
> 紙フェノール銅張積層板につき６月10日以降各社１平方メートル当たり300円の値上げ活動を本格化することとなりました。

「東芝ケミカル事件」（審判審決平６・５・26，東京高判平７・９・25）
事案の理解の手がかり：「Ｐアップ方針決定の件」と題する社内報告文書（本講【図表】）

I 証拠からみた，独禁法違反認定の鍵[1]

　今回は，価格カルテル行為に関する「共同して」（意思の連絡）という要件についての基本先例とされる東芝ケミカル事件[2]（以下，本講において「本件事案」という。）を取り上げる。

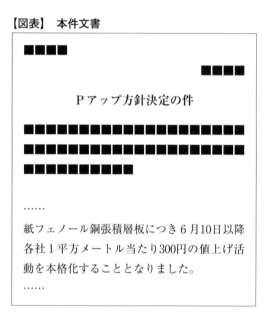

【図表】 本件文書

1．「Pアップ方針決定の件」と題する文書

　まずは，上の【図表】をご覧いただきたい。作成者も宛先も，作成日付さえ不明ではあるが，ある社で営業部門からこういった趣旨の社内報告が上げられていたとして，そこからはどういった情景が浮かぶだろうか。
　まず注目されるのは，おそらく「各社」と書かれている点であろう。そこから察す

---

[1] 以下，本編「共同行為（カルテル・入札談合・業務提携）」について，実方謙二『独占禁止法〔第4版〕』（有斐閣）168頁以下，金井貴嗣ほか『独占禁止法〔第6版〕』（弘文堂）46頁以下（宮井雅明）参照。

[2] 審判審決平6・5・26審決集41巻11頁（以下「本件審決」という。），東京高判平7・9・25・審決集42巻393頁（以下「本件東京高判」という。）。

るに、これは、「紙フェノール銅張積層板」（以下「本件商品」という。）について、「各社」が、時期や値上げ幅について足並みをそろえて「値上げ活動を本格化」することが決定された、という社内報告であるようにも見える。すなわち、この記載は、価格カルテルについての直接的な証拠であるように見えるということである。

　ただ、法務の現場において、そのように、結論に一足飛びにたどり着こうとするのは、少々飛躍のし過ぎであろう。筆者の経験上も、違反の嫌疑に関する社内調査の過程で見つけられた一見疑わしい社内メール等の記載が、実際には問題に結び付くものではなかったというケースは少なくはない。

　【図表】は、価格カルテルに関する著名な先例である東芝ケミカル事件において、重要な書証とされた社内報告文書（「査第90号証」）について、その関係箇所に限定して趣旨の再現を試みたものである。同事案で実際に争われた内容は、そこから何を読み取ることができるのか（あるいは逆に、どこから先は読み取ることができないのか。）を知る上で、極めて有益である。

(1) **何のために作成された文書であったのか**

　仮に、このような文書を目にしても、ただちにその記載通りの事実があったと考えるわけにはいかない。全くの妄想ということではないにしても、何らかの社内事情や思惑から、ある種の誇張などを含む表現になっている可能性はあろう。そしてそのあたりの評価には、誰が何のために作成した文書であったのかといった事情が鍵となる。

　この点、本件文書は、本件商品に関する国内同業8社のうちの1社に所属するS氏（当時の電子基材事業部業務部長）が、同社の社長に、その内容を報告するために作成した社内文書であった。そして、本件事案では、この文書について、「（本件商品について）値上げの方針を社内に打ち出そうとするS氏の思惑により、独自の意図に基づいて作成されたものであり、事実を反映したものではない」旨が争われていた。

　本件商品は、当時から、主としてテレビジョン、ビデオテープレコーダー等の民生用機器のプリント配線板の基材として使用されていたものである。そして、本件商品については、国内供給のほぼすべてが同業8社で占められていた。8社は合成樹脂工業協会に加入しており、その品目別部会の1つで、各社の担当役員級の者で構成されていた「積層板部会」に所属していた。また、これら8社は、本件商品について、昭和62年初めころから、この積層板部会や業務委員会（部会の下部機関として、各社の部課長級の者で構成される。）等において、定例の会合や必要に応じて臨時の会合を開催して、販売価格引上げについて意見交換を行っていた。そして、本件文書に記載されている日付である昭和62年6月10日には臨時部会（以下「本件臨時部会」という。）が開催され、S氏はこれに出席していた。

公取委による本件審決（当時の制度において，実務的に第一審に相当）は，「当時，本件値上げを実現するためには，少なくとも大手3社の一致した行動が必要であり，S氏も十分にその点は理解していたと思われ，自社の社長に報告する文書に実際には決定がないのに決定があったとするような報告をするとは通常考えられない」として，本件文書を，その違反認定の重要な証拠とした。なお，S氏は本件審決において「大手3社」と称されていたうちの1社からの出席者であった。

このように，本件文書を読み解くにあたり，社内に値上げを打ち出そうとする意図があったこと自体はよいとして，そのためにはいわゆる環境整備が必要であり，1社単独の行動では実現できなかった（そのことをS自身も理解していたはずである。）というべきか否か，ということが問われることになった。そして，この点が本件の審決取消訴訟でも争われ（当時の制度において，実務的に第二審に相当），結論としては，本件東京高判により，関係他社従業員等の供述調書を引用しつつ，「昭和62年当時，本件商品の製造業界では，各事業者の競争が激しく，ユーザーであるセットメーカーの力も強いので，大手3社が先に立って指導的役割を果さないと，その他の製造業者はその販売価格の引上げができない状況にあったことが認められる」と判示された。

本件文書は，本件審決において違反を基礎付ける資料として位置付けられていた。そして，その判断は本件東京高判においても維持されることとなった。

(2) 8社は皆，同じ認識認容を共有したのか

仮に，本件文書が，本件臨時部会についてS氏から同社社長への報告のために作成された文書であったとして，その記載から，その場に居合わせた関係者（同業8社）全員が，同じ認識認容を共有していたとまで認めることはできるだろうか。

この点，本件事案において違反を争っていたのは，その事件名にも表れているように，東芝ケミカル株式会社（以下「東芝ケミカル」という。）であった。他方で，本件文書は，同社ではなく，他社（「大手3社」のうちの1社）で作成されたものであった。そして，この他社を含む同業7社は，公取委の勧告を応諾（当時の制度において，公取委の認定に対して争わないという実務対応）していた。すなわち，東芝ケミカルの主張はその実務的な意味合いとして，既に公取委の勧告を応諾している同業7社による価格引上げ行為を，同社として（も）認識認容していたと言えるか，という点を争う側面が強かったと言える。

本件文書には「各社」という趣旨の記載があり，また，本件臨時部会には東芝ケミカルも出席していた。そうであるとすると，理屈としてはこの「各社」には同社も含まれ得ることにはなる。しかしながら，このような第三者による記載のみをもって，

同社についてまで上記のような認識認容の共有があったと断じることには難があろう。本件文書の記載等から，どうやら同業7社の間でカルテル行為に関する認識認容が共有されていたようであるという状況までは浮かび上がってくるとしても，それが，東芝ケミカルにおいても共有されていたか否かについては，その他の関係証拠等から認められる事実を考慮する必要がある。

なお，本件臨時部会への東芝ケミカルの参加状況について，より具体的には，まずS氏から「7月10日出荷分から値上げ」の表明がなされたことを契機に，各社から同様の値上げが表明されたが，東芝ケミカルから参加していたT氏（常務取締役営業本部長）は，このS氏による値上げ表明の際には退席し，不在であったとされていた。他方で，同社からはU氏（積層品営業部長）が，T氏退席後も本件臨時部会に出席していたとされていた。

2．東芝ケミカルの認識認容に関する判示

(1) 「意思の連絡」

本件東京高判は，「不当な取引制限」について「共同して」に該当するというためには，複数事業者が対価を引き上げるにあたって，相互の間に「意思の連絡」があったと認められることが必要であると述べている。そして，「『意思の連絡』とは，複数事業者間で相互に同内容又は同種の対価の引上げを実施することを認識ないし予測し，これと歩調をそろえる意思があることを意味し，一方の対価引上げを他方が単に認識，認容するのみでは足りないが，事業者間相互で拘束し合うことを明示して合意することまでは必要でなく，相互に他の事業者の対価の引上げ行為を認識して，暗黙のうちに認容することで足りると解するのが相当である（黙示による『意思の連絡』といわれるのがこれに当たる。）」と述べている。

(2) **本件東京高判が補強した，東芝ケミカルの主観面についての認定根拠**

上記の一般的な規範に引き続いて，本件東京高判は，まず「意思の連絡」の推認の方法についての考え方を述べている（3．(1)参照）。その上で，「原告は，本件商品につき，同業7社の価格引上げの意向や合意を知っていたものであり，それに基づく同業7社の価格引上げ行動を予測した上で（とりわけ，右会合中に，［大手3社のうちの1社］がした値上げについての協力要請につき，各社が賛同する発言をしている場において，原告のUは，価格引上げに賛成し，大手3社が約束を守って価格引上げを実行することを積極的に要求さえしていたものである[3]。），昭和62年6月10日の決定と同一内容の価格引上げをしたものであって，右事実からすると，原告は，同業7社に追随する意思で右価格引上げを行い，同業7社も原告の追随を予想していたものと

推認されるから，本件の本件商品価格の協調的価格引上げにつき『意思の連絡』による共同行為が存在したというべきである」と判示している（下線，［　］及び網掛け部は筆者）。

　上記の下線部は，同業8社というよりも，特に東芝ケミカルに着目した形で違反の成否について論じている。またその網掛け部は，特に同社のU氏による具体的な行為に言及している。そしてその網掛け部の「右会合」とは，本件臨時部会に先立つ昭和62年4月14日に，8社のうちの（東芝ケミカルを含む。）7社で台湾を訪問した際の懇談の席を意味していた。なお，本件審決の時点では，このU氏の発言について，「(大手3社のうちの1社から値上げについて協力要請があったのを契機に) 被審人を代表して大手3社が値上げを実行すれば被審人も協調していく趣旨の発言をした」との認定にとどまっていた。この点，本件東京高判では，「(その場で，大手3社の1社から，本件商品の過去の安価販売について非を認めたうえで，その販売価格の引上げに協力して欲しい旨求められたことなどを踏まえつつ) 当時の原告のU積層品営業部長も，価格引上げには賛成するが3社が約束を守って決めたことは実行して欲しい旨の発言をした」といった詳細に踏み込んで認定している。

　このように本件東京高判は，東芝ケミカルの主観面について判示するにあたり，本件審決よりも「右会合」の具体的な経緯を重要視し，その理由付けの補強を試みているようにみえる（「右会合」は同年4月のものではあるが，「要請」に対して「賛成」したともされている。）。

3．補論　「独自値上げ」の主張

　以上のように，本件文書は，本件事案における同業8社によるカルテル行為に関し，特に「共同して」の要件該当性についての極めて重要な証拠とされた。反面，特に，東芝ケミカルとの関係での「意思の連絡」の認定の兼合いについては，別途，同社自身にまつわる事情が踏まえられるべきものとされた。

　以下については，Ⅱにおいても詳述しているので，ここでは指摘にとどめる。

(1)　三分類説

　本件東京高判が示した「意思の連絡」の推認の方法とは，「特定の事業者が，他の事業者との間で対価引上げ行為に関する情報交換をして，同一又はこれに準ずる行動に出たような場合」には，基本的に，これらの事業者の間に協調的行動を採ることを

3　本件東京高判によるこの認定について，「これは合意の成立が明白に認定できた事例ともいえよう」とする評価がある（実方・前掲注1・183頁）。

期待し合う関係があり，「意思の連絡」があるものと推認されるというものである。

これは，「意思の連絡」を推測するための間接証拠を，①事前の連絡・交渉，②連絡・交渉の内容，③行動の一致，の3つに分類して整理する立場を採用したものとも説明されている（三分類説（金井ほか・前掲注1・50頁以下（宮井雅明）））。「不当な取引制限」の成否にあたり，これらが重要な判断要素となることは，本件事案においても示されたところである。

ただし，あくまで「意思の連絡」の立証方法の問題に過ぎないのだとすれば，訴訟法上の一般的な理解として，必ずしも常にこれらすべての立証がなければ「意思の連絡」が認定され得ないものではなく，また逆に，これらすべての立証があったとしてもなお，「意思の連絡」が否定される場合もあり得よう。この点に関連して，本件東京高判では，前記の推認について，「右行動が他の事業者の行動と無関係に，取引市場における対価の競争に耐え得るとの独自の判断によって行われたことを示す特段の事情が認められない限り」という留保を付けている。

(2) **本件事案における「独自の判断による値上げ」の主張**

本件事案では，東芝ケミカルとして，当時，東京証券取引所第二部への上場が企図されていた等の特殊事情下にあり，本件臨時部会以前の会合でも，T氏は，これを理由に同社として協調的価格引上げへの協力を断った経緯があり，むしろ本件商品の価格引上げは，その経営の継続性確保と成績の見直しのための「独自の」市況分析と製品の収支の試算結果によるものであることが争われていた。

すなわち，これが上記の「特段の事情」に当たるという主張である。しかしながら，結論として本件東京高判は，この主張を排斥し，その際，「**本件商品の価格引上げは，約70パーセントのシェアを占める大手3社の価格引上げという環境が整わないと実際にはできないものであった**」と述べている。これによれば，本件東京高判は，同社が全くの単独・独自の判断により値上げを試みること自体の経済合理性を疑っており，現実的な策としては，大手3社の価格引上げを同社が単に認識，認容するという状況くらいしかあり得ないと見られていた可能性もある（そもそも，本件東京高判は，前記のとおり「意思の連絡」について，「一方の対価引上げを他方が単に認識，認容するのみでは足りない」と述べている。）。そして，この限りでは，同社が，いわば一方的に便乗しただけでは「意思の連絡」ありとまでは言えないと評価される余地が理論的にはなかったわけではなさそうである。ただし，少なくとも，この「特段の事情」とは，本来は「他の事業者の行動と無関係に」とされている。このような本件事案の事情や，本件東京高判による留保条件の設定からすると，少なくとも，本件において「特段の事情」ありとの評価を受ける余地は極めて乏しかったことがうかがわれる。

Ⅱ 事案検討から得られる教訓

Ⅰでは主に、本件合意の事実を立証するための書証の見方について述べた。

Ⅱでは、Ⅰを通して得られた事案の理解を踏まえつつ、例えば、同種の競合他社との接触（に関する社内報告）が存在するような場合の社内調査の着眼点や、同種の市場環境の中で価格戦略の立案や実施方法などについてどういった点に配慮すれば違反の疑いを免れることができるかといった点について検討してみたい。

1．同種の状況で違反の嫌疑を受けないために採るべき行動

例えば、本件事案において東芝ケミカルは、どのように行動していれば、違反に問われることがなかったのであろうか。

結論から述べるとすれば（完全な「後知恵」となるが、同種の状況に置かれた場合の今後の参考として）、本件東京高判により示された規範である、「推認」と「特段の事情」による例外という判断の枠組みにおいて、特に本件事案のような製品特性や市場環境にある場合には、後者の「特段の事情」の有無を争うことには高いリスクが伴うので、前者の「推認」を可能にする根拠自体を否定できるような行動を採ることが立案されるべきであった、ということになる。要するに、特に本件事案のような状況下では、そもそも事業者側の「特段の事情」の主張が認められる可能性自体が低くなるということである。

念のため、上記で「後知恵」と述べたのは、当然のことながら、本件事案について当事者による勧告不応諾により審判手続が開始された時点では（そして審決が下された時点でも）、本件東京高判が採用した判断枠組みは定立されておらず、当事者から反論として主張される内容が、判断枠組みという議論の「土俵」においてどのように位置付けられることになるのかは、確定されていなかったからである。

なお、Ⅱの2．では、本件東京高判が採用した判断の枠組みである、意思の連絡の「推認」と、「特段の事情」により例外的にその「推認」が許されないことについて、このような判断の枠組みが採用されるに至った経緯を、順を追って説明する。その骨子は、おおむね次のとおりである。まず、本件審決を踏まえて提訴された同審決取消訴訟において、原被告双方から主張されていた「意思の連絡」の認定のあり方はいずれも排斥されていた。その上で、特に被告（公取委）から主張されていた内容（ある所定の事実が認定できれば、意思の連絡を「立証」できる。）について、「立証」としては足りないものの、存在を「推認」することは可能であるとした。ただし、そのような「推認」が排斥されるべき場合として「特段の事情」が認められる場合が挙げら

れている。

2．本件事案の経緯

(1) 東芝ケミカルの勧告不応諾と審判開始決定

平成元年当時の審査手続においては，公取委は，違反の疑いがある場合，立入検査，事情聴取等を行い，違反行為があったと認められた場合，被審人に対し，違反行為を排除すべき旨の勧告（「排除勧告」といわれていた。）を行った。排除勧告には，違反行為を排除するために採るべき措置，違反事実及び法令の適用が記載されており，内容的には現在の排除措置命令に近い。

ただし，被審人には，勧告を受けるに先立ち，勧告案が提示され，証拠の説明を受け，意見を述べる機会が与えられるというような事前手続はなかった（したがって，Ⅰで紹介した【図表】のような関連資料についても，それが他社で見つかった資料である限り，内容を確認するための手続は用意されていなかった。）ため，勧告をそのまま応諾するか，応諾せず，審判開始を請求するかの選択しかなかった。勧告を応諾した場合，法的拘束力を有する措置として，勧告と同内容の審決（「勧告審決」といわれていた。）が出された。

他方，勧告不応諾の場合は，勧告書記載内容のうち，事実と法令の適用が記載された審判開始決定書が被審人に交付され，審判手続が開始された。

8社のうち，東芝ケミカルだけが，勧告を応諾せず，審判手続が開始され，審決（「審判審決」といわれた。）が出され，さらに，当該審判審決を不服として，東京高裁に，審決取消請求訴訟を提起した。

(2) 公取委勧告における違反被疑事実の内容と東芝ケミカルの勧告不応諾の理由

8社が受領した公取委の勧告書には，本件違反行為である合意の内容について，以下のように記載されていた。

「8社は，昭和62年初めころからプリント配線板用銅張積層板の販売価格の下落の防止，引上げ等について，8社が所属する合成樹脂工業協会積層板部会，部会の下部機関である業務委員会の場などにおいてしばしば意見交換を重ねてきたところ，昭和62年6月10日，東京都千代田区所在の学士会館で開催した臨時部会の場において，それまでの意見交換の結果を踏まえ，**同年6月21日以降各社が逐次紙フェノール銅張積層板の需要者渡し販売価格を現行販売価格より1平方メートル当たり300円又は15％を目途に引き上げること**及び同部会の日以降本格的に販売価格引上げのための活動を行うことについて相互に意思を疎通し，もって，共同して，紙フェノール銅張積層板の需要者渡し販売価格を引き上げることを決定した。」（太字は筆者）

東芝ケミカルを除く7社は勧告を応諾したが，東芝ケミカルだけが，当該勧告を応諾しないと判断した背景には，大きく分けて2つの事情があったと推測される。

> ① 「特殊事情」の存在によるコンプライアンスの強化及び
>   独自の価格引上げ

1つ目は，昭和62年当時，東証二部上場という課題の実現を図るため，また，関連会社である東芝機械のココム規制違反が社会問題化していたこと（これらの事情を「特殊事情」という。）を背景に，独禁法違反行為を含め，上場実現の妨げになるような不正な行為の防止について，会社全体として特に厳しく留意していたことである。

さらに，昭和62年8月22日からの東芝ケミカルの平米当たり15％の価格引上げは，上場申請を控え，採算悪化状況を放置し得ないという特段の事情による独自の経営判断であったと考えたことも，これに含められよう。

> ② 国内営業部門最高責任者の協調値上げへの反対及び昭和62年6月10日
>   の価格引上げ決定への不参加

2つ目は，東芝ケミカル社内において価格決定権を有する国内営業部門の最高責任者であるT氏（当時，常務取締役営業本部長）が，昭和62年に開催された累次の部会に出席した際，上記①の特殊事情を背景に，協調値上げには反対してきたとしており，とりわけ，本件価格引上げ合意がされたという昭和62年6月10日開催の臨時部会においては，同氏は途中退席しており，価格引上げ決定に関与した覚えが全くなかったことである。

では，こういった「生の」社内的事実を踏まえて，東芝ケミカル側の不服申立ての内容は，どのように「法的に構成」されることとなったか。そこには，いわば議論の「土俵」となる，判断権者による法的評価のための規範の定立，すなわち，どういった事実があれば違反と認められるかというルールの内容（いわゆる「経験則」を含む。）が大きく影響する。本件事案でも，以下のように，同じ社会的事実が，ルールが異なれば扱われ方も異なる（ある事実認定の評価根拠事実の1つとして他と同列に扱われるのか，あるいは，別の推論が原則として働いてしまう中で，例外的に推論を打ち破るか否かが問われる中で考慮されるのか，など）ことが，本件審決が示した規範と本件東京高判が示した規範の相違により，浮かび上がっている。

なお，本件東京高判によって示された規範を含めて，その内容は，本来一般抽象的に，ありとあらゆる事案に自動的に当てはめることができるとは限らない，当該事案に固有のものである可能性があるという点にも，留意が必要であろう。特に，いわゆ

る自由心証主義(行政事件訴訟法7条,民事訴訟法247条)によるべきものとして,仮に,ある事案で「ある事実Aが認定できる場合には,別の事実Bが認定できる(あるいは推認できる)」という判示がなされていたとしても,だからといって「他のあらゆる事案において,ある事実Aがあれば別の事実Bが認定できる」わけではなく,また「他のあらゆる事案において,ある事実Aがなければ別の事実Bが認定できない」わけでもない(Ⅰの3.補論⑴参照)。

(3) 審判,訴訟における公取委の主張と東芝ケミカルの反論

　審判に対応するにあたり,東芝ケミカルが抱いていたと思われるストーリーは,「昭和62年当時,東証二部上場という課題の実現を図るため,また,東芝機械のココム規制違反が社会問題化していたという特殊事情があったので,部会等では協調値上げの実施には強く反対してきており,価格引上げが決定されたとされる6月10日の臨時部会には,T常務は参加したが,途中で退席しており,価格引上げに関して他の7社と意思疎通はしていない。当社の8月22日からの価格引上げは,当社独自の試算結果に基づく独自の行動であり,7社に追随する価格引上げではなかった。」というものであったと思われる。

ア. 審査官が主張する意見交換の内容と東芝ケミカルの反論

　審判が開始されると,審査官側から,審判開始決定記載の事実に関する詳細な主張が行われ,それを立証する証拠が提出され,東芝ケミカルはこれに反論する必要があった。

　審査官側からは,審判開始決定書に記載のある,「8社は,昭和62年初めころからプリント配線板用銅張積層板の販売価格の下落の防止,引上げ等について,8社が所属する合成樹脂工業協会積層板部会,部会の下部機関である業務委員会の場などにおいてしばしば意見交換を重ねてきた」具体的内容として,下記の会合が行われたことが主張され,審決においても認定された。

日時	会合名	東芝ケミカルからの出席者	内容
S62.1.28	定例部会	T常務他	円高対策が話し合われ,海外委員会では輸出品の20%値上げ希望の報告が行われた。
S62.3.27	定例部会	T常務他	Tは,原材料費値上がりのため,積層板価格引上げが必要である旨発言。

日付	会合	出席者	内容
S62.4.14	7社部会メンバー中心の台湾懇談会	U部長	住友ベークのK常務から，販売価格引上げへの協力依頼。U部長は，東芝ケミカルを代表し，大手3社が値上げを実行すれば協調していく旨発言。
S62.4.20	定例部会	T常務　U部長	住友ベークのK常務から平米300円又は15%目途の引上げ提案。具体的な値上げ幅・方法は業務委員会で検討，報告させる旨決定。
S62.4.21	定例業務委員会	U部長他	前日の定例部会において，具体的な値上げ方法等についての検討の指示があった旨報告。
S62.4.30	臨時業務委員会	U部長	価格の現状等についてアンケート実施。値上げ幅・値上げ方法につき意見交換。
S62.5.7	臨時部会	U部長	4.30の業務委員会内容報告。値上げ実現のための方策について検討。
S62.5.21	定例業務委員会	U部長他	5.7の臨時部会の方針確認。
S62.5.29	定例部会	T常務	輸出価格値上げ動向が判明するころ，臨時部会を開催することを決定。
S62.6.10	臨時部会	T常務　U部長	価格引上げについて意見交換。大手3社が，平米300円又は15%目途に引き上げる旨表明。残る5社に大手3社への追随を要請。反対意見なし。

（注1）　**部会**：8社が加入していた，熱硬化性樹脂製造業を営む者をもって組織される合成樹脂工業協会の品目別部会の1つで，各社の担当役員級の者で構成されている積層板部会のこと。

（注2）　**業務委員会**：部会の下部機関として，各社の部課長級の者で構成される。

　網掛け部の会合について，東芝ケミカルとしては，価格決定権を有する国内営業部門の最高責任者であるT常務が協調値上げには強く反対してきたとの前提に基づき，審査官が提示した上記の各会合のうち，主にT常務が参加していた部会において，T常務が協調値上げに反対していたことについて，以下のように反論したが，最終的には容れられなかった。

○ S62.4.20の定例部会では，住友ベークのK常務の提案（平米当たり300円引き上げる等。大勢は賛成の意向を示した。）に，T常務は，「ナンセンス」と言って，反対の意思を明確にした，と反論。
○ S62.5.29の定例部会終了後，日立化成のS業務部長からの協調値上げ協力要請に対し，T常務は，特殊事情の存在を理由に断った，と反論。
○ S62.6.10の臨時部会は，正式な部会としての会合ではなく，部会メンバー以外の関係者の出入りも自由であり，協調値上げを決定するような状況ではなかった。T常務は出席していたが，途中退席した。在席していたU部長は，営業部長であるが，販売価格の最終決定権者ではなく，事務連絡上在席していたに過ぎない，と反論。このほか，U部長が参加した会合についても，以下のような反論を試みている。
○ S62.4.14の台湾訪問は，付き合いで参加した親睦のためのもので，U部長の発言も，一般論を述べたに過ぎない，と反論。
○ S62.4.30の臨時業務委員会におけるアンケート調査は，各事業者の個別情報は全くなく，それに応じたことにより，被審人の協調値上げの意思の存在を認める証拠にならない，と反論。

さらに，審査官側からは主張されていなかった昭和62年7月1日の定例部会（T常務が出席）を提示し，日立化成のN常務から，値上げについて新聞記者に話したこと，他社もこれに追随して値上げすることを期待する等の趣旨の発言が行われたことに対し，T常務は，特殊事情の存在を理由に協調値上げに反対する旨の意思を表明し，これに対して他社関係者は，異論ないし非難の発言はなかった，と主張した。

イ．東芝ケミカルの真意とその外部への伝達の有無

本件審決では，「被審人の客観的行動等に照らすと，Tの前記発言は，企業としての行動に一貫性，統一性を欠くものであり，到底，本件協調値上げに反対したものとは思われない。」とされた。

「特殊事情の存在」から，他社との協調値上げは独禁法上のリスクを考慮して避ける必要があるとするのが，国内営業部門の最高責任者であるT常務の内心の真意であったことはあながち嘘ではないと思われる。しかしながら，T常務自身及びU部長の行動や言動等からは，協調値上げに参加しないことが東芝ケミカルとしての一貫した真意であると他の7社に伝わっていたとは認められず，結果として，東芝ケミカルの主張は容れられなかったということであろう。

結局，上記のように，1月28日以降の部会や業務委員会へのT常務及びU部長の参加及びそれら会合における議論，検討の内容を踏まえると，T常務及びU部長が，価格引上げに関する意見交換や協議がなされた会合に継続的に参加していた等の事実に

よって外部に示される意思が東芝ケミカルの真意であると認定された。そして，それに反するT常務の主張は，仮にそれが自身の内心の真意であったとしても，審判においては聞き容れられるところではなかった。

　言い換えれば，本件審決が採用していた違法性判断の規範に照らしてみると，東芝ケミカル側による反論は，問題とされた行為の当時の東芝ケミカルの「真意」を探るにあたり，それらの反論の内容とされた個別事情をどの程度汲み取るべきか，という問題として整理された。そして，この「真意」を認定するために参酌される個別事情のそれぞれについて，後述する本件東京高判とは異なり，少なくとも理論的には評価検討の順序の先後は決められておらず，証明力（信用性）の高低の問題として処理されたと言える。

(4)　6月10日の臨時部会における「意思の連絡」の立証

　6月10日の臨時部会が，本件価格引上げ決定日と認定されているが，具体的な状況は以下のようである。

　すなわち，本件審決によれば，その概要として「**8社は，海外委員会メンバーの日立化成のA国際事業部次長から輸出価格引上げ動向についての報告を受け，国内需要者渡し価格の引上げについて意見交換を行い，日立化成のS業務部長から，7月10日出荷分から現行価格より平米300円又は15％引き上げる旨の表明が行われたことを契機に，松下電工，住友ベークが同様に値上げすることが表明された。残る5社について，大手3社の関係者から大手3社に追随して7月末までを目標として，同様に値上げを実施するように要請されたが，この要請に対し被審人を含め，各社反対の意見は出なかった。**」というものである（太字は筆者。以下同様）。

ア．「意思の連絡」に関する公取委の主張

　審決取消訴訟において，公取委は，「意思の連絡」に関して以下のように主張した。「複数事業者が共同して対価を引き上げたと認められるためには『意思の連絡』が必要であるが，黙示のもので足り，事業者間に相互に拘束しあうことの合意の成立は必要でなく，**相互に同内容又は同種の行為をするであろうことの認識があれば足り，……事業者が他の事業者の行動を予測し，これと歩調をそろえる意思で同一行動に出たような場合には，これらの事業者の間に意思の連絡があるものと認めるべきである。**①8社が事前の連絡交渉を行っていたこと，その連絡交渉の内容が本件商品の価格引き上げについての意見交換，情報交換であったこと，②その結果として需要者に対する販売価格引上げに向けての行動という行為の一致が認められること，これらの認定ができれば，『意思の連絡』による共同行為の存在したことの<u>立証ができたものというべきである。</u>」（強調，下線は筆者）と述べ，①の価格引上げに関する事前の情報交換

と②の事後の行動の一致が立証できれば,「意思の連絡」は立証できると主張した。

イ.「意思の連絡」に関する東芝ケミカルの主張

　これに対し,東芝ケミカルは,T常務は協調値上げに反対していたし,価格引上げは独自の経営判断に基づくものであったとの認識に立っていたこともあり,審決取消訴訟において,「意思の連絡」の成立に関し,以下のように主張していた。

　すなわち,「『意思の連絡』を肯定し得るためには,**複数事業者相互間で他の事業者の行為を認識,認容することが必要である**。価格引上げ行為が類似したものであっても,各事業者が互いに他の事業者の価格引上げの内容を単に認識していたにとどまる限りは,これらは相互に関連なく併存し得るというるに過ぎない。**相互に他の事業者が協調的行動をとることを期待し,期待されるという関係が存在して,初めて相互拘束的な合意の形成を推認できる。仮に『歩調をそろえる意思』があれば足りるとしても,それは複数事業者間に双方向的に存在することが必要である。**」

　すなわち,①価格引上げの相互の認識と②価格引上げ行為の類似の立証だけでは不十分であり,「相互に協調的行動をとることを期待し,される関係」すなわち③「相互認容」が立証される必要があるということである。

　東芝ケミカルとしては,他の7社の価格引上げを認識していたにとどまり,「相互認容」は存在しなかったのであり,類似した価格引上げが行われたとしても,それは東芝ケミカルの独自の判断に基づくものであったということであろう。

ウ.「意思の連絡」に関する裁判所の判断

　双方の主張を踏まえ,本件東京高判では,以下のとおり,「意思の連絡」の(推認を経た上での)認定の方法が提示された。

　すなわち,「相互の間に『意思の連絡』があったと認められることが必要」であり,「『意思の連絡』とは,複数事業者間で相互に同内容又は同種の対価の引上げを実施することを認識ないし予測し,これと歩調をそろえる意思があることを意味し,一方の対価引上げを他方が単に認識,認容するのみでは足りないが,事業者相互間で拘束し合うことを明示して合意することまでは必要でなく,相互に他の事業者の対価の引上げ行為を認識して,暗黙のうちに認容することで足りる。」

　「特定の事業者が,他の事業者との間で**対価引上げ行為に関する情報交換**をして,**同一又はこれに準ずる行為に出たような場合**には,右行動が他の事業者の行動と無関係に,取引市場における対価の競争に耐え得るとの独自の判断によって行われたことを示す特段の事情が認められない限り,これらの事業者間に,**協調的行動をとることを期待し合う関係があり,『意思の連絡』があるものと推認される**」。

　その上で,本件事案では,①8社が事前に情報交換,意見交換の会合を行っていたこと,交換された情報,意見の内容が本件商品の価格引上げに関するものであったこ

と，②その結果としての本件商品の国内需要者に対する販売価格引上げに向けて一致した行動が採られたことが認められる。

したがって，「原告は，同業7社に追随する意思で価格引上げを行い，同業7社も原告の追随を予想していたものと推認されるから，本件協調価格引上げにつき，『意思の連絡』による共同行為が存在していたというべきである」。

すなわち，まず「意思の連絡」とは，複数事業者間で同内容又は同種の対価の引上げを実施することを相互に「認識ないし予測」し，「相互に歩調をそろえる意思がある」，言い換えると，「相互認容」することを意味する。「認容」は暗黙のものでよい。事後の行動の一致は「意思の連絡」の必須要件ではない。「相互認容」は「相互に歩調をそろえる意思」，「協調的行動をとることを期待し合う関係」とも言い替えられるが，いずれにせよ，「認識」や「予測」とは異なり，相互関係性を内包しており，これが立証されて初めて「意思の連絡」が立証される。

そして，①「対価引上げ行為に関する事前の情報交換」と②「その結果として同一又はこれに準ずる行為」があっても，これらのみでは「立証」には足りないが，他方で，これらがあれば，「当該行為が独自の判断によって行われたことを示す特段の事情が認められない」限り，これらの事業者間に，「協調的行動をとることを期待し合う関係」すなわち，「相互認容」があり，もって「意思の連絡」があるものと「推認」される，ということである。「認識」や「予測」は，会議への参加や情報交換内容の連絡等の間接事実により立証可能と思われるが，「認容」は内心の意思であり，当事者の供述等の直接証拠がなければ，間接事実だけでの立証は難しい。

以上を要するに，公取委は，「価格引上げに関する事前の連絡交渉」と「販売価格引上げに向けての行動という行為の一致」が認定できれば，「意思の連絡」の存在が立証されるとしたが，その主張自体は，判決では容れられなかった。

しかしながら，判決は，上記のように，「対価引上げ行為に関する事前の情報交換」と「同一又はこれに準ずる行為」があれば，「特段の事情」が認められない限り「認識及び認容」すなわち「意思の連絡」が推認される，との規範を打ち出した。

これによって，「意思の連絡」について，事前の情報交換を通じた「相互の認識ないし予測」と「事後の行動の一致」を立証すれば，「相互認容」という，内心の意思の存在の直接の立証がなくとも，「意思の連絡」は推認されることとなった。

ただし，被審人側では，特段の事情の存在の立証によってこの推認を破ることができる。すなわち，審判段階では，東芝ケミカルとしての「真意」を探る上でどういった事情をより信用性高く評価すべきか，という議論であったものは，本件東京高判では，評価検討の順序として所定の「推認」がなされた後，この「特段の事情」の存在の有無を判断する上で考慮されるべき事情として整理されることとなった。この「特

段の事情」の存否は，「意思の連絡」の認定プロセスの中で，既に「推認」が働いている時点で，それを覆すに足りるか否かという観点から考慮されることになる。そして，「T常務は協調値上げに反対していたし，価格引上げは独自の経営判断に基づくものであった」との認識をベースとした東芝ケミカルの反論は，この「特段の事情」として，意思の連絡があったことの推認を覆すには至らなかった。

エ．「意思の連絡」の直接の認定の可能性

ところで，本件東京高判においても認定されている，昭和62年4月14日の7社の部会メンバー中心の台湾懇談会における，「大手3社が値上げを実行すれば協調していく旨」のU氏の発言は，その前後の価格引上げに関する情報交換と合わせて理解すれば，「対価の引上げを実施することを認識ないし予測し，これと歩調をそろえる意思」の表明であり，「意思の連絡」の直接証拠ともなり得る。したがって，4月14日の会合を6月10日の臨時部会における決定と合わせて，連続した1個の行為と捉えることも可能であったのではないか，とも言える。その場合，事前の情報交換と事後の行動の一致を立証することにより意思の連絡を推認するという立証方法によらずとも，意思の連絡の直接の認定は可能であったかもしれない。

しかしながら，審決取消訴訟においては，公取委の審決における認定に実質的証拠が伴っているか否かを判断することしかできず，裁判所が違反行為について新たな事実認定を行うことはできなかった。

そのため，6月10日会合が違反行為の行われた日であるとの本件審決の認定を前提として裁判所での審理が行われ，その過程で上記の意思の連絡の推認という手法が採られたのであって，本件審決が4月14日会合をも合意日に加えて認定していれば，意思の連絡は直接認定され，推認の手法は採られなかったかもしれない。

(5) 「意思の連絡」の推認が認められなかった事例

価格カルテルの事案において，特定の1社について，そもそもカルテルの「認識」が立証できないことから，結果として「意思の連絡」の推認が認められなかった事例（審判審決令元・9・30審決集66巻1頁（以下「加藤化学に対する件」という。）があることから，参照したい。

本件は，段ボール用でん粉について，原料とうもろこし相場の上昇を受け，メーカーが価格引上げカルテルを行ったという事件である。

被審人である株式会社加藤化学（以下「加藤化学」という。）は，かつて安値販売を行ったことから，他の6社との協調関係が崩れていたため，6社の価格引上げ会合には呼ばれていなかったところ，6社は，平成22年11月5日，平成23年1月1日納入分から，キロ当たり10円値上げする旨の決定（「1次値上げ」）を行った。

11月8日，6社のうち1社が，加藤化学の担当者と会食を行い，段ボール用でん粉の市況のほか，コーンスターチメーカー各社とも値上げすると言っていることを話したところ，加藤化学担当者は，本件合意が成立したことを知った上で，「足は引っ張らない」と述べて，他のコーンスターチメーカーと同様に段ボール用でん粉の価格を引き上げていく意向であることを表明した，と審査官は主張した。

しかしながら，審決では，まず，加藤化学は，その会食の場でも，6社の会合の開催の事実すら知らされてはいなかった旨が認定された。また，加藤化学が「足は引っ張らない」と発言していたとの供述（6社のうちの1社）から得られていたことについて，そういった発言の有無や意味は，あくまでその供述人の認識に過ぎず，結論として，それのみでは，加藤化学が各社と同様に価格を引き上げていく意向であることを表明したものとしては足りないとされた。

そして，審決は，当該会食では，加藤化学の担当者に対し，平成22年11月5日の会合において6社の担当者の間で価格引上げ額等について意見が一致したことはもとより，6社が当該会合を開催したという事実すら知らせなかったことを指摘し，本件会食後の値上げについて，加藤化学による値上げの申入れの時期やその内容が他のコーンスターチメーカーとおおむね一致しているとしても，加藤化学の担当者が，本件会食の出席者の言動その他から，本件会合において6社の担当者の間で，段ボール用でん粉の需要者渡し価格の引上げ額については1キログラム当たり10円以上とし，実施時期については遅くとも平成23年1月1日納入分から実施することで意見が一致していたことを認識したとまで認めるに足りないと言わざるを得ず，他にこれを認めるに足りる証拠はない，として，加藤化学の本件合意への参加は認定されなかった。

この事案の審決は，加藤化学による「足は引っ張らない」という発言があったのか否かについて，審判官によって作成されていた審決案による事実認定を改める形で判示されている。そして，そこでは特に，審決案による「『足は引っ張らない』という発言をしたとまでは認められない」という判示部分が，削除される形となっている。例えば，その趣旨は，仮に「足は引っ張らない」という発言があったとしても，なお，意思の連絡を認めるには足りないという趣旨であると理解することができる。その場合，この発言は，もともと独自値上げを考えていた者が「自分の（独自）行動は，値上げすると言っているというコーンスターチメーカー各社の行動を妨害することにはならないはずである」という認識を発言したものに過ぎなかった余地がある。6社のうちの1社との会食の場でさえ，加藤化学が6社の会合の開催の事実を知らされることはなかったという当該事案の事実関係の下では，そもそも6社の価格引上げ合意の認識すらなかったのであるから，「足は引っ張らない」という発言があったとしても，それをもって「歩調をそろえる」旨を発言したものとまでは言えない，という評価に

至ったものと考えられる。
　このように，会食の場での発言による（直接的な）意思の連絡の成立を認めるに足りる証拠がないとした上で，この事案の審決では，事後の行動の一致等による（間接的な）意思の連絡の推認についても，加藤化学には独自の値上げ交渉を行っていることが認められること等から，否定されることとなった。
　なお，この事案に関しては，本件会合には参加していなかったという意味では加藤化学と同じ状況にあった他の1社（便宜上「X」とする。）については，6社との間での意思の連絡が認められ，違反当事者として処分の対象とされた。この事業者Xについては，「会合には参加できないが，会合で決まったことに従う」との趣旨の発言があった等の審査官の主張が審決においても認められている。
　そして，関係証拠から認定される事実に着目するという本書の趣旨との兼ね合いでは，この事案の審決において，6社のいずれかの社における「11／6　部内会ギ」と題する社内メモに，「1／1　－10円」「X　加ト　欠席」「X→OK」「加ト→声かけせず」と読める記載や，別の社における営業会議メモに「X」「けっせき」「→値上は，そう」と読める記載が確認されていたことなどが指摘されている。なお，その後，このXによる審決取消訴訟は，東京高判令2・9・25（審決集67巻401頁）により棄却されている。

(6) 「独自の判断による値上げ」の主張

　「意思の連絡」の推認を破る「特段の事情」に当たる「独自の判断による値上げ」の主張に関して，まず審判の時点では，審査官側から，「事後の行動の一致」の文脈での「実施状況」として，以下のような事実が提示されていた。
○U営業部長は，6月10日の翌日の11日の全国営業会議において，大手3社がそれぞれ値上げ表明することを報告した。
○7月14日の全国営業会議において，営業担当者に対し，8月21日出荷分から平米当たり15%現行価格から引き上げる旨指示がされ，7月17日及び22日開催の特約店会において同内容の価格改訂通知書を配布し，特約店を通じて値上げを需要者に通知した。
○7月20日の帝国ホテルでの主要需要者との懇親会合であるST会に，K営業部課長が出席し，同業他社とともに平米当たり15%又は300円の値上げを要請した。
○7月28日の大阪委員会，8月10，21，31日の名古屋委員会等において，担当者が出席し，主要な需要者に対する値上げについて同業他社と交渉経過を報告し合い，値上げの具体策を打ち合わせた。

他方，東芝ケミカルは，上場申請を控え，原材料値上がり等による採算悪化状況を放置できない特段の事情に基づく独自の経営判断に基づく値上げであって，同業7社と共同してなしたものではない，と主張した。そして以下のような反論を行った。

○ 7月始め，原材料値上がり分の価格への影響を試算したところ，平方当たり40円であったので，社内に平方当たり40円を値上げの一応の目安とすべきことを指示した。
　その後T常務は，同14日，部長会議を招集し，その趣旨を説明した（同会議に参加した同社関西支店長の手帳に「材料費の上がった分はお客さんに認めて貰う」との記載がある。）。
○ 7月15日付け「価格改訂のお願い」には15％の値上げを記載したが，同業他社の値上げが15％と新聞報道されていたので，その値上げ率と同じ数字を記載した。これは企業として合理的な行動である。

これに対し，本件審決では，事実認定として，「当該事業者がいくらの値上げをするか決めたかについては，客観的に外部に表明された額が意味を持ち当該額を基準とすべき」ところ，「一般に値上げ幅を決定する準備として原材料費の値上がり等が調査されるが，その結果はあくまでも内部資料に過ぎず…平米当たり40円の値上げを外部に表明した事実は……認めることができ」ない，とされた。また，7月14日の部長会議に出席した関西支店長の手帳に，「当社の方針　材料費の上った部分はお客さんに認めて貰う」との記載があるが，さらに，「時期と額（8/21　希望7/21…紙基材　15％　300円）」との記載もあり，平米当たり40円の値上げを決定したとの事実をうかがわせる証拠はないとも認定されていた。
　さらに言えば，当該商品は，量産品で製品差別化の程度が小さく，また需要者の価格交渉力も高く，各社が単独で値上げをすることは著しく困難であり，シェア70％を占める大手3社が主導的役割を果たさないと，その他の5社は販売価格引上げができないという，経済原則から導かれる経験則からしても，東芝ケミカルの独自値上げ論の主張は，本件のような状況では説得的ではなかったと思われる。
　ちなみに，加藤化学に対する件においては，平成23年4月1日からの「2次値上げ」についてではあるが，事後の行動に関して，「他のコーンスターチメーカーが8円の値上げを申し入れているのに対し，加藤化学だけが10円の値上げを申し入れており，しかも，大手需要者Aから，他社と同様の5円の値上げの提示を受けたもののこれを拒否し，結局，7円の値上げが受け入れられた上，Aから，このことを口外しないように指示されて，この指示を守っている。」と認定されている。このような事実は，加藤化学が，2次値上げについて，価格引上げ合意と同一又はこれに準ずる行為

に出たのではなく，むしろ，「取引市場における対価の競争に耐え得るとの独自の判断によって行われた」行為と見られる。

市場における競争状況や加藤化学の地位，取引先との関係等によっては，このように対価の競争に耐え得るとの判断に基づく独自の行動を採る余地があり得るが，東芝ケミカルに関しては，そうした余地があったとは認められなかった。

3．価格決定権者のカルテル会合不参加・意思疎通への不関与

なお，本件事案における別の論点として，「東芝ケミカル社内において価格決定権を有するのは，国内営業部門の最高責任者であるT常務であり，T常務は6月10日の臨時部会における価格引上げに関する意思の疎通には関与していない，在席していたU部長は営業部長ではあるが，販売価格の最終決定権者ではなく，事務連絡上在席していたに過ぎない。」との東芝ケミカルの反論の当否という問題がある。これは，価格決定権者が意思の疎通に関わっていない以上，他社と東芝ケミカルの間の意思の連絡は推認されないとの主張とも捉えられる。

本件審決では，「Tが何も意見を述べずに途中退席した本件臨時部会においては，UがTに代わって被審人を代表して意見を述べる立場にあったものとみるのが相当である」ところ，Uは特段の反対意見を表明しなかった，として東芝ケミカルの主張は退けられている。U営業部長の東芝ケミカル社内における本件商品の営業に関する地位や協調値上げに関するこれまでの関与の度合いを考慮すれば，6月10日の臨時部会において，T常務に替わって，事実上東芝ケミカルを代表して，大手3社からの価格引上げ要請を聞き入れる立場にあったということができるということであろう。4月14日の台湾懇親会におけるU部長の発言について「東芝ケミカルを代表して」と認定されているのも，同様の趣旨からであろう。これはすなわち，カルテルに参加した社員の行為の結果を事業者に帰属させるためには，当該社員が代表権や正式な決定権限を有している必要はなく，事業者の事業活動に事実上の影響力を及ぼすことのできる立場であれば十分であるとの考え方に立つものと言える。

なお，本件東京高判の審理においては，このT常務の会合への在席の有無やU部長の価格決定権限の有無という観点に特に着目した攻撃防御や，これに対する判示はなされていない。他方で，本件事案以降の裁判例（ポリプロピレンカルテル事件・東京高判平21・9・25審決集56-2巻326頁）では，「『意思の連絡』の趣旨からすれば，会合に出席した者が，値上げについて自ら決定する権限を有している者でなければならないといえず，そのような会合に出席して，値上げについての情報交換をして共通認識を形成し，その結果を持ち帰ることを任されているならば，その者を通じて『意思の連絡』は行われ得るということができる」と判示されている。

しかしながら，仮に，T常務とともに6月10日の臨時部会に参加していたのが，U部長ではなく，事務連絡上在席し，議事内容のメモを作成した若手社員だけであったとしたら，上記の認定は維持されていたであろうか。

社内において価格決定権限を有する者でない者が行った価格決定等の効果を当該会社に帰属させることができるか否かに関し，談合事件についてであるが，東京地裁判決が出されているので，参照したい（東京地判令元・5・9審決集66巻457頁・奥村組土木興業㈱に対する排除措置命令取消請求事件）。

同判決は，まず，公取委の主張が，事業者の事業活動に事実上の影響を及ぼすことのできる立場にある者であればそれで足り，事業者の事業活動に実際に影響を及ぼした事実を要件として立証する必要はないとするものであれば，それは採用することができないとした上で，「入札の前後において認められる間接事実によって，事業者の意思決定権者が，従業員と他の事業者との間での情報交換等によって得た受注調整等に関する情報を把握していたと推認することができ，当該事業者が受注調整等に沿う行動をとったのであれば，……特段の事情のない限り，事業者間に『意思の連絡』があったと認めることができる」と判示した。

この判示に基づけば，U部長が，営業部長として東芝ケミカルの事業活動に事実上の影響を及ぼすことのできる立場にあったことを示すだけでは不十分であり，T常務に，6月10日の臨時部会における東芝ケミカルを含む8社の意思疎通の状況が報告されていたことを，前後の間接事実によって立証することが求められたかもしれない。

他方，6月10日の臨時部会において，T常務退席後，残ったのが上記の若手社員1人であった場合，同人は，事業者の事業活動に事実上の影響力を及ぼすことのできる立場であるとは言えないが，議事の内容をメモにしてしかるべく報告しており，T常務やU部長が直接又は間接にその報告を受けていたことが立証されれば，さらに前後の状況を加味する必要があるにしても，価格引上げの決定に関する情報を把握していたと推認され，「意思の連絡」があったことの認定は維持されたと言えよう。

4．本講のまとめ

改めて，本件事案においては，どのように行動していれば，違反に問われることを回避することができたであろうか。なお，以下の内容は，同種の事案について社内調査を行う際の着眼点とも，いわば表裏の関係にある。

(1) **協調値上げに関する「認識」を完全に回避すること**

本件東京高判は，いみじくも「原告がもし，その主張する特殊事情から協調的価格引上げに加わらない意向を有していたならば，8社間の意見交換や協議に加わらず，

本件商品の価格引上げについても，協調的とみられるおそれのある行動は極力避けるはずである。」と述べている。

　すなわち，東芝ケミカルとしては，「協調的価格引上げに関し，他の7社との意見交換や協議には一切加わらない」ことが必要であり，そのためには，部会，業務委員会に参加すべきではなかった。

　部会や業務委員会に参加して，協調値上げの話を聞いてしまった以上，「認識」は形成されるのであり，単に協調値上げに反対と主張するだけでは，形成された「認識」は消滅しない。また，コンプライアンスが厳しいからと言って，部会等には参加しないとしつつ，部会等における討議内容等の報告を他の参加者から受けるのであれば，会合に参加した場合と同様の「認識」の形成は避けられない。いかなる形態やルートからであっても，「協調値上げの実施」について知ってしまえば，「認識」は形成され，それを否定することは困難である。

　同様に，「本件商品の価格引上げについても，協調的と見られるおそれのある行動は極力避ける」べきであるとしても，本件商品の特徴と，当時の東芝ケミカルの市場における地位を前提とすると，価格引上げに関し，大手3社とは異なる行動を独自に採ること，より厳密に言えば，第三者から見てそのように独自の行動を採ったものと認識されるようにすることは，経済原則からして困難である。

　東芝ケミカルとしては，協調値上げに関する「認識」を完全に回避することに成功していれば，大手3社を含む他の7社の価格引上げへの追随は，カルテル合意の実行には当たらない，いわゆる意識的並行行為であった，と見られる余地はあったであろう。

(2)　協調値上げに関する「認容」を明確に否定すること

　本件の部会や業務委員会のような会合が，カルテルを行うためだけの会合ではなく，工業協会の下部組織として通常業務に関する事項も討論される常設会合である場合，完全に参加を断ち切ることは困難であり，協調値上げに関する議論も耳に入ってしまい，「認識」が形成されることは避けられない（安値販売により他メーカーとの信頼関係が崩壊していたことなどの経緯から，他メーカーの価格引上げに関する会合に誘われず，また，その後に順次共謀的な流れが生じそうになった際も，会合における決定内容を知らされなかったと考えられることなどが重要な要因となって，カルテルについての「認識」の存在が否定され，意思の連絡を認めるに足りる証拠がないとされたケースについて，加藤化学に対する件参照）。そうしたおそれがある場合には，あらかじめ弁護士に相談し，価格引上げに関する討議への参加は避け，仮に聞いてしまった場合には，その場において明確に反対の意思を表明し，それを何らかの形で明確に証拠に残しつつ，通常業務に関する事項については参加を継続する方策を実施する必要がある。

T常務も，そのように，協調値上げには反対しつつ，部会には参加を継続したとの認識であったのかもしれないが，その対応が不十分であったため，本件審決では，他の参加者は，「被審人の特殊事情を知っており，Tの立場上そのような発言もやむを得ないものと理解を示し，従前の被審人の状況からみて，いずれ追随してくると考え，あえて非難をしなかったとも考えられる。」とされた。すなわち，少なくともこのような場面では，内心の真意は内心のままでは真意とは認められず，外部に明確に示し，受け入れられることによって，初めて真意として受け取られるということである。

もっとも，「認容」を否定したつもりであっても，事後の行動の一致が見られる場合，それは「協調的とみられるおそれのある行動」には当たらないと合理的に説明できない限り，「認容」の否定も怪しいものと思われるおそれがある。

(3) 事後の販売価格引上げに向けての行動の一致に与しないこと

事前の「認識」が回避できなかった場合，協調値上げへの参加を回避するためには，事後の行動は独自に行うことが必要である。本件東京高判の言うところの，「右行動が他の事業者の行動と無関係に，取引市場における対価の競争に耐え得るとの独自の判断によって行われたことを示す特段の事情」に基づく行動であると証明できるようにすることである。

ただし，法理論的にはそのとおりとしても，特に本件事案のような製品特性や市場環境にある場合には，経済原則や経験則から，この独自の行動を実行すること（第三者からもそのように認められるようにすること）は容易ではないかもしれない。

① 合意価格よりも高い価格に引き上げる場合

ブランド差別化が多少なりとも進んでいたり，固定的な需要先が中心であったりする場合であれば，取り決めた価格よりも高い価格を打ち出したとしても，ある程度シェアを失う可能性はあっても，販売を継続できる可能性はありそうである。

しかしながら，本件商品のような製品差別化がなく価格競争の激しい商品であり，かつ市場において特に有力な地位にはない会社であれば，取り決めた価格よりも高い価格を打ち出せば，直ちにシェアを失うことになる。そして，早晩，合意した価格まで引き下げざるを得ないが，この合意価格よりも高い価格の打出しとその後の合意価格への引下げが，独自の判断によって行われた行動と評価されればよいが，結局のところ，一致した行動と認定される可能性は否定できない。

Ⅰにおいて説明したように，本件事案での公取委側の立証構造において，【図表】の資料が重要な要素となっているところ，本件事案の当時と異なり，現在では，平成25年独禁法改正により，正式処分の前に実施される意見聴取手続を通して公取委側が保有する関係証拠の開示を求めることができるので，東芝ケミカルにとって他社資料

(国内同業8社のうちの1社に所属するS氏（当時の電子基材事業部業務部長）が，同社の社長に，その内容を報告するために作成した社内文書）である【図表】の資料についても，閲覧が可能ということになる。同資料については本件審決において「当時，本件値上げを実現するためには，少なくとも大手3社の一致した行動が必要であり，S氏も十分にその点は理解していたと思われ，自社の社長に報告する文書に実際には決定がないのに決定があったとするような報告をするとは通常考えられない」と認定されていた（Ⅰの1.(1)参照）。すなわち，大手でさえ，単独では値上げの実施は困難であるというのが一般的な認識であったという前提で議論の説得力を評価することも可能であり，またその必要があるということになる。そうすると，本件事案のような製品特性や市場環境の中で，「右行動が他の事業者の行動と無関係に，取引市場における対価の競争に耐え得るとの独自の判断によって行われたことを示す特段の事情」を示すのは，それ自体極めて困難ということになりそうである（Ⅰの3.(2)参照）。

　加藤化学に対する件では，事後の行動に関して，2次値上げや3次値上げの場面で，加藤化学による「合意価格よりも高い価格に引き上げる」という行為が認定されている。ただし，これは，本件東京高判が示した規範において「意思の連絡」の推認が認められ，「特段の事情」の有無のみが残された論点となっている状況というよりも，そもそも「意思の連絡」の推認自体も否定されそうな状況であることに，留意が必要であろう。

② 合意価格より低い価格にする，又は一切価格を引き上げない場合

　東芝ケミカルは，合意価格が平米15％又は300円値上げに対し，独自の価格として，平米40円値上げを検討していたと主張したが，対外的には一切打ち出さず，合意価格と同様の平米15％値上げを打ち出し，他社と打出し価格をそろえるのは合理的な企業行動だと主張した（本件審決では，平米40円値上げは内心の意図に過ぎず，外部に表明された額を基準とすべきであるとして，独自の値上げ論は容れられなかった。）。

　平米40円値上げを対外的に打ち出していれば，独自の行動と評価され，本件東京高判が示した「特段の事情」という要求水準に照らしても，意思の連絡の存在も推認されなかったかもしれない。

　さらに，仮に独自行動を採る者の市場における地位が極めて有力である場合には，そのカルテル破りは，カルテルの崩壊と評価されるか，あるいはそもそもカルテルは成立していなかったと見られる余地もある。

　他方で，そのカルテル破りがカルテル不成立につながるとまで認められないとしても，その独自行動故に，その者が違反の責めを免れる可能性は，上記のように，なお残されている。そうであるからこそ，この「事後の行動の一致」の場面にとどまらず，

事前の「認識」や「認容」の文脈でも，独自行動を採っていたと評価されるようにしておくことが重要となる。

第2講

違反行為について，関係者の素朴な認識や調査当初の想定と最終的な認定とがズレる場合

【図表1】 1997年版の手帳（本件手帳）

	平成9年7月	
1	素鶴	8／25
2	九林	8／25
3	古賀	
4	北川	
5	香椎	
6	安藤	
7	木下	
8	九緑	
9	西鉄	
10	愛廣	
11	中村	
12	藤吉	
13	都市	
14	内山	
	福岡	10／17
	別府	〃

「安藤造園土木事件」（審判審決平13・9・12）

事案の理解の手がかり：「手帳（1997年版）」等（本講【図表1】以下）

I　証拠からみた，独禁法違反認定の鍵

　本講では，入札談合をめぐる事案において，しばしば議論される「生の社会的事実」と「構成要件を充足する事実」との間に存在するズレ（それが許容される範囲や程度）という点について，いわば先駆的な判断を示した安藤造園土木事件[1]（以下，本講において「本件事案」という。）を取り上げる。

【図表1】　1997年版の手帳（本件手帳）

	平成9年7月	
1	素鶴	8／25
2	九林	8／25
3	古賀	
4	北州	
5	香椎	
6	安藤	
7	木下	
8	九緑	
9	西鉄	
10	愛廣	
11	中村	
12	藤吉	
13	都市	
14	内山	
	福岡	10／17
	別府	〃

1．「1997年版の手帳」と題する文書

　まずは，【図表1】をご覧いただきたい。例えば営業責任者の手帳の中に，こういった内容の記載が見つかったとして，そこからはどういった情景が浮かぶだろうか。
　何らかの関係先（おそらく競合先）の名称が，番号を付されて列挙されており，1997年7月以降，おそらく同年の8月，10月と時期を追う形で，抹消線が付されて消し込まれている。例えば，何らかの一連の入札物件について，その落札結果を記録し

---

[1]　審判審決平13・9・12審決集48巻112頁（以下「本件審決」という。）。

たものであるようにも見える。しかも，それは単なる結果の記録ではなく，前もって受注予定の順序が決定され，その進捗状況についての手控えとして残されたものである可能性もうかがわれる。

　ただし，法務の現場において，そのように結論に一足飛びにたどり着こうとするのは，少々飛躍のし過ぎであろう。筆者の経験上も，違反の嫌疑に関する社内調査の過程で見つけられた一見疑わしい手帳の記載等が，実際には問題に結び付くものではなかったというケースは少なくはない。

　本件手帳は，いわゆる入札談合に関する先例である本件事案において，重要な書証とされた従業員の手帳に残されていた記載（「査第58号証」）について，その関係箇所に限定して再現を試みたものである（本件審決の「別紙審決案」の「別紙3」）。同事案で実際に争われた内容は，そこから何を読み取ることができるのか（あるいは逆に，どこから先は読み取ることができないのか。）を知る上で，極めて有益である。

(1) 「誰が」「何を」決めたのか

　この手帳は，本件事案の被審人のうちの1社である安藤造園土木株式会社（以下「安藤造園土木」という。）のN営業部長が所持し，記載していたものとされている。

　列挙されている名称は，安藤造園土木を含め，基本的に本件事案の当時，福岡市において造園工事業を営んでいた事業者の略称であった。

　上記のとおり，この記載は，いわゆる入札談合での調整結果として，1997年7月以降に順次発注される物件ごとの受注予定者（時間的な先後という意味での，優先順位）を意味していた。すなわち，入札談合について「何を」決めたのか，その決められた「内容」に関する資料であった。

　ただし，入札談合において，決められた内容から何の恩恵も受けられないなら，普通はそもそもそこに参加しようとは思わないであろう。その意味では，決められた優先順位に列せられていた者は，基本的には，それを決めた当事者（「誰が」）でもありそうである。

　なお，N営業部長の資料からは，本件手帳以外にも，1990年版の手帳などが発見されており，その中にも本件手帳と同様の記載があったことが確認されていた。そして，1990年版の手帳には，列挙されていた1番目の業者の名称の上に「超特」という文字が記載されていた。実は，その当時の事情として，福岡市が指名競争入札の方法により発注していた造園工事について，福岡市に事業所を有する造園工事業者らが，物件の金額ランクごとに受注に関して話合いを行っていたことが認定されていた。その金額ランクごとの話合いは，それらの業者を正会員とする社団法人福岡市造園建設業協会（以下「市造協」という。）を通じて行われていた。そして，その金額ランクとは，

「落札金額1億円以上は超特Aランク，5,000万円以上1億円未満は特Aランク，2,000万円以上5,000万円未満はAランク，600万円以上2,000万円未満をBランク等」といった内容であった。市造協の会員である造園工事業者は，それぞれ上記物件の金額ランクに対応した業者のランクを割り振られ，各ランクの業者は，自社に割り振られたランクより上の金額ランクの工事は受注できず，超特Aランクの工事については，同ランクに属する業者だけが受注することができるとされていた。

　これらの事情から，1997年7月以降の物件に関する本件手帳の記載も，上記の金額ランクのうちの「超特Aランク」に関するものと考えられることになった。

(2)　「超特Aランク」物件との照らし合わせ

　下記の【図表2】は，1997年7月31日以降に福岡市から発注された造園工事のうち，落札金額が1億円以上と想定される大規模なものについての実際の落札結果を，本件手帳の記載と比較したものである。

【図表2】　実際の結果との比較

業者名	本件手帳の記載順位	実際の受注順位
素鶴	1	1
九林	2	1（上記と同日入札の別物件）
福岡	なし	3
別府	なし	3（上記と同日入札の別物件）
古賀	3	5
北川	4	6
香椎	5	6（上記と同日入札の別物件）
安藤	6	6（上記と同日入札の別物件）
木下	7	11
九緑	8	11（上記と同日入札の別物件）
西鉄	9	9
愛廣	10	10
中村	11	11（上記と同日入札の別物件）
藤吉	12	11（上記と同日入札の別物件）
都市	13	11（上記と同日入札の別物件）
内山	14	なし

　その詳細はともかく，まず重要なのは，両者はおおむね一致しており，他方で微妙に相違していた，という点である。

そもそも，手帳に挙げられている事業者名自体が，該当する時期の対象物件についての実際の受注結果と全くかけ離れているなどの場合には，その記載は，疑われている違反行為とは関係なさそうであるということになろう。実のところ，本件手帳にも，「超特Ａランクの優先順位」ではないと思われる記載も見受けられていた。

　他方で，該当する時期の対象物件の受注結果と照らしてみて，各社が順に１件ずつ受注しているなどの点を含め，「超特Ａランクの優先順位」を記載したように見える状況で，その順位に，記載と実際とで若干の相違が生じているという場合には，むしろ，その記載は疑われている違反行為に関するものである可能性が高まる。特に，本件手帳で各事業者名に付記された番号が，実際の受注結果と相違していたということは，それらの付番は受注結果が判明してから事後的に記載されたものではなく，各物件発注以前に（予定として）付されたものと推認することができるということになる。

　なお，本件手帳の記載については，被審人側からは，「審査官が自己の主張に合致する部分だけを都合良く引用しているのであり，審査官の主張は我田引水で到底公平な分析結果とは言い難い。」との指摘もなされていた。この点，本件手帳にも，「超特Ａランク」に関するものと思われるのに，その時点では「超特」ではなかったはずの事業者名も含まれており，その限りでは齟齬と言わざるを得ない記載も見受けられていた。そして，当時「超特」ではなかったはずのその事業者に割り当てられていた物件は，実際には，本来「超特」として記載されるべきであったと思われる事業者が落札していた。本件審決は，この点について，「齟齬があるというほかはない。」と述べつつ，全体としては，本件手帳の記載の信用性を左右するには足りないと述べている。

(3)　手帳の記載と実際の受注結果の異同

　まず前記【図表１】のとおり，本件手帳の番号１番（「素鶴」）と２番（「九林」）には「８／25」と付記され，番号が付されていない「福岡」及び「別府」には「10／17」と付記され，これら４社の名称には抹消線が付されている。そして【図表２】のとおり，これらの造園工事業者は，それぞれ，手帳の記載どおり，付記された日に，その順番に従って物件を受注していた。

　ただし，手帳では番号が付けられていなかった「福岡」及び「別府」が，手帳では番号３番（「古賀」），番号４番（「北川」）等の事業者よりも先に受注していた。この点，関係者の供述等によれば，「福岡」及び「別府」は，1997年７月以降に，新たに超特Ａランク業者となったものと考えられていた。そして，このような経緯からすると，番号が付されていなかった「福岡」及び「別府」がそれぞれ３番（「古賀」）及び４番（「北川」）よりも先に物件を受注していたのは，「順番が決められた以降に『超特』に加えられた者はその時点で他に優先して受注予定者に選定される」というルー

ルが存在したためであるという推認が可能とされた。

　本件手帳の記載では番号3番から6番とされていた「古賀」から「安藤」についても，同様に抹消線が付されている。そして，これらの造園工事業者も，その順番で物件を受注していた（なお，本件手帳の番号5番の「香椎」と6番の「安藤」については，同日に複数の入札が行われており，そのいずれかを受注できていれば順番は守られていると考えれば，手帳と実際の結果には齟齬はないと言えた。）。

　他方で，本件手帳の番号7番（「木下」）から10番（「愛廣」）については，実際の受注結果と順序に相違があった。すなわち，本件手帳の番号9番（「西鉄」）及び10番（「愛廣」）は，実際には，7番（「木下」）及び8番（「九緑」）に先だって物件を受注していた。この点，そもそも「木下」及び「九緑」は，それらの物件の指名を受けておらず，それゆえに当該物件を受注することができないという状態にあった。そして，その後，「木下」及び「九緑」は，それぞれその次に指名を受けた物件を受注していた。このことからは，「本来優先順位にある者が，指名を受けておらず当該物件を受注することができない状態にある場合には，指名を受けた次の優先順位の者が繰り上がる」というルールが存在したという推認が可能とされた。

　本件手帳の番号11番の「中村」から13番の「都市」については，同日に複数の入札が行われており，そのいずれかを受注できていれば順番は守られていると考えれば，順番は守られていたと評価できる状況にあった。

　なお，本件手帳の番号14番（「内山」）については，そもそも受注の事実がなかった。ただし，「内山」については，この当時，福岡市の造園登録業者名簿にも登録されておらず，福岡市発注の特定造園工事について指名を受ける可能性は事実上なかったとされていた。

　以上のように，1997年7月31日以降，1999年2月2日までの期間に福岡市から発注された上記のような大規模な造園工事について見た場合，これら番号1番（「素鶴」）から13番（「都市」）までの事業者と，付番のない「福岡」及び「別府」は，基本的に，それぞれ順に1件ずつ工事を受注していた。

　そして，本件手帳の記載は，それが実際の落札結果と相違しているとしても，むしろその相違ゆえに，入札談合行為の重要な証拠として位置付けられるものと評価されることとなった。

2．本件手帳の記載が，違反認定において果たした役割

(1) 「本件合意の意思形成の過程を，日時，場所等をもって具体的に特定することを要するものではない」との判示

　一般に，入札談合等をめぐる事案では，合意（意思の連絡）の成否が重要な争点と

なり得る。

　この点，本件では，少なくとも「福岡市発注の造園工事について，以前に，入札に参加する造園工事業者間で，同工事の受注に関する話合いが行われていたこと，平成2年9月ころ，それまで定めていた同工事の落札金額により区分していたランクを改正したことは争いがない。」とされていた。

　例えば，全ランクの造園工事業者が参加して，想定落札金額の多寡によらず，すべての物件を対象に受注調整を合意していた，という認識を有していたとする。そういった状況で，「いわゆる大手業者のみが参加して落札金額1億円以上が想定される大規模物件のみについて受注調整を合意した。」という認定がされた場合，認定を受けた者としては，「自分たちだけではなかった。」，「そのような高額物件だけではなかった。」といった感想を抱くのではないだろうか。そして，その主張は，法的には，「認定されたような事実が，そのままの内容で存在したことはない。」，「そのような『一部を切り取ったような合意』があったというなら，それはいつどこで成立したのかを主張立証せよ。」という趣旨で，認定を否認する主張となり得る。

　本件審決は，この点について，「本件合意の意思形成の過程を，日時，場所等をもって具体的に特定することを要するものではない。」と判示した。それは要するに，「『超特Aランク』だけで談合した覚えはない。」という主張に対して，「そうだとしても，少なくとも『超特Aランク』について談合があったということなら支障ない。」と述べたものとも評価できよう。これは，ある広範な事実に対して，それより狭い範囲を，証拠上より確実に認定できる範囲として捉えることの是非という問題である。

　すなわち，純然たる社会的事実として，ある会合（接触）が，ある日時場所で実際に存在したか否かを論じるのとは，議論の様相を異にするものである（価格カルテルをめぐる事案ではあるが，**第1講**で扱った東芝ケミカル事件では，「昭和62年6月の臨時部会」と「昭和62年4月の懇親の席」のいずれにおいて合意成立が認められるべきかをめぐる議論があった。）。

(2) 「合意の存否」という問題

　本件手帳の記載は，それ自体としては，どのような方法で受注調整が行われていたのかという，「受注予定者の決定方法」を示す資料であって，誰と誰の間に合意があったのかといった「合意の存否」自体を直接示す資料ではない。ただし，実際に関係者間でそのような受注予定者の決定方法が採用されていたという事実は，関係者間でそのような合意があったことを認定するための根拠の1つとなり得る。本件審決においても，本件手帳の記載は，特に上記の意味合いで特定された「超特Aランク業

者」という関係者間での合意の成否という趣旨を含め，そのように位置付けられていたものと考えられる。

特に本件事案では，この受注調整の実施に関連する事実が，違反行為の立証において重要な役割を担いつつ，同時に，認定された違反行為の範囲（すなわち，「誰が」「何を」「どのように」調整していたのか。）の限界を画するという役割も帯びることとなっている。

社内調査の過程において，その当初の想定と最終的な認定との間に差異が生じることもあるといった点を含めて，本件事案から得られる実務対応上の教訓について，Ⅱを参照されたい。

Ⅱ 事案検討から得られる教訓

本講でも，前講と同様に，Ⅰを通して得られた本件事案の理解を踏まえつつ，そこから得られる教訓として，特に，課徴金減免制度の活用という観点から，社内調査の着眼点等について検討したい。

本講においては，社内調査の結果を踏まえて課徴金減免申請を検討する際に，当事者としての素朴な（社会的あるいは歴史的な）事実認識にある程度依拠せざるを得ないことから，報告すべきと思われる違反行為の範囲と，違反を立証する資料の提出が可能な違反行為の範囲が一致しないことがあり得るという点，さらには，「最終的に認定されることになる違反行為」が「減免申請の対象となった違反行為」よりも狭い範囲のものとなり得る点に焦点を当てている。そして，そのような場合でも，可能な範囲での事実の報告と，資料の提出を行っていれば，課徴金の減免を受けることができるものと考えられることを述べる。

また，最後に，課徴金減免申請を行うことに関連して，その他に，特に現場レベルにおいて留意しなければならない点について述べる。

1．法務部門や管理部門が検討すべき対応

入札談合に関わっていた営業部門とは異なる管理部門において，Ⅰの【図表1】の「1997年版の手帳」記載のような文書を偶然に入手する可能性はある。

そのような場合，当該管理部門としては，どのような対応を検討すべきであったか。

(1) 課徴金減免申請について（総論）

入札談合は重大な違法行為であるから，本件事案においても自社がそれに関わって

いることを発見した以上は，直ちに参加を取りやめ，公取委に違反行為の申告を行うという対応は，コンプライアンス対応としてはあり得た。

しかしながら，本件事案について公取委の事件審査が開始された平成11年当時においては，課徴金減免制度は存在しなかったため，違反事実を公取委に申告することの経済的メリットはなく，逆に，行政処分，課徴金納付命令さらには発注者からの指名停止処分といった不利益を被るのみであった。そのため，上記のようなコンプライアンス対応が採られることは，必ずしも容易ではなかった。

平成17年の独禁法改正により，課徴金減免制度が導入され，公取委に自らの違反行為を報告するとともに，公取委の審査に協力することにより，課されるべき課徴金が免除又は軽減されることとなった。

したがって，今日においては，自社が入札談合に関わっていることを示す文書等を入手した管理部門としては，課徴金減免申請を行うことを，まずは検討すべきということになる。

なお，令和元年の独禁法改正により，「調査協力減算制度」の導入等課徴金減免制度の改正が行われているが，以下では，そうした課徴金減免制度改正の詳細に触れることはせず，公取委の違反審査が開始される以前において，上記のような文書を入手した管理部門が，課徴金減免申請を行うことを検討するという前提で検討を行う。

課徴金減免申請は，個人の立場で匿名でも行うことのできる「違反行為の申告」とは異なり，違反行為を行った事業者自身の申請であるため，減免申請を行うことについて，経営陣の判断・決定を要する。

課徴金減免申請においては，違反行為者として知り得た事実及び資料をすべて公取委に報告・提出することが必要であるから，本件事案に関して言えば，Ⅰの【図表1】のような文書をきっかけとして，福岡市発注の造園工事について談合が行われていた事実について，談合に直接関わっていた役職員から事情を聴取し，その記録を作成する，その他関連する文書や記録，さらにはファックス，メール，SNS等を通じた他の違反行為者とのやりとりに関する資料も収集・提出する必要がある。

こうした社内調査を迅速かつ詳細に行うため必要がある場合には，適宜外部弁護士の依頼も検討すべきである。

さらに，経営陣が談合に関わっていた場合など，事情聴取の実施や課徴金減免申請の了解を得ることが困難な場合には，外部弁護士の介入は不可欠となるであろう。

(2) **本件事案において課徴金減免申請を行う際に生じ得る検討事項**
ア．調査開始時点での想定と最終的に認定される違反行為との間に差異が生じ得ること

　事案の調査の当初の想定と最終的な認定との間に差異が生じ得ることは，当局による事件審査といえども，企業による社内調査と異なるものではない。すなわち，事件審査開始時点において，公取委が想定していた違反被疑行為は，限られた証拠に基づくものであって，審査を通じて入手できた証拠に基づき最終的に認定される違反行為が，当初想定していた違反行為と合致しないことは十分にあり得る。そして，課徴金についても，最終的に認定された違反行為に基づき，各違反行為者が当該違反行為の実行として行った事業活動に係る売上額に基づいて算定される。

　本件事案において，審査開始当初の違反被疑行為がどのようなものであったかは明らかではないが，落札金額規模のランクにより区分するのではなく，「福岡市が指名競争入札の方法により発注する造園工事における入札談合の疑い」というように，最終的に認定された違反行為よりも「大きな」違反被疑行為であった可能性が高い。

　この点に関連して，Ⅰの後段で述べていた点を補足する。まず，本件基本合意は，個別調整が行われたことの証拠に基づく推認の手法によって認定されたものであり，被審人ら15社の独自の協議に基づき合意されたとの証拠に基づき認定されたものではない。

　この「関係当事者間で協議がなされたという経緯を踏まえて，違法な合意の事実を認定する。」というアプローチは，第1講で紹介した東芝ケミカル事件で採られていた方法に近い。

　その場合，同事件の審判審決でも認定されていたように，「昭和62年6月の臨時部会」や「昭和62年4月の懇親の席」といった，個別具体的な協議に関する事実から，違法な合意の事実の推認を得ようとすることになる。したがって，推認の結果として到達しようとする「違法な合意」自体についてはともかく，推認の根拠となるべき個別具体的な協議については，それらが確実に存在したことが説得的に示される必要があり，可能な限り，その場に居合わせた当事者の顔ぶれや開催日時・場所なども立証されるべきことになる。

　ところで，第1講で指摘したように，同事件では，「昭和62年6月の臨時部会」と「昭和62年4月の懇親の席」のいずれにおいて合意成立が認められるべきかをめぐる議論があった。推認の根拠として挙げられる個別具体的な協議は，特にそのうちの1つがピックアップされる形で「違法な合意」の成立が認められる場合には，推認のための説得的な個別具体的事情の立証により，結論としては「違法な合意」自体についても「日時，場所等をもって具体的に特定すること」が求められることにもなり得る。

言い換えれば，本件審決における「本件合意の意思形成の過程を，日時，場所等をもって具体的に特定することを要するものではない。」という判示を踏まえても，状況によっては，例えば，東芝ケミカル事件のような事案において，「昭和62年6月の臨時部会」と「昭和62年4月の懇親の席」のいずれにおいて合意成立が認められるべきかが争われる余地があると言える。

しかしながら，本件事案はこれとは異なり，本件基本合意は，個別調整が行われたことの証拠に基づく推認の方法によって認定されたものである。いわば「大きな」違反行為の中で，個別調整の証拠に基づく推認の及ぶ範囲の限界として「小さな」違反行為も行われていたと推認できるときに，その「小さな」違反行為がそれ自体として独立して，いつ，どこで成立したものか，「日時，場所等をもって具体的に特定すること」は，推認を得るための説得的な立証活動の中でも特に必要とされるものではなく，またそもそも不可能であろう（生の社会的事実として，そのような行為はなかったであろうと思われるのであり，あくまで法的な評価の問題として，そのような事実が認定できるということにとどまるからである。）。

イ．減免申請の対象とする違反行為と最終的に認定された違反行為との間に差異が生じ得ること

それでは，Ⅰの【図表1】のような文書を入手した管理部門としては，どのような内容の違反行為について課徴金減免申請を行うことができたか。

当該文書の記載が，超特Aランク事業者15社について，1997年7月以降に順次発注される物件ごとの受注予定者（時間的な先後という意味での優先順位）を意味していたことは既に述べたとおりである。

この文書の記載を基に，社内の営業関係者から事情聴取を行った結果，「福岡市発注の造園工事について，市造協の会員である造園工事業者間で，受注予定者を決定し，受注予定者以外の者は受注予定者が受注できるように協力しており，それがあらかじめ定められた落札金額のランクごとに行われていた」ことは聴き取ることができたと想定する。

そうすると，課徴金減免申請において報告する違反行為の内容は，「福岡市発注の造園工事について，市造協の会員である造園工事業者間で落札金額のランクを定め，ランクごとに入札談合を行っていた。」ということになりそうであるが，証拠として提出できるのは，「超特Aランク事業者15社の1997年7月以降に順次発注される物件ごとの受注予定者のリスト」や，それらの物件のうちの一部について価格連絡が行われたことを示す資料等の限り，となる。

公取担当者から，超特Aランク事業者以外の市造協会員造園工事業者の受注予定者が分かる証拠はないのか，と問われれば，ないと答えざるを得ない。

また，超特Ａランク事業者15社の間でのみ談合の合意を行ったのか，と問われれば，そのような合意をした覚えはない，と答えるのであろう。

そして，審査の結果，最終的には後記において述べるように，「福岡市が指名競争入札の方法により発注する造園工事（合併入札により発注される工事を含み，落札金額が１億円未満の工事を除く。）」に限定された入札談合が違反行為として認定されたとする。

この場合，課徴金減免申請における違反行為が，「福岡市発注の造園工事についての落札金額のランクごとの入札談合」であり，審査開始時点での違反被疑事実も同様であったとして，最終的に認定された違反行為は，当初想定していた違反行為の一部であり，両者は一致していないことになる。しかし，そうであるとしても，最終的に認定された違反行為は，課徴金減免申請において報告した違反行為の一部であり，かつ，課徴金減免申請者の受注物件は，違反行為者として認定された超特Ａランク事業者として，違反行為に基づき受注した物件であることから，課徴金算定対象となり，したがって，課徴金の減免を受けることはできたであろう。

２．本件事案において，当初の想定と最終的な認定との間に差異が生じたと考えられる経緯

本件事案において，当初の想定と最終的な認定との間に差異が生じることとなった背景については，本件審決で示されている，本件違反行為に関する公取委の事実認定と被審人らの行った反論に関する以下のような経緯から，ある程度の推測を行うことが可能である。そこで，その詳細を順を追って見てみることとする。なお，これによって見えてくる，本件での当初の想定と最終的な認定の差異は，基本合意の顔ぶれと，一定の取引分野という，２つの観点からの広狭についてのものである。

(1) 本件審査の経緯

本件事案は，福岡市発注の特定造園工事についての入札談合事件であり，公取委の排除勧告に対し，被審人ら15社のすべてが応諾しなかったことから，平成12年１月21日に，被審人ら15社に対する審判開始決定が行われ，審判手続を経て，約１年６か月後の平成13年７月31日に，14社に対して本件審決が出された。

なお，審判開始決定の対象15社のうち１社は，審判手続中の平成12年３月６日に破産宣告を受け，事業活動を完全に停止したことから，同社に対するその後の審判手続は打ち切られた。

また，本件審決に対し，審決取消訴訟が提起されたが，その後取り下げられたようである。したがって，本件事案については，本件審決が最終判断となった。

(2) 審判開始決定における認定事実

審判開始決定において公取委が認定した違反事実は、以下のとおりである。

> 被審人15社は、遅くとも平成9年7月31日以降、福岡市が指名競争入札の方法により発注する造園工事（合併入札により発注される工事を含み、落札金額が1億円未満の工事を除く。以下「福岡市発注の特定造園工事」という。）について、受注機会の均等化及び受注価格の低落防止を図るため、
> 1　福岡市から指名競争入札の参加の指名を受けた場合は、当該工事を受注すべき者を定める
> 2　受注すべき価格は、受注予定者が定め、受注予定者以外の者は、受注予定者が定めた価格で受注できるように協力する
> 　旨の合意に基づき、運営委員等と称されている者が、福岡市発注の特定造園工事の入札について、被審人15社のうち、指名を受けた者の中から、あらかじめ定められた受注予定者となるべき順位、受注実績等を勘案し、被審人15社が均等に受注できるように受注予定者を選定するとの方法により、受注予定者を決定し、受注予定者が受注できるようにしていた。

(3) 入札談合の基本合意と個別合意

入札談合は、「話合いによって受注予定者を決定し、受注予定者が受注できるように協力することの合意」という「**基本合意**」と、「この合意に従って、個別の発注案件において、受注予定者を決定し、受注予定者が受注できるようにすること」の「**個別合意**」によって構成されると理解されている。

そして、前者の「基本合意」ないし「基本ルール」が、独禁法2条6項の不当な取引制限に該当し、違反行為を構成するのに対し、後者の「個別合意」ないし「個別調整」は、基本合意に基づく実施行為に当たると解される。

入札談合の基本合意は、その成立が古いことも多く、また、「話合いによって受注予定者を決定する」という抽象的な内容にとどまり、合意内容に具体性が欠けることが多い。

さらに、基本合意のみでは具体的にどのように、個々の入札において受注予定者が決まるのかも明らかでないため、入札談合事件の審査においては、通常、個別物件の受注調整ルールについての立証も併せて行われる。

(4) 本件入札談合の合意内容と被審人らの反論のポイント

本件事案においては，上記(2)審判開始決定書記載の違反被疑事実の前半の，
「被審人15社は，遅くとも平成9年7月31日以降，福岡市発注の特定造園工事について，
1　福岡市から指名競争入札の参加の指名を受けた場合は，当該工事を受注すべき者を定める
2　**受注すべき価格は，受注予定者が定め，受注予定者以外の者は，受注予定者が定めた価格で受注できるように協力する**」旨の合意が基本合意であり，後半の，
「運営委員等と称されている者が，福岡市発注の特定造園工事の入札について，被審人15社のうち，指名を受けた者の中から，あらかじめ定められた受注予定者となるべき順位，受注実績等を勘案し，被審人15社が均等に受注できるように受注予定者を選定するとの方法により，受注予定者を決定し，受注予定者が受注できるようにしていた。」が，個別合意ないし個別調整を指す（太字は筆者）。

そして，本件事案における被審人らの反論の主な内容は，基本合意に関する，以下の2点である。

ア．基本合意の存否

福岡市が指名競争入札の方法により発注する造園工事のうち，落札金額1億円以上のものについて，15社の間で，話合いによって受注予定者を決定し，受注予定者が受注できるようにするという基本合意は存在しない。

イ．一定の取引分野の画定

仮に談合行為があるとしても，落札金額1億円以上の造園工事が落札金額1億円未満の造園工事と別個に独立して一定の取引分野を形成するのではなく，全体が一体としての取引分野を形成するはずである。

これらの反論はいずれも，「最終的に認定されることになる違反行為」と，当事者としての素朴な（社会的あるいは歴史的な）事実認識の間の差異から，生まれてくるものである。そしてその差異は，「減免申請の対象とする違反行為」と「最終的に認定された違反行為」との間の差異にもなる。

(5) 本件入札談合の基本合意の認定方法

ア．入札談合の基本合意の立証困難性

入札談合が長年にわたって繰り返されてきた場合，その「基本合意」ないし「基本ルール」を取り決めた会合の日時や具体的な状況について立証することは困難であることが多い。

それは，関係人が審査に協力的であった場合でも，例えば，当時の関係者は既に退

職等しており，現在の担当者も，前任者からの引継ぎにより個別調整のルールは知っていても，基本合意成立の状況については知らない，ということは当然にあり得るからである。まして，関係人が審査に非協力的な場合にあっては，なおさらその立証は困難となる。

本件事案においても，公取委の立入検査の時点である平成11年2月2日から遡ること12年前の昭和62年7月ころから市造協を通じた受注調整が開始され，さらに，それ以前から造園工事業者間で受注に関する話合いが行われていた，とされる。

イ．合意の形成過程の立証は不要

「合意の形成過程を明らかにすることは事実認定上不可欠」との被審人の反論に対し，Ⅰでも触れたように，本件審決は，以下のように述べている。

「不当な取引制限については，その構成員の間に，他の事業者と共同して相互に事業活動を拘束する合意を要し，これが共同して行われたというためには，相互の間に意思の連絡があることを要するが，この意思の連絡は，明示的にされる必要はなく，事業者間に相互に同内容の認識を持って相互に拘束する意思が形成されていれば足りる。被審人らの間に，このような意思が形成されていることが，過去の経緯，造園工事業者の認識内容，同工事業者間の受注に関するランクの状況，個別物件の受注調整の状況等から認められる以上，これとは別に，本件合意の意思形成の過程を，日時，場所等をもって具体的に特定することを要するものではない。」

この考え方は，後年の別件の入札談合事件の高裁判決においても支持されている。

すなわち，原告が，「被告（注：公取委のこと）が，原告と他の28名との間で，本件違反行為を行うこと等につき認識を共有するための意思連絡をした日時，場所，担当者等を特定していない。」と主張したのに対し，判決は，「独占禁止法の規制対象たる不当な取引制限における意思の連絡とは，入札に先立って各事業者間で相互にその行動に事実上の拘束を生じさせ，一定の取引分野において実質的に競争を制限する効果をもたらすものであることを意味するのであるから，その意思の連絡があるとは，各事業者がかかる意思を有しており，相互に拘束する意思が形成されていることが認められればよく，その形成過程について日時，場所等をもって具体的に特定することまでを要するものではない。」と判示した（大石組入札談合事件・東京高判平18・12・15審決集53巻1000頁）。

ウ．意思の連絡の立証方法

入札談合についても，カルテルと同様に，合意参加者間の「意思の連絡」の存在を立証する必要があるところ，「意思の連絡」の存在を立証する直接証拠（例えば，基本合意を行った会合に参加した当事者の供述）が得られない場合，その存在をうかがわせる事情からの推認といった間接的な立証が試みられることになる。

これを，第1講で紹介した東芝ケミカル事件において採用された「意思の連絡」の推認による立証方法に準えるとすれば，「事前の情報交換」に相当するものとして「合意参加者が同内容の認識を持っている」ことを立証し，次に「事後の行動の一致」に相当するものとして，個別の物件について実際に受注調整が行われたことを立証することにより，「相互に拘束する意思」あるいは「相互認容」の存在を推認する方法，という言い方ができよう。

エ．超特Aランク業者15社間の意思の連絡の推認による基本合意の立証

本件審決においては，以下のとおりの推認方法により，基本合意の存在が認定された。

(ア) 被審人らのうちの相当数の者等の職員の供述により，福岡市発注の造園工事について，本件対象期間において，市造協の会員である造園工事業者間で，受注予定者を決定し，受注予定者以外の者は受注予定者が受注できるように協力しており，それが定められた各物件の落札金額のランクごとに行われていたものと「認識」されていたことが認められる。

(イ) 本件対象期間に発注された15件の落札業者はすべて超特Aランク業者であり，被審人らが1件ずつ受注した。

(ウ) 上記15件については，
　a．運営委員から受注予定者となった旨の連絡を受け，受注予定者が他の指名業者に価格連絡をするなどして協力を求め，又は求められるなどして，協力の上，入札に参加した旨の供述のある物件（1，2，3，4，5，11，13，14番；番号は，本件審決の「別紙審決案」の「別紙1」の15件の工事に振られた一連番号を示す。以下同じ。），
　b．運営委員を務める会社の役員が受注予定者を決定し，その旨連絡したことを供述している物件（11，12，14，15番），
　c．価格連絡を受けた会社の役職者が，価格連絡を受けた際に，その内容を記載したことを自認するメモが存在する物件（2，4，11番），
　d．価格連絡がされた内容が記載されているものと推認されるメモが存在する物件（1，5，10，12，13，14，15番），

が存在し，15件のうち，4件（6，7，8，9番）を除く11件について，何らかの個別調整の実施に関する証拠がある。

上記(ア)は，被審人らのうちの相当数の者及び被審人以外の者の，落札金額のランクごとに入札談合が行われていたと認識している旨の供述であり，(イ)及び(ウ)が超特Aランク業者である被審人らの個別調整に関する証拠である。

(ア)は，超特Aランク業者及びそれ以外の金額ランクの造園工事業者が「同内容の認

識を持っていること」を示すが,「個別の物件について実際に受注調整が行われたこと」に関しては，(イ)及び(ウ)において示された，1億円以上の造園工事物件に関する超特Ａランク業者間の個別調整に限定された証拠となっている。

このため，特に落札金額１億円以上の大型造園工事物件に関して，超特Ａランク業者15社間の「意思の連絡」を推認するという方法により，本件基本合意の存在が認定されたものと考えられる。

そして，上記15件のうち，本件入札談合により最初に受注予定者が受注した物件の指名通知日が平成９年７月31日であったことから，本件違反行為の始期について，「遅くとも平成９年７月31日以降」と認定されたものと思われる。

すなわち，超特Ａランク業者による落札金額１億円以上の造園工事物件の談合自体は，平成９年７月31日以前から行われていた可能性が高いが，審査官が入手できた証拠により，15件に関する超特Ａランク業者である被審人らの個別調整を立証できる期間の最初を違反行為の始期と認定した，ということであろう。

オ　超特Ａランク業者以外の造園工事業者間の談合の認定

上記(ア)の供述は，福岡市発注の造園工事について，被審人らのうちの相当数の者が，各物件の落札金額のランクごとに入札談合が行われていたとの「認識」を有していたとの内容であるが，おそらく，それらは「意思の連絡」を立証できるような直接供述ではなかった。

そのため，個別調整が行われたことの証拠によって認定を補強する必要があり，その証拠として提示されたのが，上記(ウ)の被審人ら超特Ａランク業者による落札金額１億円以上の造園工事の受注物件11件についての受注調整の実施に関連する事実であった。

これらによって，被審人ら超特Ａランク業者による落札金額１億円以上の造園工事の受注物件についての受注調整に限定して，「意思の連絡」を推認することにより，本件基本合意を認定したということであろう。

仮に，落札金額１億円未満のランクの造園工事物件についても，上記(イ)及び(ウ)のような個別調整の実施に関する証拠を収集・提出することができていれば，(ア)の供述と併せて当該金額ランクの造園工事業者間の受注調整に係る基本合意を認定できた可能性もあるが，事業者数の多さ，物件数の多さ，個別物件の受注調整の実施を立証できる証拠の有無，関係人の協力度合い等により，その認定を行えるまでには至らなかったということであろう。

(6)　基本合意の当事者の顔ぶれの広狭

上記(4)に挙げたとおり，被審人らの主要な反論の１点目として，「福岡市が指名競

争入札の方法により発注する造園工事のうち、落札金額1億円以上のものについて、15社の間で、話合いによって受注予定者を決定し、受注予定者が受注できるようにするという基本合意は存在しない。」との反論があった。

　この点に関連して、本件審決は、「平成2年9月ころ、市造協は、福岡市発注の造園工事について、それまで定めていた同工事の金額別ランクを改正し、落札金額1億円以上を超特Aランク、5,000万円以上1億円未満を特Aランク、2,000万円以上5,000万円未満をAランク、600万円以上2,000万円未満をBランク等とする各ランクを定めた。各ランクの業者は、自社に割り振られたランクより上のランクの工事は受注できず、…入札に参加する造園工事業者間で受注に関する話合いが行われ、相互の協力が行われてきた。」旨認定している。

　そして、上記(5)エ(ア)で基本合意の認定根拠として関係者の「認識」についての供述が挙げられていたように、被審人らを含む市造協会員造園工事業者は、福岡市発注の造園工事について、受注予定者を決定し、受注予定者以外の者は受注予定者が受注できるように協力しており、それが定められた各物件の落札金額のランクごとに行われていたものと認識していた。

　以上のことから、社会的事実としては、平成2年9月ころ、市造協が、福岡市発注の造園工事の市場を、その工事の落札金額の規模に応じランク分けして、金額ランクごとに受注できる会員造園工事業者を割り振り、金額ランクごとの造園工事業者間において、受注予定者を決定し、受注予定者が受注できるように協力するという、「市場分割」と「分割された市場ごとの受注調整実施」という2段階の基本合意が決定され、さらに、金額ランクごとの造園工事業者間で個別の受注調整ルール（金額ランクごとに異なっていた可能性もある。）を合意し、それによって、個別物件ごとに受注予定者を決定していた可能性がある。

　この場合、基本合意の内容は、市造協会員造園工事業者間において、福岡市発注の造園工事について、その落札金額の規模に応じたランク分けをし、自社に割り振られた金額ランクより上の金額ランクの工事は受注できないこととし、同ランク業者間において、物件ごとの受注予定者を決定し、受注予定者以外の者は受注予定者が受注できるように協力するという合意であり、被審人らの反論にあるように、被審人ら15社だけの独自の協議により決定した基本合意は存在しないという見方も可能である。

　しかしながら、上記の市造協会員造園工事業者全体の間の基本合意を立証できる直接証拠がない以上、次善の策として、11件の受注調整の実施に関する具体的な証拠を入手できた、「15件の落札金額1億円以上の造園工事物件に関する、超特Aランクを割り振られた被審人ら15社の間の、受注予定者を決定し、受注予定者以外の者は受注予定者が受注できるように協力するとの合意」として、本件事案の基本合意を認定す

ることとなったものと思われる。

　このように，被審人らの主要な反論の1点目については，当事者としての素朴な（社会的あるいは歴史的な）事実認識から来る違和感として理解できなくはないものの，結論として，「最終的に認定された違反行為」の認定に対する法的に有効な反論にまではならないとされた。この点は，「減免申請の対象とする違反行為」と「最終的に認定された違反行為」との間の差異について考えるにあたり，踏まえておく必要がある。

(7)　一定の取引分野の広狭

　被審人らの主要な反論の2点目として，「落札金額1億円以上の造園工事が落札金額1億円未満の造園工事と別個に独立して一定の取引分野を形成するのではなく，全体が一体としての取引分野を形成するはず。」との反論があるので，以下，この点について検討する。

ア．一定の取引分野の画定方法

　本件審決は，「一定の取引分野」については，社会保険庁シール談合刑事事件判決（東京高判平5・12・14審決集40巻776頁）を引用しつつ，「一定の取引分野とは，競争の行われる場を意味し，一定の供給者群と需要者群とから構成され，その範囲は，取引の対象・地域・態様等に応じて，違反行為が対象としている取引及びそれにより影響を受ける範囲を検討し，その競争が実質的に制限される範囲をもって画定される。」との考え方を示した。

　端的に言い換えれば，「入札談合が行われた範囲」をもって，一定の取引分野を画定するということである。

　そして，本件審決は，「本件当時，供給者については，落札金額が1億円以上と想定されるような大規模な造園工事を受注することができる造園工事業者は被審人ら超特Aランク業者らのみであったこと，他方で需要者は福岡市と認められるところ，かかる超特Aランク業者らは，その福岡市発注のかかる大規模な造園工事について，指名業者の相当程度を占め，その全ての物件を受注していたといった事実を踏まえ，かかる大規模な造園工事について『一定の取引分野』の成立が認められる。」としている。

イ．発注者の発注区分と一定の取引分野

　競争入札は，発注者の個別の発注に対応して，入札参加事業者間で価格競争をさせるものであるから，入札談合事件における一定の取引分野は，発注者の発注区分に対応して画定されるのが自然であると言える。

　この場合，個別の1物件の発注に係る入札ごとに一定の取引分野が成立する場合も

あり得るが，発注者の一連の発注を，入札参加事業者間の受注競争の行われる場と捉え，一定の取引分野と画定されることが多い。

これに対し，本件審判開始決定における一定の取引分野（**福岡市が指名競争入札の方法により発注する造園工事（合併入札により発注される工事を含み，落札金額が1億円未満の工事を除く。以下「福岡市発注の特定造園工事」という。）**は，発注者の発注区分に対応した画定ではなく，「落札金額1億円以上の超特Aランク」という，市造協側が勝手に行った線引きに倣ったものであった。言い換えれば，「入札談合により落札された範囲」として画定したものである。なお，本件審決においても，発注者である福岡市において，1億円，5,000万円，2,000万円等の落札金額の規模に応じて指名対象工事業者を分類していたとの認定は行われていない。

ウ．本件審決における一定の取引分野の画定

発注者である福岡市の発注区分に関連して，本件審決においては，まず入札方法について，「福岡市は，財政局財政部契約課が契約事務を行う公園，港湾施設，道路，河川等についてその新設，改良等の工事（以下『造園工事』という。）のうち，発注予定価格が250万円を超える工事（以下『福岡市発注の造園工事』という。）については指名競争入札の方法により発注していた」とされている。また入札参加者については，「福岡市は，造園工事の指名競争入札に当たって，福岡市契約事務規則に基づく福岡市指名基準及び同基準の運用基準に基づき，あらかじめ競争入札参加の資格要件を満たす者として造園登録業者名簿に登録している有資格者の中から，福岡市発注の造園工事の施工能力，指名及び受注機会の均等化，地場業者の育成等を基本として，造園工事業者の同工事の施工実績，当該年度における指名及び受注の状況，同工事業者の年商の多寡等を勘案して，指名競争入札の参加者を指名していたこと」が認定されている。

このように，発注者である福岡市は，金額基準こそ明らかにしていないが，その発注する一連の造園工事を，その規模に応じて複数の発注区分に振り分け，それぞれの発注区分において，施工能力，施工実績等に応じて指名した造園工事業者間で競争させることにより，受注機会の均等化，地場業者の育成等を図っていた。大手造園工事業者は，施工能力としては250万円程度の造園工事も受注できるが，指名を受けられないので，入札に参加できず，よって受注することは不可能であった。他方，地場の中小規模造園工事業者は，大規模造園工事については，その施工能力上受注はできず，よって指名を受けられないが，中小規模の造園工事の指名を受け，それぞれ指名業者間で競争を行い，受注する機会を得られた。

発注者は，造園工事の規模に応じて指名業者を選別し，造園工事業者は，発注者の指名を受けない限り入札に参加できないのであるから，被審人らが言うような，福岡

市発注の造園工事全体を一体とした一定の取引分野は成立しないものと思われ，むしろ，発注者である福岡市の発注区分に対応して一定の取引分野が画定される，と考える方が実態に即すると思われる。

エ．指名競争入札と一般競争入札の違い

本件事案のように，指名競争入札によって発注される場合，発注者の側における指名区分（具体的な発注金額等外部から分かる何らかの客観的な数値によって指名を受けられる事業者が区分されている場合もあるだろうが，本件事案のように，客観的数値による区分がない場合もあり得る。）が発注区分となり，自ずとその範囲が一定の取引分野として画定されやすくなるが，今日においては主流となっている一般競争入札の場合には，発注者の一連の発注全体が一定の取引分野と画定されやすくなる。

本件事案においても，福岡市が一般競争入札により発注を行っていたのであれば，被審人らが主張するような福岡市発注の造園工事全体を一体とした一定の取引分野を画定し得た可能性はある。

オ．発注者の発注区分に沿った一定の取引分野の画定と基本合意の関係

発注者である福岡市は，落札金額1億円以上という基準を設けた上で，それに該当する大規模な造園工事物件については，指名競争入札の参加者を，被審人ら超特Aランク業者15社に限定するといった運用を行っていたわけではないと思われるが，事実上，落札金額1億円相当の大規模な造園工事物件については，被審人ら15社を中心とした大手工事業者を指名して発注を行っていた。

実際の指名状況を見ると，本件15件の大規模造園工事物件における被審人ら15社の延べ指名総数は，全指名数の80％を占めるとされることから，20％については，超特Aランク業者以外の造園工事業者が指名を受け，入札に参加していたことになる。

すなわち，発注者による指名区分を発注者の発注区分であると解すれば，結果として，80％の比率により，発注者の発注区分は，超特Aランク業者のランク分類と一致していたことになる。

この点も考慮すると，本件審決において，落札金額が1億円以上の大規模な造園工事について「一定の取引分野」の成立を認めたことは，（厳密に発注者の発注区分に対応したものではないものの）おおむね発注者の発注区分に沿ったものであったと言える。

このように，被審人らの主要な反論の2点目についても，当事者としての素朴な（社会的あるいは歴史的な）事実認識から来る違和感として理解できなくはないものの，結論として，「最終的に認定された違反行為」に対する法的に有効な反論にまではならないとされた。被審人らの主要な反論の1点目と同様，「減免申請の対象とする違反行為」と「最終的に認定された違反行為」との間の差異について考えるにあた

り，この点を踏まえておく必要がある。

カ．結果としての落札金額と想定される落札金額

ところで，審判開始決定における一定の取引分野は，「福岡市が指名競争入札の方法により発注する造園工事（合併入札により発注される工事を含み，落札金額が1億円未満の工事を除く。）」であるのに対し，本件審判審決の認定する一定の取引分野は，「福岡市が指名競争入札の方法により発注する<u>大規模な</u>造園工事（合併入札により発注される工事を含み，落札金額が<u>1億円以上と想定される工事</u>）」（下線は筆者）とされており，異なっている。

この相違について，本件審決は，「入札談合における基本となる合意は，入札前に当該入札物件につき，これが当該合意の対象となる物件であるか否かが他と区別できるものでなければ意味がないのであり，入札が行われ，その結果の落札価格により当該合意の対象であるか否かが確定されるとするのでは基本合意としての意味を有していない。」と述べている。

市造協側で決めた落札金額1億円という線引きを根拠にして「入札談合により落札された範囲」をもって一定の取引分野を画定するのではなく，発注者の発注区分に対応して，一定の取引分野を画定すべきとの考え方がうかがわれる。

ただし，福岡市が大規模な造園工事を，それ以外の造園工事と区分しようとする際に，それを「**想定落札金額1億円以上**」という基準によってランク分けするのは，引き続き，市造協側の合意による事項を，一定の取引分野の画定に持ち込んでいる面が残されていることは否めない。この点を考慮し，想定落札金額1億円によって区分するかどうかは，一定の取引分野画定の基準ではなく，基本合意の内容に含まれると理解することも可能であったと考えられる。その場合，発注者の発注区分に対応して一定の取引分野を画定するとすれば，本件基本合意は，

「福岡市が指名競争入札の方法により発注する大規模な造園工事について，
1 当該工事の落札金額が1億円以上と想定される場合には，福岡市から指名競争入札の参加の指名を受けた事業者のうち，超特Aランクとされた15社のうちから，当該工事を受注すべき者を定める
2 受注すべき価格は，受注予定者が定め，受注予定者以外の者は，受注予定者が定めた価格で受注できるように協力する」となる。

(8) 一定の取引分野の画定と違反行為者の範囲の関係

仮に，上記のように，発注者の発注区分に対応して一定の取引分野を画定するとすれば，15件の物件について，指名総数の20％については，超特Aランク以外の造園工事業者が指名を受け，超特Aランク業者の中から選ばれた受注予定者の受注に協力し

たはずであり，それらの超特Aランク以外の造園工事業者も，本件の違反行為者に含まれるのではないか，との問題がある。

　この点について，本件審決は，以下のように述べる。

「福岡市発注の落札金額が1億円以上であると想定される大規模な造園工事について一定の取引分野が成立し，これを受注することができる超特Aランク業者である被審人らの間で本件合意が成立したことが認められる以上，同大規模な造園工事を受注することができない超特Aランク以外の造園工事業者が本件合意に参加していたということはできない。」，「超特Aランク以外の指名業者がこれらの物件を自ら受注せずに受注予定者に協力するのは，自分のランクにおける受注に関して超特Aランク業者の協力を得ることを期待すると共に将来自分が超特Aランク業者になった場合に利益を享受できる見込みがある反面，超特Aランク業者に協力しなければ業界ぐるみの制裁を受けるおそれがあったためであり，これらの者は，本件合意による事業者間の相互拘束をしていたのではなく，一方的に超特Aランク業者に協力していたのである。」。

　超特Aランク以外の造園工事業者であっても，落札金額1億円以上であると想定される大規模な造園工事の入札の指名を受けた以上，入札に参加することができ，競争価格で入札すれば落札が可能であったにもかかわらず，落札しようとはせず，受注予定者である超特Aランク業者の受注に協力した。そこには，落札金額のランクごとに受注調整が行われるという市造協会員造園工事業者間の談合ルールの下では，自社の属する金額ランクより上の金額ランクにおいて指名を受けても受注することはできないこととなっていること，及び自社の属する金額ランクに該当する物件の発注に関して超特Aランク業者が指名された場合にはその協力が得られるという見返りが期待できたことが背景となっていた。したがって，受注予定者である超特Aランク業者から入札価格の連絡を受け，入札に参加していた可能性が高い。

　その場合，当該超特Aランク以外の造園工事業者は，想定落札金額1億円以上の大規模な造園工事物件の入札において事業活動の拘束を受けていたのであり，一方的に超特Aランク業者に協力していただけとは言い切れない，ということにもなり得る。

　既に述べたように，本件基本合意は，個別調整が行われたことの証拠に基づく推認の方法によって認定されたものであり，被審人ら15社の独自の協議に基づき合意されたとの証拠に基づき認定されたものではないから，大規模な造園工事物件15件の指名を受け，受注調整に参加して，受注予定者の受注に協力した超特Aランク以外の造園工事業者も，本件の違反行為者として認定することは可能であったと思われる。

　この場合，上記で述べたとおり，基本合意の内容は，「当該工事の落札金額が1億円以上と想定される場合には，福岡市から指名競争入札の参加の指名を受けた事業者のうち，超特Aランクとされた15社のうちから，当該工事を受注すべき者を定める」

ということになる。

これによって，本件15件の大規模な造園工事物件における違反行為者の延べ指名総数は100％となり，これは発注者である福岡市の大規模造園工事の発注区分に完全に合致することになる。

3．本講のまとめ

　課徴金減免申請が認められるためには，独禁法の定める要件を満たし，また，失格事由に当たらない必要がある。上記2．では，「不当な取引制限」に関する構成要件を充足する事実（証拠）の報告・提出について，生の社会的事実に基づく当初の想定と，法的評価・検討を経て到達された最終的な認定との間に差異が生じ得るということを踏まえつつ検討した。

　特に，本件のような事案では，社内調査の過程で，一方では疑われる違反行為の全容が（自社の与り知らない範囲を含め）相当程度広範に及んでいることが想定されつつも，他方で，具体的な課徴金減免申請における資料の提出としては，あくまで自社の与り知る範囲にとどまり，しかも，特にそのような限られた範囲のみについて違反行為（合意）をしたのかということについては，必ずしもそのような意識はない，ということが生じ得る。そして，そのような場合でも，可能な範囲での事実の報告と，資料の提出を行っていれば，最終的に認定された違反行為は課徴金減免申請において報告した違反行為の一部であり，かつ，課徴金減免申請者の受注物件は違反行為に基づき受注した物件であることから課徴金算定対象となり，したがって，課徴金の減免を受けることができるものと考えられる。

　以下では，課徴金減免申請を行うことに関連して，その他に，特に現場レベルにおいて留意しなければならない点について検討する。

⑴　違反行為の不継続の要件

　公取委の調査開始日前に減免申請を行う場合，課徴金の減免が認められる要件の1つとして，「当該違反行為に係る事件についての調査開始日以後において，当該違反行為をしていた者でないこと」（独禁法7条の4第1項2号等）が定められている。

　当該要件が定められた理由は，課徴金減免申請を行い，課徴金の減免を享受しながら，他方で，違反行為に継続して参加し，不当な利益を得続けることは不適切であるからである。

　課徴金減免申請を行った事業者としては，同時に，社内の違反行為に関わる担当者等に対し，違反行為への関与を禁ずる等の指示を行うべきであるが，それによって違

反行為からの離脱が確実に行われたと言えるか否かは必ずしも明らかではない。

　仮に，関与を禁じられた担当者が，指示に反し，密かに違反行為への関与を継続していた場合，当然，上記の要件を満たさないこととなるため，課徴金の減免を受けることはできない。

　他方，入札談合の場合，対象物件の発注がない限り，個別の受注調整の機会がなく，基本合意からの離脱を他の参加者に伝える機会を得ることが難しいという場合もあり得る。

　談合事件に関して，違反行為からの離脱が認められるためには，「離脱者が離脱の意思を参加者に対し明示的に伝達することまでは要しないが，離脱者が自らの内心において離脱を決意したにとどまるだけでは足りず，少なくとも離脱者の行動等から他の参加者が離脱者の離脱の事実を窺い知るに十分な事情の存在が必要であるというべき。」との判決がある（岡崎管工事件・東京高判平15・3・7審決集49巻624頁）。

　したがって，個別物件に関する受注調整への参加を拒む等の，他の参加者に離脱の意思が伝わるような何らかの行動の変容が必要ということになる。

　これに対し，調査開始日前に課徴金減免申請を行った事業者について，他の違反行為者が離脱の意思をうかがい知り得る明白な事情が必ずしも存在しないにもかかわらず違反行為からの離脱を認めたと見られる事例も存在する（ワイヤーハーネス受注調整事件・排除措置命令平24・1・19審決集58-1巻258頁以下，364頁以下，ヘッドランプ等受注調整事件・排除措置命令平25・3・22審決集59-1巻262頁以下，346頁以下）。

　これらの事案に関し，違反行為からの離脱が認められた経緯の詳細は不明であるが，例えば，対象物件の発注が年1回に限られるため，受注調整からの離脱の意思を他の参加者に示す機会はなかったという状況で，課徴金減免申請を契機に社内的に違反行為への不参加を徹底していたことが違反行為の不継続を示すものとして評価された可能性などが考えられる。

　しかしながら，それは例外的な場合であって，本件のような公共工事の発注にあっては，課徴金減免申請を行うにあたり，何らか他の参加者が自社の離脱の事実をうかがい知ることができるような行動を採ることを検討することが必要と言えよう。

(2)　課徴金減免申請事実の第三者への開示の禁止

　課徴金減免申請者は，減免申請を行った事実を正当な理由なく第三者に明らかにした場合，減免申請を受けられない（独禁法7条の6第6号）。

　これは，課徴金減免申請を行った事実を他の違反行為者に明らかにした場合，証拠の隠滅や口裏合わせ等が行われ，事件審査が困難となるおそれがあるから，とされて

いる。
　このため，減免申請を行ったという事実は秘匿したまま，違反行為からの離脱を他の参加者がうかがい知り得るような行動等を採ることが必要ということになる。
　違反行為に参加していた事業者が，突然違反行為への参加を拒むかのような行動を採れば，他の参加者からその理由を問われることとなるが，課徴金減免申請を行った事実を明らかにすることはできないので，社内のコンプライアンスが厳しくなったから，などと答えておくことなどが考えられる。
　しかしながら，課徴金減免制度の存在が公知となっている現在においては，課徴金減免申請を行ったのではないかとの想像が働き，証拠の破棄隠滅や口裏合わせが行われる懸念があるとも言われる（ただし，むしろ他の参加者も追随して課徴金減免申請を行う可能性もある。）。
　また，違反行為への参加を拒むかのような行動が，需要者の側にも伝わり，さらには，マスコミ等を通じて，違反行為の存在が公になる可能性も否定できない。
　そうした場合にあっても，課徴金減免申請の事実は秘匿し，社内コンプライアンスの強化の一環として社内調査を行った結果，違反行為の疑いが明らかとなったので，疑いのある行為への参加を取りやめたといったマスコミ対応にとどめておくことが必要である。

(3) 課徴金減免申請と公取委の事件着手

　課徴金減免申請をすれば，早晩，必ず公取委の事件審査が開始されるというわけではなく，減免申請は行ったものの，一向に事件審査は開始されないというケースは少なくない。ちなみに，課徴金減免制度が導入された平成18年1月4日から令和6年3月末までの課徴金減免申請の総件数は1,573件であるのに対し，課徴金減免制度が適用された旨公表された事業者数は436である。課徴金減免申請を行ったとしても，その報告内容や提出された資料だけでは，事件審査を開始するに十分なレベルに達していなかった場合もあるであろうし，また，公取委の事案選択の裁量判断の結果，事件審査が開始されなかったという場合もあり得るであろう。
　こうした場合，課徴金減免申請を行い，違反行為からの離脱を他の参加者に伝えた申請事業者としては，違反行為への参加を継続していた場合に得られたはずの利益を失うだけでなく，他の参加者からの報復を受けるおそれもあり，課徴金減免申請を行ったことは，結果的には間違った経営判断であったとの疑念を抱く可能性もある。
　また，違反行為に長年参加していた事業者が，違反行為から離脱し，競争的な事業活動に切り替えることは，事業者の内外において種々の軋轢を生じさせることが予想され，大きな困難を伴う。

しかしながら，課徴金減免申請をきっかけとしたからこそ，そうした重要な経営判断を行うことができたと考えるべきであり，課徴金減免申請を行ったのに公取委が事件審査を開始しなかったので，結果として，減免申請は間違った経営判断であったと考えることは誤りであると思われる。
　さらに，公取委の事件審査が一向に開始されないとしても，減免申請関連資料自体は公取委の手の内にあることから，将来事件審査が開始される可能性はある。したがって，減免申請を機に離脱した違反行為に復帰するなどの行為は，極めてリスクが大きいと理解すべきである。

第3講

カルテル事案では「木を見る」のでなく「森を見る」ことが必要

【図表1】 本件案内状

>   平成10年1月○日
>   社団法人日本種苗協会
>   元詰部会長
>
>   元詰部会討議研究会の開催について
>
>   開催日時　平成10年3月19日午前11時
>   場所　　　上野精養軒
>   議題　　　○○
>
>   「討議研究会の会場においてアンケート用紙を配布し
>   その場でとりまとめるので，例年のアンケートの様式を
>   前提に，あらかじめアンケートへの回答を検討しておく」
>   べきこと

「元詰種子事件」（審判審決平18・11・27，東京高判平20・4・4）
　事案の理解の手がかり：「研究会開催案内」等（本講【図表1】以下）

I　証拠からみた，独禁法違反認定の鍵

　本講では，元詰種子事件[1]（以下，本講において「本件事案」という。）を採り上げる。

【図表1】　本件案内状

```
　　　　　　　　　　　　　　　　　　平成10年●月●日
　　　　　　　　　　　　　　　　　　社団法人日本種苗協会
　　　　　　　　　　　　　　　　　　　　　元詰部会長

　　　　　　　元詰部会討議研究会の開催について

　開催日時　平成10年3月19日午前11時
　場所　　　上野精養軒
　議題　　　●●

「討議研究会の会場においてアンケート用紙を配布しその場でとりまとめるので，例年のアンケートの様式を前提に，あらかじめアンケートへの回答を検討しておく」べきこと
```

1．「元詰部会討議研究会」の開催案内と「アンケート」の配布，回収

　まずは，上記の【図表1】をご覧いただきたい。
　そもそも，この「元詰部会」とは，袋・缶等の容器に詰められた野菜の種子（交配種）を，野菜栽培農家や一般消費者等に，直接，あるいは農協等を通じて販売している業者（元詰業者）らによって開催されていたものである。社団法人日本種苗協会という，園芸農作物等の種苗について育種，生産又は販売を行う者を会員とする組織の，内部の専門部会の1つであった。なお，野菜の交配種は，遺伝的性質の異なる品種同士を交配させて親品種の優れた特性を受け継いだ均一な遺伝的性質を一代目に発現させるよう育種された品種である。交配種の有する優れた特性は次の代には失われるため，交配種の種子の需要者（野菜栽培農家等）は，毎年新たに種子を購入する必要が

---

[1] 審判審決平18・11・27審決集53巻467頁（以下「本件審決」という。），東京高判平20・4・4審決集55巻791頁（以下「本件東京高判」という。）。

あるとされている。

本件案内状によれば、これら元詰業者らが一堂に会する会合が開催されている模様である。また、その場でアンケートの配布と、そのとりまとめが予定されている。アンケートの内容は、会合に参加する各社が取り扱っている商品の、適正な価格の目安（値ごろ感）らしきものについて、次年度に向けて「引き上げ」「引き下げ」「据え置き」のいずれが適切か、各社の意見を問い、これを集計した上で、そのとりまとめを行っていたようである（とりまとめられたものは「基準価格」と呼ばれていた。）。そしてそういった活動は、「例年の」といった恒例の行事として続けられてきている模様である。

本件事案で具体的に争われた内容を見ながら、この資料から分かることと、分からないことをそれぞれ見てみよう。

2．「A」「B」「C」（等級区分）の意味

本件事案のアンケートでは、はくさい、キャベツ及びだいこんについては「A」「B」「C」という等級区分が設けられている（【図表2】参照）。

【図表2】 本件アンケート用紙

		アンケート回答 （「上げる」or「下げる」or「横ばい」）
はくさい	A	
	B	
	C	
キャベツ	A	
	B	
	C	
だいこん	A	
	B	
	C	
かぶ		

他方で一般に、野菜の元詰種子については、同一品目の野菜であっても、その中の個別品種それぞれが独自の商品特性を有している（収量性、耐病性、環境順応性から味覚のよさなど）。上記の「A」「B」「C」という等級区分については、特に明確な定義が定められていたわけでもなく、各品種をどのランクに当てはめるかについて統一的な基準はなく、ランクに当てはまらない品種も多数あるとされていた。

このように，どの品種がどのランクに位置付けられるかについて相互に共通の認識はないということになると，カルテルの成立にも疑義が生じ得る。

この点について，本件事案では，「『A』，『B』及び『C』の順に後者の方が耐病性等の点から高級な品種であり，この序列に応じて相対的に高い価格が付される」といった理解が共有されていたことや，「そもそも，等級区分が設けられている理由は，種子の品種数が多く価格帯も広いため，基準価格を検討・決定する便宜上，代表的な品種等のものとして選び出されたもの」であったこと，各社は「自社の各品種について『A』，『B』又は『C』のいずれか近いものの動向に合わせて」自社商品の販売価格を設定しており，それらの関係当事者にとって「自社の各品種について参照すべき等級区分が不明であるということはなかった」こと（本件審決参照）などから，少なくとも，この等級区分の兼ね合いで，関係者相互の認識の共通性に問題はないとされた。

他方で，一般には，本件事案のようなアンケート資料が確認された場合でも，商品特性やそれらに関する当事者らの認識等によっては，その記載のみからはカルテルの成否を断定できず，それらについて関係者の供述等を得る必要があるということになる。

3．アンケートの「とりまとめ」の意味

本件のアンケートでは，基準価格の「引き上げ」「引き下げ」「据え置き」についての意見を求められ，その集計結果が発表された後，意見交換を経て，とりまとめが行われていた（【図表3】参照）。

【図表3】 本件基準価格（小売価格）

		平成9年度からの引き上げ額	平成10年度の小売価格の基準価格
はくさい	A	50	1,800
	B	50	2,550
	C	100	5,200
キャベツ	A	100	3,300
	B	100	3,900
	C	100	4,800
だいこん	A	100	4,600
	B	200	8,800
	C	300	14,900
かぶ		200	9,900

他方で，元詰業者各社は，実際の販売価格について，それぞれ各社各様の価格表を持っており，その価格（価格表価格）を踏まえつつ，取引先との取引年数，従来の取引金額，取引数量の多寡等に応じて，値引き・割戻しを行うことがあった。このように，各社の価格表価格の決定方法は様々である上，実際の販売価格は，取引先ごと・年度ごと・品種ごとに異なる値引き・割戻しが行われており，その値引き・割戻しの水準に関する相互認識もなく，実際の販売価格は基準価格とは連動しないとの指摘もなされていた。

　この点，そもそも本件事案で取り沙汰されていた違反の内容も，「基準価格の決定」自体ではなかった。すなわち，討議研究会の場で，各社が準備したアンケートへの回答を踏まえて基準価格の「引き上げ」「引き下げ」「据え置き」について意見交換し，何らかの合意に達したとしても，それ自体がカルテル行為として問題視されたわけではないということである。問題視されているのは（基準価格自体ではなく）あくまで各社の販売価格であって，ただし，この販売価格が基準価格（の前年度からの変動）に沿って設定されていたということで，その限りで，そのような基準価格の利用の仕方（そしてその決め方）が問題にされたというものであった。

　そして，本件事案では，基準価格と各社の販売価格の連動について，過去の実績を参照しつつ，その有無自体も争われていた。例えば，基準価格が前年度より上がっているのに販売価格が上がっていない品種や，基準価格が維持されているのに販売価格が上下している品種がある，といった点である。

　しかしながら，結論としては，「一般に，いわゆる価格カルテルにより供給側の歩調がそろい，競争者の価格行動を予測できる場合であっても，各事業者の個別の商品の価格設定については，当該個別の商品に係る競争力や需要側の動向等を無視しては定められないから，事業者によっては，一部の商品について合意に沿った価格引上げを打ち出すことができないこともあり得るのであり，カルテル当事者のうち一部の事業者がカルテルの対象商品の一部の商品についてそのような行動を採ったからといって，それにより当該カルテルに係る合意の成立や相互拘束性が否定されることにはならない」ことなどを踏まえつつ，一部に基準価格の変動と異なる向きの動きを示す品種数が多い事業者が存在するとしても，本件合意の存在及びその相互拘束性が否定されるものということはできないとされた。また，この点に関連して，「アンケートや席上で述べた意見とは異なる結論となった事業者も，決定された基準価格を各自メモして」いたことなどから，決定された基準価格が各社の合意事項であって，各社の販売価格の設定に影響すべきものと認識されていたと認められる，とも指摘されていた（本件審決参照）。

　なお，併せて，値引き・割戻しについても，それらが価格表価格をもとに行われて

いた以上，その内容・方法について共通の認識がなかったとしても，違反の成立が否定されることにはならないとされている。

　以上を本件資料から分かること，分からないことという点から整理すると，基準価格という仕組み自体については本件のアンケート資料により，ある程度の状況を把握することができるが，それを通じての販売価格についての目線合わせの有無については，関係者の供述等による確認が必要となりそうである。

4．どの程度の「相互予測」が違反となるのか

　本件事案では，元詰部会討議研究会の参加者（案内状送付先）は一応判明していた。他方で，そこで決められる基準価格を目安に販売価格を設定することにしていたのは誰か，また，仮に目安にするとしても具体的にはどのように販売価格を設定するのか，ということまでは，明確に確認された様子はうかがわれない。

(1) 本件審決の認定に対する評価

　この点について，まず本件東京高判は，基本的に本件審決の認定を是認しつつ，少なくとも平成10年から平成13年までの間，基準価格の前年度からの変動に従って，自社の元詰種子の価格表価格を定め，またおおむね基準価格に連動した価格で実際の販売を行っていたことなどから，元詰業者各社は，「基準価格の決定」が「自社の価格表価格及び販売価格の設定を拘束」するものであることを認識し，さらに（毎年遅くとも他社の価格表価格が発表された時点には）他の事業者が同様に価格表価格を設定していることを認識し得たのであるから，「各社」にそのような販売価格の設定について「相互に認識」があったと推認できると述べる。

(2) それぞれの事業者が誰と意思の連絡をしているのかを相互に認識できていない？

　不当な取引制限にいう「他の事業者と共同して」とは「事業者間の事前の意思の連絡」を要するところ，これは，それぞれの事業者が意思の連絡をしているのは何某と何某であるということを相互に認識していなければならないということであって，しかしながら本件ではこの点が立証されていない，との指摘がなされていた。

　これに対して，本件東京高判は，「意思の連絡があるというためには，複数事業者間において，相互に，討議研究会で決定した基準価格に基づいて価格表価格及び販売価格を設定することを認識ないし予測し，これと歩調をそろえる意思があれば足りる」とした上で，本件では，元詰業者らはおおむね「討議研究会において決定した基準価格に連動した価格表価格を設定する」ものと相互に認識していたことや，現に4種類の元詰種子について9割を超えるシェアを有する元詰業者らが「基準価格に基づ

いた価格表価格の設定を行っていた」ことが認められることを指摘しつつ,「多数の事業者が存在する市場においては, 上記の程度の概括的認識をもって意思の連絡があるものと解すべきであり, このような意思を有する事業者の範囲を具体的かつ明確に認識することまでは要しない」と述べている。

(3) 基準価格という「目安」だけでは, 他の事業者の事業活動を予測できない？

前記のように, 本件事案の基準価格の決定は目安ともいうべきもので, 元詰業者各社が具体的な販売価格を設定するに至る過程については必ずしも明らかではない。この点を踏まえて, 本件事案では, このままでは他の事業者の事業活動を予測し得ないのであって,「相互拘束」として不十分であるとの問題が指摘されていた。

これに対して, 本件東京高判は,「価格の設定に当たっては, 本来, 各社が自ら市場動向に関する情報を収集し, 競合他社の販売状況や需要者の動向を判断して, 判断の結果としてのリスクを負担すべきである」にもかかわらず, 本件事案のような合意が存在すると, 他の事業者も自社と同様に基準価格に基づいて価格表価格を定めることを認識し得るので,「基準価格に基づいて自社の価格表価格及び販売価格を定めても競争上不利となることがないものとして価格設定に係るリスクを回避し, 減少させることができ」,「価格表価格及び販売価格の設定に係る事業者間の競争が弱められている」と述べ,「不当な取引制限にいう相互拘束性の前提となる相互予測としては, 上記の程度で足りるものと解するのが相当である」と述べている。また, 値引きや割戻しの率等の兼ね合いでも, 同様の点が指摘できるとしている。

5. 補　論

その他, 本件では次のような事項も主要な争点として争われたが, Ⅱでも詳述しているので, ここでは指摘にとどめる（いずれの点についても本件東京高判参照）。

(1) 「品種間競争」「品種間価格競争」の議論

本講の冒頭で述べたように, 一般に, 野菜の元詰種子については, 同一品目の野菜であっても, そのなかの個別品種それぞれが独自の商品特性を有している。そうなると, 品種間には競争は生じないのではないか, あるいは, 競争はあるとしても価格競争ではないのではないか, といった点に議論の余地がある。

まず品種間競争については,「需要者が最終的には最も適合した品種を選択し, 選択した後においては他の品種との間で代替性がないといえるとしても, それは結果であって, その選択に至るまでには数種の元詰種子を比較検討するのが通例であることが認められ」,「元詰種子の品種間には競争がある」とされた。

また品種間価格競争についても,「もともと,品種間に品質に係る競争だけがあり,価格競争が存在しないのであれば,元詰部会において毎年基準価格を決定する意味がない」とされた。なお,「元詰業者らは,元詰種子においても,品種間に価格競争が潜在的に存在しており,討議研究会で決定した基準価格に基づいて価格表価格及び販売価格を定めることにより価格競争が顕在化するのを防いでいるとの認識を有しているものと推認される」とも指摘されている。

(2) **違反行為主体**

前記のとおり,本件事案は,(日種協元詰部会の)討議研究会での基準価格の決定自体について違反が問われた事案ではない。

他方で,本件事案においても,いわば一般論として,事業者団体としての日種協元詰部会が,討議研究会で決定した基準価格に基づいて構成事業者の価格表価格及び販売価格の設定がなされるよう構成事業者を拘束して,一定の取引分野の競争を実質的に制限していた(独禁法8条1号),あるいは,価格表価格及び販売価格等を設定することに関する活動等を不当に制限していた(同4号)とまで認めることができるような場合には,かかる事業者団体としての違反の成否が問われる余地を認めている。ただし,本件事案において認定された事実のみでは,これらの違反を認めることには疑問が残る,とも指摘されている。

II 事案検討から得られる教訓

引き続き本講でも,IIでは,本件事案から得られる社内調査についての教訓について検討したい。

ただし,他の講で扱う事案とは異なり,本件事案は比較的多数の事業者が関係人となっており,かつ審・判決判示の基本的なニュアンスが,「各自の行為が各様であった部分があったとしても,全体としての違反の成立が否定されるわけではない」という点を各論点ごとに指摘するものであったが故に,各当事者の個別の立場から見たときに,社会的事実として各自でどういった行動が採られていたのかということが必ずしも明快に理解できるような判示とはなっていない。

すなわち,事案の規模等いかんで,社内調査において,違反行為の一参加当事者の眼からは,「違反とまでは言えないのではないか」と見えてしまうことがあり得る中で,適切に対処するための着眼点を踏まえておくべき,というのが本件事案から得られる教訓である。

以下では,まず1.において,本件事案の審・判決の経緯を押さえた上で,社会的

事実として，ある違反事業者が採っていた可能性のある行動と本件違反被疑行為に関する状況認識の再現を試みる。そこで見受けられる状況は，いずれも当該違反事業者の主観としては，「これなら違反にはならないのではないか」という期待を抱かせ得るものであった可能性がある。

次に，2．において当該違反事業者の状況認識の内容について，違反被疑行為の全体像を把握できた公取委及び裁判所の，個別事業者の認識とは異なる，いわば俯瞰的・鳥瞰的観点からの判断の結果を示す。

そして，3．において，結果として，個別事業者の状況認識及び違反にはならないのではないかとの期待は，公取委・裁判所の俯瞰的・鳥瞰的な認識・判断に基づきすべて否定されたことを示す。得られる教訓としては，社内調査等を通じて収集した情報に基づき，違反には当たらないのではないか，との感触が得られたとしても，情報収集の限界から，通常，当該判断に，他の違反行為者等に関する情報を含めた違反被疑行為の全体像を十分に反映させることは困難であるため，それらのいずれも有効な反論とはなり難かったということである。

その上で，4．において，その後の判審決例の進展を踏まえた上での，カルテル行為についての社内調査において留意すべきポイント（特に，**第5講の多摩談合事件の最判についての調査官解説において示された，「自発的な自己拘束の相互認識認容」**という考え方に照らして指摘できる点）について検討する。「合意により具体的な販売価格の決定があって初めて競争が制限されるのであって，概括的な合意のみでは各事業者の具体的な販売価格設定の目安とはならないから，相互拘束には当たらない」との理解に基づいて社内調査を行い，下記に述べるような状況認識を持つに至り，もって独禁法違反には当たらないとの結論を導くような誤りを避けるためには，社内調査の前提として「合意の認定」に関する正確な理解を有していることが必要である。

1．本件事案の審査の経緯及び違反事業者の状況認識

(1) 本件違反行為の内容及び審査の経緯

公取委の認定した本件違反行為の内容は，勧告審決によると，以下のとおりである。

「元詰業者は，かねてから，4種類の元詰種子に関して，毎年3月に会合を開催し，作柄状況，市況等の情報交換を行い，販売の基準となる価格を決定してきたところ，32社は，遅くとも平成10年3月19日以降，4種類の元詰種子について，販売価格の低落防止等を図るため，種類ごとに，各社が販売価格を定める際の基準となる価格（以下『基準価格』という。）を毎年決定し，各社は当該基準価格の前年の基準価格からの変動に沿って各社の4種類の元詰種子の品種ごとの販売価格を定めて販売する旨の合意の下に，毎年3月に各社の代表者又は営業責任者級の者による会合を開催し，野

菜の種類，品質等に応じて設けたＡ，Ｂ及びＣの区分（かぶにあっては区分なし）ごとに，需要者向け，農協向け，小売業者向け等の形態及び取引単位に応じた基準価格を決定し，基準価格の引上げ又は維持を行っていた。

　32社は，4種類の元詰種子のうち自社の販売する元詰種子について，上記に基づき，前年の基準価格からの変動に沿って品種ごとに取引先に対し価格表価格等を設定して販売することにより，4種類の元詰種子それぞれの販売価格をおおむね引き上げ，又は維持していた。」（太字は筆者）

　本件事案につき，公取委の立入検査が平成13年8月29日に行われ，事件審査が開始された。

　審査の結果，平成14年8月26日，32社に対して排除勧告が行われたところ，32社のうち13社が勧告を応諾し，同年9月25日，勧告内容と同趣旨の勧告審決が出された。

　残りの19社は，勧告を応諾しなかったので，審判手続が開始され，平成18年11月27日に，本件審決が出された。

　本件審決名宛人19社のうち15社は，本件審決の内容に納得できないとして，その取消しを求め，東京高裁に審決取消訴訟を提起し，平成20年4月4日，本件東京高判が出された。

　本件東京高判においては，公取委の認定した違反事実がほぼ全面的に認められ，それが本件事案の最終判断となったのであるが，上記のとおり，違反事業者32社の勧告及び審決への対応は分かれた。

(2) **違反事業者の状況認識**

　公取委の勧告ないし審判審決を争った個々の事業者の争訟の動機・理由は明らかではないが，個々の事業者が本件違反被疑行為に関し，社内調査・情報収集を行ったところ，そもそも基準価格は32社ではなく日種協の討議研究会が決めたのであり，しかも，基準価格は32社がそれぞれの価格表価格を決める際の単なる目安であって，実際の個々の品種ごとの価格表価格と連動していたわけではなく，さらに，実際の販売価格も価格表価格どおりではないという実態にあり，加えて，野菜栽培農家の側においては，品種間の競争や価格競争はなかったのであり，したがって，32社の価格カルテルがあり，それが競争の実質的制限に当たるというのは誤解ではないか，という疑問を抱く事業者が少なからずいたものと思われる。

　そこで，以下では，個別の違反事業者の採っていた可能性のある行動と本件違反被疑行為に関する状況認識について整理し，それが公取委の認識との間にずれがあったことが当該事業者の争訟提起につながった可能性について検証を試みる。

　なお，以下は個々の違反事業者側の主張が少なくとも事実関係としてある程度認め

られた点を中心に述べており，本件審判において主張された内容を網羅的に挙げたものとはなっていない。

ア．違反事業者の行為の具体的な内容及び状況認識
㋐　基準価格と価格表価格との連動性

　価格表を作成するということ自体は，他の事業者も行っていたようであるが，内容や形式は統一されておらず，例えば事業者Xの価格表の「1袋」は1デシリットルの意味であったのに対して，事業者Yの価格表では5,000粒の意味であった。

　事業者Xとしては，例えば，はくさいについて10品種近くを提供していたところ，はくさいの基準価格は引上げとなったにもかかわらず，そのほとんどすべての品種について自らの価格表価格を維持又は引下げとするなど，時に「目安」として用いるものの，倣うか否かはそのときの状況次第という認識であった。

㋑　価格表価格と実際の販売価格との連動性

　事業者Xは，その取り扱う種子について価格表を作成して，そこに記載した価格をベースに，交渉等を通じて実際の販売価格を決めていた。

　仮に，価格表価格を（基準価格の引上げに合わせて）引き上げていたとしても，その品種の実際の販売価格については，取引年数等の様々な事情に応じて，取引先ごと・年度ごと・品種ごとに異なる値引きや割戻しを行うことで，その前年度の価格からの引上げの有無を含め，販売先ごとにまちまちであった。

㋒　討議研究会を欠席しながら違反行為者とされた事業者の存在等

　事業者Xは，日種協の元詰部会の討議研究会に所属しており，そこでは基準価格が決定されていたが，X自身，平成10年度は出席したが，それ以降は欠席していた。討議研究会では，Xとしては「横ばい」と回答を述べていたものの，基準価格についての結論は「引き上げ」となり，自身の意見が結論には反映されなかった。

㋓　基準価格の等級区分の不明確性

　基準価格には「A」「B」「C」という等級区分があったが，それが各事業者の扱う品種のどれに当たるのかは決められておらず，例えば，はくさいについて事業者Xから見ると「A」ランクと思われるはくさいを，事業者Yは「B」ランクと捉えて販売しているのではないかと思われるようなこともあった。

㋔　基準価格が決定されていた元詰種子は9種であったこと

　日種協の元詰部会の討議研究会では「春蒔き種子」（5種類）と「秋蒔き種子」（4種類）の合計9種の野菜について，それぞれ毎年8月と3月に，基準価格が決定されていた。

　少なくとも事業者Xの目線からすれば，後に結論として違反行為の対象からは外されることとなった「春蒔き種子」（5種類）について行っていた討議研究会での基準

価格の決定と同様のことを「秋蒔き種子」（4種類）についても行っていたに過ぎないという認識であった。

(カ) 討議研究会に出席しながら違反行為者とされなかった事業者の存在

事業者Ｘと同様に討議研究会に出席していたはずなのに，違反行為者とは認定されなかった事業者が存在した。その理由は，その事業者の場合には基準価格に囚われた値付けをしていなかったことらしいのだが，それなら事業者Ｘも同じように，基準価格に囚われた値付けをしていた認識はなかった。

(キ) 本件合意の主体

カルテルというのは同業者同士で値上げなどを合意することであり，基準価格の決定は日種協という事業者団体によるもので，いわば会員への便益の提供であって，それを利用するか否かは会員事業者各自の選択に委ねられていたのだから，独禁法上の問題があるなら，それは日種協という事業者団体の問題である，との認識であった。

(ク) 過去の不問事件との関係

同業者が集まって価格について議論することについては独禁法上の懸念があるのではないかという気もしたが，聞くところによると，このような基準価格の決定については，過去に同種の取組みについて独禁法違反とはならないという判断を公取委から受けたことがあったとのことであり，今回の件も独禁法上問題ないとの認識であった。

イ．需要者（農家）の品種選択の際の考慮要素

(ア) 品種間競争の存否

事業者Ｘの立場から見たときに，例えば，はくさいという同じ種類の野菜に甲種という品種と乙種という品種があるとして，需要者である野菜栽培農家や農協が種子の品種を選択する際は，適性により選択しているのであって，甲種と乙種はその適性が異なる以上，そのいずれか一方が選ばれるというような関係性はないとの認識であった。

(イ) 品種間価格競争の存否

事業者Ｘの立場から見たときに，上記(ア)のとおり，同じ種類の野菜に甲種という品種と乙種という品種があるとして，需要者である野菜栽培農家や農協が種子の品種を選択する際は，適性により選択しているのであって，その価格にはほとんど関心が払われていないので，より安価であるなど取引条件がよい方が選ばれるというような関係性はないとの認識であった。

ウ．社内調査・情報収集の限界

公取委の審査に直面した事業者としては，自身の事業活動のためこれまで収集してきた情報等に基づき，さらには新たに社内調査を行うなどして，違反被疑行為への自社の関与状況等の把握に努めた結果，上記ア，イのような状況認識を確認するに至る

第3講 カルテル事案では「木を見る」のでなく「森を見る」ことが必要（元詰種子事件） 69

ことは十分に想定される。

その結果，当該事業者としては，自らの行為が違反行為に当たるとの公取委の認定には納得できず，審判ないし訴訟において争うこととなったということであろう。

上記ア，イの各項目は，あくまで一事業者の目から見えた風景であるが，個別の事業者の目線から見える風景が，審判や訴訟において全否定されるわけではない。

しかしながら，特に，本件事案のように参加者事業者の多いカルテル事案においては，個々の参加事業者は他の参加事業者の具体的な行為の態様等を知り得ない可能性が高く，そうすると，一事業者の視点から見た上記ア，イのような状況認識は，違反被疑行為の全体像を視野に入れたものではあり得なかったと言える。

違反被疑行為の全体像を俯瞰・鳥瞰し得た公取委及び裁判所としては，個別事業者の上記ア，イのような状況認識にかかわらず，独禁法違反の認定を行ったということである。

2．本件審決及び本件東京高判の俯瞰的・鳥瞰的判断

以下では，前記1.(2)の各項目において示された個別の違反事業者の状況認識について，本件審・判決において示された，違反被疑行為の全体像を踏まえた公取委及び裁判所の俯瞰的・鳥瞰的判断の内容を確認することとしたい。

違反事業者の状況認識は，本件審・判決において，事実認定としては認められた部分があるとしても，当該事実の法的評価及びそれを踏まえた法適用としてはすべて否定された。

本件事案から得られる教訓としては，社内調査等を通じて収集した情報に基づき，違反行為の存在を否認できるとの感触が得られたとしても，情報収集の限界から，通常，当該判断に他の違反行為者の行動等に関する情報を含めた違反被疑行為の全体像を十分に反映させることは困難であるため，結果的には，違反被疑行為の全体像を把握し得た公取委や裁判所において覆されるおそれがあるということである。

(1) 基準価格と価格表価格の連動性
ア．各社の価格表の相違

本件審・判決を通じて，「32社は，それぞれの価格表において，別紙の表5【略】のとおり，取引形態に応じた価格を設定しており，各社の取引形態の呼称は区々であるが，ほぼ各社とも，概ね，平成9年度から平成13年度までの期間において，別紙表5の①『小売（1袋）』欄記載の『小売』等と称する需要者（共購を除く野菜栽培農家及び一般消費者をいう。）向け価格（以下『小売価格』という。），②『農協（10袋）』欄記載の『農協』等と称する農協向け価格（以下『農協価格』という。），③『大卸

(10袋)』欄記載の『卸単価10袋』等と称する小売業者向け価格（以下『大卸価格（10袋)』という。），④『大卸（100袋)』欄記載の『卸単価100袋』等と称する小売業者向け価格（以下『大卸価格（100袋)』という。）を設定していた。ただし，②を設定していない元詰業者が5社あったほか，別紙の表5の『共購（10袋)』欄記載の『共購』等と称する共同購入による野菜栽培農家向け価格（以下『共購価格』という。）を設定している元詰業者も2社あった。」とされ，また「各社の価格表にいう1袋又は1缶の容量は，5ミリリットルに満たない小袋，20ミリリットル，1デシリットル，2デシリットル，1リットル，5,000粒，10,000粒と様々である」（ただし，「はくさい及びキャベツについては32社のすべてが20ミリリットルの容量の商品を有し，だいこんについては32社のすべてが2デシリットルの容量の商品を有し，かぶについては2デシリットルの容量の商品が最も多い。｣）とされている。

イ．基準価格と価格表価格の連動性の程度

　そして，この価格表については，本件審・判決を通じて，32社は，平成10年度及び平成11年度において，それぞれ自社の販売する4種類の元詰種子について，おおむね基準価格【後述】の引上げ幅又は引上げ率に沿って，当年度の価格表価格を前年度の価格表価格から引き上げていた旨，また，32社は，平成12年度及び平成13年度において，それぞれ自社の販売する4種類の元詰種子について，当年度の価格表価格を前年度の価格表価格からおおむね据え置いていた旨が判示されていた。

　ただし，その連動は，あくまで「おおむね」という程度にとどまっていた。特に，本件審決では，「基準価格とは全く異なる動きをしているとして被審人17社が価格表価格の動きを個別に分析した10社（延べ21品種）について，…特に基準価格が引き上げられた年度に価格表価格を引き上げていない品種の割合が大きい元詰業者が存在する。この点については，各社がその品種の相対的競争力を勘案しながら価格表価格を検討，決定していることを示すものと考えられる」ことを認めていた。なお，この判示は，「特に（基準価格が引き上げられたときに価格表価格が据置き又は引き下げられているもの及び基準価格が据え置かれたときに価格表価格が引き上げ又は引き下げられているもの）に該当する品種数（同一品種名であっても各年度ごとに1品種として計上)」に着目したものであった。

　また，本件審決に至る審判段階では，例えば，ある被審人から，「価値検討の結果として設定された「基準価格」は，元詰種子の適正な価格の目安（値ごろ感）であって，それに拘束されるものではないと認識していた」といった主張もなされていた。

> 俯瞰・鳥瞰
> 　「基準価格と価格表価格の連動性」について，本件審決は，「一般に，いわゆる価格カルテルにより供給側の歩調がそろい，競争者の価格行動を予測できる場合であっても，各事業者の個別の商品の価格設定については，当該個別の商品に係る競争力や需要側の動向等を無視しては定められないから，事業者によっては，一部の商品について合意に沿った価格引上げを打ち出すことができないこともあり得るのであり，カルテル当事者のうち一部の事業者がカルテルの対象商品の一部の商品についてそのような行動を採ったからといって，それにより当該カルテルに係る合意の成立や相互拘束性が否定されることにはならない。本件において，32社がおおむね基準価格の引上げ幅又は引上げ率に沿って価格表価格を引き上げ，又は基準価格の据置きに応じて価格表価格を据え置いていたことは，前記第1の6⑷【略】に認定したとおりであり，別紙の表11【略】にみられるように32社のうちの一部に基準価格の変動と異なる向きの動きを示す品種数が多い事業者が存在するからといって，本件合意の存在及びその相互拘束性が否定されるものということはできず，また，個別の事業者についてみても，各年度を通じ，又は各品種を通じてみると，基準価格の動きを無視した価格表価格の設定をしているものと評価すべき者は存しないと認められる」(【　】は筆者)と述べる。

(2) 価格表価格と実際の販売価格との連動性

　本件審・判決を通じて，「32社は，それぞれ，自社の価格表価格に基づき販売価格を定めて販売をしているが，小売業者又は農協に対し卸売業者等の中間販売業者を経由して販売する場合には，価格表価格の小売向け価格又は農協向け価格を基にし，卸売業者等のマージンを差し引くこととしていた。また，32社は，販売に際し，取引先との取引年数，従来の取引金額，取引数量の多寡等に応じて，価格表価格から値引き・割戻しを行ったり，年に2回ないし4回の売上代金の集金の際に，総額から一定の値引き・割戻しを行ったりしていた」旨が判示されている。
　また，特に，「確かに，価格表価格からの値引き・割戻しの率や適用の有無について32社の間で何らかの合意があった事実は認められない」ことについては，本件審決でも認められていた。

> 俯瞰・鳥瞰
> 　「実際の販売価格」について，本件審決は，32社が「価格表価格に基づき実際

の販売価格を設定し，値引き・割戻しも価格表価格を基に行っていたと認められるのであるから，値引き・割戻しの内容・方法について共通の認識がなかったとしても，実際の販売価格の動きは価格表価格の動きと連動するということができ」るとした。また「価格表価格を個別の取引に適用するに際しては，需要動向等に応じ取引先販売業者又は需要者と価格交渉が行われるのであるから，必ずしも価格表価格の変動を反映した販売価格が実現するとは限らないのは，むしろ当然」であって，「ある品種について取引先ごとに固定的な率があらかじめ定められており，販売量の変動がない限り前年度と同じ率が適用され，これに加えて集金時の交渉で最終的な値引率が決まる」ことや，「最大5パーセントの範囲内で担当営業部員の権限で値引きを行う」こと，「取引先を4つのグループに分けて，グループ別に，野菜の種類ごとに値引率を設定する」こと，「取引先ごとに決まっている値引率で算出された価格で販売する（ただし，値引率を大きく見直す取引先が年に数社発生する）」ことなどから，「値引きの内容について前年度との連続性が存在する実態が認められるので，価格表価格の変動は実際の販売価格の変動に反映されるものと評価することができる。一部の品種や一部の取引先との関係において年度により値引率が変動しているとしても，上記の判断を左右するものとはいえず，被審人らの主張は理由がない」と述べる。

　本件東京高判も，本件合意は，価格表価格を設定した後，販売に際して行われる値引きや割戻しについては何ら拘束するものではなく，これに係る価格交渉が可能であるといい得るのではないかという点について，「本件合意がその前提となる価格表価格を制限するものである以上，その後の販売価格の設定において値引や割戻し等の価格交渉が行われているからといって，これらが価格表価格を全く無視して行われる状況に至っているなど特段の事情の主張立証があれば格別，そうでない本件においては，実際の販売価格の設定において公正かつ自由な競争が確保されているといえるものではない」と述べる。そして，「値引きや割戻しが各社において各年度を通じ各取引先との間で慣習的に行われていることが認められ，前年度との連続性があることが窺われるから，値引きや割戻しを行った後の価格も基準価格に基づいて連動している」等を指摘し，相互拘束性や競争の実質的制限は否定されないとする。

(3) **討議研究会を欠席しながら違反行為者とされた事業者の存在等**

　本件審・判決において，概要以下のとおり認定されている。

　以下の事実経緯を詳細に見ると，少なくとも1事業者，下記期間の当初から部会員

第3講　カルテル事案では「木を見る」のでなく「森を見る」ことが必要（元詰種子事件）　73

ではあったが1回しか討議研究会に参加したことのない者が存在し，その他にも複数回欠席していた者が数名存在していた。

ア．平成10年度の討議研究会

　平成10年度は，「討議研究会は，平成10年3月19日午前11時から開催され，表6【略】中『平成10年3月19日』欄に○印を付した30社の代表者等（別紙の表7－1【略】）が出席し」，「まず，アンケート調査の集計結果が発表され，その後，当年度の基準価格について意見交換が行われた。アンケート調査においては，4種類の元詰種子について『横ばい』と回答した元詰業者が多かったものの，意見交換の中で，据え置いた場合にはその後に検討される他の部会での価格にも影響を及ぼすとして値上げを推し進める意見が出されたことから，当年度の基準価格を，4種類の元詰種子それぞれについて引き上げることとされた。」

イ．平成11年度の討議研究会

　平成11年度は，「討議研究会は，平成11年3月16日午前11時から開催され，表6【略】中『平成11年3月16日』欄に『○』印を付した27社の代表者等（別紙の表7－2【略】）が出席し」，「まず，アンケート調査の集計結果が発表され，その後，当年度の基準価格について意見交換を行った。アンケート調査においては，4種類の元詰種子の各基準価格について『上げる』と回答した元詰業者が多く，意見交換の中でも，多くの出席者から種子の高品質化が進んでいるため引上げが必要であるとの意見が出されたことから，当年度の基準価格を，4種類の元詰種子それぞれについて引き上げることとされた。」

ウ．平成12年度の討議研究会

　平成12年度は，「討議研究会は，平成12年3月15日午前11時から開催され，表6【略】中『平成12年3月15日』欄に『○』印を付した26社の代表者等（別紙の表7－3【略】）が出席し」，「まず，アンケート調査の集計結果が発表され，その後，当年度の基準価格について意見交換が行われた。アンケート調査では，4種類の元詰種子の各基準価格について『横ばい』と回答した元詰業者が多く，意見交換の中でも，青果物市場における野菜の価格低迷で値上げできる環境にないとの意見が出されたことから，当年度の基準価格を，4種類の元詰種子それぞれについて，前年度のまま据え置くこととされた。」

エ．平成13年度の討議研究会

　平成13年度は，「討議研究会は，平成13年3月14日午前11時から開催され，表6【略】中『平成13年3月14日』欄に『○』印を付した30社の代表者等（別紙の表7－4【略】）が出席し」，「まず，アンケート調査の集計結果が発表され，その後，当年度の基準価格について意見交換が行われた。アンケート調査においては，4種類の元詰種子の基

準価格について『横ばい』と回答した元詰業者が多く，意見交換の中でも，農薬，肥料及び資材の価格が上がっていない現状では，引上げの理由は見いだせないとの意見が出されたことから，当年度の基準価格を，4種類の元詰種子それぞれについて，前年度のまま据え置くこととされた。」（上記ア．ないしエ．において，【 】は筆者）

> **俯瞰・鳥瞰**
>
> 　本件審決では，討議研究会に欠席した者について，「他社の価格表に掲載された価格が討議研究会で決定した基準価格の変動を反映したものであることを認識した上で，他社の価格表を確認することにより，自社の価格表価格を設定していた。」旨が認定されていた。
>
> 　また，本件東京高判は，「本件審決は，討議研究会自体において価格カルテルの合議がされてその旨の合意がされたと認定するものではないから，討議研究会の上記出席者の存在及び32社の中の欠席者の存在が本件合意の存在を否定するものとはならず，32社が本件合意の主体であることは証拠に基づいて認定された事実から合理的に推認されるところであるから，実質的証拠の欠缺をいう原告らの主張も理由がない」とも判示している。
>
> 　また，本件審決では，アンケートや席上で述べた意見とは異なる結論となった事業者について，それらの者も「決定された基準価格を各自メモして」いたことが，「決定された基準価格が各社の合意事項であって各社の価格表価格の設定に影響すべきものとの認識を有していたと認められる」ことの根拠として挙げられている。

(4) **基準価格の等級区分の不明確性**

　本件事案では，Ⅰの【図表3】の本件基準価格の変動幅について，特に，はくさい・キャベツ・だいこんについては，普通品種，中級品種及び高級品種として，それぞれ，「A」，「B」及び「C」のような等級区分が設けられていた。

　この点について，本件事案では，各ランクの定義が定められていたわけではなく，各品種をどのランクに当てはめるかについて統一的な基準は存しないこと，ランクに当てはまらない品種も多数あること，各元詰業者が自社の元詰種子を等級区分のいずれかへ当てはめるかについても各社の判断に委ねられており，どの品種がどのランクに位置付けられるかについて相互に共通の認識はないことなどが指摘され，特に本件審決では，「確かに，等級区分の定義について各社の理解は必ずしも同一ではなく，また，他社のどの品種がどの等級区分に属するか具体的には知らなかった元詰業者が

多いと認められる」とされていた。

> **俯瞰・鳥瞰**
> 　本件審決では、「はくさい、キャベツ及びだいこんのそれぞれについて、『A』、『B』及び『C』の順に後者の方が耐病性等の点から高級な品種であり、この序列に応じて相対的に高い価格が付されるという点においては、32社のいずれの理解も共通である」とされた。また「そもそも、等級区分が設けられている理由は、種子の品種数が多く価格帯も広いため、基準価格を検討・決定する便宜上、代表的な品種等のものとして選び出されたものであり、各社は自社の各品種について『A』、『B』又は『C』のいずれか近いものの動向に合わせて価格表価格を設定することとしていると認められる」とされている。さらに、「前年度の自社の各品種の価格表価格と各基準価格の相対的上下関係は自社にとっては自明であるので、32社にとって、価格表価格の設定に当たって自社の各品種について参照すべき等級区分が不明であるということはなかった」とされている。
> 　また、本件東京高判は、「基準価格の等級区分について、少なくとも、32社が等級区分に応じて決定された基準価格を前提とし、これに基づいた価格表価格及び販売価格を定めているものと認定し得る」と述べ、本件において違反行為とされた内容を当該事業者らが行い得ていたという事実から、基準価格における等級区分が不明確であるとはいえないとの判断を導いている。
> 　同高判は、併せて、「討議研究会において等級区分に分けて基準価格を決定することが少なくとも平成10年から平成13年までは行われており、代表者等の供述によっても、このような決定方法では、基準価格の自社製品への当てはめができないとする意見が出されたことは窺われない」ことや、代表者等の供述によっても、「欠席した事業者は他社の価格表価格を参照することで討議研究会における基準価格の決定内容を了知することが認められる」ことを挙げ、「価格表価格を設定するに際し、基準価格における等級区分が不明確であるとはいえ」ないと述べている。

⑸　**基準価格が決定されていた元詰種子は9種であったこと**
　本件事案の4種類の元詰種子は「秋蒔き種子」と呼ばれ、Ⅰの【図表1】の案内状記載のように、毎年3月に開催される元詰部会討議研究会において基準価格が決定されていたところ、これとは別に、「春蒔き種子」（トマト、ナス、キュウリ、スイカ及びメロンの5種類の元詰種子）についても、毎年8月に開催される元詰部会において

基準価格が定められていた。

　事業者側からは，元詰業者が9種類の野菜の種子について3月及び8月の元詰部会の会合において基準価格を決定していたにもかかわらず，4種類の野菜の種子のみ取り出す理由がない，との反論が提出されていた。

　この点について，本件審決は，結論として「他の野菜の元詰種子に係る違反行為の有無は，本件違反行為の成否に影響しない」と述べていたが，「春蒔き種子」についても違反の疑いが存在したのか否かの詳細については必ずしも明らかではない。

> **俯瞰・鳥瞰**
>
> 　本件東京高判に至る審理の中で公取委は，「いずれも討議研究会で基準価格が決定されている点では共通であるものの，5種類の元詰種子については，毎年8月の元詰部会で基準価格が決定されており，会合ごとに参加者も必ずしも同じでなく，話合いの内容も異なるし，取引分野が野菜の種類ごとに画定され，それぞれ販売事業者の規模や数，品種の数，取引形態，取引量や額等においては異なり，取引分野の状況はまちまちであることが認められるから，それぞれ別異の商品と考えることができ，状況が異なるとして4種類の元詰種子について合意を認定したとしても問題はない」との主張を行っていた。
>
> 　本件東京高判も，本件審決について，「32社がそれぞれ9種類の元詰種子の価格について不当な取引制限にかかる明示かつ単一の意思表示をして，これが合致していることを認定するものではないから，4種類の元詰種子に係る本件合意の存在を認定しても，意思表示の一部のみを取り出して認定したものとなるわけではない。また，このような合意のとらえ方をする以上，32社が4種類の元詰種子とその余の5種類の元詰種子について別個に合意するとの認識を有していた旨の認定を要するものでもない」と判示されている。

(6) **討議研究会に出席しながら違反行為者とされなかった事業者の存在**

　本件事案では，上記(3)のように討議研究会欠席者が違反行為者と認定されたことの不当に加えて，討議研究会に出席しながら，基準価格の合意に基づいて価格付けをしていないことを理由に違反行為者と認定されなかった者がいることは不当である，との指摘もなされていた。

第3講　カルテル事案では「木を見る」のでなく「森を見る」ことが必要（元詰種子事件）　77

> **俯瞰・鳥瞰**
> 　本件審決に至る審判段階において審査官は，「本件合意の内容について，証拠上，他社と共通の認識・認容を有していると認められない者は，本件合意の当事者として認められない。さらに，本件合意の内容が，基準価格の決定にとどまらず，基準価格の変動に沿って販売価格を定めることである以上，基準価格を決める討議研究会に出席していたとしても，本件合意に基づいて販売価格を定めていると認められなければ，本件合意の当事者であるとは認め難い」との主張を行っていた。
> 　この点について，本件審決では，本件違反行為は「基準価格を基に各社の販売価格を定めることを内容とするものであるから，販売価格の定め方が本件合意の成否と無関係とはいえない」ことを指摘した上で，「（当該事業者が）本件合意の主体であるかどうかは，32社による本件合意の認定に影響を及ぼすものではない」と判示している。

(7)　**本件合意の主体**

　討議研究会は，日種協の専門部会の1つである元詰部会において開催されていた会合であり，本件事案は，事業者団体の活動として独禁法違反の有無を問われ得た（例えば，同法8条1号や同4号など）ということが指摘されていた。

　この討議研究会における基準価格の決定は，日種協の提案，発意により日種協の行事として行われており，元詰種子を国内向けに販売していない業者や最終需要者である野菜栽培農家の経済的事情やニーズ等を代弁するため小売部会長も出席して積極的に意見を述べるなどしているほか，議事も結果報告も，日種協として行われていたとされていた。

　また，このように討議研究会において基準価格を決定していたことについては，標準品の価値の目安（値ごろ感）について多くの（利害関係の反するものを含めた）関係者の意見を聴取した上でこれを公表することにより，標準品について不測の騰落を防止するための意義を有していた，との認識も示されていた。

　そして，本件審決に至る審判段階では，被審人から，「討議研究会の開催は事業者団体の行為であり，事業者が行ったものではない」，「討議研究会の開催は日種協の年次行事であり，事業者団体の行為を事業者の行為に法論理として転換することはできない」，「基準価格の決定は，事業者団体において，本件合意の有無にかかわらず行われていた」などの反論がなされていた。

俯瞰・鳥瞰

　本件東京高判は，「日種協元詰部会の討議研究会において基準価格が決定されており，討議研究会が，日種協においてその案内や連絡行為を行い，その組織と様式をもって議事を進行し，結果報告をしていることは被告も認めるところであるが，このような基準価格の決定自体が，独占禁止法に定める不当な取引制限に該当するものと評価されることはあり得る」と述べていた。

　ただし，本件審決は，「討議研究会において基準価格を決定し，これに基づいて自社の価格表価格及び販売価格を定めることとすることにより，互いに自社の価格表価格及び販売価格を拘束することを合意したものと認定して」おり，「上記認定においては，基準価格の決定の外，これに基づいた価格表価格及び販売価格を設定していることから，基準価格に基づいて価格表価格及び販売価格を設定することを相互に認識し，認容するものであると評価しているのであるところ，価格表価格及び販売価格の設定は，一般にはそれぞれの事業者が個別に行うべきことであって，事業者団体の行為ではなく，討議研究会における決定行為も，討議研究会の行為であると共に，これを構成する事業者らの行為であるともいえるのであるから，これらの行為から本件合意の内容を認識，認容していることが推認される場合の主体は，各事業者であって事業者団体ではあり得ない」と判示している。

(8) 過去の不問事件との関係

　本件事案では，「昭和32年に，公正取引委員会は，日種協の前身である全国種苗業連合会（以下『全種連』という。）による種子の価値検討について審査を行った結果，『(全種連が)卸売部会において蔬菜種子の卸売最低標準価格を決定し，これを実行するよう指導はしているが，本標準価格は，各卸売業者が価格を決める際の一応の目安にすぎず，とくに問題とすべきほどの影響はない』と認めて不問に付した。本件事案で問題とされている行為は，昭和32年に不問とされた行為と実質的に同一であり，日種協は，この公取委の判断を信頼して，違法であるとの認識を持たずに同様の活動を継続してきた。また，公取委がいったん違法でないとしたものを突然に方針変更して違法と断ずることは，行政処分の確定力ないし禁反言の原則に反する」との指摘もなされていた。

俯瞰・鳥瞰

　本件東京高判では、「本件において違反行為とされているのは、32社が討議研究会において決定した基準価格に基づいて価格表価格及び販売価格を設定する旨の合意をしていたことであり、昭和32年に審査が開始されたのは全種連卸売部会が卸売最低標準価格を決定していたこと等についてであるから、対象とする行為のとらえ方が異なっている上、被告は、昭和32年に全種連の卸売部会が行っている行為が独占禁止法違反とならないとの判断を示したものではなく、特に問題とすべきほどの影響はないと判断して不問に付したに過ぎないことが認められるから、その影響の範囲によっては、行為自体は同様のものであっても、これに対し違反行為としての行政処分を課する可能性があったのであり、種子の基準価格の設定一般についての判断を示したものでもないから、不問に付したことをもって独占禁止法の適用基準が示されたということはできない。

　また、日種協元詰部会においては、平成6年に日本かいわれ協会が被告の審査の対象となったことから、討議研究会における基準価格の決定が独占禁止法違反となる可能性があるものとして善後策を検討し、討議研究会において使用する討議用紙の体裁を変更したり、メモを残さないことを申し合わせるなどしたことが認められるところ、その際、日種協及びその構成事業者において、昭和32年に同じ行為が不問に付されたことを指摘し、被告により訴追を受けることはないとの認識を示していたことを窺わせる供述あるいは資料は見当たらず、そもそも、原告らが、昭和32年に被告が全種連に対し行政処分を課さなかったことにより独占禁止法上の判断基準が示されたものと認識していたことも窺われない」と判示されている。

(9) 品種間競争の存否

　本件事案において被審人からは、「野菜の元詰種子は、同一品目の野菜であっても、その中の個別品種それぞれが収量性、耐病性、環境順応性から味覚の良さに至るまで様々な点において独自の商品特性を有しており、各品種相互間に商品としての代替性を認めることはできない。」という指摘が示されていた。

　すなわち、「農家が野菜種子を購入する際には、各品種の有する特性に着目し、それぞれの栽培条件に照らして適性品種であるか否かということを唯一の基準として購入する品種を選択して」おり、「特に、我が国における野菜生産に大きな地位を占める『産地』（野菜生産出荷安定法に基づく指定を受けた『指定産地』及び特定種類の野菜を一定規模において生産し特定の消費地に出荷している地域として区画化された

いわゆる『一般産地』を指す。）においては，出荷される野菜の品質の向上及び均一化を図るべく共同出荷が行われており，その前提として，試作の実施による適性品種の選定及び各農家に対する栽培推奨品種等の指定が継続的・組織的に制度として行われており，地域内の各農家において種子の特性に着目した品種選択，商品購入を行っていることが特に顕著に認められる」のであって，このような「野菜種子の商品特性，需要者である農家の商品（品種）選択・購買姿勢に対応して，種苗業者による野菜種子の生産・販売活動については，種子の最終需要者である野菜栽培農家の需要に見合った品質の種子を供給することが最も重要となっている」というものである。

この点，本件審決も，「確かに，いわゆる産地においては，農協が主体となって，必要な特性を備えているかどうかという観点から繰り返し試作していることが認められる」と述べていた。

俯瞰・鳥瞰

本件審決は，「試作の対象とする品種は元詰業者からの情報提供や他産地における使用例等により選ばれる」こと，「試作の結果選択される推奨品種は一つに限られない」こと，また，「新しい品種が採用され従来の品種が推奨品種から外れることがある」ことを挙げ，「これによれば，需要者は土壌や作型への適性について多くの品種を比較検討し，相対的にふさわしい品種を選択しているのであって，元詰種子に関して品種間に競争が存在しないとする被審人の主張は採用できない」と述べている。

また，本件東京高判は，まず，「需要者が最終的には最も適合した品種を選択し，選択した後においては他の品種との間で代替性がないといえるとしても，それは結果であって，その選択に至るまでには数種の元詰種子を比較検討するのが通例であることが認められるから，本件審決の上記判断は相当である」とする。その上で，「試作において検討すべき事項は一つではないことが認められるから，様々な検討事項のうちそれぞれの種子に優劣があれば，どの事項を優先するかは判断する農協ごとあるいは野菜栽培農家ごとに異なることは当然あり得べきことである」こと，「各元詰業者は，いずれも産地において採用されることを目的として品種改良を行っており，元詰業者も農協等が行う試作において採用される努力をしているのであって，品種間において競争があることを認識している」こと，「さらに，産地において試作が継続されていることからすれば，少なくとも，それぞれの産地において，いずれかの元詰業者が供給する元詰種子が独占的に販売されているのではないものと認められるから，種子の選択において品種間競争が

存在しないとは到底いえない」と述べ，「なお，産地においては上記のとおり試作が行われるからその競争が明らかであるが，これ以外の販売市場においても，それぞれの需要者がその需要に応じた適性を有する種子を選択することは自明であり，同様に品種間競争があるものと推認されるから，元詰種子の品種間には競争があるものといえる」と述べる。

(10) 品種間価格競争の存否

本件事案では，被審人から，「野菜の元詰種子は，同一品目の野菜であっても，その中の個別品種それぞれが収量性，耐病性，環境順応性から味覚の良さに至るまで様々な点において独自の商品特性を有しており，各品種相互間に商品としての代替性を認めることはできない。農家が野菜種子を購入する際には，各品種の有する特性に着目し，それぞれの栽培条件に照らして適性品種であるか否かということを唯一の基準として購入する品種を選択している。特に，我が国における野菜生産に大きな地位を占める『産地』においては，出荷される野菜の品質の向上及び均一化を図るべく共同出荷が行われており，その前提として，試作の実施による適性品種の選定及び各農家に対する栽培推奨品種等の指定が継続的・組織的に制度として行われており，地域内の各農家において種子の特性に着目した品種選択，商品購入を行っていることが特に顕著に認められる。このような野菜種子の商品特性，需要者である農家の商品（品種）選択・購買姿勢に対応して，種苗業者による野菜種子の生産・販売活動については，種子の最終需要者である野菜栽培農家の需要に見合った品質の種子を供給することが最も重要となっている。」旨が主張されていた。またこの点を踏まえ，「産地における農家の品種選択に特に明らかなとおり，需要者の品種選択に当たっての考慮要素は品種の特性のみであって，価格によって品種を選択することはないので，元詰業者の間に価格をめぐる競争は存在しない」との指摘もなされていた。

そしてこの点についても，本件審決において，「確かに，産地において推奨品種の指定を行っている農協は，推奨品種を決定するに当たり，品種の特性に着目しており，その価格にはほとんど関心を払っていない状況が認められる」とされていた。

> **俯瞰・鳥瞰**
> 本件審決では，「農協は，産地の農家が当該推奨品種がどのような価格であっても購入すると考えているわけではな」いとして，「比較対照をした他の品種あるいは前年度の単価と価格はそう大きく変わらないとの認識の下で品種選択を

行っている」と述べた上で,「産地においても,同一品種に関する小売店同士の価格競争は行われて」いること,「この競争によりある品種の価格が低下することとなれば上記の品種間の価格バランスから同様の特性を有する他の品種の価格にも影響が及ぶことがあり得る」こと,「また,被審人らの代表者等は,本件行為の動機として,各社が同じような価格で取引先に販売することによって流通段階での値崩れを防ぐ旨の供述をして」いることを挙げ,「これは正に潜在的に価格競争が存在するとの元詰業者の認識を示しているものと認められる。したがって,需要者とりわけ産地における品種選択において品種間価格競争が顕在化していないとしても,元詰種子の品種間価格競争が存在しないということはでき」ないと述べている。

さらに,本件東京高判では,「もともと,品種間に品質に係る競争だけがあり,価格競争が存在しないのであれば,元詰部会において毎年基準価格を決定する意味がないのであり,各事業者において,他社の元詰種子の価格に関係なく,それぞれの生産コストや販売実績等に応じて自由に価格を設定すればよいし,それにより各事業者間の売行きには何らの影響も生じないはずである」と指摘されている。すなわち,「販売価格を高くすると売れ行きが落ち,経営が成り立たなくなる可能性や1社のみで値上げすると高くて買えないといわれること,他社の同ランクのものより高いと値引き交渉されること」への懸念や,「討議研究会における基準価格の決定の必要性につき,これを決めないと価格競争が始まり,利益の確保ができなくなること」への懸念から,「元詰業者らは,元詰種子においても,品種間に価格競争が潜在的に存在しており,討議研究会で決定した基準価格に基づいて価格表価格及び販売価格を定めることにより価格競争が顕在化するのを防いでいるとの認識を有しているものと推認される」と判示されている。

3．本講のまとめ

既に述べたように,社内調査において,他の違反行為者の行動等に関する情報を含めた違反被疑行為の全体像を十分に把握することに限界はあるとしても,社内調査を行うにあたって,どのような行為が違法なカルテルに当たるのかについての判断基準を正確に理解しておくことは重要である。

ここでは,本件事案における審・判決において示された「合意の認定」に関する考え方を改めて整理し,今後,カルテル被疑行為に関する社内調査を行うにあたって,公取委・裁判所の認識とのずれを生じさせないよう留意すべきポイントについて述べ

たい。

(1) 「自発的な自己拘束の相互認識認容」という視点

本件事案よりも後の事件であるが，**第5講の多摩談合事件の最判（平成24年2月20日）**についての調査官解説では，独禁法2条6項の「不当な取引制限」について，その構成要件を，従前「共同して」「相互にその事業活動を拘束し」（いわゆる「相互拘束」）という分節で捉えていたのに対して，「共同して…相互に」「その事業活動を拘束し」という分節として捉え直しつつ，競争事業者が「自発的な自己拘束を相互に認識・認容すること」で違反行為（入札談合における基本合意）が形成されることが指摘されている。

本件事案で判示された内容は，この考え方が示される以前の「相互拘束」という考え方に依って示されたものであるが，他方で，下記のとおり，この「自己拘束（の相互認識・認容）」という考え方からも支持されるものである。

(2) 本件東京高判で示された**本件事案の相互認識認容に関する判断**
ア．概括的な相互認識認容の存在

本件東京高判は，「意思の連絡があるというためには，複数事業者間において，相互に，討議研究会で決定した基準価格に基づいて価格表価格及び販売価格を設定ないし予測し，これと歩調をそろえる意思があれば足りるのであり，代表者等の供述によると，32社は，元詰部会の構成員である事業者が，…概ね討議研究会において決定した基準価格に連動した価格表価格を設定するものと相互に認識していたこと及び現に4種類の元詰種子について9割を超えるシェアを有する32社が基準価格に基づいた価格表価格の設定を行っていたことが認められるところ，多数の事業者が存在する市場においては，上記の程度の概括的認識をもって意思の連絡があると解すべき」としている。

すなわち，**概括的な相互認識認容**が立証されれば，「意思の連絡」は認定できるというわけである。

イ．概括的な相互認識認容の相互拘束性

本件東京高判は，「価格の設定に当たっては，本来，各社が自ら市場動向に関する情報を収集し，競合他社の販売状況や需要者の動向を判断して，判断の結果としてのリスクを負担すべきであるところ，本件合意の存在により，自社の価格表価格を基準価格に基づいて定めるものとし，他の事業者も同様の方法で価格表価格を定めることを認識し得るのであるから，基準価格に基づいて自社の価格表価格及び販売価格を定めても競争上不利となることがないものとして価格設定に係るリスクを回避し，減少

させることができるものといえ，これをもって価格表価格及び販売価格の設定に係る事業者間の競争が弱められているといえるのである。…不当な取引制限にいう相互拘束性の前提となる相互予測としては，上記の程度で足りるものと解するのが相当である」としている。

また，「本件合意の存在により，基準価格が決定され，シェアのほとんど大半を占める同業他社が基準価格に基づいて価格表価格を設定することを認識し，基準価格に基づいて価格表価格を設定しても自らが競争上不利になることはなくなっているという事態は，とりもなおさず公正かつ自由な競争が阻害されている状況であるといえる」としている。

すなわち，具体的な販売価格の設定が可能.となるような合意をしていなくても，シェアの大半を占める事業者が，概括的な相互認識認容により，価格設定に係るリスクを回避し，減少させることができるのであれば，相互拘束として十分であり，競争の実質的制限に当たるというわけである。

(3) 社内調査のポイント：「自発的な自己拘束の相互認識認容」の有無

前記(2)ア及びイで示した，本件東京高判の概括的相互認識認容の考え方は，改めて読み返すことで，「自発的な自己拘束の相互認識認容」について指摘したものとして再構成して理解することができる。

以上を要するに，カルテル行為についての社内調査において最も重要なポイントとは，「自発的な自己拘束の相互認識認容」の有無であると言える。

この点，例えば価格の設定という場面についてみると，各々，自社が価格の設定を行う際に様々な制約事項（原価等の兼ね合いでの採算レベルのほか，いわゆる「人繰り」の考慮が必要である場合など）の下に置かれていること自体は当然であるとして，第1の問題は，競合する他社が置かれているその価格の設定に際しての制約事項（＝他社に課されている内部的な拘束）の内容を，どの程度，自社として承知して踏まえることができて（しまって）いるかという点である。そして第2の問題は，上記のような自社の側で自らに課されている制約事項（＝内部的な拘束）の内容を，どの程度他社に承知されて踏まえられて（しまって）いるかという点である。

これを思考実験的に捉えれば，仮に第1の時点で状況がとどまっているなら，拘束の認識認容についての相互性が，まだ一方的なものにとどまっているという可能性もある。

しかしながら，現実には，この種の他社情報を当該他者から入手しようとする場合，ギブアンドテイクということにならざるを得ないのがむしろ一般であると想定しておく方が安全であろう。

また，社内調査の場面では，利用可能なのは自社側で判明する事項に限られるので，第2の問題について立ち入ることは事実上不可能であろう。したがって，第1の問題が生じている時点で，第2の問題も生じているという想定で社内調査を進めた方が実務的に得策であるということが言えよう。
　なお，他の講でも述べるように，こういった社内調査におけるポイントは，事業戦略の立案策定の際のポイントと表裏の関係にある。
　例えば，本件東京高判が，「価格の設定に当たっては，本来，各社が自ら市場動向に関する情報を収集し，競合他社の販売状況や需要者の動向を判断して，判断の結果としてのリスクを負担すべきである」と指摘している点について，そこで言われる「市場動向に関する情報」の収集には，本来，競合他社による価格設定レベルといった情報も含まれ得る。ただし，そういった情報の入手方法のいかんによっては，本来負担されるべきリスクが回避・減少され，競争が弱められてしまう。
　競合他社との接触により，自社のリスクを軽減しようとする際に，そのために必要な情報を提供する方向へ他社を動機付けるために，当該他社もそのリスクを軽減させることができることを誘因としているなら，それがギブアンドテイクとなっているということである。
　事業戦略の立案策定のための情報収集において留意されるべき点も，その種の相互性の有無ということになる。

第4講

カルテル事案で求められる「証拠探し」と「事実の見立て」の間の試行錯誤

【図表2】　進行状況メモ

> **進捗状況**
>
> 結論として現状の進捗状況から11／21以降出荷分の＠20／25値上げは困難。……年内決着を目指すならMBS＠10－15　PA＠15－20がbestか。大手は各々＠10／15が通れば良い方か。年を越すと原料事情等も変わってくる可能性もあり，年内決着を条件にMBS＠15，PA＠20なら決まる所から決めてゆく事で合意。(次回12／8)

「モディファイヤー事件」（審判審決平21・11・9，東京高判平22・12・10）
事案の理解の手がかり：「社内報告メール」,「進行状況」と題する社内メモ等（本講【図表1】以下）

I　証拠からみた，独禁法違反認定の鍵

　本講では，塩化ビニル樹脂向けモディファイヤー事件[1]（以下，本講において「本件事案」という。）を取り上げる。

1．平成11年の「進捗状況」に関する資料等

　まず，下記の【図表１】及び【図表２】をご覧いただきたい。

【図表１】　社内メール

```
差出人：　【M社モディファイヤー関連事業部K部員】
日時：　　平成11年11月16日
宛先：　　【M社モディファイヤー関連事業部T課長】

……………………………………………………………
……………………………………………………………
……………………………………………………………

◎シー化成（11／始）－ク社F氏行ったが平衡線

ゼ化成
ク社申込み－I氏承った。理解出来る。

タキ…ク／カ94よりPRC下っていない。
∴今回も上がらない。

アロ：PIPE，PRC高い。
（カ，ク）＠10～15なら可能性あり。＠15なら決めよう。

・PIPEの値上げ見えてくるのは11／末か。
```

1　審判審決平21・11・9審決集56-1巻1頁（以下「本件審決」という。），東京高判平22・12・10審決集57巻222頁（以下「本件東京高判」という。）。

第4講　カルテル事案で求められる「証拠探し」と「事実の見立て」の間の
試行錯誤（モディファイヤー事件）

【図表2】　進行状況メモ

> **進捗状況**
>
> 結論として現状の進捗状況から11／21以降出荷分の＠20／25値上げは困難。……年内決着を目指すならMBS＠10－15　PA＠15－20がbestか。大手は各々＠10／15が通れば良い方か。年を越すと原料事情等も変わってくる可能性もあり、年内決着を条件にMBS＠15、PA＠20なら決まる所から決めてゆく事で合意。（次回12／8）

【図表1】は社内メールを印刷したものであるが、余白部分に手書きの書込み（楷書体で表記した箇所）がある。そこには、「ク」（社）や「カ」（社）といった記載がみられる。メールの日付が平成11年11月16日であることと、書込みの末尾に「11／末」とあることから、書込みがなされたのは、同月16日から同月末の間であったと思われる。

【図表2】の記載でまず注目されるのは、文末の「…合意。」という部分であろう。「MBS」や「PA」と呼ばれる商品についての価格（値上げ幅と思われる。）について、何らかの「合意」があったようにみえる。また、そもそも「11/21以降出荷分」について「原料事情等」を理由とする「値上げ」が試みられていたところ、それが「困難」となり、次善策が話し合われて軌道修正の「合意」に至ったという経緯であるようにも見える。

プラスチックに少量添加することにより、プラスチックが有する化学的、物理的性質を損なうことなく、衝撃強度、耐候性、加工性等を改良し、製品物性、外観、生産性等を向上させるために用いられる改質剤（モディファイヤー）は、その需要の多くが、塩化ビニル樹脂に添加して用いられるものとされていた。この塩化ビニル樹脂向けモディファイヤー（以下「本件商品」という。）の種類としてはMBS樹脂、アクリル系強化剤及びアクリル系加工助剤に大別され、例えばMBS樹脂は、透明性を確保しつつ、衝撃強度を向上させるために用いられるものであった。

本件事案の当時、国内のモディファイヤー製造販売業者には、三菱レイヨン株式会社（以下「M社」という。）、株式会社クレハ（以下「ク社」という。）、株式会社カネカ（以下「カ社」という。）があり、国内需要者への供給はほとんどがこれらの3社によってなされていた。

【図表1】及び【図表2】の資料は、M社において、あわせて一体の資料として綴られていたもの（査第38号証）の一部である。この【図表1】の書込みは、筆跡鑑定

等の関係証拠から，メールの宛先とされていたM社のT氏によるものと認定されていた（具体的な記載内容については，筆者にて若干の形式面の修正を加えている。）。

本件事案で具体的に争われた内容を概観しながら，これらの資料から分かることと，分からないことをそれぞれ見てみよう。

(1) 「…合意。」の意味

【図表2】の資料の「合意」は，「誰が」「何を」合意したことを意味するのか。この点，【図表1】には，競合他社（カ社を示す「カ」や，ク社を示す「ク」）の動向を示す手書きによる書き込みが残されていた。これらの記載が，その「時期」の実際の各社の動向と整合的であり，かつその時期に各社との「接触」の機会が認められれば，それと一体の資料として綴られていた【図表2】の資料の「合意」は，それらの競合各社との間でなされたものである可能性が高まる。

そもそも本件事案では，前記3社は，遅くとも平成7年6月ころ以降，3社の間，あるいは，3社のうち2社の間で会合を開催し，国内外における本件商品の市場動向等に関する情報交換を行ってきたことが確認されていた。この会合は「3社会」とも呼ばれ，必要の都度，各社の営業部長級ないし営業課長級の者が集まって開催され，また，2社の会合は，互いに訪問する等の方法により行っており，このほか，電話で情報交換をすることもあった。そして平成11年11月19日ころにも，3社の課長による会合（カ社からはF氏，ク社からはK氏）が開催され，【図表1】の書込みを行ったとされるT氏は当時，M社のモディファイヤー関連事業部において課長級の職にあり，この会合に出席していたことが確認されていた。

これらの事情を踏まえつつ，本件事案では，【図表1】の書込みは前記の会合でM社のT氏がカ社のF及びク社のKから聞いたことを記載したものであり，また【図表2】の記載はM社のT氏による書込みを打ち直したものと推認できるとされた。なお，【図表1】の内容は，その書込みがなされたと考えられる同月16日から同月末ころの時期の，カ社やク社の社内資料（同時期の顧客との交渉状況を記載したもの）の内容とも整合的であることも別途確認されていた。

以上を踏まえ，【図表2】に記載された「合意」とは，前記の会合での3社の課長によりなされた方針の決定を意味するものと考えられることになった。

(2) 値上げ実施のために必要な職務権限

前記のように，平成11年11月19日ころの会合において各社の営業課長級の者の間で「合意」がなされたということになれば，それをもって違法なカルテル合意とするに十分であろうか。この点，本件事案では，各社において本件商品の販売価格引上げを

実施するためには営業部長級の者の判断が必要であり、営業課長級の者だけで販売価格引上げの実施を決めることはできないという状況にあった。

本件事案では、結論として、前記のような、3社の営業課長級の者による相互間の意向確認を前提に、「3社の営業課長級の者からの報告を受けた3社の営業部長級の者は、当該報告を踏まえて、又は、[ク社]の[F部長]が[カ社]の[D部長]から販売価格引上げの意向を聞き出した旨供述するように他社の営業部長級の者とのやり取りを通じて、他社の販売価格引上げの意思を認識し、これに合わせて自社も販売価格を引き上げることを決定し、これに基づいて3社の営業課長級の者により販売価格引上げの打ち出し額及び実施時期の具体的内容が決定されたものと推認される。すなわち、3社は、[本件商品]の販売価格引上げの合意を行ったことを認めることができる。」と判示された（本件東京高判第3の1(3)参照。なお［ ］は筆者）。

時系列的には、【図表2】の「合意」は、平成11年11月19日ころ、各社の営業課長級の者の間で、当初の価格引上げの打出し後に、その軌道修正のためになされたものと考えられる。【図表2】の前半で言及されている「11/21以降出荷分の＠20/25値上げ」は、その軌道修正よりも前の内容であろう。そして、このような合意ができたことや、その後の引上げ額や実施時期が近接又は一致していたことなどを考慮すると、必要であったはずの営業部長級の者の関与が、実際に存在したであろうことが推認できるとされることになった。

このように、【図表1】や【図表2】の資料は、同年10月中旬ころに3社で値上げの合意が成立したこと（本件事案では「平成11年の合意」といわれている。）についての根拠資料として位置付けられることになった。

2．「平成12年の合意」

(1) 平成12年の進捗状況の情報交換

次の【図表3】は、【図表1】や【図表2】の文書の約1年後に作成された資料である（査第57号証）。

【図表3】　社内メール2

差出人：【M社モディファイヤー関連事業部員】
日時：　平成12年12月5日
宛先：　【M社モディファイヤー関連事業部D部長、　同T課長】

　………………………………………………………………………………………
　………………………………………………………………………………………
　………………………………………………………………………………………

> ク　大→11／9日訪問 NOTICE のみ。
>
> カ　住：11／24訪問
>
> ゼオ：NOTICE 済12／6再訪予定
> 筒：11／27ほぼ観念（ア，モチヅ氏）してる，前回上ってない。
>
> ゼオ：12／4 タバ氏…＠25要請
> 理：11／22, NOTICE

　M社の社内メールを印刷したものに，手書きによる書込みがなされている。特に「NOTICE 済12／6再訪予定」との記載からは，当該電子メールの作成日である平成12年12月5日から同月6日の間になされた書込みであると考えることができる。なお，本件事案では関係証拠から，平成12年12月5日にも上記のような3社の会合が開催されていたことや，この書込みがM社のT氏によるものであることなどが確認されていた。
　そして，これらの事情から，この書込みの内容は，M社のT氏が同日ころの会合で，カ社のF氏及びク社のK氏から聞いた両社の需要者との交渉の進捗状況を記載したものと考えられた（なお，その内容は別途確認された他社の社内資料の記載と整合的であった。）。
　他方で，本件事案では，前記の平成11年の本件商品の販売価格引上げについて，3社は，平成12年2月ころまでには既におおむね妥結に至ったものとされていた。そして，それ以降，3社のうちの2社（カ社とM社）は，前年に続く販売価格引上げは，需要者の強い抵抗が予想されたことから，実施に慎重な姿勢を採っており，「【ク社】の販売価格引上げの打ち出し【平成12年11月8日】前に3社間で販売価格引上げに係る確定的な合意があったと認めることはできない」と結論付けられていた（【　】は筆者）。

(2)　【図表3】の資料の意味

　結論として，本件事案では，「平成11年の合意」とは別に，次のとおり「平成12年の合意」の成立が認められることとなった。
　㋐　「不当な取引制限の要件である『共同して対価を引き上げる』の『共同して』」に該当するというためには，『意思の連絡』，すなわち，複数事業者間で相互に同内容又は同種の対価の引上げを実施することを認識ないし予測し，これと歩調をそろえる意思があることが必要であるところ，
　㋑　既に3社間では平成11年の合意が成立している上，【中略】

ⓒ 【ク社】は，販売価格引上げを先行して打ち出せば原告らが追随して販売価格引上げを打ち出すと予測して販売価格引上げを打ち出したのであるから，同種の対価の引上げを実施することを認識ないし予測し，これと歩調をそろえる意思があったことは明らかであり，また，

ⓓ 【他の2社】も，【ク社】からの追随要請や【ク社】の販売価格引上げの打ち出しを受けて，これと歩調をそろえる意思で販売価格引上げを打ち出したのであるから，

ⓔ 【他の2社のうち遅くともカ社】が販売価格引上げの打ち出しを行った平成12年11月21日までに，3社間で上記の意思の連絡，すなわち，平成12年の合意が成立したと認められるというべきである。」（本件東京高判の第3の2(2)参照。なお，付番による分節，【　】及び網掛け・下線は筆者）。

　この判示の網掛け部分のⓒでは，まず，ク社による「予測」についての指摘があり，またⓓでは，他の2社による要請への呼応についての指摘があり，いずれも「意思の連絡」の認定の根拠とされている。

　しかし，仮に，先行したク社の「予測」が単なる勝手な希望的観測であるなど，ク社として，「先行すれば他の2社も追随してくる」とまでは認識できるはずがなかったとすると，このような認定は可能であろうか。

　また，他の2社としても，ク社が先行して値上げを打ち出した際，後行して値上げを打ち出した場合には，常に，その打出しの内容がク社の打出しとほぼ同じであれば，ク社の要請に呼応してこれと協調する意思のもとで値上げを打ち出したものと認定されてしまってよいか。これは，先行打出しと後行打出しのそれぞれの時点のいずれにおいても思惑のすれ違いのようなものがあったならば，そういった予測や呼応にかかわらず「意思の連絡」は認められないことになるのではないかという疑問である。

　本件事案で確認された【図表3】の資料は，平成12年12月の時点での値上げ交渉の進捗状況の情報交換に関する資料である。3社による値上げの打出しが出揃った時点でこのような進捗状況の情報交換が行われたということから，少なくとも，そういった打出しに近接した時点で，3社間での「歩調をそろえる意思」が見受けられるとの判断が働いた可能性がある。そして，そこからの推論として，（すでに3社間で平成11年の合意が成立していたことを踏まえつつ）上記のような疑問は，「意思の連絡」を認定する際の支障にはならないという判断が働いたものと思われる。

　【図表3】の資料は，このような意味合いで，平成12年11月の時点で3社間での意思の連絡が成立した事実についての根拠資料として位置付けられることになったと考えられる。

3．補　論

　以下は，純粋な法理論の観点からは興味深い点であるが，本書の趣旨からは離れているので，ここでは指摘にとどめる。

　いわゆる合意の終了時期について，仮に，同一当事者が同一商品の値上げ合意（価格カルテル）を複数回行った場合，従前の値上げ合意による相互拘束を引き続き継続していくなどという認識がないのが通常であるとすると，本件で，平成12年の合意が成立した後も，平成11年の合意による相互拘束が継続していたといえるか。

　この点について，本件東京高判では，平成11年の合意及び平成12年の合意はともに，期間を限定したものとはいえないし，平成12年の合意は，平成11年の合意のもとにおける3社間の協調関係を前提とするものであることからすれば，平成12年の合意がなされたからといって，平成11年の合意による相互拘束を事実上消滅させるものではないと判示されている。

　また，平成11年の合意及び平成12年の合意はいずれも，あくまで販売価格引上げの打出し後，約3か月ないし半年程度の引上げ周期に限って相互に拘束されるにとどまるのではないか。あるいは，そのころまでにその目的を達し，それぞれ事実上終了したのではないか。

　この点について，本件東京高判では，不当な取引制限については，事業者間の合意が破棄されるか，当該合意による相互拘束が事実上消滅していると認められる特段の事情が生じるまで相互拘束は継続すると解すべきとされ，いずれの合意も，販売価格引上げの打出し後，約3か月ないし半年程度の引上げ周期に限って相互に拘束されるという内容であったと認めるに足りる証拠はないと判示された。また，単にその打出し額の発表行為あるいはその後の需要者との交渉行為のみを内容とするものではなく，当事者間で合致させた意思に相互に拘束され続けることをも合意の内容とするものであるから，そもそも本件において，何らかの目的の達成によって違反行為を終了させるという意思（例えば価格引上げの交渉の妥結時に相互間の拘束を消滅させるという意思）を含んでいるとは認められないとも指摘されている。

II　事案検討から得られる教訓

　IIでは，改めて，特にIの「平成12年の合意」についての認定をめぐる議論を素材に，カルテル事案に関する社内調査における証拠物件調査（ドキュメント・レビュー）の際に求められることとなる試行錯誤について，誌上再現を試みる。

例えば、これは違反証拠になるのではないか、と思われるような資料が見つかったとする。しかしながら、わずかその1件の証拠のみで違反の事実を確認（認定）することができるということは通常あり得ない。それは，仮に，その証拠から推測されるような違反が事実存在していたという場合であっても，同様である。さらに，その「推測されると思われた事実」は，実は存在しなかったという（証拠の見立て違い）ということもある。その場合，誤解を招く表現ではあったものの，結論としてその証拠は違反の事実とは全く無関係であったことが分かることがある。反面，一部に見立て違いがあったにとどまり，おおむね当初の推測どおりの事実があり，その証拠は引き続き違反の認定の根拠となる場合もある。

では，「違反あり」という結論に至るためには，そもそもどういった証拠が，どの程度に質や量において存在することが必要とされるのか。これは，検討の対象とする商品役務の種類・属性から，競合他社同士の人間関係の濃淡など，様々な事実関係次第ではあるが，事例の蓄積を通じて，ある程度の類型化あるいは抽象化が可能である。そして，その中で最も著名なものとして，本書の**第1講**「東芝ケミカル事件」の東京高判が示した「意思の連絡の推認方法」がある。これは，一般に，意思の連絡を推測するための間接証拠を，事前の連絡・交渉，連絡・交渉の内容，行動の一致という3つに分類して整理する立場を採用したものであると説明されている（三分類説（金井貴嗣ほか『独占禁止法〔第6版〕』（弘文堂）50頁以下（宮井雅明）））。抽象的に述べれば，「ある主要事実Aを認定するためのアプローチ（間接事実からの認定ルート）」である。当然のことながら，推認の基礎となる間接事実（群）が異なれば，推認のアプローチも異なってくる。そして，どういった間接事実（群）が見当たるか，そのためにどういった証拠（群）が見当たるかは，事案によって異なり，かつ事案の解明を試みる者にとってコントロール不能な事項である。

それは，疑われている事実自体が実はそもそも存在しないので，それを推認する基礎となるであろう間接事実も存在するはずがない，ということもあろう。あるいは，単に証拠が散逸されてしまったが故，ということもあり得よう。いくつかの証拠（群）と間接事実（群）が見当たったことで，ある推認が成立する可能性が生じたとしても，他の証拠や間接事実の欠如のために，結局その推認は成立しないという結論に至ることもあり得る。そして，また別の証拠や間接事実を伴って新たに試みられる推認のアプローチは，時に，当初想定された主要事実Aとはやや異なるA'に到達する可能性もある。ただし，このようにA'に到達することができるのは，AのみならずA'をも想定の範囲内に含めておくという用意があるが故である。その意味で，「目指す主要事実に到達するための証拠・間接事実探し」と，「見つかっている証拠・間接事実から推認される主要事実探し」とは，いわば同時並行的に，試行錯誤（トライ・アン

ド・エラー）を経ながら進められていく。

　これは，抽象的に述べれば，「ある主要事実Aを認定するためのアプローチ（間接事実からの認定ルート）には通常複数の選択肢があり，どれが選択されるべきかは，どういった間接事実（間接証拠）が揃うか次第となるが，どういった証拠が有用かは，どのアプローチでどういった事実が認定できることになるか次第ということがあり，この，ある意味で『鶏（事実）と卵（証拠）とはどちらが先かを問うかのような』の状況故に，試行錯誤が求められることになる」というものである。

1．本件事案の審査の経緯

　Ⅰでは，【図表】で用いられていた各社の略称との整合性から，それぞれの呼称を用いたが，Ⅱでは以下のとおり改めて各当事者の呼称を含め，事案の来歴を確認する。
　本件は，塩化ビニル樹脂向けモディファイヤーの製造販売業者である鐘淵化学工業㈱（以下「カネカ」という。），三菱レイヨン㈱（以下「三菱レイヨン」という。）及び呉羽化学工業㈱の3社による価格カルテル事件であり，平成15年2月12日に，米国司法省，カナダ競争局及び欧州委員会とほぼ同時期に立入検査を行った，いわゆるクロスボーダーカルテルとされる。もっとも，立入検査後の事件処理手続は，それぞれの国の手続に従って独立して行われており，本講では，他国における本件の処理については触れていない。
　なお，本件に係る排除勧告は平成15年12月11日に出されたが，呉羽化学工業㈱は，立入検査に先立つ平成15年1月1日に，同社のモディファイヤーに関する営業のすべてをローム・アンド・ハース・カンパニーに譲渡し，その後モディファイヤーに関する営業を行っていないことから，本件勧告の対象から除外されたため，勧告は，カネカと三菱レイヨンの2社に対して行われた。他方，呉羽化学工業㈱に対しては，平成17年7月27日に，課徴金納付命令が出された。
　カネカと三菱レイヨンの2社は，勧告を応諾せず，審判開始請求を行い，公取委は，平成16年2月2日，2社に対する審判開始決定を行った。
　また，課徴金納付命令を受けた呉羽化学工業㈱も審判開始請求を行ったため，同じく公取委は，平成17年10月5日，同社に対する審判開始決定を行った。
　このため，本件事案に関する審判は，カネカと三菱レイヨンの2社に対する本案審判と，呉羽化学工業㈱から商号変更された㈱クレハ（以下「クレハ」という。）に対する課徴金審判の2件が並行して進められたが，課徴金算定に関する論点を除き，2件の審判の論点はほぼ共通しており，2件の審判審決は，同日（平成21年11月9日）に出されている。ちなみに，クレハに対する審判審決は，課徴金の納付を命じる審決であり，これは，審決取消訴訟が提起されることなく確定している。

他方，カネカと三菱レイヨンの2社は，東京高裁に審決取消訴訟を提起し，平成22年12月10日，請求棄却判決が出されている。これに対し，2社は，最高裁に対し，上告及び上告受理申立てをしたが，平成23年9月30日の上告棄却及び上告不受理決定により，本件審決は確定した。

また，2社に対する課徴金納付命令は，上記東京高裁判決に先立つ，平成22年6月2日に出されている。これに対しても2社は，同年同月29日，審判開始請求を行い，課徴金の納付を命じる審決が，平成24年5月30日に出されている。

これら本件審・判決のうち，本講においては，カネカと三菱レイヨンの2社に対する本件審決及び2社による審決取消訴訟に対する本件東京高判を題材としている。

2．審判開始決定に見る違反行為の認定

カネカ及び三菱レイヨンの2社に対する公取委の審判開始決定における3社の本件合意の認定内容は以下のとおりとなっている。

○ 3社は，かねてから，各社のモディファイヤー営業部長級又は営業課長級の者による会合を開催し，塩化ビニル樹脂向けモディファイヤーの販売に関する種々の情報交換を行ってきたところ，

(1) 平成11年の合意

平成11年第3四半期以降，塩化ビニル樹脂向けモディファイヤーの原料価格が上昇していたことから，3社は，同年10月ころから11月ころまでの間に，その対応策について相互に連絡を取り合い，塩化ビニル樹脂向けモディファイヤーの販売価格を引き上げることとし，同年11月21日出荷分から1キログラム当たり20円又は25円引き上げることを需要者に対して申し入れることについて合意した。

(2) 平成12年の合意

ア 平成12年度においてもモディファイヤーの原料価格が上昇していたため，3社は，平成12年10月ころから同年11月初めまでの間に，前年度に引き続きその対応策について相互に連絡を取り合い，塩化ビニル樹脂向けモディファイヤーの販売価格を引き上げることにつき確認し，その方策について意見交換していたところ，

イ クレハは，他の2社に対し，自社が先行して塩化ビニル樹脂向けモディファイヤーの販売価格を引き上げることを表明し，同年11月8日に，同月21日出荷分から塩化ビニル樹脂向けモディファイヤーの販売価格を1キログラム当たり20円又は25円引き上げる旨を新聞発表した。その前後において，クレハは，他の2社に対し，自社の塩化ビニル樹脂向けモディファイヤーの販売価格の引上げに追随してそれぞ

れの塩化ビニル樹脂向けモディファイヤーの販売価格を引き上げるよう働きかけを行ってきた。
ウ　他の2社もクレハに協調して塩化ビニル樹脂向けモディファイヤーの販売価格を引き上げることに合意し，三菱レイヨンは平成12年11月14日に，同年12月1日出荷分から，カネカは同年11月21日に，同年12月21日出荷分から，それぞれ塩化ビニル樹脂向けモディファイヤーの販売価格を1キログラム当たり20円又は25円引き上げる旨を新聞発表した。

　以上のように，審査段階では，具体的な事実関係の違いに基づき，平成11年の合意については，「3社による塩ビ樹脂向けモディファイヤーの販売価格引上げの合意」として捉えられているのに対し，平成12年の合意は，「クレハの先行値上げ及び他の2社への追随値上げ要請，他の2社の追随値上げ合意及び販売価格引上げの打出し」として捉えられている。
　本件審決における平成11年の合意及び平成12年の合意の認定及びその立証に係る経緯については以下のとおりである。

3．本件審決の判示

(1) 本件事案における2つの合意

　本件審決も，独禁法違反行為として，2つの「合意」を認定した。
　すなわち，まず，本件事案の3社はいずれも，(その営業課長級の者だけで販売価格引上げの実施を決めることはできなかったという状況において) 平成11年10月中旬ころまでに，3社の営業部長級であるカネカのD，三菱レイヨンのS及びクレハのFが，塩化ビニル樹脂向けモディファイヤーの販売価格引上げを行う方針を確認した。そして，これを受けて，3社の営業課長級の者が，互いに訪問する等の方法により，相互に連絡を取り合い，販売価格の引上げ額及び実施時期について相談し，同月中旬ころ，同年11月21日出荷分から，MBS樹脂及びアクリル系強化剤について1キログラム当たり20円，アクリル系加工助剤について同20円又は25円引き上げる旨を，それぞれ需要者に申し入れることとし，もって，3社は，塩化ビニル樹脂向けモディファイヤーの販売価格引上げの合意を行った（「**平成11年の合意**」）との認定がなされている。
　また，その後に3社は，平成12年10月ころに数回にわたり会合を行って，販売価格引上げについて相談したが，カネカ及び三菱レイヨンの2社が販売価格引上げを躊躇していた。そこでクレハは，同月末ころには，同2社が追随して販売価格引上げを行いやすくなるよう，先行して販売価格引上げを打ち出すこととし，同年11月ころに数

回にわたり，クレハが最初に塩化ビニル樹脂向けモディファイヤーの販売価格引上げに踏み切るので，これに追随してほしい旨要請した上で，同年11月8日に塩化ビニル樹脂向けモディファイヤーの販売価格引上げを新聞発表し，またその後も，引き続き，クレハがカネカ及び三菱レイヨンに対して，電話連絡により，クレハが各需要者に販売価格引上げを打ち出した際の状況を伝えるなどして同2社に対し，販売価格引上げに同調するよう働きかけを行うとともに，同2社の販売価格引上げの打出しの準備状況を聞くなどしていた。これに対して，三菱レイヨンは平成12年11月14日に，カネカは同月21日に，それぞれ販売価格引上げを新聞発表した。このようにして，平成12年11月21日までに，3社の間に，塩化ビニル樹脂向けモディファイヤーの販売価格を，ＭＢＳ樹脂及びアクリル系強化剤については1キログラム当たり20円，アクリル系加工助剤については同20円又は25円引き上げる旨の意思の連絡が成立した（「**平成12年の合意**」）との認定がなされている。

(2) **本件事案における東芝ケミカル事件の判示内容の参照**

　本件事案において争点となっていたのは，これらの「合意」それぞれの成否である。

　この点，本件審決は，その判断の前提として，まず，「争点①（平成11年の合意の成否）及び争点②（平成12年の合意の成否）は，いずれも，3社の間で，他の事業者と共同して対価を引き上げる旨の事業活動の相互拘束が成立したか否かが争点である」と指摘した上で，東芝ケミカル事件東京高判（第1講参照）における「意思の連絡」に関する判示内容を掲示している。

　すなわち，独禁法3条において禁止されている「不当な取引制限」（独禁法2条6項）にいう「共同して」に該当するというためには，複数事業者が対価を引き上げるにあたって，相互の間に「意思の連絡」があったと認められることが必要であると解されるが，ここにいう「意思の連絡」とは，複数事業者間で相互に同内容又は同種の対価の引上げを実施することを認識ないし予測し，これと歩調をそろえる意思があることを意味し，一方の対価引上げを他方が単に認識，認容するのみでは足りないが，事業者間相互で拘束し合うことを明示して合意することまでは必要でなく，相互に他の事業者の対価の引上げ行為を認識して，暗黙のうちに認容することで足りると解され，また，その判断にあたっては，<u>対価引上げがされるに至った前後の諸事情を勘案</u>して事業者の認識及び意思がどのようなものであったかを検討し，事業者相互間に共同の認識，認容があるかどうかを判断すべきである，というものである（以下「東芝ケミカル事件判決から引用されていた事項」という。）。

　ただし，本件審決において，この「東芝ケミカル事件判決から引用されていた事項」が，具体的に踏まえられていたのは，2つの「合意」のうち，特に平成12年の合

意についてのみであった。

　他方で、東芝ケミカル事件東京高判では、引き続き、「そして、右のような観点からすると、特定の事業者が、他の事業者との間で対価引上げ行為に関する情報交換をして、同一又はこれに準ずる行動に出たような場合には、右行動が他の事業者の行動と無関係に、取引市場における対価の競争に耐え得るとの独自の判断によって行われたことを示す特段の事情が認められない限り、これらの事業者の間に、協調的行動をとることを期待し合う関係があり、右の『意思の連絡』があるものと推認されるのもやむを得ないというべきである。」と述べられていた。しかしながら、この部分は、本件審決においても、また本件東京高判においても、引用あるいは言及の対象とはされていない（以下「東芝ケミカル事件判決から引用されなかった事項」という。）。

　なお、東芝ケミカル事件東京高判では、さらに引き続いて、「本件事案においては、すでに判示したように、八社が事前に情報交換、意見交換の会合を行っていたこと、交換された情報、意見の内容が本件商品の価格引上げに関するものであったこと、その結果としての本件商品の国内需要者に対する販売価格引上げに向けて一致した行動がとられたことが認められる。すなわち、原告は、本件商品につき、同業七社の価格引上げの意向や合意を知っていたものであり、それに基づく同業七社の価格引上げ行動を予測したうえで（とりわけ、右会合中に、住友ベークライトがした値上げについての協力要請につき、各社が賛同する発言をしている場において、原告のEは、価格引上げに賛成し、大手三社が約束を守って価格引上げを実行することを積極的に要求さえしていたものである。）、昭和六二年六月一〇日の決定と同一内容の価格引上げをしたものであって、右事実からすると、原告は、同業七社に追随する意思で右価格引上げを行い、同業七社も原告の追随を予想していたものと推認されるから、本件の商品価格の協調的価格引上げにつき『意思の連絡』による共同行為が存在したというべきである。」との判断が示されていた。

(3)　東芝ケミカル事件判示内容

　以上の内容を改めて整理すると、まず、東芝ケミカル事件東京高判の判示内容のポイントは、以下の2点である。

ア．「意思の連絡」の立証の必要性及びその具体的な意味内容

　「不当な取引制限」にいう「共同して」に該当するというためには、複数事業者が対価を引き上げるにあたって、相互の間に「意思の連絡」があったと認められることが必要である。「意思の連絡」とは、複数事業者間で相互に同内容又は同種の対価の引上げを実施することを認識ないし予測し、これと歩調をそろえる意思があることを意味する。それは、一方の対価引上げを他方が単に認識、認容するのみでは足りない

が，事業者間相互で拘束し合うことを明示して合意することまでは必要でなく，相互に他の事業者の対価の引上げ行為を認識して，暗黙のうちに認容することで足りる。

イ．「意思の連絡」の推認方法（三分類説）

　特定の事業者が，他の事業者との間で対価引上げ行為に関する情報交換をして，同一又はこれに準ずる行動に出たような場合には，右行動が他の事業者の行動と無関係に，取引市場における対価の競争に耐え得るとの独自の判断によって行われたことを示す特段の事情が認められない限り，これらの事業者の間に，協調的行動を採ることを期待し合う関係があり，「意思の連絡」があるものと推認される。

　そして，この判示内容は，一般に，意思の連絡を推測するための間接証拠を，事前の連絡・交渉，連絡・交渉の内容，行動の一致という3つに分類して整理する立場を採用したものであると説明されている（三分類説）。

(4)　2つの合意の立証における上記東京高判の判示内容の活用

ア．上記(3)のアの「意思の連絡」の存在は，カルテルの立証において必ず求められる内容であり，カルテル参加者の具体的な供述などの直接証拠により，「事業者間相互で拘束し合うことを明示して合意」したことが立証できるに越したことはないが，明示的な合意がそもそも存在しない場合や，存在したとしても明示の合意の成立時期が古くて，物証もなく，合意当事者の供述も一切得られない場合もある。さらに，複数の合意当事者のうち1者のみが明示的な合意成立の経緯や内容について具体的な供述を行っているものの，他の合意参加者が当該供述の内容を否定する供述をしたり，反証を提示したりする場合もある。

　直接証拠によって「事業者間の相互拘束の明示的な合意」があったと立証できることは稀で，自然人の内心の問題である「意思の連絡」の存在については，通常は，間接証拠によって立証が試みられる。「意思の連絡」があったというためには，「一方による対価引上げの他方による単なる認識，認容」を超え，「他の事業者の対価の引上げ行為の相互認識，暗黙のうちの認容」の存在を立証する必要があり，その過程において「推認」という手法が使われることもある。

　本件審決において，「東芝ケミカル事件判決から引用されていた事項」が，具体的に踏まえられていたのは，2つの「合意」のうち，特に平成12年の合意についてのみであったことを指摘した。アでは，最低限「相互認識・暗黙の認容」が必要としているが，本件事案においては，「平成12年の合意」の認定についてのみ，この考え方が踏まえられたということである。

イ．他方，(3)のイは，東芝ケミカル事件の具体的な事実関係に即して採用された「推認」手法であり，「意思の連絡」を推測するための間接証拠を，①事前の連絡・交渉，

②連絡・交渉の内容，③行動の一致，の３つに分類し，この３つが揃っていれば，特段の事情のない限り，「意思の連絡」の存在が推認されるという立証手法である。これが，「東芝ケミカル事件判決から引用されなかった事項」となっている。

本件事案においても「意思の連絡」の存在の立証は必要であり，そのために，推認の手法が用いられているが，それは，三分類説による推認手法とは異なるということである。

4．平成11年の合意に関する本件審決の判断

平成11年の合意については，直接証拠（クレハのＫという合意当事者の供述調書）に基づき，相互拘束の明示的な合意の存在の立証が可能であったので，合意の立証は，専らクレハのＫの供述内容を，物証や他の者の供述に基づく推認等によって維持・補強することを通じて行われ，前記アの「相互認識・暗黙の認容」の存在を示すという立証過程をたどることは行われなかった。

改めてⅠの【図表１】の記載を確認すると，「結論として現状の進捗状況から11／21以降出荷分の@20／25値上げは困難。…年内決着を目指すなら MBS @10-15 PA @15-20が best か。大手は各々@10／15が通れば良い方か。年を越すと原料事情等も変わってくる可能性もあり，年内決着を条件に MBS @15　PA @20なら決まる所から決めてゆく事で合意。（次回12／８）」となっている。なお，同記載が，三菱レイヨンのＴ（機能化学品事業部メタブレン部長の下の担当部長で，営業課長級に相当する立場）によって平成11年11月下旬ころになされた書込みを打ち直したものと推認されること，また当該書込みは，同月19日ころの会合でカネカのＦ及びクレハのＫから聞いたことを三菱レイヨンのＴが記載したものであると推認できるとされていたことも，上記のとおりである。

ところで，カネカのＦ（モディファイヤー事業部営業グループ販売チームリーダー），クレハのＫ（機能材料事業部モディファイヤー部担当課長）及び三菱レイヨンのＴは，各社において営業課長級に相当する立場にあったところ，本件では関係証拠上，営業課長級の者だけで販売価格引上げの実施を決めることはできないという状況にあったとされていた。また，Ⅰの【図表２】からは，そこで「合意」された旨が記載されていた「MBS @15　PA @20」といった内容に先行して，「11／21以降出荷分の@20／25値上げ」といった内容の合意が存在していたところ，それが「困難」になってきたため，内容の見直しが図られたかのような経緯が見受けられていた。

そのため，平成11年の合意については，各社の営業部長級の者の関与の有無が争点となった。この点本件審決の認定では，特に重要な証拠としてクレハのＫの供述調書（本件では，査第30号証とされている。）が多く引用されている。そこでは，例えば，

第4講　カルテル事案で求められる「証拠探し」と「事実の見立て」の間の
　　　　試行錯誤（モディファイヤー事件）　103

　自らは（カネカのFや三菱レイヨンのTと国内値上げについて話し合っていることを）自社のF部長に報告していたこと，同じようにカネカのFはD部長に，三菱レイヨンのTもS部長に，それぞれ報告していたと思われること，さらに，自社のF部長，カネカのD部長及び三菱レイヨンのS部長も，3社会の場での話合いなどを通じて，モディファイヤーの値上げは3社が足並みをそろえて活動しなければできないということは考えていたと思われることが供述されていた。また，特に平成11年度におけるモディファイヤーの国内値上げ活動の実施にあっては，各社の部長クラスの間でも，何らかの形で，モディファイヤーの国内値上げを行う方向で行動する確認を行っていたはずであること，なども供述されていた。加えてクレハのF部長による供述についても，特に，カネカのD部長に対し，「国内向けモディファイヤーの原料価格が上昇していますね。」と話を向け，同氏から「当社としても値上げに向けて検討作業に入っています。」という話を聞き出し，クレハとしても塩化ビニル樹脂向けモディファイヤーの販売価格引上げの具体的な作業を行うようクレハのKに指示したことなどが確認されていた。
　これに対して，被審人らからは，この各社の営業部長級の者の関与の有無について，例えばクレハのKの供述は自ら直接経験したものではなく，「はず」などという点で単なる推測でしかないとの指摘がなされていた。
　しかしながら，本件審決では，結論として，3社の営業部長級の者の間で販売価格引上げについて確認を行っているはずであるとするクレハのKの供述は，相当な根拠に基づくものであって，単なる推測であるとはいえない，と判示された。その理由としては，クレハのKを含め，課長レベルの者だけで販売価格引上げの実施を決めることはできないというのであるから，クレハにおいて販売価格引上げを実施する際にはF部長からKに当該実施の指示があったと推認されるところ，クレハのKは，事前に，カネカのFや三菱レイヨンのTと販売価格引上げについて話し合っていることをクレハのF部長に報告していたのであり，その後もカネカのF及び三菱レイヨンのTと販売価格引上げの具体的実施内容について話し合ったのであるから，クレハにおいて，KがF部長から当該指示を受けたのは，クレハのF部長がカネカのD部長及び三菱レイヨンのS部長と販売価格引上げについて合意したからであると認識したのは当然である，とされていた。
　また，被審人らからは，上記のクレハのF部長の供述において三菱レイヨン（S部長）との間での意思確認については供述されていないなどの点も指摘されていた。
　しかしながら本件審決では，まず，3社の営業課長級の者は，自社の営業部長級の者に対し，3社で足並みをそろえた販売価格引上げが必要であるとの3社の営業課長級の者の認識を報告したものと推認され，その後，3社の営業課長級の者が販売価格

引上げの具体的な内容について相談し，販売価格引上げを打ち出したという経緯が判示されていた。そして，3社の営業課長級の者からの上記報告を受けた3社の営業部長級の者は，当該報告を踏まえて，又は，クレハのF部長がカネカのD部長から販売価格引上げの意向を聞き出したように他社の営業部長級の者とのやりとりを通じて，他社の販売価格引上げの意思を認識し，これに合わせて自社も販売価格を引き上げることを決定したものと推認される旨が判示された。

特に，この「又は」に続く判示の部分は，クレハのF部長と三菱レイヨン（S部長）との間においても，直接の意思確認があった可能性を示唆するものとなっていた。

また，この平成11年の合意について，Ⅰの【図表2】からは，平成11年11月19日ころの会合に先行する「11／21以降出荷分の＠20／25値上げ」といった内容の合意が存在したことがうかがわれていた。この点については，かかる営業部長級の者による販売価格引上げの方針決定を踏まえ，これに基づいて3社の営業課長級の者により販売価格引上げの打出し額及び実施時期の具体的内容が決定されたものと推認される旨が判示されている。

なお，本件事案では営業課長級の者の間での合意よりも，むしろ，販売価格引上げを実施するためには営業部長級の者の判断が必要とされていたことを前提に，3社の営業部長級の者による販売価格引上げ方針決定の有無が争われていたという状況がうかがわれる。そして，そういった形で争点が形成されたことの背景には，Ⅰの【図表2】の存在が影響していたと考えられる。

ただし，そのように営業部長級の者の間の合意について直接証拠の存在が認められるとしても，「対価引上げがされるに至った前後の諸事情」が，いわば補足的に考慮されたことは否定されない。本件審決においても，上記のような「平成11年の合意の成立を認める供述」の存在を踏まえつつ，同じくⅠの【図表1】からうかがわれる「販売価格引上げの打ち出し後の交渉状況」に関する情報交換の事実についても詳細な認定を加えた上で，「平成11年10月ころまでの経緯」や「3社の販売価格引上げの打出し時期並びに当該打出しにおける引上げ額及び引上げの実施時期が近接又は一致していること」についても，意思の連絡の認定根拠として補足的に列挙されている。

5．平成12年の合意に関する本件審決の判断

以上のような平成11年の合意をめぐる証拠状況とは異なり，平成12年の合意については，Ⅰの【図表2】のような，各社の販売価格引上げの打出し前に，各社間で販売価格引上げにかかる合意があったかのような記載が見受けられる文書は，本件審決中において確認されていない。また，「クレハの販売価格引上げの打ち出し前に3社間で販売価格引上げに係る合意があったと認めることはできない」とも認定されている。

このため，間接証拠，状況証拠による推認を通じて，3社間に，価格引上げに関する「相互認識，暗黙の認容」が存在したことを示すことにより，「意思の連絡」の立証が行われた。ただし，その推認の方法は，前記の三分類説による推認手法とは異なるものであった。

(1) **平成12年の合意の立証過程**

本件審決では，平成12年の合意との関連で，上記のとおり，本件の各「書込み」（Ⅰの【図表3】）について，それが筆跡鑑定により三菱レイヨンのTのものであると認められることなどから，三菱レイヨンのTが同日ころの会合でカネカのF及びクレハのKから聞いたカネカ及びクレハの需要者との交渉の進捗状況を記載したものであると推認されるとした。

その上で，本件審決は以下のように，平成12年の合意の認定に関しては，特に「東芝ケミカル事件判決からの引用されていた事項」を踏まえる姿勢を明示し，「[その]意味での『意思の連絡』，すなわち，平成12年の合意の成立が認められる」と述べている。

まず，被審人らから主張されていたのは，「合意が成立したというのであれば，3社それぞれについて，他の事業者が販売価格を引き上げることを認識し認容したことが立証されなければならないが，クレハのKが販売価格の引上げを打ち出す際に被審人2社の追随を認識していたとは認められない」，あるいは，「クレハのKは，クレハが被審人2社に対し追随して販売価格引上げを行うよう一方的に要請した事実を供述しているにすぎず，被審人2社がその要請に応じたのか否かについては供述していないから，合意という意思の合致があったことを供述するものではない」等の内容であった（なお，この時点で，クレハのKは，クレハのF部長の後任のモディファイヤー部長になっていた。）。そして，本件審決においても，クレハのKの供述は，平成12年の合意について，3社間の明示的，直接的な意思の連絡を述べるものではないことが認められていた。

しかしながら，本件審決は，この平成12年の合意について，

ア　平成11年の合意の下における3社間の協調関係が継続し，3社間で再度販売価格引上げの必要性に関する認識が共有され，また，塩化ビニル樹脂向けモディファイヤーの原料の価格動向等に関する情報交換を通じて需要者の理解が得られる妥当な販売価格引上げ額についても3社間で一定の認識が共有されているとうかがわれる状況の下で，クレハのKは，被審人2社に対して，クレハが最初に販売価格引上げに踏み切るのでこれに追随してほしい旨要請して販売価格引上げの報道発表をした，という点から，クレハは，自らが先行して販売価格引上げを打ち出せば，被審人2

社が追随すると予測した上で販売価格引上げを打ち出したと認められる，との判断を示し，さらに，

イ　クレハのKは，販売価格引上げを打ち出した後，被審人2社の担当者に対して，販売価格引上げの打出しを躊躇していた一因であった需要者の反応を含む需要者との交渉状況を伝えるなどして，クレハの販売価格引上げに同調するよう働きかけを行っていること，被審人2社の担当者から被審人2社における販売価格引上げの打出しの準備状況を聞いていること，被審人2社の販売価格引上げの打出しの内容がクレハの打出しとほぼ同じものであること，

ウ　需要者との販売価格引上げ交渉を開始した後，3社が会合を開催して需要者との交渉の進捗状況について情報交換を行い，協調して交渉を進め，塩化ビニル樹脂向けモディファイヤーの販売価格引上げの実現を図っていたこと

からすれば，被審人2社の販売価格引上げは，クレハからの追随要請に呼応し，クレハの販売価格引上げに協調する意思の下に行われたものと推認される，

との判断を示した。

このように本件審決は，「クレハの販売価格引上げの打ち出し前に3社間で販売価格引上げに係る合意があったと認めることはできない」としつつ，「カネカが販売価格引上げの打ち出しを行った平成12年11月21日までに，3社間で上記の意思の連絡，すなわち，平成12年の合意が成立したと認められるというべきである」旨を判示した。

この判示を，「東芝ケミカル事件判決から引用されていた事項」にいう「対価引上げがされるに至った前後の諸事情」という観点で再整理すると，クレハについて挙げられているのは，クレハによる販売価格引上げの打出しの「前」（及び当該打出し時）の事情（上記ア）に限られ，その「後」の事情は挙げられていないように見える。

そして，その背景には，本件事案の事実経過に即した争点の形成のされ方の影響があると思われる。すなわち，被審人からこの点について主張されていたのは，「合意が成立したというのであれば，3社それぞれについて，他の事業者が販売価格を引き上げることを認識し認容したことが立証されなければならないが，**先行した社が販売価格の引上げを打ち出す際に**，他の2社の追随を認識していたとは認められない」（下線強調は筆者）という内容であった。そして，この旨の主張を受けて形成されていた争点として，「クレハは，自らが先行して販売価格引上げを打ち出せば被審人2社が追随すると予測した上で販売価格引上げを打ち出したと認められる」ための根拠となる事情は，基本的に，クレハによる販売価格引上げの時点で既に存在していた事情であるべきではないか，という発想が採られていた可能性がある。

他方で，被審人2社については，「対価引上げがされるに至った前後の諸事情」として，同2社による販売価格引上げの打出しの「前」の事情（上記ア及びイ）と併せ

て,「後」の事情（上記ウ）も挙げられている。

　すなわち,被審人2社についての「前」の事情としては,「平成11年の合意の下における3社間の協調関係の継続」,「3社間での再度販売価格引上げの必要性に関する認識の共有」,「塩化ビニル樹脂向けモディファイヤーの原料の価格動向等に関する情報交換を通じた需要者の理解が得られる妥当な販売価格引上げ額についての3社間での一定の認識の共有」,及び,クレハの販売価格引上げ打出し後の「クレハからの,需要者の反応を含む需要者との交渉状況の伝達及び販売価格引上げへの同調の働きかけ」,「クレハによる被審人2社の担当者からの販売価格引上げの打出しの準備状況聴取」である。

　なお,「3社は,平成12年10月ころに数回にわたり会合を行って販売価格引上げについて相談したが,カネカ及び三菱レイヨンの2社が販売価格引上げを躊躇していた」との認定もされており,これは,3社間の意思の連絡の存在を推認させる事情としてむしろマイナスの要素である。

　他方,被審人2社についての「後」の事情としては,「需要者との販売価格引上げ交渉を開始した後,3社が会合を開催して需要者との交渉の進捗状況について情報交換を行い,協調して交渉を進め,塩化ビニル樹脂向けモディファイヤーの販売価格引上げの実現を図っていたこと」が認定されている。

　以上に対して,被審人らから主張されていたのは,「証拠上,先行した社から他の2社に対し追随して販売価格引上げを行うよう一方的に要請した事実が認められ得るにすぎず,**他の2社がその要請に応じたのか否か**については証拠がないから,合意という意思の合致があったことは立証されていない」（下線強調は筆者）という内容であった。

　そして,結論としては,この販売価格引上げの打出し後の事情も根拠としつつ,被審人2社についての違反が認定されることとなった。

(2) 平成12年の合意の立証（推認）手法
ア．平成12年の3社の価格引上げの経緯

　平成12年の合意の立証過程は上記のとおりであるが,既に述べたように,平成12年の合意では,平成11年の合意とは異なり,平成11年の合意の下における3社間の協調関係の継続及び3社間で再度販売価格引上げの必要性に関する認識が共有されていたことを前提に,クレハが,自社の先行価格引上げに他の2社も追随するとの予測のもと,他の2社に対し,自社が先行して塩化ビニル樹脂向けモディファイヤーの販売価格を引き上げることを事前に表明かつ追随要請し,実際に価格引上げの新聞発表を先行して行っている。そしてその後,他の2社に対し,追随してそれぞれの塩化ビニル

樹脂向けモディファイヤーの販売価格を引き上げるよう働きかけたところ，他の2社もクレハに追随して，それぞれ販売価格を引き上げる旨を新聞発表したものである。

ここでは，「クレハの販売価格引上げの打出し前に3社間で販売価格引上げに係る合意があったと認めることはできない」のみならず，他の2社の間においてクレハに追随して値上げすることを合意したことを示す証拠も示されていない。

3社間には，原材料の価格動向等の情報交換を通じて，販売価格の引上げの必要性について一定の認識の共有がうかがわれる状況があったとされている。しかしながら，平成12年の合意の時点よりも前に，クレハは他の2社と会合を行って販売価格引上げを相談したものの，2社は販売価格引上げに躊躇した。その後，先行値上げを発表したクレハの担当者は，先行値上げ発表後において，3社で会合を開催したのではなく，電話連絡により，2社に対し，個別に販売価格引上げに同調するよう働きかけを行ったとされている。

その後，2社は，販売価格引上げの新聞発表を行った。

イ．平成12年の合意と2社それぞれの追随行為

合意前の3社間の会合では，三菱レイヨンとカネカの2社が販売価格引上げに躊躇したことから，販売価格引上げの合意は行われなかった。その後，クレハの先行価格引上げ打出し前に数回にわたり，クレハから2社に対して，追随してほしい旨要請したことが認定されているが，3社間の会合における要請であったとは認定されていない。

そして，クレハが先行して価格引上げを発表した後は，クレハから，それぞれ個別に電話連絡により，追随値上げを要請したことが認定されている。

個別に追随要請された2社が追随した行為を3社間の意思の連絡に基づくものと構成するためには，自社が先行価格引上げを打ち出せば2社が追随するとのクレハの合理的な予測とともに，他の2社間にも，クレハの価格引上げに追随して価格引上げを行うことの相互認識・認容のあったことが必要になる。

なぜなら，仮に，2社が3社間の会合で販売価格引上げに躊躇した以降，クレハの先行価格引上げ発表の前後において2社間に一切の情報交換がなく，2社がそれぞれ独自の経営判断でクレハからの追随要請に応じたとした場合，3社間の意思の連絡が存在したとはいえず，2社それぞれ独自の追随行為にとどまるとみられる可能性があったからである。

すなわち，販売価格引上げに躊躇していたとされる2社は，それぞれ，クレハの値上げに追随せずシェアを伸ばすか，又はクレハの値上げに追随してシェア拡大は期待せず，収益回復を目指すかの2通りの経営判断の選択枝があった。そして，2社の対応状況については，計算上2×2の4つのケースが想定される中で，それぞれ自主的

な経営判断の結果として，2社ともにクレハの追随要請に従って，追随値上げを行うという対応状況となったに過ぎないと判断される可能性があった。
ウ．間接カルテルにおける意思の連絡の立証
　一般に，本件のように市場シェアのほとんどを占めるＡ，Ｂ，Ｃの3社のうちＡ社1社が，直接の情報交換を行っていないＢ，Ｃの2社間の意思の連絡の形成を仲介し，かつ自身の意思の内容と併せて3社間の意思の連絡を形成する行為は，間接カルテルと称することもできる。平成12年の合意のような間接カルテルにおける参加者間の意思の連絡の存在を，本件審決では以下の間接証拠による推認によって認定している。
① 　他社の追随を合理的に予測した先行価格引上げ
　Ａ社は，3社間の事前の情報交換等を通じて，自社が先行して価格引上げを打ち出せばＢ，Ｃの2社も追随すると，合理的に予測した上で販売価格引上げを打ち出した。
② 　先行価格引上げ前後の他社への個別の追随要請
　Ａ社は，販売価格引上げの先行打出しの前後において，Ｂ，Ｃの2社に対し，個別に追随値上げするよう要請した。
③ 　先行引上げへの他社の追随引上げ
　Ａ社から追随要請を受けたＢ，Ｃの2社は，Ａ社とほぼ同様の販売価格引上げの打出しを行った。
④ 　他社の追随が独自の経営判断によるものではないことを示す特段の事情があること
　Ａ社から追随要請を受けたＢ，Ｃの2社の追随が，それぞれ独自の経営判断によるものとは言えないことを示す特段の事情がある。
　本件においては，この特段の事情として，3社が，それぞれの価格引上げの打出し後，会合を開催して需要者との交渉の進捗状況について情報交換を行い，協調して価格引上げ交渉を進めた事実が挙げられている。

　上記のとおり，本件審決における認定では，「**クレハは，販売価格引上げを先行して打ち出せば被審人2社が追随して販売価格引上げを打ち出すと予測して販売価格引上げを打ち出したのであるから，同種の対価の引上げを実施することを認識ないし予測し，これと歩調をそろえる意思があったことは明らかであり，また，被審人2社も，クレハからの追随要請やクレハの販売価格引上げの打ち出しを受けて，これと歩調をそろえる意思で販売価格引上げを打ち出したのであるから，カネカが販売価格引上げの打ち出しを行った平成12年11月21日までに，3社間で上記の意思の連絡，すなわち，平成12年の合意が成立したと認められるというべきである。**」(太字は筆者)とされている。
　ここでは，被審人2社が，クレハからの追随要請やクレハの販売価格引上げの打出

しを受けて，それぞれ，これと歩調をそろえる意思で販売価格引上げを打ち出したことは示されているが，被審人2社の間の相互認識・認容の存在については触れられていない。

　この点，審査官は審判において，「さらに，被審人2社は，…クレハとほぼ同内容で追随して販売価格引上げを打ち出すことで，**クレハからの要請に応じて歩調をそろえて販売価格を引き上げる意思があることが，クレハだけでなく，カネカは三菱レイヨンに対しても，三菱レイヨンはカネカに対しても，それぞれ伝わることを十分に認識していたこともまた自明である。**」（太字は筆者）としており，2社間の相互認識・認容と3社間の相互認識・認容が同時に成立したことを主張しており，これを受けた審決の判断が上記のとおりである。

　もっとも，2社の販売価格引上げ額はクレハと同額であるものの，新聞発表の時期及び引上げ実施日は，3社とも異なっているため，2番目に販売価格引上げ発表を行った三菱レイヨンは，自社がクレハに追随して価格引上げを発表すれば，カネカに対しては，自社がクレハに追随した事実は伝わるとしても，カネカが自社と同様に販売価格引上げを躊躇していたことは事前の3社の会合を通じて認識していたので，カネカが先行の2社に追随して値上げ発表を必ず行うとは事前には予測できなかったはずである。三菱レイヨンとしては，カネカが価格引上げ発表をしたことによって初めて追随してきた事実を知ったに過ぎなかったとも言える。

　2社が独自の経営判断で順次価格引上げを発表したのではなく，審査官が主張したように，「2社がクレハからの要請に応じて歩調をそろえて販売価格を引き上げる意思があることが，クレハだけでなく，カネカは三菱レイヨンに対しても，三菱レイヨンはカネカに対しても，それぞれ伝わることを十分に認識していたこともまた自明である」と言えるためには，2社が，それぞれの価格引上げ発表前に，相互に他方がクレハに追随する意向を認識・認容していた必要があると思われる。

　2社が，それぞれの価格引上げ発表前に，クレハを介して間接的に，クレハへの追随の意向を相互に認識・認容していたとの認定はされていないので，審決のいう「被審人2社も，クレハからの追随要請やクレハの販売価格引上げの打出しを受けて，これと歩調をそろえる意思で販売価格引上げを打ち出したこと」すなわち，2社のクレハへの追随の意思の相互認識・認容の存在は，状況証拠によって推認されたのであろう。反面，そのような推認が働かないような場合には，例えばカネカに関する限り，意思の連絡が成立するという見立てに修正が必要となるということもあり得たということになる（Ⅱの冒頭で述べた試行錯誤（トライ・アンド・エラー））。

　この点，既に述べたように，本件審決では，3社の価格引上げ打出し後の状況として，3社の営業担当者が集まるなどして，3社それぞれの需要者との販売価格引上げ

交渉の状況を相互に報告し合って，協調的に販売価格引上げ交渉を進めていたことも，間接事実として述べられており，結果として，被審人2社の販売価格引上げは，クレハからの追随要請に呼応し，クレハの販売価格引上げに協調する意思の下に行われたものと推認される，としている。

これが，上記④の他社の追随が独自の経営判断によるものではないことを示す特段の事情である。

仮に，2社のクレハへの追随価格引上げがそれぞれ独自の経営判断によるものであったなら，3社による協調的な販売価格引上げ交渉行為は行われなかったであろう。

したがって，3社のこうした事後的な協調行動は，2社の追随行為が，クレハと歩調をそろえる意思で販売価格引上げを打ち出したことを推認させるものであり，2社の追随行為が独自の行為ではなく，相互認識・認容に基づくものであったことを示す間接証拠と評価され，ひいては本件間接カルテルにおける3社間の意思の連絡の存在の推認の根拠ともなった。

6．本件審決における両合意の認定に関する本件東京高判の判断

既に述べたとおり，カネカ及び三菱レイヨンの2社が，3社の違反行為を認定した平成21年11月の本件審決に対し，審決取消訴訟を提起し，平成22年12月，東京高裁から請求棄却判決が出され，その後の平成23年9月30日の上告棄却及び上告不受理決定が行われたことにより，本件東京高判は確定している。

「東芝ケミカル事件判決から引用されていた事項」は，本件に関する審決取消訴訟における東京高判においても，合意の成立の有無に関する判断基準として冒頭に掲記されている。なお，「同判決から引用されなかった事項」は，本件東京高判においても（本件審決と同様に）引用の対象から除外されている。

本件東京高判においても，平成11年の合意についての主な争点は「3社の営業部長級の者により販売価格引上げ方針が確認されたこと」についての実質的証拠の欠如であった。

また，平成12年の合意については，「クレハのKが平成12年の販売価格の引上げを打ち出す際に原告らの追随を認識していたことを根拠付ける実質的証拠」の存否や，「原告らの営業担当者が，クレハの意思を認識した上で，追随して打ち出しを行えばクレハの要請に応じて3社で歩調をそろえて販売価格を引き上げる意思があることを示すこととなると認識・認容して平成12年の販売価格の引上げの打ち出しを行ったことを根拠付ける実質的証拠」の存否が主要な争点であった。そして，平成12年の合意に関する意思の連絡の認定について列挙されている事項は，基本的に本件審決において挙げられていた内容と同一である。

7．本講のまとめ

　以上を踏まえつつ，本件事案における平成12年の合意の認定と，東芝ケミカル事件における意思の連絡の認定について，双方とも「東芝ケミカル事件判決から引用されていた事項」を踏まえた判示であることを前提とした上で，対比を試みると以下のような整理が可能である。

　本件事案における平成12年の合意は，まず，前記①のように，「クレハは，販売価格引上げを先行して打ち出せば被審人2社が追随して販売価格引上げを打ち出すと合理的に予測して販売価格引上げを打ち出したのであるから，同種の対価の引上げを実施することを認識ないし予測し，これと歩調をそろえる意思があったことは明らか」であるということで，「東芝ケミカル事件判決から引用されていた事項」の，「<u>一方の</u>対価引上げを他方が単に認識，認容するのみ<u>では足りないが</u>，<u>事業者間相互</u>で拘束し合うことを明示して合意することまでは必要でなく，<u>相互</u>に他の事業者の対価の引上げ行為を認識して，暗黙のうちに認容することで足りると解され」（下線強調は筆者）という部分のうち，まず（それのみでは「足りない」としても必要ではあるという）「一方の」について判断が示されていることになる。

　その上で，「被審人2社も，クレハからの追随要請やクレハの販売価格引上げの打ち出しを受けて，これと歩調をそろえる意思で販売価格引上げを打ち出した」ということで，「足りない」とされていた残りの一方と併せて「相互」性が満たされることが示されるというプロセスを経て，「カネカが販売価格引上げの打ち出しを行った平成12年11月21日までに，3社間で上記の意思の連絡，すなわち，平成12年の合意が成立したと認められる」という判示に至っている。

　これに対して，東芝ケミカル事件では，事前の連絡・交渉，連絡・交渉の内容，行動の一致という事情から，関係事業者の間に，協調的行動を採ることを期待し合う関係があり，「意思の連絡」があるものと推認できるとされる（「同事件判決から引用されなかった事項」参照）。そして，この「関係事業者の間に，協調的行動を採ることを期待し合う関係」とは，「東芝ケミカル事件判決から引用されていた事項」のうち，「複数事業者間で相互に同内容又は同種の対価の引上げを実施することを認識ないし予測し，これと歩調をそろえる意思があること」，あるいは「相互に他の事業者の対価の引上げ行為を認識して，暗黙のうちに認容することで足りる（と解されているもの）」のことであり，本件事案の平成12年の合意について採られていた上記アプローチとの比較で言えば，複数自然人の内心における認識・認容を一体的なものとして捕捉し，相互性のあるものとして捉えるものである。

　あえて類型化するならば，東芝ケミカル事件において採られていた立証の手法は，

立証命題である意思の連絡を，時間的にそれに前後する事象を用いて（もともと一体的なものとして一度に）挟み撃ちにするようなイメージであるのに対して，本件事案の平成12年の合意について採られていたのは，当事者毎の内心の認識・認容を順次捕捉した上で，それを束ねて（一体化させて）相互性のある意思の連絡と捉えるというようなイメージであると言える。

具体的に述べると，先ず，クレハの，他の2社が追随するとの予測及び先行値上げ発表があり，次に，三菱レイヨンのクレハへの追随値上げ発表（クレハへの追随の意思を，クレハ及びカネカへ伝達）があり，最後にカネカの追随があった。3社の担当者の内心における認識・認容は一度に成立したものではないが，これを順次捕捉して束ね，3社間の意思の連絡の成立を推認した。

例えば，社内調査における証拠物件調査（ドキュメント・レビュー）の場面においても，このように，意思の連絡の成否を調査検討するにあたり，推認のアプローチ（そのために収集される必要のある証拠資料）には複数の選択肢があり得るということが意識されていることは，有用であろうと思われる。

そして，上記の2つのイメージ（あえて命名するなら，「時系列による挟み撃ち」か，あるいは「当事者毎の主観面の集約」か）も，必ずしも二者択一というわけではなく，場合によっては併用ということも考えられるように思われる。

例えば，本件事案では，上記のように，販売価格引上げの打出しについて先行した社と，追随した後行の社のそれぞれについて，相互認識・認容ありと認定される根拠となる事象が分けて整理されていた。そして，後行の社について挙げられていた事項は，「需要者との販売価格引上げ交渉を開始した後，3社が会合を開催して需要者との交渉の進捗状況について情報交換を（行っていたこと）」などを含め，先行した社について認識・認容ありと認定される根拠としては採用されていなかった。

本来，本件事案でも争われていたように，合意が成立したというためには，「**先行した社が販売価格の引上げを打ち出す際に**，他の2社の追随を認識していたとともに，他の2社も先行した社からの追随要請や販売価格引上げの打出しを受けて，これと歩調をそろえる意思で販売価格引上げを打ち出した」と認められる必要がある。「需要者との販売価格引上げ交渉を開始した後，3社が会合を開催して需要者との交渉の進捗状況について情報交換を行っていた」ことは，それ単体では，「**先行した社が販売価格の引上げを打ち出す際**」に他の2社の追随を認識していたと認める事情とは必ずしもならない。しかしながら，この種の事後的な情報交換は，「後行の2社の販売価格引上げが，先行した社からの追随要請に呼応し，その販売価格引上げに協調する意思の下に行われたものである」ことを推認する根拠となるとともに，最終的に3社の主観面を取りまとめる形で，「カネカが販売価格引上げの打出しを行った平成12年11

月21日までに，3社間に上記の意思の連絡が成立したこと」を推認するための根拠ともなった。

　さらに言えば，事実関係次第では，この種の3社の価格引上げ打出し後の当該協調的交渉の実施が，後行の2社に限らず，クレハのような先行した社についての認識・認容を推認するための事情となることもあり得よう。すなわち，上記の命名に従うなら，特に先行した1社の主観面のみに限定して東芝ケミカル事件のような「時系列による挟み撃ち」を使うというようなイメージである。本件事案では後行の2社についての相互認識・認容の認定根拠にのみ位置付けられていた事情が，場合によっては，**「先行した社が販売価格の引上げを打ち出す際に，他の2社の追随を認識していた」**ことを推認するための根拠ともなり得たと思われる。

　IIの冒頭では，「ある主要事実Aを認定するためのアプローチ（間接事実からの認定ルート）には通常複数の選択肢があり，どれが選択されるべきかは，どういった間接事実（間接証拠）が揃うか次第となるが，どういった証拠が有用かは，どのアプローチでどういった事実が認定できることになるか次第ということがあり，この，ある意味で『鶏（事実）と卵（証拠）とはどちらが先かを問うかのような』の状況故に，試行錯誤が求められることになる」ということを指摘した。間接事実からの推論ということである以上，少なくとも理論上，判断権者の自由心証という前提において，先例に倣う必要はなく，可能性は無限とすら言えそうである。社内調査における証拠物件調査（ドキュメント・レビュー）において，この種の試行錯誤（トライ・アンド・エラー）が求められることになる。

　ただし，現実的には，一定程度の典型パターンのようなものは想定できるように思われる。また，関係者から供述を得ることの最も重要な意義も，この点にあると思われる。究極の命題は「意思の連絡の成否」ということで，それ自体はある意味で単純ではあるものの，実のところ，そのために何を探して見つけるべきなのかは事案により異なることになる。独禁法違反（カルテル行為）に関する社内調査についての困難さは，このように，「見つけてみて初めて，何を探していたのかが分かる」という点にあるように思われる。

第5講

「自発的な自己拘束の相互認識認容」から始まる，カルテル規制の要件充足性

【図表1】 平成11年度営業活動状況

> **平成11年度営業活動状況について**
>
> 　　　　　　　　　　　　　　　平成11年12月6日
> 　　　　　　　　　　　　　　　多摩営業所
>
> ……
> 町田，山崎汚水枝線：新都市は業界的に4年のブランクが有りそろそろ順番であった。（略）指名メンバーセットが成功した。
> ……

「**多摩談合事件**」（審判審決平20・7・24，東京高判平21・5・29～東京高判平22・3・19，最判平24・2・20）
事案の理解の手がかり：「営業所定例打合せ」資料等（本講【図表1】～【図表3】）

I　証拠からみた，独禁法違反認定の鍵

　本講では，多摩談合事件[1]（以下，本講において「本件事案」という。）を取り上げる。

1．「平成11年度営業活動状況」

　まず，下記の【図表1】をご覧いただきたい。

【図表1】　平成11年度営業活動状況

> 平成11年度営業活動状況について
>
> 　　　　　　　　　　　　　平成11年12月6日
> 　　　　　　　　　　　　　多摩営業所
> ……
> 町田，山崎汚水枝線：新都市は業界的に4年のブランクが有りそろそろ順番であった。（略）指名メンバーセットが成功した。
> ……

(1)　「町田，山崎汚水枝線」の意味

　「新都市は業界的に4年のブランクが有りそろそろ順番」という記載は，それ自体，何らかの受注調整行為を疑わせる。

　当該文書は，本件違反への関与が認定された青木あすなろ建設株式会社（以下「青木あすなろ建設」という。）において保有されていたものである。青木あすなろ建設は，いわゆるゼネコン（国内の広い地域において総合的に建設業を営む事業者）であり，他のゼネコン各社同様，多摩地区においても営業所を置き，財団法人東京都新都市建設公社（以下「新都市」という。）の入札参加資格を有する者として所定の登録を受け，土木工事のうち下水道工事及び一般土木工事の工種区分におけるランクがAとして格付けされていた。新都市は，多摩地区の市町村から委託を受けるなどして公共下水道の建設等の都市基盤整備事業を行っており，原則として，一定規模以上の工事について，有資格者の中から希望者に工事希望票を提出させ，希望者の中から入札

---

[1]　審判審決平20・7・24審決集55巻174頁（以下「本件審決」という。）。審決取消訴訟について，関連の東京高判及び最判については本文中の該当箇所を参照。

参加者を指名していた（「工事希望型指名競争入札」）。これらの有資格者は，その事業規模等により工種区分ごとにAからEまでのいずれかのランク（以下「事業者ランク」という。）に格付けされていた。また，発注する土木工事も，その工事の予定価格等に基づき格付けされていた。そして，例えば，AからEまでのランクの単独施工工事の入札の参加者の指名では，発注する工事のランクに対応する事業者ランクに格付けされた者の中から指名することを基本としていた。また，2社の共同施工方式により施工される，いわゆる共同施工工事（2社のいずれもAランクである場合のほか，Aランク及びBランクの2社又はAランク及びCランクの2社があり，それぞれ「AAランク」「ABランク」「ACランク」と呼ばれる。）についても，入札参加者となるJVの構成員の指名において，同様に格付けに従った選定がなされていた。なおその際，通常，単独施工工事については10社が，共同施工工事については10組のJVが，それぞれ選定されていた。

本件の関係証拠等から，【図表1】の「町田，山崎汚水枝線」は，新都市によりACランクの格付の共同施工の工事として発注された，「町田市公共下水道山崎町，図師町汚水枝線工事」という入札案件であったことが認定された。なお，同案件は青木あすなろ建設と岡三建設のJVにより落札されていた（落札率は99.94％）。

(2)　「指名メンバーセットが成功した」の意味

仮に，何らかの「業界的」な意味合いでの「順番」が想定されていたとすると，それをわきまえている者で入札参加者が占められていれば，当該入札案件でかかる「順番」が守られることが期待できる。ただし，選定の指名自体は，新都市によって行われる。「順番」の実現を目指す者として可能なのは，同じように「順番」の実現を目指してくれる同志を募ること（すなわち，それらの者に入札参加希望を表明してもらい，それらの者が当該入札案件で指名を受けるようにすること）ということになる。前記の「指名メンバーセットが成功した」とは，かかる意味合いによるものであった可能性がある。

本件の「町田，山崎汚水枝線」入札案件では，青木あすなろ建設等のゼネコンをメインとする8組のJVと，ゼネコンには該当しないとされる地元の業者により組成されていた2組のJVが指名されていた。そして，この地元の業者らも，ゼネコンからの調整の働きかけを受けて，入札案件への参加を希望することに応じることがあったとされていた。その背景として，新都市は，工事希望票の提出者の中から指名競争入札の参加者を選定する際に，発注する土木工事の規模等を総合的に勘案すると同時に，何度も工事希望票を提出しているにもかかわらず指名されていない事業者を救済する目的で，工事希望票の提出回数，指名回数及び受注回数を考慮して選定する場合が

あった。そのため，入札に参加する業者は，指名回数が多い方が救済を考慮してもらいやすいことになり，受注を希望しない場合であっても工事希望票を提出して指名を受けることが少なくなかった（いわゆる指名稼ぎ）。また，地元業者が，調整により受注予定者となった者の要請によりJVを組むことにより，受注の恩恵にあずかることもあった。このように，地元業者は，常に落札を目指して（受注予定者とされた）違反行為者に対して競争を挑んでくるとは限らず，受注予定者の依頼に応じて協力したり，自主的に高めの価格で入札したりして競争を回避することが，ある程度期待できる状況にあった。

【図表1】の「町田，山崎汚水枝線」について，青木あすなろ建設をメインとするJVは，他の9組の入札参加JVのうち，ゼネコンをメインとする4組のJVとの関係では，関係証拠により，受注希望の表明や，工事希望票の提出の依頼，入札価格の連絡といった接触が認定されていたが，地元業者2社が青木あすなろ建設の落札に協力したことを認めるに足りる証拠はないとされていた。

しかしながら，結論としては，この地元業者をメインとする2組のJVの入札価格が予定価格を上回っていたことから，地元業者が，いずれも競争的行動を採ったものとは認められないとして，地元業者が競争を挑んでこない状況にあったと認められるとされた。その上で，ゼネコンをメインとする残りの3組のJVとの関係では，【図表1】の「新都市は業界的に4年のブランクが有りそろそろ順番であった」「指名メンバーセットが成功した」等の記載に照らせば，青木あすなろ建設は，これら残りのゼネコン3社との間においても入札価格の連絡・確認をしたと推認できるとされた。

2．「多摩営業所12月定例打合せ」等の社内資料

次に，【図表2】と【図表3】をご覧いただきたい。

【図表2】　多摩営業所12月定例打合せ

多摩営業所12月定例打合せ

……
平成11年12月2日の打合せ事項
楢原町下水道工事は，当社本命の為，色々と人の出入り，連絡等があるので要注意。
……

【図表3】　平成11年上期目標達成評価表

> 平成11年上期目標達成評価表
> ……
> 目標設定項目：中央業者の業界内の関係強化
> 具体的成果：業界内での人間関係もほぼ出来，色々と情報が入手しやすくなり，相互協力が出来る様になった。
> ＜例＞楢原町工事
> ……

(1)　「楢原町下水道工事」の意味

　これらの資料は，松村組の多摩営業所長において保有されていたものである。松村組も，ゼネコンと称される事業者であり，新都市の入札参加資格を有する者として登録を受け，土木工事のうち下水道工事及び一般土木工事の工種区分におけるランクがAとして格付けされていた。
　本件の関係証拠から，これらに記載される「楢原町工事」「楢原町下水道工事」は，新都市によりAランクの格付の単独施工の工事として発注された「八王子市楢原町251番地先外下水道築造45－公10工事」という入札案件であったことが認定された。なお，同案件は松村組により落札されていた（落札率が99.48％）。

(2)　「当社本命の為，色々と人の出入り，連絡等があるので要注意」の意味

　【図表2】の「当社本命」とは，「楢原町工事」について，何らかの受注調整行為が存在し，自社がその受注予定者となっているという趣旨の記載であり，「色々と人の出入り，連絡等がある」とは，受注希望の表明などの自社の受注への協力の要請のための接触を意味する記載であることが推察される。
　この「楢原町工事」という案件では，松村組以外にはゼネコン3社が指名され，また，地元の業者から6社が指名されていた。まず，ゼネコンについて，【図表2】に加え，【図表3】のように，目標設定項目として「中央業者の業界内の関係強化」を挙げ，これに対応する具体的成果として「業界内での人間関係もほぼ出来，色々と情報が入手しやすくなり，相互協力が出来る様になった。＜例＞楢原町工事」といった状況にあったことを踏まえつつ，松村組は，これらゼネコン3社に対して，受注希望を表明して，受注への協力を得たと推認できるとされた。
　他方で，地元業者については，本件審決では，松村組の依頼により同社の落札に協力したことを認めるに足りる証拠はないとされていた。しかしながら，上記のように松村組の落札率は約99.5％であったところ，地元業者6社は，いずれも同社から受注

を希望している旨告げられ，うち2社は自社も受注を希望する旨述べ，4社は態度を鮮明にしなかったものの，地元業者6社の入札価格は，いずれも予定価格を上回っていたことを踏まえると，地元業者が，いずれも競争的行動を採ったものとは認められないとされ，結論として松村組は，地元業者6社が競争を挑んでこない状況のもと，前記ゼネコン3社の協力を得て当該案件を落札・受注したものと認定された。

3．何に（誰に？）「拘束」されるのか

　本件では，当初，違反の対象とされた時期に新都市から所定の登録を受けていたゼネコン総数80社のうち，当該期間中に課徴金の対象とされるべき案件の受注があった34社が処分の対象となった。これに対する不服申立て（審判手続の開始の請求）を受け，本件審決では，結論として4社が対象から外され，課徴金納付命令の名宛て人は30社となった。その際，【図表1】の文書は青木あすなろ建設について，また【図表2】及び【図表3】の文書は松村組について，それぞれ処分を根拠付ける証拠として引用された。

　なお，両社はさらに審決取消訴訟を提起していたが，いずれも棄却されている（東京高判平22・1・29審決集56－2巻476頁及び東京高判平21・12・18審決集56－2巻423頁）。

　他方で，本講の各図表のような証拠は，上記の処分のすべての名宛人について存在し，指摘されていたわけではなく，その場合，証拠に替わる事情として，例えば，「当該入札案件の入札参加者の全てがゼネコンで占められていたこと」などが指摘されていた。すなわち，本件では，上記のゼネコン全80社のうち，当初の処分の対象とされた34社とその他の46社の行為態様に外形的な差異はなかったとされており，そういったゼネコン各社の間での接触等が全体として「違法」ということであれば，入札参加者がそれらのゼネコンで占められていたということで，本講の各図表のような証拠がなくとも，処分の根拠付けは可能と考えられていた。

　このような事情に依拠して下された公取委の処分についても，その対象とされた事業者より不服申立てが提起され，一度は東京高裁により審決を取り消すという判断も示された（株式会社新井組ほか3名による提訴の件。東京高判平22・3・19審決集56－2巻567頁）。その判断理由は，概要，ゼネコン各社の間で確かに一定の接触等が認められるものの，それはなお違反とされるべき程のものとはなり得ておらず，違反とするには足りない，というものであった。しかしながら，最高裁はこれを破棄（審決維持）するという再逆転の判断を下した（最判平24・2・20審決集58－2巻148頁）。

　まず，上記東京高判の関連部分を引用する。

　「受注対象工事の絞込みや営業活動の開始，続行及び中止の判断に際して［発注さ

れる工事が建替工事や改修工事の場合には当初の工事を行った自社で受注する，などの〕検討や方針を採用すること自体は，多摩地区であるとかゼネコンであるとかに限定される例外的なものではなく広く建設業者において通常の健全な営業活動として採り得るものであり，これを異とし，ひいては不当ないし違法と評価しなければならないとはいい難い。そうすると，〔受注希望者が複数の場合，『当該工事が過去に自社が施工した工事の継続工事であること』等，それぞれの者と当該工事との関連性（『条件』）の強弱を話し合うことで，受注予定者を決めることになっていたとして，〕特段の事情や更なる追加的事情が認められない限り，たとえ特定地域のほとんどあるいは相当数の建設業者が上記のような『条件』に該当する事項の存否優劣を営業活動の開始，継続，中止等を判断するに当たっての一考慮要素にしていたとしても，そのことをもって直ちに<u>競争者同士が</u>各自の自由で自主的な営業活動上の意思決定を<u>拘束し合っている</u>…などと評価することは経済活動の実際にそぐわない不合理な見方というほかな」い。（〔　〕及び下線は筆者）

　上記最判は，この東京高判を破棄するにあたって，次のように述べている。

　「入札参加業者又は入札参加JVのメインとなった各社は，本来的には自由に入札価格を決めることができるはずのところを，このような取決めがされたときは，これに制約されて意思決定を行うことになるという意味において，各社の事業活動が事実上拘束される結果となることは明らかであるから，本件基本合意は，法2条6項にいう『その事業活動を拘束し』の要件を充足するものということができる。そして，本件基本合意の成立により，各社の間に，上記の取決めに基づいた行動をとることを互いに認識し認容して歩調を合わせるという意思の連絡が形成されたものといえるから，本件基本合意は，同項にいう『共同して…相互に』の要件も充足するものということができる。」

　そして，この最判の調査官解説（法曹会編『最高裁判所判例解説民事篇（平成24年度／上）』191頁（古田孝夫））では，この判示について，「入札談合に係る基本合意の多くが，秘密裏に，競争事業者による<u>自発的な自己拘束を相互に認識・認容する</u>ことで形成されるという事柄の本質を的確に捉えたものと評価することができる」とされている（下線は筆者）。

　前記の東京高判の引用部分は，不当な取引制限の要件のうち，主に「競争の実質的制限」についてのものであり，他方で，上記の最判の引用部分は，「共同して相互にその事業活動を拘束し」についてものであるので，厳密には，両者はその文脈（対象論点）が異なる。

　それでも，下線を付した部分は，不当な取引制限の実質をどのように捉えるべきかという点についての両判断の相違を端的に示しているように思われる。あえて平易な

表現を試みるとすれば、東京高判が想定しているのは事業者同士が相互に拘束し合う（しかも、各自の自由で自主的な営業活動上の意思決定を停止させるレベルの）イメージであるが、最判が想定しているのは、ある事業者らが何らかの制約事項でそれぞれ自らを縛りつつ、そのような自縄自縛の状態にあることを互いに認識認容し合うようなイメージである。

仮に、本件のような事案で違反を判断するにあたり、東京高判のようなイメージを持つことが適切な評価を行う上で何らかの支障となるなら、最判では事例判例としてそれを取り払うことが意図されていたように思われる。

なお、本件では（前記のように、ゼネコン全80社のうち、当初の処分の対象とされた34社とその他の46社の行為態様に外形的な差異はなかったとされていたところ）、34社にのみ違反行為者性を認めるのは恣意的であるといった反論もなされていた。そして、この点について前記東京高判では、公取委の本件審決が、「当事者」たるゼネコンと「協力者」に過ぎず違反行為者性のないゼネコンを分けつつも、それらの「協力者」も各個別物件において合意の履行に寄与したことを認定していたことは、結局のところ、その違反行為者性を認めているに等しく、説明としてなり立っていないという趣旨の批判も示されていた。

しかしながら、最判では、結論として、この部分に関する公取委の判断も支持されることとなった。本件最判の調査官解説では、この点について、具体的な当事者の範囲を本件の証拠から特定するのは困難であると考えられることや、本件が課徴金の納付を命ずる審決であったことを考慮すると（対象期間中に課徴金の計算の基礎となる）受注実績のなかったゼネコンにまで調査の対象を広げることは（審判経済上の）実益に乏しいことから、「少なくとも」受注調整を経た上での受注実績を有する者について当事者性を認めることは合理的であると判示したもの、と説明されている。

II　事案検討から得られる教訓

IIでは改めて、まず、本件事案の証拠（Iの各図表）から、「直接的には個別事案について受注調整があったことの証拠となると思われる資料が、同時にいわゆる基本合意の存在による違反行為を推認させる証拠にもなり得るということ」について確認する。これは例えば、当該証拠から、当該個別事案の受注調整が遂げられたのは、そのベースとしての基本合意が存在していたが故であるということを推認することができる、という意味である。ただし、IIでは、基本合意の内容に当たる「意思の連絡」のみならず、Iでは誌幅の関係上割愛した「一定の取引分野における競争の実質的制

限」の要件等についても併せて確認する。

　また，本件事案では，結論として，違反行為当事者を含め，「違反行為」を構成する要素が，本来あり得た認定よりも狭く確定されていた可能性があったことをⅠにおいて紹介したが，Ⅱでは，本件事案の証拠（Ⅰの各図表）からも，本来の違反行為の範囲はより広く把握され得たことを示す。

　その上で，特に令和元年の独禁法改正後の現状では，独禁法コンプライアンスの観点から，社内調査において，本件事案において判示されていたような限定的なスタンスではなく，より広い形で違反行為の対象範囲を捉えるというスタンスが求められることを，今後への教訓として示すこととする。

1．本件審決における違反認定と審決取消訴訟

(1) 公取委の一発課徴金納付命令

　まず，改めて本件の経緯を確認する。

　公取委の認定した違反行為の概要は以下のとおりである。

「1　34社は，遅くとも平成9年10月1日以降，新都市建設公社発注の特定土木工事について，受注価格の低落防止を図るため
(1)　新都市建設公社から指名競争入札の参加者として指名を受けた場合（自社が構成員である建設共同企業体が指名を受けた場合を含む。）には，当該工事若しくは当該工事の施工場所との関連性が強い者若しくは建設共同企業体又は当該工事について受注の希望を表明する者若しくは建設共同企業体（以下『受注希望者』という。）が1名のときは，その者を受注予定者とし，受注希望者が複数のときは，それぞれの者の当該工事又は当該工事の施工場所との関連性等の事情を勘案して，受注希望者間の話合いにより受注予定者を決定する
(2)　受注すべき価格は，受注予定者が定め，受注予定者以外の者は，受注予定者がその定めた価格で受注できるように協力する

　旨の合意の下に，指名競争入札の参加者として指名を受けた34社と同様に多摩地区において事業活動を行っているその他の広域総合建設業者の協力を得て，また，必要に応じて，広域総合建設業者の多摩地区における営業担当者のうちの有力者の助言を得るなどして，受注予定者を決定し，受注予定者が受注できるようにしていた。
2　34社は，前記1により，新都市建設公社発注の特定土木工事の過半を受注していた。」

　公取委は，本件において違反が問疑された時期に公社から所定の登録を受けていたゼネコン総数80社のうちの34社の間に基本合意が存在していたとの認定に基づき，そ

れらの34社に対し，平成13年12月14日付けで合計6億9021万円の課徴金の納付を命じた。なお，本件当時の除斥期間（既応の行為に対して排除措置命令を行う年限）は，1年と定められていたため（平成17年改正前独禁法7条2項），この平成13年12月14日の時点で既に排除措置命令を下すことはできなかったところ，課徴金納付命令については，3年と定められていたため（同7条の2第6項），排除措置命令による違反行為認定を経ることなく，直ちに課徴金納付命令が行われた（一発課徴金納付命令）。その対象となったのは，当該期間中に公社から発注されていた72物件のうち番号1，2，4，6〜11，13，19，21，22，24，26，27，29〜31，34，38〜40，42，44，46，50〜52，56〜59，61，64，65，67及び71の合計38物件（以下「38物件」という。）である。

これに対し，名宛人34社のすべてが審判開始請求をし，本件一発課徴金納付命令は失効した。

(2) 審判手続及び本件審決

平成14年1月28日に審判開始決定が行われ，審判手続を経て，平成20年7月24日，被審人34社のうち1社を除く33社が本件違反行為を行ったと認定，そのうち30社に対し，合計6億202万円の課徴金の納付を命じる本件審決が出された。なお，被審人のうち4社については，課徴金の納付は命じられなかった。

ア．審判における争点と被審人の主な主張

本件事案の審判手続においては，争点①：基本合意の存否，争点②：基本合意による競争の実質的制限の有無，及び争点③：課徴金納付命令の対象とされた38物件にかかる課徴金対象性の有無（すなわち，受注調整行為の有無及び競争制限効果が具体的に生じたと認めることができるか否か。）が争点とされていた。

そして，争点①との兼ね合いでは，主に，総数80社のゼネコンのうち，本件において課徴金納付命令の対象とされた34社と，残る46社との扱いの相違について，34社とその他のゼネコン46社の行為態様に外形的な差異はない（したがって，審査官が主張するような34社による本件基本合意は存在しない。）等の主張がなされていた。

争点②については，34社が審査官のいう合意によって受注予定者を決定し，その者が自由に入札価格を決めることができると仮定しても，それはアウトサイダーたる地元業者が入っていない物件に限定され，それは，72物件中12物件（約16.7％）に過ぎないと主張されていた。しかも，審査官が合意により受注したとしているのは，このうち10物件（約13.9％）にとどまることからすれば，審査官のいうように，34社の何らかの合意が存在すると仮定しても，本件の一定の取引分野の競争を実質的に制限することになるはずはない旨が主張されていた。

争点③については，個別の物件ごとの具体的な事情として，例えば，入札参加者のうちの相当数（10社中4社など）が地元業者であり，それらの者について受注予定者の落札に協力したことを認めるに足りる証拠がないと主張されていた。また，それらの地元業者の入札率が約80％となっており，結果としては受注予定者とされていた者が落札できているとしても，その落札率が約80％となっているなど，地元業者が競争的行動を採っていたというべき状況にあったことから見て，当該物件について受注調整行為があったか否かとは別個の問題として，当該物件を課徴金の対象とすべきではないといった議論であった。

イ．争点①：基本合意の存否に関する本件審決の判断

本件審決は，まず上記の34社について検討するにあたり，そのうちの1社については，本件基本合意の当事者であるとまでは認めることができないとした。この点，確かに，同1社は番号46の物件を受注しており，また番号7，19，27，39，58，64及び71の各物件について，他の受注予定者が受注できるように協力していることは認められた。しかしながら，同社が受注した番号46の物件について，他の違反行為者は入札に参加していないので，同社が本件基本合意に基づいて同物件の受注予定者に決定され，他の違反行為者の協力を得て同物件を受注したとは認められない状況にあるとされた。そして，他に本件対象期間中に同社が落札・受注した公社発注の特定土木工事はないということで，同社について，自社が受注意欲や関連性を有するときは他の違反行為者が協力すべきことについての相互の認識・認容を認めるに足りないと結論付けられることとなった。

その上で，残る33社と（その他のゼネコン）46社の行為態様に外形的な差異がないという被審人らの主張については，「これら46社は，本件対象期間中，公社発注の特定土木工事を本件基本合意に基づいて全く落札・受注していないのであって，33社のうちの受注予定者が受注できるよう協力していたことがあるに過ぎず，自社が受注意欲や関連性を有するときは他の違反行為者が協力すべきことについての相互の認識・認容までは認められない」ことなどを指摘し，被審人らの主張を排斥していた。

その結果，本件基本合意の当事者は，上記の1社を除く33社と認定された。

その上で，本件審決は，基本合意の存否という争点①に関する判断において，本件基本合意に沿う供述という直接証拠があるほか，本件の関係当事者とされた事業者ら（33社）が，本件違反行為の対象とされた期間中，個別物件について，現に，本件基本合意に沿って，受注予定者を決定し，かつ，受注予定者として他の違反行為者の協力を受け，又は受注予定者が受注できるよう協力していた事実が認められるという点を指摘する。そして，これらによれば，当該関係当事者とされた事業者らは，(ｱ)自社が受注意欲や関連性を有するときは他の違反行為者が協力すべきこと及び(ｲ)他の違反

行為者が受注意欲や関連性を有するときは自社が協力すべきことを相互に認識・認容していたことを優に認めることができ，本件基本合意の存在が認められる，と判示した。

すなわち，本件審決は，その違反認定の根拠について，本件基本合意に沿う供述という直接証拠に加え，間接証拠としての個別物件における受注調整を挙げていた。そして，当該期間中，個別物件について，当該関係当事者とされた事業者らが，条件又は受注希望を有する者を受注予定者として決定し，自社が受注予定者に決定された物件については，指名された他のゼネコンの協力を得て受注するとともに，自社が指名されたものの受注予定者とならなかった物件については，受注予定者が受注できるよう協力しており，本件基本合意に符合する受注調整を行っていたことが認められる，との判断を示していた。

ウ．争点②：基本合意による競争の実質的制限の有無に関する本件審決の判断

本件審決は，談合の基本合意による競争の実質的制限の有無について，基本合意の当事者及び基本合意への協力者の数，その当該市場における全事業者の数に占める割合等に照らして，当該市場における競争自体が減少して，基本合意の当事者たる事業者集団がその意思で，ある程度自由に，受注予定者及び価格を左右することができる状態をもたらしているか否かによって判断するのが相当である，とする。また，市場において，基本合意の当事者以外のアウトサイダーが多い等の場合には，アウトサイダーの入札行動等も，前記の判断にあたって勘案する必要があり得るというべきである，とする。

その上で，まず事業者数の観点から，①本件基本合意の当事者の数は33，協力者の数は少なくとも47，それに公社発注の特定土木工事の指名を受けることができるAランクの格付けを受け，入札に参加していた地元業者74を加えた全事業者数に占める，本件基本合意の当事者33及び協力者47の占める割合を見ると，(33＋47)／(33＋47＋74) ＝51.9％となることを指摘する。次に，物件の落札金額の観点から，②本件実行期間中の特定土木工事72物件に占める，本件基本合意により競争制限効果が具体的に生じたと認めることができる31物件の落札金額の割合は56.3％となることを指摘する。さらに，③地元業者は，違反行為者とともに入札に参加する場合であっても，受注予定者の依頼に応じて協力したり，自主的に高めの価格で入札して競争を回避したりすることがある程度期待できる状況にあったと認められることを指摘する。そして，これらの事情から，本件基本合意によって，特定土木工事の市場における競争自体が減少して，33社がその意思で，ある程度自由に受注予定者及び価格を左右することができる状態がもたらされていたと認められ，本件基本合意による競争の実質的制限があったと認められる，と判示した。

エ．争点③：課徴金納付命令の対象とされた38物件にかかる課徴金対象性の有無に関する本件審決の判断

本件審決は，課徴金についての基本的考え方として，まず，①基本合意に基づいて受注予定者が決定されることによって競争制限効果が具体的に生じたものは，独禁法7条の2第1項の「当該商品又は役務」に該当する，と述べる。また，②受注予定者が決定されたものの，当該受注予定者以外の違反行為者が落札・受注した物件も，その者との関係で「当該商品又は役務」に該当する，とする。さらに，③アウトサイダーが入札に参加している物件であっても，本件基本合意の当事者間で受注予定者が決定されたことにより競争単位が減少したものについては，原則として，競争単位の減少それ自体をもって競争制限効果が具体的に生じたことになる，と述べる。そして，これら3点を示した上で，入札参加者に占めるアウトサイダーの数が比較的多い場合には，当該アウトサイダーが競争的行動を採ったか否か等の事情も勘案して，当該物件を具体的な競争制限効果が生じなかったものとして課徴金の対象から除外すべきか否かを判断するのが相当である，との判断を示した。

その上で，課徴金対象性の有無（すなわち，受注調整の有無及び競争制限効果が具体的に生じたかと認めることができるか否か。）が争点となった課徴金納付命令対象の38物件について，かかる個別物件をめぐる具体的な事実経過が認定されていた。

そして，この38物件中，その検討の結果として，課徴金の対象とはならないと判断された物件が合計7件（番号1，4，8，19，46，57，61）存在し，その余の31物件については，本件基本合意に基づいて受注予定者が決定されることによって競争制限効果が具体的に生じたと認めることができ，課徴金の対象となる，とされた。

本件審決において課徴金の対象とはならないとされた上記7件のうち，まず4件（番号8，46，57，61）については，審査官側において，「それぞれ落札した基本合意当事者以外の指名業者がすべて他のゼネコン及び地元業者であり，各落札者が受注予定者となり，受注したことが本件基本合意に基づくものとはいえず，課徴金の対象とならない」と主張し，審決においても，審査官主張と同様に課徴金の対象にはならない，とされた（そうであれば，当初の課徴金納付命令の段階において命令の対象から除外しておくべきであったのではないか，との疑問が湧く。）。

他の3件（番号1，4，19）については，審査官は課徴金の対象となる旨主張したが，審決では，多数の，入札に参加したアウトサイダーである地元業者が受注予定者の落札に協力した証拠はなく，逆に競争的行動を採ったことが認められることにより，具体的競争制限効果が認められず，課徴金の対象とならないとされた。

なお，課徴金の対象とならないとされた上記3件（番号1，4，19）については，審査官が主張するとおり，他の関係証拠により受注調整行為が行われたこと自体は認

められるとされた（他方で，上記の4件（番号8，46，57，61）については，本件基本合意に基づく受注調整による落札受注とはいえないものとして，本件基本合意の認定に関する間接事実には含められていない。）。

そして，結論として，本件基本合意の認定を基礎付ける間接事実としては，33社により，34件（課徴金の対象となった31件＋課徴金の対象とならないとされた3件）の受注調整行為があったことが挙げられている。

すなわち，課徴金の対象とはならないと判断された個別物件3件についても，その落札者となっていた各事業者は，本件基本合意の内容を認識した上で，他の違反行為者が受注予定者とされた物件については，受注予定者が受注できるよう協力し，また，各事業者が受注した物件について，他の違反行為者に対して，受注意欲の表明，工事希望票の提出依頼，入札価格の連絡・確認を行い，受注予定者に決定されていた。したがって，本件基本合意に沿った行動を行い，上記の(ア)及び(イ)についての相互の認識・認容を有していたと認められるとされた。言い換えれば，このように上記各物件について競争制限効果が具体的に生じたと認めることができず，課徴金の対象とはならないとしても，これら3社が本件違反行為の当事者であると認めることの妨げとなるものではないとされた。

また，これに関連して，被審人らは，本件対象期間は，課徴金の対象が違反行為の終了前の3年間に限られることから人為的に設定されたものに過ぎず，また，本件違反行為の終期も証拠に基づかないから，本件対象期間中に受注したか否かをもって，本件基本合意の当事者であるか否かの判断基準とすることは不合理であると主張していた。

しかしながら，本件審決では，「本件基本合意の根拠として，直接証拠のほか，本件対象期間中の個別物件に関する受注調整の事実のみが審判廷に現われているという制約の下で，本件対象期間中に受注予定者として他の違反行為者の協力を得たか否かという事実を本件基本合意の当事者であるか否かの認定根拠の一つとすることは，不合理であるとはいえない。」とも指摘されていた。

(3) 審決取消訴訟

上記のとおり，本件審決においては，結論として，ゼネコン33社が受注価格の低落防止のため，入札談合の基本合意をして独禁法違反となる不当な取引制限をしていた旨を認定された（受注調整行為があったとされた個別物件の数としては34件）。ただし，そのうち3社（それぞれ，当該命令の対象とされた期間中に各1件ずつを受注）について，当該個別物件に関する限り，地元業者による競争的行動が認められる等の理由から，具体的な競争制限効果が認められず，課徴金の対象とはならないと判断さ

れた。その結果，30社（31物件）に対し，課徴金の納付が命じられることとなった。

これに対し，25社が本件審決の取消を求めて東京高裁に訴えを提起した。東京高裁では，5つの合議体が分担して審理を行い，その判示の状況は以下のとおりであり，4つの判決において，原告21社の請求は棄却されたが，1つの判決においては原告4社の請求が認容された。

① 東京高判平21・5・29審決集56-2巻299頁（西松建設，クボタ建設，東洋建設，銭高組，淺沼組及び株木建設の審決取消請求を棄却）
② 東京高判平21・10・23審決集56-2巻399頁（加賀田組，三井住友建設，佐田建設及び大木建設の審決取消請求を棄却）
③ 東京高判平21・12・18審決集56-2巻423頁（松村組，不動テトラ，大林組及び安藤建設の審決取消請求を棄却）
④ 東京高判平22・1・29審決集56-2巻476頁（植木組，みらい建設グループ，馬渕建設，坂田建設，大和小田急建設，清水建設及び青木あすなろ建設の審決取消請求を棄却）
⑤ 東京高判平22・3・19審決集56-2巻567頁（新井組，奥村組，大成建設，飛島建設の審決取消請求を認容）

2．審決取消訴訟判決とⅠ記載の各書証との関係

Ⅰの【図表1】並びに【図表2】及び【図表3】の社内資料は，いずれも直接的には，課徴金納付命令の対象であった38物件にかかる課徴金対象性（本件審決での争点③）の文脈で取り挙げられていたものである。

そして，本件審決に対する審決取消訴訟においても，番号42の物件及び番号51の物件の課徴金対象性が争われた。上記の5件の判決との対応関係は，番号42の物件についてのものが④ 東京高判平22・1・29であり，番号51の物件についてのものが③ 東京高判平21・12・18である。なお，それぞれの原告は，「他のゼネコン各社に工事希望票の提出を依頼したこと，入札価格の連絡・確認をしたこと，指名を受けたゼネコン各社が原告の受注意欲を認識し，それに異議を唱えなかったこと」等の事実を認めるに足りる証拠はないとの主張や，「地元業者は積極的に受注意欲を示し，競争的行動を採り，競争回避行動を採ったことはない」等の主張を行っていた。

しかしながら，番号42の物件については，【図表1】が査共第337号証として，競争制限効果が具体的に生じたと認められ，課徴金の対象とされるべき根拠として挙げられている。また，番号51の物件については，【図表2】及び【図表3】が，査共第198号証及び同334号証として，競争制限効果が具体的に生じたと認められ，課徴金の対象とされるべき根拠として挙げられている。

なお，番号51の物件についての③東京高判平21・12・18は，後述のように，上記の課徴金対象性（本件審決の争点③）だけでなく，本件基本合意の認定（本件審決における争点①）を基礎付ける間接事実としても，個別物件に関する認定を採り上げている。

(1) 東京高判平22・1・29(番号42の物件：町田市公共下水道山崎町，図師町汚水枝線工事)

ア．番号42の物件の課徴金対象性

争点③に関連して，青木あすなろ建設は，自らの受注物件（番号42の物件）である「町田市公共下水道山崎町，図師町汚水枝線工事」が課徴金の対象とされていたことについて，「本件審決は，原告青木あすなろ建設は，入札までに指名を受けた加賀田組，原告小田急建設，原告みらい建設及びその他のゼネコンである京王建設との間で，入札価格の連絡，確認をしたと認定しているが，これを認めるべき証拠はない。地元業者が競争回避行動をとったことはない。原告青木あすなろ建設が落札，受注した番号42の物件について本件審決がいうような受注調整は行われていないし，競争制限効果が生じているという本件審決の認定は誤りである。」との主張を行った。

これに対し，1.(3)の④判決は，番号42の物件に関する課徴金対象性について，「本件審決が引用している他の証拠【Ⅰの【図表1】の査共第334号証を含む。】も併せ考慮すると」（【　】括弧内は筆者），本件審決が認定した事実については実質的証拠があると認めるのが相当である」とした。その際，「番号42の入札参加者は，違反行為者4社，その他のゼネコン4社，地元業者2社であり，原告青木あすなろ建設以外の違反行為者3社及びその他のゼネコン4社は原告青木あすなろ建設に協力し，地元業者2社が予定価格を上回ったため，同原告が落札受注したのであるから，受注調整行為が行われ，かつ，その影響は大きいといえるから，競争制限効果も生じたというべきであり，同原告の上記主張は理由がない。」との判断を示した。

イ．基本合意の認定

本件基本合意について，④判決は，「本件審決は，その他のゼネコン46社については具体的な落札，受注との関係で証拠が十分でなかったというのであるから，本件審決がその他のゼネコン46社につき本件基本合意の当事者と認定していないからといって，33社も本件基本合意の当事者と認定できないということはできない。」旨を指摘していた。

また，競争の実質的制限について，④判決は，「本件審決が認定した事実によれば，33社は，本件対象期間内に公社が発注した物件72件のうち31物件を落札受注し，これは件数では約43.1％，落札金額では約56.3％（200億7,575万4,000円のうち113億914万

1,000円）を占め，特に，工事の格付けでみると，ＡＡが，件数にして81.8％，落札金額にして93.5％となっているなど，33社の落札受注量は相当程度大きいということができる。」と述べていた。

(2) 東京高判平21・12・18（番号51の物件：八王子市楢原町251番地先外下水道築造45－公10工事）

ア．番号51の物件の課徴金対象性

　争点③に関連して，松村組は，自らの受注物件（番号51の物件）が課徴金の対象とされていたことについて，その前提事実を欠くという主張を行っていた。すなわち，「原告松村組が指名を受けたゼネコン各社に工事希望票の提出を依頼したこと，指名を受けたゼネコン各社が原告松村組の受注意欲を認識し，それに異議を唱えなかったこと，原告松村組がゼネコン各社に対し価格調整を行ったこと，ゼネコン各社が自社の入札価格が原告松村組の入札価格より高めの価格になることを認識して入札に参加したこと等の事実を認めるに足りる証拠はない。」との主張である。そして，「同物件は，指名業者10社のうち6社までがアウトサイダーである地元業者であり，原告松村組のこれら地元業者6社に対する受注調整は完全に失敗し…地元業者6社のうち2社は積極的に受注意欲を示し，他の4社も原告松村組の受注希望をそろって拒否し，原告松村組に対し，競争的行動をとり，この6社が入札予定価格を正確に推測し，十分競争可能な価格をもって対応していたのである。したがって，原告松村組の番号51の物件の受注は，本件基本合意に基づくものではなく，事業者間の競争の結果によるものである。」との主張を行っていた。

　これに対し，1．(3)の③判決は，番号51の物件に関する課徴金対象性について，「各証拠【Ⅰの【図表2】（査共第334号証）及び【図表3】（同198号証）を含む。】を総合すれば…原告松村組が他のゼネコン（古久根建設等）に対して工事希望票の提出を依頼し，又は指名を受けたゼネコン各社に対して受注希望を表明したこと，指名を受けたゼネコン各社が原告松村組の受注希望を認識し，それに異議を唱えず，原告松村組の入札価格よりも高い価格で入札したこと等の事実が認められる…。また，指名を受けた地元業者6社は，いずれも原告松村組から受注を希望している旨告げられ，うち2社は自社も受注を希望する旨述べ，4社は態度を鮮明にしなかったものの，6社すべてが予定価格を超える価格で入札しているものである…ところ，地元業者であっても，公社発注の特定土木工事についての予定価格の推計を比較的容易かつ正確に行うことができると考えられる状況の中，あえて予定価格を超える価格というおよそ受注の可能性のない価格で入札しているのであるから，地元業者が競争的行動をとったなどということはできず，ゼネコンとの競争を回避したものと推認することができ

る。」(【 】括弧内は筆者)として、結論として同物件は課徴金の対象となるとの判断を示した。

イ．基本合意の認定

本件基本合意について、③判決は、上記1.(3)の④判決と同様に、「33社とその他のゼネコン47社とは、審判廷に現れた証拠及び事実に基づいて認定される本件対象期間中における行為態様等が異なるのであるから、本件基本合意の当事者であるか否かについて、33社とその他のゼネコン47社とで異なる判断になったとしても、不合理、不相当であるということはできない。」旨を指摘した。

その上で、③判決は、④判決とは異なり、本件では「本件基本合意の存在を認定し得る原告らを含むゼネコン各社担当者の供述という直接証拠が多数あり…また…個別物件についてのゼネコン間の受注調整状況は、本件基本合意に基づくものと優に推認されるところであるから、本件基本合意の存在(本件審決認定のその内容及び具体的実施方法を含む。)について実質的証拠があるというべきである。」と述べている。

また、各争点に関する判断の前提事実として、当該訴訟の原告らに限らず、当該審決において本件基本合意の当事者とされていた33社が落札・受注した全34物件について、その落札状況に関する認定を示していた(④判決で審理対象とされた番号42の物件を含み、したがって、青木あすなろ建設に関する査共第337号証(Ⅰの【図表1】)の引用を含む。)。

その意味で、間接的にではあるが、Ⅰの【図表1】の「新都市は業界的に4年のブランクが有りそろそろ順番であった。(略)指名メンバーセットが成功した。」との記載もまた、③判決における本件基本合意の判断の基礎として踏まえられたと見ることができる。

3．東京高判平22・3・19(新井組ほか3名提訴にかかる審決取消訴訟)及び当該事案に関する最高裁判決

前記1.(3)記載のとおり、課徴金の納付を命ずる本件審決に対する5件の取消訴訟のうち、⑤東京高判平22・3・19において、唯一請求認容(審決取消)の判断が下された。これに対して公取委が上告し、平成24年2月20日、最高裁判決が下された。

(1) 東京高判平22・3・19の立論

ア．直接証拠等から認定され得る基本合意による「競争の実質的制限」認定についての疑問

まず、⑤判決では、大前提として「競争を実質的に制限する」について「建設業者が自由で自主的な営業活動を行うことの停止あるいは排除」という観点からの判断が

必要としつつ、次のような疑問を指摘する。すなわち、「（公取委の主張する）本件基本合意とは、要は、公社の発注する土木工事の入札に関しては、『当事者』たる33社及び『協力者』たるその他のゼネコンの総体において、公社の発注するAランクの工事は受注希望を有する者が受注すればよい、受注希望者が複数いれば当該受注希望者同士で自社の事情等（被告はこれを『条件』と称する。）を話し合えばよい、その他の者は受注希望者から工事希望票の提出を求められたり、入札する金額の連絡等がされたりした場合には、工事希望票を提出し受注希望者の落札を妨害する行為はしないという共通認識があったという程度のものにすぎず、この程度の認識を建設業者らが有していたことをもって直ちに自由で自主的な営業活動上の意思決定を将来にわたって拘束するほどの合意の成立があったと断ずることができるのか甚だ疑問」とする。そして、直接証拠等に基づき認定され得る基本合意が、「競争を実質的に制限する」と評価すべきレベルに達していたというべきか否かについての本件審決の認定に疑問を呈した。

イ．基本合意の認定と個別物件の受注調整の関係

⑤判決は、請求認容（審決取消）の判断を下すにあたり、本件審決において行われていた事実認定自体については、当該訴訟の原告らとの関係で課徴金の対象性が争われていた個別物件である「番号11、24、26、30、34、52、71の各物件における工事希望票の提出、入札、落札に至る経緯は、おおむね被告が掲記する証拠により認定することができる」と述べていた。

その上で、⑤判決では、上記アのとおり、公取委が「基本合意」と称する内容は、それ自体として「競争を実質的に制限する」には該当せず、したがって、その判断には、さらに個別物件の受注についての考察が必要であるとして、個別物件の受注調整の状況によって競争の実質的制限の有無を判断するとのスタンスを示した。その上で、その点についてみても、やはり「競争を実質的に制限する」に該当する状況にはない、という判断が示された。

すなわち、⑤判決は、まず、当該訴訟の審理の対象について、「原告らを含む33社が（本件基本合意に基づく）個別物件の受注調整によって物件を受注したこと」が「不当な取引制限」に該当するという本件審決の判断の当否であるという前提に立つ。そして、「競争の実質的制限」に関し、独禁法2条4項における「競争」の定義規定に則り、「競争とは、二以上の事業者が、同種又は類似の商品又は役務の供給において、受注等の獲得のために、価格、品質、技術その他各般の事項について、他の同業者との間で自由で自主的な営業活動を行って競い合うことであり、かつ、それは当該商品等に関する営業活動全般において行われ得るものとなる。」とする。その上で、「建設業者が自由で自主的な営業活動を行うことを停止あるいは排除されたというよ

うな，その結果競争が実質的に減少したと評価できるだけの事実も認定されなければならない。」という基準を定立した。そして，関連の各個別物件ごとの経緯を踏まえつつ，そのいずれにおいても，そのような事実までを認定するに足りる証拠はないと述べていた。

このように，⑤判決は，本件について，そもそも「基本合意」が違反を構成するということ自体に疑問を呈した上で，独禁法2条4項の「競争」の定義に依拠しつつ「競争の実質的制限」該当性（本件審決が採用した判断基準の十分性）を判断するというアプローチを採った。その際，本件審決による個別物件をめぐる状況に関する事実認定の当否自体は，同判決において特に疑問視されていない。

このように，⑤判決では，当該訴訟の原告らの受注にかかる個別物件に着目した判断が示されており，本件の原告らの受注にかかる個別物件とは直接の関係のないⅠの【図表1】（査共第337号証）や【図表2】及び【図表3】（査共第334号証及び同198号証）はもちろん，それらに類するような証拠が，仮に本件の原告らの受注に係る個別物件について存在していたとしても，それらが同判決において言及等されるとは考えにくい状況にあった。

(2) 最判平24・2・20

本件最高裁判決（以下「本件最判」という。）は，前記の⑤判決における判示を受けて示されたものである。

本件最判も，原判決破棄の判断を下すにあたり，本件審決において行われていた事実認定自体については（本件基本合意に関する認定を含む。），基本的に「本件審決に係る審判で取り調べられた証拠によれば…実質的な証拠がある。」との判断を示していた（なお，若干の留保が付けられていた点については後述）。また，その際，それらが「原審の適法に確定した事実関係等の概要」であることも踏まえられている。

ア．基本合意の認定と証拠

Ⅰでも言及したが，本件最判は，基本合意の認定について，以下のとおり判示する。

「本件基本合意は，…各社が，話合い等によって入札における落札予定者及び落札予定価格をあらかじめ決定し，落札予定者の落札に協力するという内容の取決めであり，入札参加業者又は入札参加JVのメインとなった各社は，本来的には自由に入札価格を決めることができるはずのところを，このような取決めがされたときは，これに制約されて意思決定を行うことになるという意味において，各社の事業活動が事実上拘束される結果となることは明らかであるから，本件基本合意は，法2条6項にいう『その事業活動を拘束し』の要件を充足するものということができる。そして，本件基本合意の成立により，各社の間に，上記の取決めに基づいた行動をとることを互

いに認識し認容して歩調を合わせるという意思の連絡が形成されたものといえるから，本件基本合意は，同項にいう『共同して…相互に』の要件も充足するものということができる。」

本件基本合意に関する認定については，具体的な受注調整の方法を含めた，本件基本合意の存在を認定し得る直接証拠としてのゼネコン各社営業担当者らの多数の供述のほか，これを裏付ける各社の業務文書や客観的な指名業者の選定・入札状況（例えば，受注希望者が本件基本合意に基づく条件をアピールするために作成したPR紙，受注希望者が他のゼネコンに工事希望票の提出依頼をするために使用した文書，相指名業者たるゼネコンが受注希望者から入札価格の連絡を受けた際に当該入札価格を記録したメモ，本社等の上部組織向けに本件基本合意の存在と内容を説明した報告書等の本件基本合意に基づく受注調整等のために業務上作成された書面（上記書面に係る審査官作成の報告書を含む。）等）があったとされる（本件最判に関する調査官解説[2]参照）。なお，Ⅰの【図表1】（査共第337号証）や【図表2】及び【図表3】（査共第334号証及び同198号証）は，上記の調査官解説において参照先として挙げられていた東京高判とは別事件における証拠資料であり，その他の箇所を含め，本件最判の文脈では特に触れられている箇所はない。

このように，本件最判は，本件審決及び①から④の各東京高判の証拠評価，すなわち「ゼネコン各社担当者の供述という直接証拠により本件基本合意の存在を認定し得ること」及び「個別物件についてのゼネコン間の受注調整状況は，本件基本合意に基づくものと推認されること」を踏襲したと言える。

イ．本件最判とⅠ記載の各書証との関係

(ｱ) 一定の取引分野の範囲と【図表1】

ところで，本件最判は，本件基本合意の認定について，「本件基本合意は，本件対象期間中，公社発注の特定土木工事を含むAランク以上の土木工事に係る入札市場の相当部分において，事実上の拘束力をもって有効に機能し，上記の状態［当該取決めによって，その当事者である事業者らがその意思で当該入札市場における落札者及び落札価格をある程度自由に左右することができる状態のことを指す。］をもたらしていたものということができる。」（［　］内は筆者）と判示する。そして，これにより，違反行為の対象市場について，本件審決による判示に一定の留保を付けた形となっている。

すなわち，調査官解説によれば，本件審決では，その対象市場が「公社発注の特定土木工事」（Aランク以上の土木工事のうち複数のゼネコンが入札参加業者又は入札

---

[2] Ⅰ3．参照。なお，Ⅱ1．(3)の①判決での摘示が，参照先として言及されている。

参加共同事業体（JV）のメインとなったもの）に限定されていたことについて，批判的に，「本件基本合意における具体的な受注調整の方法として，指名業者のうち受注希望者への協力を見込めるゼネコンの占める割合を多くするために，受注希望者が他のゼネコンに対して公社への工事希望票の提出を依頼するものとされていたという事実も同時に認定されており，本件基本合意は，結果として複数のゼネコンが指名を受けて入札参加業者又は入札参加JVのメインとなった工事だけではなく，そのようになる可能性のあったAランク以上の土木工事全体の市場をその対象としていたと認定するのが相当ではなかったかとも考えられ」る，と説明されていた[3]。

かかる指摘を踏まえつつ，改めて本講の各図表を見ると，Ⅰの【図表１】の「新都市は業界的に４年のブランクが有りそろそろ順番であった。（略）指名メンバーセットが成功した。」という記載の「新都市」とは，「業界的」に一定の「順番」が想定されているような物件群（発注者というよりも，発注者から発注される物件群としての）といった意味合いが込められているようにも見える。そして，そこには，「指名メンバーセット」が試みられそれが「成功した」物件だけではなく，そのようになる可能性のあった物件は，結果としての成否にかかわらず，対象市場に含めて捉えられていたと理解できる。これは，調査官解説の指摘とも整合的であるように思われる。

(イ) **本件基本合意の当事者の範囲と【図表３】**

また，本件基本合意の当事者であるゼネコンが33社に限定されていた点についても，調査官解説において，「不当な取引制限の成立要件である事業活動の相互拘束の内容を入札価格の意思決定についての自由の制約と捉えた場合には，本件33社以外の入札に参加したゼネコンの中にもこのような相互拘束の合意の当事者と目すべきものが相当数存在するのではないかと考えられるところである。しかしながら，その具体的な当事者の範囲を本件の証拠から特定するのは困難であると考えられる上，本件審決が課徴金の納付を命ずる審決であることを考慮すると，本件対象期間中に受注実績（課徴金の計算の基礎となる売上額）のなかったゼネコンにまで調査の対象を広げることは実益に乏しく…少なくとも，本件対象期間中にゼネコン間での受注調整を経た上での受注実績を有する本件33社が本件基本合意の当事者であったこと自体は，本件の証拠上明らかというべきであろう。」と指摘されている。

そして，この点についても，Ⅰの【図表３】の「中央業者の…業界内での人間関係もほぼ出来，色々と情報が入手しやすくなり，相互協力が出来る様になった。」とい

---

[3] ただし，「公社発注の特定土木工事がAランク以上の土木工事の一部を構成するものである以上…本件基本合意の対象市場をいわば控えめに認定したとの見方も可能であることから…およそ不合理なものとまでいうことはできない。」と指摘されている。

う記載部分は，そのような「相互協力」の相手としては「中央業者」の「業界」に属する者が含まれていたと理解できる。これも，「本件33社以外の入札に参加したゼネコンの中にもこのような相互拘束の合意の当事者と目すべきものが相当数存在するのではないかと考えられる」という，調査官解説の指摘と整合的であるように思われる。

ウ．「共同して…相互にその事業活動を拘束し」

　本件最判の原審である⑤判決では，基本的に，本件審決において認定されていた個別物件における経緯をもって「競争」を「実質的に制限」したと評価し得るかを問うというスタンスでその判断が示されていた。また，その競争制限とは，「建設業者が自由で自主的な営業活動を行うことを停止あるいは排除され，その結果競争が実質的に減少した」か否か，という意味においてであった。そして，この基準に照らして違反の成立が否定されたことで，⑤判決の判断においては，他の要件である，この「共同して…相互にその事業活動を拘束し」の要件該当性についての検討は，必ずしも明示的には示されていない。

　他方で，上記のとおり，本件最判では，当該「原審の適法に確定した事実関係等の概要」を引用しつつ，本件審決において公取委がかかる事実を認定したことは合理的であるとし，その上で，「共同して…相互にその事業活動を拘束し」の要件の充足を認めていた。すなわち，本件最判における評価として，当該原審においても，既に，この要件該当性を判断するための前提となる事実は認定されていた，ということになる。そして，その事実とは，本件では，基本合意として，「各社が，話合い等によって入札における落札予定者及び落札予定価格をあらかじめ決定し，落札予定者の落札に協力するという内容の取決め」があったというものであった。

　これ自体は本件基本合意の事実認定に関するものである。

　そして，本件最判では，上記アのとおり，この要件該当性について，「入札参加業者又は入札参加JVのメインとなった各社は，本来的には自由に入札価格を決めることができるはずのところを，このような取決めがされたときは，これに制約されて意思決定を行うことになるという意味において，各社の事業活動が事実上拘束される結果となることは明らかであるから，本件基本合意は，法2条6項にいう『その事業活動を拘束し』の要件を充足するものということができる。そして，本件基本合意の成立により，各社の間に，上記の取決めに基づいた行動をとることを互いに認識し認容して歩調を合わせるという意思の連絡が形成されたものといえるから，本件基本合意は，同項にいう『共同して…相互に』の要件も充足するものということができる。」との判断が示された。

　この本件最判の判示において，その要件の分節が，「その事業活動を拘束し」と「共同して…相互に」という形で分けて検討されていた理由については，当該判示に

おいても，また調査官解説においても，必ずしも明らかにはされていない。

ただ，本件最判では，その基本合意の当事者性との兼ね合いで，上記のように，「不当な取引制限の成立要件である事業活動の相互拘束の内容を入札価格の意思決定についての自由の制約と捉えた場合には，本件33社以外の入札に参加したゼネコンの中にもこのような相互拘束の合意の当事者と目すべき者が相当数存在するのではないか」と考えられていたことがうかがわれる（調査官解説参照）。

これは，本件審決において示されていた見解への問題提起と捉えることができる。すなわち，本件審決では，上記のとおり，本件基本合意について，33社は，(ア)自社が受注意欲や関連性を有するときは他の違反行為者が協力すべきこと及び(イ)他の違反行為者が受注意欲や関連性を有するときは自社が協力すべきことを相互に認識・認容していたことを優に認めることができ，本件基本合意の存在が認められるという形で，受注意欲等を有する主体が自社である場合と他社である場合との2つの側面を含むことが示されていた。そして，本件の原審である⑤判決に至る審決取消訴訟の審理においても，公取委側から「(33社以外の) その他のゼネコン47社は，受注予定者からの協力依頼に応じて協力したのみであり，本件対象期間中公社発注の特定土木工事において本件基本合意に基づいて落札・受注した物件はないのであるから，自社が受注意欲や物件との関連性を有するときに33社と協力すべきことについて相互に認識認容していたとまでいうことはできない。」（そのため，その他のゼネコン47社は本件基本合意の当事者とまで認めることはできない。）と主張されていた。本件最判は，これらを踏まえた上で，示されていた考え方である。

そうであるとすると，本件最判において上記のような要件の分節が示されていたのは，事例判例として，公取委のいう「自社が受注意欲や物件との関連性を有するときに他社が協力すべきこと」についての認識が明白でないような者についても，「他社が受注意欲や関連性を有するときは自社が協力すべきこと」を認識していれば，「その事業活動を拘束し」の要件を満たし，よって「共同して…相互にその事業活動を拘束し」の要件該当性が肯定され得るような検討枠組みを示そうとしたものとも考えられる。そして，これが，調査官解説では，「入札談合に係る基本合意の多くが，秘密裏に，競争事業者による自発的な自己拘束を相互に認識・認容することで形成されるという事柄の本質を的確に捉えたものと評価することができる。」との説明となっている。

エ．「一定の取引分野における競争を実質的に制限する」

本件最判の原審である⑤判決では，この「一定の取引分野における競争を実質的に制限する」の要件の意義について，「公社が発注する多摩地区の下水道工事のうちのAランクの工事に関し，入札参加者となることや自社で決定した金額で入札すること

に関して，Ａランクの建設業者が自由で自主的な営業活動を行うことを停止あるいは排除すること…によって，特定の建設業者が，ある程度自由に公社の発注するＡランク工事の受注者あるいは受注価格を左右することができる状態に至っていることをいうものと解される。」との見解が示されていた。そして，その前提には，同裁判所としての，「同法における『競争』とは，二以上の事業者が，同種又は類似の商品又は役務の供給において，受注等の獲得のために，価格，品質，技術その他各般の事項について，他の同業者との間で自由で自主的な営業活動を行って競い合うことであり，かつ，それは当該商品等に関する営業活動全般において行われ得るものとなる。」との理解が背景となっていた。

　これに対して，本件最判では，「法が，公正かつ自由な競争を促進することなどにより，一般消費者の利益を確保するとともに，国民経済の民主的で健全な発達を促進することを目的としていること（１条）」等を踏まえつつ，「法２条６項にいう『一定の取引分野における競争を実質的に制限する』とは，当該取引に係る市場が有する競争機能を損なうことをいい，本件基本合意のような一定の入札市場における受注調整の基本的な方法や手順等を取り決める行為によって競争制限が行われる場合には，当該取決めによって，その当事者である事業者らがその意思で当該入札市場における落札者及び落札価格をある程度自由に左右することができる状態をもたらすことをいうものと解される。」との考え方が示されていた。

　この点に関して，調査官解説では，特に「一定の取引分野」の画定のあり方について，「従来の基本的な考え方」に対する批判的な指摘が示されている。すなわち，この「従来の基本的な考え方」によれば，「入札談合事案においては，取引の対象・地域・態様等に応じて，違反者のした共同行為が対象としている取引及びそれにより影響を受ける範囲を検討し，その競争が実質的に制限される範囲を画定して，『一定の取引分野』を決定するのが相当」とされているところ，かかる考え方は，「本来，『一定の取引分野』の画定が，当該市場において競争が実質的に制限されているか否かを判定するための前提として行われるものであることからすると，論理が逆であると考えられる。」ことから，本件最判は，本件審決が本件基本合意の対象市場と認定した市場である「公社発注の特定土木工事」よりも一般的かつ客観的な市場である「Ａランク以上の土木工事」をもって，本件における「一定の取引分野」を画定したものと考えられる，と述べている。その趣旨は極めて明快である。

　ただし，調査官解説では，これと並べて，「競争を実質的に制限する」の要件該当性に関する従来の基本的な考え方について，市場における競争機能の発揮を妨げることを意味すると指摘しつつ，「入札談合のような独立事業者の共同行為は，市場における競争の制限としての実効性を伴わない場合には，かえって当事者に不利益をもた

らすものであるから，維持されることはなく，したがって，この種の共同行為は，それに相応する実力を有する事業者の結合によって行われるのを通例とし，拘束力をもって有効に機能している共同行為（基本合意）の存在それ自体が，競争を実質的に制限するものであることの推認を可能ならしめる。」という考え方に言及している。

そして，そうであるとすると，「違反者のした共同行為が対象としている取引及びそれにより影響を受ける範囲」についても，共同行為が実効性を伴わない限りは維持されることはないであろうという前提で，同様に（少なくとも）「一定の取引分野」に当たるとの推認は可能であるという考え方を採ることが，むしろ整合的であるということになるようにも思われる。

他方で，仮に，この「違反者のした共同行為が対象としている取引及びそれにより影響を受ける範囲」というところから「一定の取引分野」を推認するとしても，必ずしも直ちに本件審決のような画定が導かれるとは限らない。

再掲すると，本件審決の市場画定は，Aランク以上の工事（Aランクの格付けの単独施工工事並びにAA，AB及びACランクの格付けの共同施工工事の土木工事）であって，なおかつ，公社が，「本件対象期間中」に，「入札参加者の少なくとも一部の者につき34社及びその他のゼネコンのうち複数の者を指名し，又はこれらのいずれかの者をJVのメインとする複数のJVを指名して指名競争入札の方法により発注する工事」である。

この点，改めてⅠで【図表1】～【図表3】として取り上げた各書証に照らしてみると，【図表1】において「業界的」に一定の「ブランク」や「順番」が想定されていたような「新都市」発注物件が，「違反者のした共同行為が対象としている取引及びそれにより影響を受ける範囲」として捉えられていたものと考えることができる。また，【図表3】では，その「業界」について，「中央業者」という捉え方も表されている。そして，そういった「業界」で一定の「ブランク」や「順番」が想定されていたような「新都市」発注物件には，例えば「町田，山崎汚水枝線」という物件において「指名メンバーセット」が試みられ，「成功」されていたように，結果として「指名メンバーセット」が「成功」した場合だけではなく，それが試みられていたような物件も想定に含まれていたことがうかがわれる。

そうであるとすると，「違反者のした共同行為が対象としている取引及びそれにより影響を受ける範囲」というところからの推論としては，むしろ，本件最判によって示されていた市場の画定の方が素直な帰結であったとも言えそうである。本件審決の市場画定に影響していたのは，むしろ，本件基本合意の内容それ自体についての理解であろう。すなわち「共同して…相互にその事業活動を拘束し」（上記ウ）のような，「各社が，話合い等によって入札における落札予定者及び落札予定価格をあらかじめ

決定し，落札予定者の落札に協力するという内容の取決めであり，入札参加業者又は入札参加JVのメインとなった各社は，本来的には自由に入札価格を決めることができるはずのところを，このような取決めがされたときは，これに制約されて意思決定を行うことになる」との要件としてどういった内容が求められるか，例えば，それがどのような状況にある入札物件についてであれば，拘束力を持って有効に機能している共同行為に当たるのかについての理解，ということであったように思われる。

オ．課徴金対象性

　本件審決では，前記のように，「本件課徴金納付命令の対象物件である38物件について検討すると，以下のとおり，番号8，57及び61の各物件については，違反行為者のうち入札に参加したのは，それぞれ被審人淺沼組，同飛島建設及び同鉄建建設の1社のみであり，また，番号46の物件についても，被審人徳倉建設以外の入札参加者に違反行為者は含まれておらず，上記被審人らによる各物件の落札・受注が本件基本合意に基づく受注調整によるものでないことは明らかであることから，これら物件は課徴金の対象にはなら」ないとの判断が示されていた。また，番号1，4及び19の各物件については，「競争制限効果が具体的に生じたと認めることができない」ことから，課徴金の対象にはならないと判示されていた。そして，その余の31物件については，「本件基本合意に基づいて受注予定者が決定されることによって競争制限効果が具体的に生じたと認めることができ，課徴金の対象となる。」との判断が示されていた。

　すなわち，番号8，57，61及び46の物件については，そもそも本件基本合意に基づく受注調整によるものでないとされていたのに対して，番号1，4及び19の各物件については，本件基本合意に基づく受注調整によるものではあるが，課徴金対象性が認められるための競争制限効果が具体的に生じたと認めることができない，という区別がなされていた。

　そして，本件最判は，厳密に言えば，この「その余の31物件」に含まれる番号11，24，26，30，34，52，71の各物件についての課徴金対象性について判示したものである。すなわち，本件最判では，「法の定める課徴金の制度は，不当な取引制限等の摘発に伴う不利益を増大させてその経済的誘因を小さくし，不当な取引制限等の予防効果を強化することを目的として，刑事罰の定め（法89条）や損害賠償制度（法25条）に加えて設けられたものである（最高裁平成14年（行ヒ）第72号同17年9月13日第三小法廷判決・民集59巻7号1950頁参照）[4]」との趣旨を踏まえつつ，「本件基本合意は，法7条の2第1項所定の『役務の対価に係るもの』に当たるものであるところ，上記の課徴金制度の趣旨に鑑みると，同項所定の課徴金の対象となる『当該…役務』とは，

---

[4] いわゆる機械保険カルテル課徴金事件最判。

本件においては，本件基本合意の対象とされた工事であって，本件基本合意に基づく受注調整等の結果，具体的な競争制限効果が発生するに至ったものをいうと解される。そして…本件個別工事は，いずれも本件基本合意に基づく個別の受注調整の結果，受注予定者とされた者が落札し受注したものであり，しかもその落札率は89.79％ないし99.97％といずれも高いものであったから，本件個別工事についてその結果として具体的な競争制限効果が発生したことは明らかである。」との判断が示されていた。

他方で，Ⅰの【図表1】や【図表2】，【図表3】はぞれぞれ番号42，51の物件に関するものであり，この点に本件最判には直接の関連はなく，判断としてはそれぞれについての東京高判において示された内容で確定されている。

なお，本件最判の調査官解説では，入札談合における個別物件が「当該商品又は役務」として課徴金賦課の対象となるのは，当該個別物件が基本合意に基づく個別調整の手続に上程されることによって落札・受注され，具体的に競争制限効果が発生するに至った場合であるとされ，土屋企業談合事件・東京高判平16・2・20（平成15年（行ケ）第308号）参照とされている（**第7講参照**）。

4．本講のまとめ

以上を要するに，本件事案では，本件最判やその調査官解説においても指摘されていたように，本来，「新都市」発注物件について，必ずしも個別物件ごとの指名状況のいかんにかかわらず，（新都市から所定の登録を受けていた）ゼネコン総数80社の間で基本合意が存在していたことが推認され得たと言える。そして，この点は，Ⅰにおいて各図表として確認した証拠の記載と十分に整合的である。

社内調査において見つけられた証拠に基づいて独禁法違反の有無を議論する目的には，大別して（少なくとも）次のような2つの点，すなわち，「過去の行為に対する法的評価を検討する」及び「過去の行為に照らしつつ，将来的な独禁法コンプライアンスを高める」を挙げることができる。

その1つは，いわば有事対応のために，過去の行為についての法的評価それ自体を見極めるという場合である。この場合，違反を認めることは，当然のことながら，それに対する責任問題を不可避的に生じさせることにもなる。そして，それ故に，違反と断ずるには慎重を要するという場面も生じ得る。特に，社内的な事実として違反と評価され得る行為から見て，法解釈論の結論として（諸般の法技術的な事情から）違反認定の範囲が狭められる可能性があるような場合には，さらに慎重な考慮が求められる場合もあり得る。

本件事案で違反認定を受けた行為の範囲を考えるにあたって，今日的な立場から踏まえておくべきことの1つに，令和元年の独禁法改正がある。そこでは，まず排除措

置命令の除斥期間が（違反行為がなくなった日から）7年に伸長され（7条2項），また，課徴金納付命令についても，その算定期間である「実行期間」の始期が最長で（公取委の調査等を受けた日から）10年前まで遡ることとされ（2条の2第13項），また除斥期間が（実行期間の終了した日から）7年に伸長されている（7条の8第6項）。

　本件事案では，その当時の適用法令によれば排除措置命令の除斥期間が（違反行為がなくなった日から）1年であったところ，本件事案に関する処分の時点から見て，既に，公取委による調査の開始が1年以上前であったことを踏まえて，公取委による処分が，排除措置命令ではなく課徴金納付命令の中で違反行為の認定が示されるという一発課徴金納付命令によるものとなった。仮に，同種事案が現行法の下で処分されるならば，処分の名宛人は必ずしも課徴金納付命令の対象となるべき事業者には限定されないことが想定される。そして，この課徴金納付命令の名宛人となるべき事業者の範囲についても，本件事案当時の適用法令によれば，最長3年の期間中に課徴金の算定基礎となるべき売上を有する事業者のみが含まれていたところ，現行法の下では，それが上記のように伸長されていることから，より多くの事業者がその対象に含まれることとなることが想定される。

　このような状況からすれば，Ⅰで【図表1】～【図表3】として取り上げたような資料が社内調査で確認された場合の対応として，上記の2つの目的のうち，この「過去の行為に対する法的評価を検討する」という目的の兼ね合いで，本件事案の当時のような除斥期間や算定期間といった法技術的な側面（それらにより処分の対象が狭められる可能性）よりも，社会的事実としてどういった顔ぶれや対象物件の範囲で違反行為が存在したのかが問われる傾向がより高まると思われる。それらをおおむね全体として包含し得る程度に，処分対象に含められ得る範囲が拡張されている，ということである。

　なお，本件においては，基本合意の存在を示す直接証拠として，ゼネコン各社の営業担当者の供述やそれらを裏付ける業務文書，上部組織向けに本件基本合意の存在と内容を説明した報告書等があったということであるから，そうした証拠が社内調査を通じて事前に得られた可能性は高く，上記のように，基本合意の存在を前提とした法的評価の検討も可能となる。もちろん，社内調査によって見つかった証拠としては，【図表1】～【図表3】のような個別調整の実施をにおわせるような断片的なものだけ，という場合の方が多いと思われる。そうした場合，関係者の聴取を行っても，基本合意の存在を明らかにすることは困難であり，仮に，何らかの合意についての供述が得られたとしても，それこそ，上記1.(3)の⑤判決のように，「合意といっても，受注希望を有する者が受注すればよい，受注希望者が複数いれば当該受注希望者同士で

話し合えばよい，その他の者は受注希望者の落札を妨害する行為はしないという程度のものにすぎず，独禁法違反には当たらない」といった誤った認識が社内で優勢となるおそれもある。

　しかしながら，基本合意の証拠が得られない場合の違反行為の認定の手法としては，個別の受注調整事例の積上げから基本合意の存在を推認するという手法も確立している。社内調査を実施する法務担当としては，断片的な個別受注調整の証拠が見つかった場合には，違反に当たる基本合意は存在するはず，という前提に立ち，上記のような広めの違反認定を想定した社内調査の実施が必要となる。

　また，社内調査において見つけられた証拠に基づいて独禁法違反の有無を議論する目的には，上記のように「有事対応のために過去の行為についての法的評価それ自体を見極める」という場合のほか，もう１つ，「過去の行為に照らしつつ，将来的な独禁法コンプライアンスをいかに高めていくか」という点から行われる場合もあろう。このような，将来的なリスクの回避といった観点からは，（特に課徴金納付命令の対象となり得るような不当な取引制限については）違反と明確に断ずるには至らないとしても危うきには近寄らないというような意味で，より保守的なところで線を引いておくことが望ましいと考えられる。

　そして，以上のような観点から，具体的な事案において証拠として採用されていた資料中の記載から，どのような違反事実の存在がうかがわれていたのかということを理解しておくことは，社内調査を適切かつ効率的に進める上で有用であると思われる。

第6講

「競争事業者と情報交換をしない」との「べからず集」の規定でカルテルを予防できるか

【図表1】 「N専務」宛て社内文書

```
N専務殿
                            平成17年10月7日
                            H（押印はなし）


任天堂に対する提示価格
DS用液晶モジュールが1,850円,
……


日立DPの提示価格に合わせて平成17年度下期のDS用
液晶モジュールの価格を1,850円としたい
```

「ニンテンドーDS用液晶モジュール事件」（審判審決平25・7・29）
事案の理解の手がかり：「社内報告メール」等（本講【図表1】以下）

I　証拠からみた，独禁法違反認定の鍵

　本講では，ニンテンドー DS 用液晶モジュール事件[1]（以下，本講において「本件事案」という。）を取り上げる。

1．「N 専務」宛て社内文書

　まず，下記の【図表1】をご覧いただきたい。

【図表1】「N 専務」宛て社内文書

```
N 専務殿
                            平成17年10月 7 日
                            H（押印はなし）


任天堂に対する提示価格
DS 用液晶モジュールが1,850円，
……


日立 DP の提示価格に合わせて平成17年度下期の DS
用液晶モジュールの価格を1,850円としたい
```

　他社（競合先と思われる）の「提示価格に合わせて」という趣旨の記載からは，違反行為の疑いも感じられる。

　任天堂株式会社（以下「任天堂」という。）が製造販売する携帯型ゲーム機である「ニンテンドー DS」（以下「DS」という。）の表示画面に用いられるＴＦＴ液晶ディスプレイモジュール（以下「本件製品」という。）は，本件事案当時，シャープ株式会社（以下「SRP 社」，又は特に審決からの引用等において「被審人」という。）と株式会社日立ディスプレイズ（以下「HDP 社」，又は特に審決からの引用等において「日立 DP」という。）により供給されていた。

1　審判審決平25・7・29審決集60-1巻144頁（以下「本件審決」という。）。

第6講 「競争事業者と情報交換をしない」との「べからず集」の規定でカルテルを予防できるか
(ニンテンドーDS用液晶モジュール事件) 147

　本件文書は，SRP社において関連営業本部の関係者によって所持されていたものである。宛先とされていたN専務とは，当時SRP社において，関連事業担当の立場にあった。他方でH氏とは，当時SRP社において本件製品の価格決定の実質的な責任者の立場にあった。
　ただし，この「N専務殿」という記載（実際には手書きであったとされ，本講では楷書体で表記している。）は，本件事案ではそれが誰の手書きによるものかは不明とされていた。また当時SRP社では，この種の文書には作成名義であるH氏の決裁・押印が必要とされていたところ，この文書には押印がされていなかった。
　本件事案で具体的に争われた内容を見ながら，これらの資料から分かることと，分からないことをそれぞれ見てみよう。

(1) 関係者間での情報交換

　そもそもH氏は，どうしてHDP社「の提示価格に合わせ」ることができたのか。
　本件事案では概要以下のような事実が認定されている。
　任天堂は本件製品について，まずSRP社から平成16年9月ころより購入するようになり，その後，平成17年2月ころからはHDP社からも購入するようになった。任天堂が2社に対し，他社の価格を引合いに出して本件製品の価格を引き下げようとすることから，価格が必要以上に下がることへの懸念が生じ，2社は互いに，他方の任天堂渡し価格について確認したいと考えるようになった。HDP社には，製品の設計試算によるコスト，顧客の要求価格，市場価格の動向等を勘案して，その製品の最低制限販売価格（営業担当者が顧客に提示できる最低の価格）を設定して営業担当者に提示する業務であるマーケティング業務を行う部門があり，当時K氏が，その責任者の立場にあった。
　マーケティング業務において，同業他社の価格動向を把握することは，最低制限販売価格設定のための重要な業務であり，K氏は，同業他社との間で価格に関する情報交換を行い，この情報を踏まえて最低制限販売価格を決定することもあった。
　他方で，SRP社のT氏は，当時，同社の液晶事業本部の部長職にあってマーケティング業務を行っており，その業務の一環として，営業部門が顧客に提示できる下限の価格である最低仕切価格の設定に関与していた。
　このような状況のもと，SRP社のT氏とHDP社のK氏は，相互に情報を得るために接触し，情報交換を行うようになった。

(2) 「確認し合った」ことの認定

　そして，【図表1】の文書の日付の前日である10月6日の午後にも，両氏の間で情

報交換の機会があった。これは，SRP社として任天堂との商談が同月7日に行われることとなったため，SRP社内の了解や関与を得て，急遽予定されたものであった。

そして，その日の午後5時過ぎころ，SRP社内で，面談の結果についてH氏への報告のためのメール（「DS用液晶モジュール」について，「現行価格　1,900円」であることとあわせて，「基本的に1,850円を提示するよう営業担当者に伝えるが，少なくとも1,800円から1,850円の範囲で提示する」との記載があるもの。以下「H17.10.6付けメール」という。）が送信されていた。そしてこれは，HDP社のK氏からの情報を，SRP社内でH氏に報告したものと認定されていた。

このメールについてH氏からは，多忙であったため読んでいない等の説明もなされていた。しかしながら，6日の面談が予定された経緯や，【図表1】の本件文書にも「(HDP社)の提示価格に合わせて」との記載があることなどから，H氏がこの時点でこのメールの内容を知っていたことは明らかであるとされた。

本件文書は，本講の冒頭で述べたような形式面の不備（押印がないなど）を踏まえつつも，結論として，任天堂から平成17年10月7日までに提示を求められた本件製品の提示価格について，同日付けで，H氏がN専務に対して報告及び了承を求めた文書であったと認定された。

その内容については，HDP社の提示価格に関する部分の情報源が不明であり，同社の提示価格を予想してそれへの対応を検討したものに過ぎないといった反論もなされていた。しかしながら，その「(HDP社)の提示価格に合わせて」という部分の価格が，上記H17.10.6付けメールでH氏に報告されていた6日の面談でのHDP社に関する情報と一致していたことなどを踏まえ，そういった反論には理由がないとされた（その意味では，【図表1】の文書と，H17.10.6付けメールは，双方が相まってその証明力を支え合っている関係にもあると言える。）。

本件事案では，「DS」用の本件製品について，まず上記6日の面談の場でSRP社のT氏とHDS社のK氏が一定の内容を「確認し合った」との事実認定を前提に，その行為はあくまで両者が個人的に行ったものなのか，それとも2社という事業者間での行為と評価できるのかも検討された（結論は後者）。

そして，【図表1】の文書やH17.10.6付けメールから認定される事実を踏まえ，結論として，両社は，平成17年10月6日，DS用液晶モジュールの平成17年度下期価格について，1,900円から100円を超えて下回らないようにする旨の合意をしたものということができる（2社の間に，この合意に基づいた行動を採ることを互いに認識し，認容して歩調を合わせるという意思の連絡が形成されたものと言える。）と判示されている。

2．「DS Lite」

　本件事案では，上記の「DS」に加えて，その後継機種である「ニンテンドー DS Lite」（以下「DS Lite」という。）用の TFT 液晶ディスプレイモジュール（以下，DS 用と特に区別せず「本件製品」という。）についても違反の有無が問題となった。

　これに関連して，まず下記の【図表2】をご覧いただきたい。

【図表2】　H18.11.7付けメール

> 差出人：　T
> 送信日時：　平成18年11月7日午後10時過ぎ
> 宛先：　Hら
>
> 日立 DP の平成18年第4四半期受注分の現行価格
> 上側1,740円，下側1,700円（キット3,440円）
> 日立 DP の平成19年第1四半期受注分の提示価格
> 上側1,710円，下側1,680円（キット3,390円）
> 　数量
> 平成18年第4四半期受注分が月間150万個
> 平成19年第1四半期受注分について月間180万個を要望している

(1)　「確認し合って」いない？

　DS には，上側と下側の2枚の本件製品が組み込まれているが，上側と下側の仕様が同じであったのに対し，DS Lite には，上側と下側に2枚の本件製品が組み込まれており，上側と下側とでは仕様が異なるため価格も異なっていた。任天堂は，異なるメーカーの製品を組み合わせると残像が出るため，上側と下側を同一のメーカーからセットで購入していた（上側と下側を合わせて「キット」と言われることがあった。）。

　【図表2】は，SRP 社の T 氏から H 氏への社内メールであり，【図表1】と同様，HDP 社の K 氏との情報交換の結果を報告する内容となっている。

　ただ，結論から述べると，この平成18年11月7日の電話による両氏の情報交換では，【図表2】と同様に，HDP 社の K 氏から「平成18年第4四半期受注分の現行価格が上側1,740円，下側1,700円（キット3,440円）」であること，「平成19年第1四半期受注分の提示価格が上側1,710円，下側1,680円（キット3,390円）」であること等が伝えられたのに対し，SRP 社の T 氏からは，関係証拠上も，現行受注分の数量及び価格のほ

かは，次期受注分の数量見込みと，「提示価格は任天堂に対して未回答であること」を伝えたのみとされていた。このように，DS Lite 用の本件製品をめぐっては，引き続き両社のT氏とK氏との情報交換自体は認定されているものの，両者が特定の日時に何らかの事項を「確認し合った」との事実は特に認定されておらず，その情報交換は一方的なものに止まっていたようにも見える。

しかしながら，本件事案では最終的な判示として，両社は，平成18年11月7日ころ，DS Lite 用液晶モジュールの平成19年第1四半期価格について，「キット3,390円を目途とする旨の合意をした」ものということができるから，2社の間に，この合意に基づいた行動を採ることを互いに認識し，認容して歩調を合わせるという意思の連絡が形成されたものといえる，との判断が示されることとなった。

(2) 「9月5日」についての争い

このような判断が示され得た背景の解明を試みたのが，下記の【図表3】である。

【図表3】 時系列表

SRP 社内	T氏	K氏	HDP 社内
			① H18.8.29 任天堂から日立 DP に「被審人の提示額は3,340円以下」と示唆
	④ H18.9.9 右記を受けて，TからKに，「被審人は9月7日に3,430円を提示予定」と回答	H18.9.5 ③ 右記を受けて，KからTに，照会 ⑤ 左記回答を受け，3,300円まで下げる必要はない旨を社内に伝達	② H18.9.5 上記を受け，日立 DP 内部にて，3,300円での提示を検討
		⑥ H18.9.6 最低制限価格を3,390円とすることを社内提案	
⑦ H18.9.7 任天堂との商談延期			
			⑧ H18.9.8 最低制限価格を3,390円とすることを社内決定

第 6 講　「競争事業者と情報交換をしない」との「べからず集」の規定でカルテルを予防できるか
　　　　　　　　　　　　　　　　　　（ニンテンドー DS 用液晶モジュール事件）　151

					⑨ H18.9.11 任天堂へ3,390円を価格提示
⑩ H18.9.15 任天堂へ価格提示（月間270万個を前提に3,430円300万個であればさらに値下げ検討）					
					⑪ H18.10.24 提示価格を3,290円とすることを再検討し，容認決定
⑬ H18.11.7 Tより，右情報を社内伝達	⑫ H18.11.7 TからKに，現行3,470円（月間135万個）であるところ，提示価格は未回答（数量は減少見込み）と伝達	⑫ H18.11.7 KからTに，現行3,440円（月間150万個）であるところ，3,390円を提示（月間180万個を希望）している旨を伝達			⑬ H18.11.7 Kより，左記情報を社内伝達
					⑭ H18.11.9 任天堂へ3,390円を提示
⑮ H18.11.13 価格を3,390円とすることを社内決定（値下げの下限は3,370円，数量は月間350万個を希望）					

　この【図表3】に示されるように，この平成19年第1四半期（平成19年1月から3月まで）受注分の価格に関する限り，両氏の情報交換の機会は，平成18年9月5日と同年11月7日の2回である。そして，その2回目の同年11月7日の場での，任天堂への提示価格に関する情報の提供は，HDP社からSRP社への一方的なものにとどまってしまっているように見える（K氏（SRP社）側からの提供情報の内容は，自身の任天堂への提供価格について金額自体「未回答」となっている。）。
　加えて，本件事案では，同年9月5日の情報交換については，SRP社（T氏）がその提示予定価格をHDP社（K氏）に伝えていたか否かが争われていた。すなわち，同日の情報交換を経て，HDP社（K氏）は，SRP社の価格をキット3,430円と推測し

ていたが，それはまさにK氏の推測に過ぎなかったという反論である。そして，この点に関して本件事案では，別途HDP社の社内メールの存在が確認されており，その中でK氏は，SRP社の提示価格を「3,430円（推定価格）」と記載していた。

仮に，同月5日の情報交換でSRP社側からHDP社側に対する「3,430円」という価格情報の提供がなかったとすれば，HDP社側における「3,300円」（上記経過一覧の②）から「3,390円」（同⑧）への変遷の過程で，果たしてSRP側からの情報が（そこまで値下げする必要はない，といった形で）踏まえられていたのか否かの評価も異なってくる。

この点，本件事案では前記のとおり，同月5日に，「Tは，Kに対し，平成19年第1四半期価格としてキット3,430円を同月7日に任天堂に提示する予定であると伝えた」旨が認定された。K氏が自身のメールにおいてSRP社の提示価格情報を「推定価格」と記載していたことについては，両氏は価格を伝達するに際し，「金額を明示するのではなく，自己の推定価格を基に，『もう少し上である』，『10円玉何個分くらい上である』等と述べる形で行っていたことが認められ，そのため，推定価格と記載したものとみられる」と判示された。

そして，同年11月7日の時点でTからKに「任天堂への価格は未提示」という趣旨の情報が提供されていたことについても，「平成18年11月7日の段階では，同月17日の商談を控えて新たな価格の提示をしていなかったことをもって未提示と伝えたものとも解される」と判示されることとなった。

以上の経過を，「（所定の）合意に基づいた行動をとることを互いに認識し，認容して歩調を合わせるという意思の連絡が形成されたものといえる」か否かという観点から見ると，まずHDP社からの照会（同②及び③）を受けて，その時点でのSRP社からの考え方が返され（同④），これを踏まえてHDP社としての考え方が変容（「3,300円まで下げる必要はない」）されている（同⑤，⑥及び⑧）。この時点で，HDP社側の「3,390円」という考え方の当否自体が2社間で確認されたという事実は本件において認められていない。

しかしながら，この「3,390円」という金額は，その後，同年11月7日の情報交換の際にHDP社側からSRP社側に伝えられることとなった。

(3) 「無反応」という反応？

本件審決は，この「DS Lite」用の本件製品に関する違反行為を認定するにあたり，前記の平成18年9月5日以降の情報交換の事実に加え，両社が「DS」用の本件製品について価格カルテルを行っていたこと，その上で「DS Lite」用の本件製品についても，任天堂渡し価格の低落を防止するため，同様に情報交換を行ってきたという経

緯を併せて考慮している。

　この点，以下はあくまで想像の域を出ないものであるが，そういった経緯を経た両者の間であれば，平成18年9月5日の時点でSRP社のT氏から伝えられたとされる「3,430円」という（その時点での）提示予定価格には，その後の任天堂との交渉において一定の値下げの提案を行う余地が残されていることが，特に明示されずともHDP社側（K氏）においても想定可能となっていたという可能性もありそうである（「DS」用の本件製品に関しては前記のとおり，両者間で「確認し合った」とされていた金額の幅の範囲内で，2社それぞれ任天堂との交渉に臨み妥結に至ることができていた。）。

　その場合，HDP社から改めて「3,390円」という金額がSRP社側に伝えられた際に，その時点でのSRP社側としての提示（予定）価格についての情報提供はなされずとも，「3,390円」に対するSRP社側としての反応が見られれば，それ自体がHDP社としても意味のある情報であった可能性も出てくる（従前「3,430円」を表明していたSRP社側が，「3,390円」を伝えられても特に従前の金額に固執する様子でなければ，少なくともSRP社側としてHDP社側に対し「3,390円」についての再考を促す意図はなさそうだ，ということをHDP社側として把握できるのではないか。）。

　そうであるとすれば，この時点でSRP社側から伝えられていた内容が「価格は未提示であること」であったか否かにかかわらず，その情報交換は一方的ではなく相互のものであったと見ることができる，という考え方もできそうである[2]（ただし，本件審決は，その表現としてはあくまで，「平成19年第1四半期価格は未提示であることを伝えたこと」を踏まえつつ，「平成19年第1四半期受注分についても数量と価格に関する情報（『価格』自体ではなく）を伝えているから……相互の情報交換があったことが認められる」としている。

II　事案検討から得られる教訓

　独禁法遵守のための社内ルールとして，しばしば，「競合他社との接触の際に注意すべき事項」を設ける際に，違法・適法を分ける分水嶺の明確化（どこまでは情報交換が許され，どこからは許されないのかという基準の明確化）が試みられ，そのための「べからず集」のリスト化が求められることがある。それ自体は，独禁法の遵守のための手段として，一定の有用性が認められる。

　2　向宣明「情報交換と，カルテル行為における『意思の連絡』」ジュリスト1460号4頁。

ただし、本書の第1講において紹介したように、「黙示の意思の連絡」によっても十分に違法性が肯定され得ることが既に確立されている。この「黙示」による意思の連絡は、明示による言語表現がない状況で、判断権者が、その法的評価として、非言語表現をもって言語表現たらしめることを認めるものである。

したがって、当然のことながら、単なる言語表現にのみ注意を払って「べからず集」を遵守しているとしても、それのみでは足りないことになる。ある場面で、ある人間関係を前提に、ある種の意図を伝えるための仕草が、言語表現を伴うか否かにかかわらず、その意を通じたとするならば、それは「黙示」の意思の連絡の成立が認められる根拠となり得てしまうのであるから、実際のところとしては、禁止されるべき事項を網羅的に列挙するということは、およそ不可能な所業である。

以下では改めて、時に「ノーコメント」あるいは「無反応」という対応でさえも、ある種の意を通じるための手段となり得てしまうことを、本件事案を通して再確認し、より実効性のある独禁法遵守のための社内ルールの策定の参考とすべき教訓を確認する。

1．本件事案審査の背景と経緯

(1) 液晶ディスプレーパネル国際カルテル

第4講において取り上げたモディファイアーカルテルと同様に、本件も国際カルテルの一環として審査に着手された経緯がある。

平成18年12月、米、欧、日、韓の独禁当局により、韓国、台湾の液晶ディスプレーパネルメーカーのほか、本件のSRP社及びHDP社も対象として、PCや携帯電話に使用される液晶ディスプレーパネルの価格カルテル審査が開始された。

平成20～21年にSRP社及びHDP社は、米司法省との間で、PCや携帯電話の海外メーカー向けの液晶ディスプレーパネル価格に関するカルテルを認め、多額の罰金を支払うことで合意している。

(2) 本件審査の経緯

我が国においては、公取委は、立入検査を実施することはせず、平成18年12月8日に、TFT液晶ディスプレー製造業者らに対する件として報告命令を出し、その1か月前に合意されていたSRP社及びHDP社の2社による本件DS Lite用液晶モジュール価格カルテル（1号事件）を対象に、同12月8日を調査開始日として、審査が行われたものと思われる。

他方、時間的には1号事件の合意よりも更に1年前に合意されたDS用液晶モジュール価格カルテル（3号事件）については、平成20年2月28日に立入検査が行わ

れており，同日が3号事件の調査開始日となっている。3号事件審査開始の端緒については不明であるが，課徴金納付命令の対象となったのが，SRP社のみで，HDP社は対象となっていないことからすると，同社が課徴金減免申請を行ったことも想定されるが，公表資料からはうかがえない。また，3号事件の端緒と，上記平成18年12月8日の公取委からの報告命令への報告内容との関連も明らかではない。

3号事件については，SRP社及びHDP社の2社に対し，排除措置命令は出されておらず，SRP社に対する，いわゆる一発課徴金納付命令（**第5講参照**）だけが出されている。違反行為の終了（平成18年3月31日）から措置日（平成20年12月18日）までは3年を経過していないので，法令上排除措置命令を行うことはできたにもかかわらず行われていない理由について公表資料からは明らかでないが，時間的に後のDS Lite用液晶モジュール価格カルテル事件（1号事件）の方で排除措置命令が出されるので，3号事件については，特段，排除措置を命じる必要があると認められなかったのかもしれない。

なお，1号事件については，SRP社及びHDP社の2社に対して排除措置命令が出されているが，課徴金納付命令は出されていない。これは，違反行為の実行としての事業活動が開始する以前に違反事件審査が開始され，それによって違反行為が終了したため，課徴金の対象となる売上額が発生していなかった故と思われる。

平成20年12月18日に出された，2社に対する1号事件の排除措置命令及びSRP社に対する3号事件の一発課徴金納付命令に対し，2社は審判請求を行ったため，平成21年3月10日，審判手続が開始された。その後，平成21年9月25日，HDP社は，1号事件の排除措置命令に対する審判請求を取り下げたため，同社に対する排除措置命令は確定した。

その結果，SRP社に対する排除措置命令（1号事件）及び一発課徴金納付命令（3号事件）について審判手続が行われ，平成25年7月29日，本件審決が出された。

(3) **排除措置命令及び課徴金納付命令における公取委の違反事実の認定**

本件の2つの違反行為に関する公取委の審査段階の認定事実は下記ア，イのとおりである。

既に述べてきたように，2つの違反行為は，3号事件が，2社による平成17年10月6日頃の，平成17年度下期受注分のニンテンドーDS用液晶モジュールの任天堂に対する販売価格について，現行価格から100円を超えて下回らないようにする旨の合意であり，1号事件は，同じく2社による平成18年11月7日ころの，平成19年第1四半期受注分のニンテンドーDS Lite用液晶モジュールの任天堂に対する販売価格について，HDP社が平成18年9月11日に任天堂に対して提示した価格を目途とする旨の合

意である。

　2つの合意は，1年という近接した時期において，同一需要者に対する同等商品の価格に関し，同一関係者によって行われ，共に「共通の意思の形成」と認定された行為であるが，合意形成のプロセスが，3号事件については，特定期日の会合における2社間の合意であったのに対し，1号事件については，複数の情報交換を通じた2社の間の意思の連絡の形成であると捉えられたとの違いがあり，IIにおいては，特に1号事件の合意形成過程の問題に焦点を当てている。

ア．3号事件（SRP社に対する課徴金納付命令記載の認定事実；DS用液晶モジュール）

　2社は，日立ディスプレイズがDS用液晶モジュールの販売を開始するための取引条件の交渉を任天堂と進めていた平成16年10月ころ以降，2社の部長級の者の間における電話連絡等の方法により，DS用液晶モジュールの任天堂渡し価格等について情報交換を行っていたところ，日立ディスプレイズの参入に伴う任天堂渡し価格の低落を防止する必要があるとの共通認識を有するに至り，平成17年10月6日ころ，東京都港区所在の住友不動産芝公園タワービルのシャープ事業所内の会議室において2社の当該部長級の者らによる会合を開催し，2社のDS用液晶モジュールの現行の任天堂渡し価格が同額であることを確認した上で，同日ころ以降の直近の価格改定日から平成18年3月31日までの間（以下「平成17年度下期」という。）の受注分のDS用液晶モジュールの任天堂渡し価格を定めるための提示価格を，現行の任天堂渡し価格から100円を超えて下回らないようにすることにより，平成17年度下期受注分のDS用液晶モジュールの任天堂渡し価格について，現行価格から100円を超えて下回らないようにする旨の共通の意思を形成した。

　2社は，前記の共通の意思に基づき，それぞれ，平成17年度下期受注分のDS用液晶モジュールの任天堂渡し価格について現行価格から100円を超えて下回らない価格を提示して任天堂と交渉するとともに，上記の2社の部長級の者の間における電話連絡の方法により，任天堂との交渉の状況について情報交換を行い，平成17年度下期受注分のDS用液晶モジュールの任天堂渡し価格について現行価格から100円を超えて下回らない価格としていた。

イ．1号事件（SRP社及びHDP社に対する排除措置命令記載の事実：DS Lite用液晶モジュール）

　2社は，かねてから，任天堂が製造販売する携帯型ゲーム機の表示画面に用いられるTFT液晶ディスプレイモジュールの任天堂渡し価格等について情報交換を行っていたところ，DS Lite用液晶モジュールの任天堂渡し価格の引下げを任天堂から求められていたことから任天堂渡し価格の低落を防止する必要があるとの共通認識を有す

るに至り,
① 平成18年9月5日ころ,シャープは,平成19年第1四半期（平成19年1月から3月までの間をいう。以下同じ。）受注分のDS Lite用液晶モジュールについて自社が任天堂に対して平成18年9月7日ころに提示する予定としていた価格を日立ディスプレイズに伝え,
② 日立ディスプレイズは,これを受けて,平成19年第1四半期受注分のDS Lite用液晶モジュールについて自社が任天堂に対して提示する予定の価格を,当初予定していた価格より引き上げて前記①によりシャープから伝えられた価格に近似させて設定した上で,平成18年9月11日ころにこれを任天堂に対して提示し
③ 日立ディスプレイズは,平成18年11月7日ころ,前記②の同年9月11日ころに任天堂に対して提示した価格をシャープに伝え,もって,2社は,平成19年第1四半期受注分のDS Lite用液晶モジュールの任天堂渡し価格について,日立ディスプレイズが平成18年9月11日ころに任天堂に対して提示した価格（以下「日立提示価格」という。）を目途とする旨の共通の意思を形成した。

前記の共通の意思に基づき,平成19年第1四半期受注分のDS Lite用液晶モジュールの任天堂渡し価格について,シャープにあっては,任天堂との交渉において日立提示価格を目途として設定した価格を任天堂に対して提示し,日立ディスプレイズにあっては,任天堂との交渉において日立提示価格を再度任天堂に対して提示し,2社は,おおむね日立提示価格でそれぞれ任天堂と妥結した。

2．本件審決による判示内容の確認（特にⅡで検討の対象とする事項について）

まず,検討のための確認として,前記のとおり,本件事案では,DS用液晶モジュールの平成17年度下期価格についての合意（3号事件）と,DS Lite用液晶モジュールの平成19年第1四半期価格についての合意（1号事件）という2つの合意の成否が争われていたところ,それぞれ,被審人側からは,個別具体的な事実経過等を踏まえつつ,例えば,得られた他社情報は自社の提示価格や妥結価格の決定には関係しなかった（価格決定権限を有する者が,その情報を報告する社内メールを読んでいない。）等の反論が出されていたが,本件審決は,それぞれ特徴的な部分をⅠでも紹介したように,関係証拠に基づいて認定される事実等を踏まえつつ,これらを排斥していた。

その中で,特に1号事件の合意については,Ⅰではその骨子の部分を時系列表の中で図示するにとどめたが,認定される事実の評価のみならず,「ある事実」が関係証拠から認定され得るか否か自体が争われていた。この「ある事実」とは,関係当事者間で平成18年9月5日に交わされたとされる情報交換の内容であり,より具体的には,

被審人のTは，同日，HDP社のKに対して，被審人の任天堂に対する提示価格としてDS Lite用液晶モジュールの平成19年第1四半期受注分がキット3,430円であることを伝えていたか否か，という点であった。

この点に関する本件審決の認定と，被審人の反論に対する判断は，それぞれ以下のとおりである。

本件審決の認定（下線部分がポイント）

　　平成18年第4四半期（平成18年10月から12月まで）受注分及び平成19年第1四半期（平成19年1月から3月まで）受注分の価格についての情報交換等

a 　日立DPは，平成18年8月29日，任天堂と商談を行った。
　　日立DPは，任天堂に対し，DS Lite用液晶モジュールの平成18年第4四半期価格について，上側1,790円，下側1,750円（キット3,540円）を提示した。これに対し，任天堂は，日立DPに対し，被審人の提示した平成18年第4四半期価格は，日立DPの提示価格であるキット3,540円より数十円から100円程度安いこと，被審人の提示した平成19年第1四半期価格は，キット3,540円より200円以上安いことを示唆し，日立DPに対して，更に安い価格を提示するよう求めた。

b 　日立DPのMは，平成18年9月5日，Kに対し，前記aの任天堂との商談状況を踏まえて，営業部門としては，DS Lite用液晶モジュールの受注数量を増やすため，平成18年第4四半期価格としてキット3,440円，平成19年第1四半期価格としてキット3,300円を提示することを希望していることを伝えた上，提示価格の検討を依頼した。
　　<u>日立DPのKは，この依頼を受けて，同日，被審人のTに電話をした。Tは，Kに対し，平成18年第4四半期価格としてキット3,480円，平成19年第1四半期価格としてキット3,430円を同月7日に任天堂に提示する予定であると伝えた。</u>
　　その後，Kは，Mに対し，<u>Tから入手した上記の情報</u>を伝えると共に，平成19年第1四半期価格について，任天堂が示唆した被審人の提示価格には疑いを持っている旨，営業部門の希望価格であるキット3,300円まで下げる必要はないと考えている旨を伝えた。

c 　日立DPのKは，平成18年9月6日，設計部門に対し，DS Lite用液晶モジュールの平成19年第1四半期価格については，任天堂との交渉を詰めるまで

に時間が残されており，任天堂の希望価格まで直ちに下げるべきではないことを理由に，日立DPの最低制限販売価格を，被審人のTから伝えられた被審人の提示価格であるキット3,430円から40円引き下げたキット3,390円とすることを提案した。Kは，平成18年第4四半期受注分の最低制限販売価格についても，被審人の提示価格から40円引き下げたキット3,440円とすることを提案した。

d 被審人は，平成18年9月7日，任天堂と商談を行ったが，任天堂のO本部長に急用が入ったことから商談は中断し，同月15日に，再度，商談を行うこととなった。

e 日立DPは，平成18年9月8日，Kの前記cの提案に従って，任天堂に対するDS Lite用液晶モジュールの最低制限販売価格を平成18年第4四半期受注分はキット3,440円，平成19年第1四半期受注分はキット3,390円とすることを決定し，これを受けて，同月11日，任天堂に対し，数量の積み上げを要請すると共に，これらの価格を提示した。任天堂と日立DPは，日立DPの提示のとおり，平成18年第4四半期価格をキット3,440円で妥結した。

f 被審人は，平成18年9月15日，任天堂と商談を行った。任天堂はO本部長，被審人はH，Tらが出席した。

被審人は，任天堂との間で，DS Lite用液晶モジュールの平成18年第4四半期受注分について，数量を月間135万キット（上下計270万個）とし，価格を上側1,760円，下側1,710円（キット3,470円）で妥結した。また，被審人は，任天堂に対し，平成19年第1四半期価格について，月間270万個を前提にキット3,430円を提示し，300万個であれば更に値下げを検討する旨提示したが，まだ時間的余裕があったために，妥結しなかった。

g 日立DPのMは，平成18年10月24日頃，日立DPのKに対し，任天堂からのDS Lite用液晶モジュールの受注量を増やすために平成19年第1四半期受注分の提示価格をキット3,290円とするよう再考を求めた。これを受けて，日立DPのKらは受注数量条件，価格提示方法等について検討し，日立DPは，一旦，上側1,660円，下側1,630円（キット3,290円）を提示価格とすることを容認することとし，任天堂への提示方法等については改めて検討することとした。

h 被審人のT及び日立DPのKは，平成18年11月7日，電話でDS Lite用液晶モジュールの提示価格等について情報交換をした。

日立DPのKは，被審人のTに対し，日立DPの平成18年第4四半期受注分の現行価格が上側1,740円，下側1,700円（キット3,440円）であること，日立DPの平成19年第1四半期受注分の提示価格が上側1,710円，下側1,680円（キッ

ト3,390円）であることを伝えた。日立DPのKは，数量についても，平成18年第4四半期受注分が月間150万個であり，平成19年第1四半期受注分について月間180万個を要望していることを伝えた。

　他方，被審人のTは，日立DPのKに対し，平成18年第4四半期受注分の数量が月間135万キットであり，その価格が上側1,760円，下側1,710円（キット3,470円）であること，平成19年第1四半期受注分の数量が月間135万キットであるが2月以降は減少するとみていること，発注計画は近く示されるのではないかということ，提示価格は任天堂に対して未回答であることを伝えた。

　被審人のTは，同日午後10時過ぎに，被審人のHらに対し，日立DPのKから得た上記の情報を電子メールにより報告した。

　日立DPのKも，被審人のTから得た上記の情報を日立DPのM等に伝えた。

i 　日立DPは，平成18年11月9日，任天堂と商談を行い，日立DPのKがTから得た前記hの情報をふまえて，DS Lite用液晶モジュールの平成19年第1四半期価格について，前記eの最低制限販売価格である上側1,710円，下側1,680円（キット3,390円）を提示した。

j 　被審人は，平成18年11月13日，社内ミーティングを行い，DS Lite用液晶モジュールの平成19年第1四半期価格について，被審人のTが日立DPのKから収集した前記hの情報をふまえて，上側1,710円，下側1,680円（キット3,390円）とすること，価格を下げる場合には，上側1,710円，下側1,660円（キット3,370円）を下限とすること，数量としては月間350万個を要望することを決定した。

k 　被審人は，平成18年11月17日，任天堂と商談を行った。任天堂はO本部長，被審人はH及びTが出席した。

　被審人は，任天堂に対し，DS Lite用液晶モジュールの平成19年第1四半期価格について，発注数量が上下合わせて月間270万個であれば平成18年9月に提示していた上側1,740円，下側1,690円（キット3,430円），発注数量が月間300万個であれば上側1,710円，下側1,680円（キット3,390円），発注数量が月間350万個であれば上側1,700円，下側1,670円（キット3,370円）を提示し，交渉の結果，任天堂との間で，発注数量を月間300万個として，上側1,710円，下側1,680円（キット3,390円）で妥結した。また，被審人と任天堂は，販売状況により数量が増える可能性があるため，同年12月に再度商談をすることとした。

l 　日立DPは，平成18年11月29日，任天堂と商談を行った。

　日立DPは，任天堂に対し，DS Lite用液晶モジュールの平成19年第1四半期価格として，再度，前記eの最低制限販売価格である上側1,710円，下側1,680

円（キット3,390円）を提示した。
  m 日立DPは，平成18年12月4日，任天堂と商談を行った。任天堂はO本部長ら，日立DPは担当常務らとMが出席した。
    日立DPは，任天堂に対し，この商談でも，DS Lite用液晶モジュールの平成19年第1四半期価格として，上側1,710円，下側1,680円（キット3,390円）を提示すると共に，発注数量を増やすことを要請した。これに対し，任天堂は，平成18年第4四半期受注分の数量が，毎月150万個（同年10月のみ140万個）であったのを，平成19年第1四半期受注分について毎月200万個とすることを提案し，その代わり，平成19年3月受注分については，実質的に同年4月受注分の発注の前倒しとなることを理由に，値引きを要求した。そこで，日立DPは，任天堂の提案した数量の増加を条件に，平成19年第1四半期価格のうち同年1月及び2月受注分については，上側1,710円，下側1,680円（キット3,390円），3月受注分については上側1,680円，下側1,650円（キット3,330円）とすることを提案し，同額で妥結した。
  n 被審人は，任天堂がDS Lite用液晶モジュールの発注数量を増加させることとなったことから，平成18年12月6日，任天堂と商談を行った。被審人は，月間数量を平成19年1月及び2月に330万個，3月に月間350万個とするのであれば，価格を上側1,700円，下側1,670円（キット3,370円）とすることを提示した。
  o 被審人は，平成18年12月20日，任天堂と商談を行った。任天堂はO本部長，被審人はH，Tらが出席した。被審人は，任天堂との間で，月間350万個を前提に，DS Lite用液晶モジュールの平成19年第1四半期価格を上側1,700円，下側1,650円（キット3,350円）で妥結した。

その上で，本件審決は，これらaからoに至る事実経緯から，「被審人と日立DPの情報交換の評価」として，
① 被審人は，平成18年9月5日，日立DPに対し，DS Lite用液晶モジュールの平成19年第1四半期価格について，被審人がキット3,430円を任天堂に提示する予定であると伝えたこと
② 日立DPは，この情報を基に，同モジュールの任天堂への提示価格を当初のキット3,300円からキット3,390円に変更し，同月11日にこれを任天堂に提示したこと
③ 被審人と日立DPは，平成18年11月7日に情報交換を行い，日立DPは，同モジュールの平成18年第4四半期価格がキット3,440円であること，平成19年第1四半期価格として3,390円を提示済みであることを伝え，被審人は，平成18年第4四

半期価格がキット3,470円であること，平成19年第1四半期価格は未提示であることを伝えたこと

④ 被審人は，同月17日，任天堂に対し，日立DPの情報を踏まえて，平成19年第1四半期の価格として，発注数量に応じて，キット3,430円，3,390円及び3,370円の3案を提示し，交渉の結果，同日，任天堂との間でキット3,390円で妥結したこと

⑤ 日立DPは，同月9日，被審人の情報を踏まえて，任天堂に対し，平成19年第1四半期価格として，キット3,390円を提示し，同月29日及び平成18年12月4日にもこの価格を提示したが，任天堂が数量の増加を受け入れる代わりに，平成19年3月受注分について，同年4月の発注の前倒しとなることを理由に値引きを要求したため，平成18年12月4日，平成19年第1四半期のうち1月及び2月受注分についてキット3,390円，3月受注分についてキット3,330円で妥結したこと

以上の事実が認められるとした上で，さらに，時間的に，これらaからoの事実に先行する事情として，被審人と日立DPは，

⑥ 価格についての競争を回避する目的で，DS用液晶モジュールについて情報交換を行い，平成17年10月6日，DS用液晶モジュールについて価格カルテルを行い，その後，価格カルテルに従って，任天堂との間で同一の価格を決定し，

⑦ DS Lite用液晶モジュールについても，任天堂への販売開始前から，任天堂渡し価格の低落を防止するため，DS用液晶モジュールと同様に情報交換を行ってきたこと

を総合すれば，「被審人及び日立DPは，①ないし③の情報交換により，平成18年11月7日頃，DS Lite用液晶モジュールの平成19年第1四半期価格としてキット3,390円を目途とする旨合意」したものであり，「被審人は，これに基づいて，④のとおり，同月17日，任天堂に対してキット3,390円を中心とする3案を提示して任天堂との間でキット3,390円で妥結し，日立DPは，⑤のとおり，任天堂に対し，同月9日から3度にわたりキット3,390円を提示して，平成18年12月4日におおむねキット3,390円で妥結した」ものと推認できるとして，「被審人と日立DPは，平成18年11月7日頃，DS Lite用液晶モジュールの平成19年第1四半期価格について，キット3,390円を目途とする旨の合意をしたものということができるから，2社の間に，この合意に基づいた行動をとることを互いに認識し，認容して歩調を合わせるという意思の連絡が形成されたものといえる」と結論付けている。

なお，上記の下線部分についての被審人の反論は，詳細には「被審人のTは，平成18年9月5日の情報交換において，日立DPのKに対し，DS Lite用液晶モジュールの提示価格として，平成18年第4四半期受注分がキット3,480円，平成19年第1四半期受注分がキット3,430円であることを伝えていない」というものであった。

この点について，本件審決では，「手帳の記載（査第26号証）を基に被審人のTから情報を入手したことを認める日立DPのKの供述内容（査第24号証）によれば，前記ア(イ)b［本講においては省略］のとおり，TはKに対してDS Lite用液晶モジュールの被審人の提示価格が平成18年第4四半期受注分についてキット3,480円，平成19年第1四半期受注分についてキット3,430円であることを伝えたことが認められる。査第27号証によれば，Kは，平成18年9月7日の情報交換について記載した電子メールにおいて，被審人の提示価格を推定価格と記載していることが認められるが，証拠（査第7号証，第35号証）によれば，TとKは，価格を伝達するに際し，金額を明示するのではなく，自己の推定価格を基に，『もう少し上である』，『10円玉何個分くらい上である』等と述べる形で行っていたことが認められ，そのため，推定価格と記載したものとみられるから，前記ウの認定は左右されない。」（［ ］内は筆者）という理由から，排斥されていた。

また，上記の囲み枠内のaからoに関するその他の被審人からの反論については，いずれも，仮にそれらの反論のとおりであるとしても事実認定を覆すには足りない等の理由から，排斥されている。

3．「明示の合意」と「黙示の合意」の比較検討

本来，不当な取引制限（独禁法3条後段・2条6項）に関する「合意」の成立については，対象商品のほか，具体的な引上げ額や実施時期の取決めなど，違反行為を構成する諸般の事項が特定される必要がある。典型的には，公取委「調査協力減算制度の運用方針」（令和2年9月2日）の別紙において挙げられている「事件の真相の解明に資する事項」及びその内容の例が，そのすべてではないとしても，事案に応じて必要となる範囲で特定される必要があることになる。

その前提で以下では，専ら「価格」という事項について「合意」の成否が問題となる場面を想定して，1号事件を題材にして，「黙示の合意」とはどのように認定されるのか（何が「明示の合意」と同視されるのか。）について検討する。その際，理解の便宜のために，対象商品や実施時期の取決めなど，「価格」以外の諸般の事項については問題としない。なお，この「価格」とは，例えば具体的な引上げ額等であるが，必ずしも「引上げ」には限らず，「下止め」の下限に関する取決めでも，違法な合意となり得る。

(1) 平成18年11月7日の被審人側からの情報提供が，本件事案とは異なり，「賛同」を表明するものだった場合

これは，本件事案とは異なり，「互いに『3,390円で，現在交渉中の次期の価格交渉で提示予定』という数額を（数額の情報として）伝え合っていた」という場合である（シナリオ(1)）。

参考までに，事実経過を図示すると以下のとおりとなる。この場合，平成18年9月5日の事実経過のいかんにかかわらず，平成18年11月7日の時点で「明示の合意」の成立が認められ，例えば「商品●の平成19年第1四半期価格について，キット3,390円を目途とする旨の合意をした」といった認定がなされることが想定される[3]。

ちなみに，3号事件における平成17年10月6日ころの2社の部長級の者らの合意は，ここでいう「明示の合意」に当たると認められたと見ることができる。

（なお，表中の①以下の付番は，あくまで表中の各事実の発生を時系列で表したものであり，上記1．で引用した本件審決中の判示の中での付番とは無関係である。）

シナリオ(1)

SRP 社内	T氏	K氏	HDP 社内
			① H18.8.29 任天堂から日立DPに「被審人の提示額は3,340円以下」と示唆
			② H18.9.5 上記を受け，日立DP内部にて，3,300円での提示を検討
③ H18.9.7 任天堂との商談延期			
			④ H18.9.8 最低制限価格を3,390円とすることを社内決定

3　この点について，例えば「自らとしての許容範囲を伝えるにとどめている」といった捉え方から，まだ「意思の連絡」ありとまでは言えないという考え方もあり得ないわけではない。ただし，前講で検討した多摩談合事件の最高裁判決（及びその調査官解説）において示された「自発的な自己拘束の相互認識認容」という考え方を踏まえると，本文で述べたように，この場合には「明示の合意」の成立が認められることになるものと考えられる。

第6講 「競争事業者と情報交換をしない」との「べからず集」の規定でカルテルを予防できるか
（ニンテンドー DS 用液晶モジュール事件） 165

				⑤ H18.9.11 任天堂へ3,390円を価格提示
⑥ H18.9.15 任天堂へ価格提示（月間270万個を前提に3,430円。300万個であればさらに値下げ検討）				
				⑦ H18.10.24 提示価格を3,290円とすることを再検討し，容認決定
⑨ H18.11.7 Tより，右情報を社内伝達 ←	⑧ H18.11.7 TからKに，現行3,470円（月間135万個）であるところ，提示価格について当社も同じ見解と伝達 ←	⑧ H18.11.7 KからTに，現行3,440円（月間150万個）であるところ，3,390円を提示（月間180万個を希望）している旨を伝達 →	⑨ H18.11.7 Kより，左記情報を社内伝達 →	
				⑩ H18.11.9 任天堂へ3,390円を提示
⑪ H18.11.13 価格を3,390円とすることを社内決定（値下げの下限は3,370円，数量は月間350万個を希望）				

(2) 平成18年9月5日の情報交換に関する上記の被審人の主張が正しかった場合

　上記のシナリオ(1)に対して，平成18年11月7日に関する事実経緯については本件事案において認定された事実のとおりであったとした上で，さらに，それに遡る平成18年9月5日の情報交換に関する事実経緯が，本件事案とは異なり，むしろ上記の被審人の主張，すなわち，「平成19年第1四半期受注分の提示予定価格がキット3,430円であることをSRP社はHDP社に伝えていない」が正しいということであった場合はどうか（シナリオ(2)）。

　この場合の事実経過を図示すると以下のとおりとなる。この場合，平成18年11月7日にHDP社の金額を提示された側のSRP社の反応が，自社の「提示価格について

は未回答である」というだけものであるため，金額を提示したHDP社側としては，このやりとりを通じて把握し得る内容の限りでは，金額を提示されたSRP社側としての（自発的な）自己拘束を認識認容することができておらず，平成18年11月7日の時点で「意思の連絡」ありとは認められない可能性がある[4]。

シナリオ(2)

SRP社内	T氏	K氏	HDP社内
			① H18.8.29 任天堂から日立DPに「被審人の提示額は3,340円以下」と示唆
			② H18.9.5 上記を受け，日立DP内部にて，3,300円での提示を検討
③ H18.9.7 任天堂との商談延期			
			④ H18.9.8 最低制限価格を3,390円とすることを社内決定
			⑤ H18.9.11 任天堂へ3,390円を価格提示
⑥ H18.9.15 任天堂へ価格提示（月間270万個を前提に3,430円。300万個であればさらに値下げ検討）			

---

4 ただし，それとは別に，例えば①事前の連絡・交渉があり，②その内容が対価の引上げや下止め等に関するものであり，③事後の行為の一致があるというような場合には，原則として，「合意」の推認が可能と説明されており，これは，シナリオ(2)の想定事例についても当てはまる。

第6講 「競争事業者と情報交換をしない」との「べからず集」の規定でカルテルを予防できるか
（ニンテンドーDS用液晶モジュール事件） 167

				⑦ H18.10.24 提示価格を3,290円とすることを再検討し，容認決定
⑨ H18.11.7 Tより，右情報を社内伝達	⑧ H18.11.7 TからKに，現行3,470円（月間135万個）であるところ，提示価格は未回答（数量は減少見込み）と伝達	⑧ H18.11.7 KからTに，現行3,440円（月間150万個）であるところ，3,390円を提示（月間180万個を希望）している旨を伝達	⑨ H18.11.7 Kより，左記情報を社内伝達
				⑩ H18.11.9 任天堂へ3,390円を提示
⑪ H18.11.13 価格を3,390円とすることを社内決定（値下げの下限は3,370円，数量は月間350万個を希望）				

(3) **本件事案と上記シナリオ(2)の場合との比較**

　本件事案において認定された事実経緯については，平成18年11月7日に関する限りは上記シナリオ(2)と同一でありつつも，平成18年9月5日の情報交換に関する事実経緯の有無が相違している。

　そして，その前提として，Ⅱでは，あえて議論の便宜のために，「SRP社とHDP社は，DS Lite用液晶モジュールについて任天堂への販売開始前から価格低落防止のために情報交換を行ってきていた」という一連の経緯を，この平成18年9月5日の出来事に象徴させて，事実経過を単純化している。それでは，本件事案と上記シナリオ(2)の場合との比較について，この平成18年9月5日の出来事から，見えてくるものはとは何か。

　まず，審査官の主張は，「DS Lite用液晶モジュールの平成19年第1四半期受注分について，被審人のTが平成18年9月5日に日立DPのKに対して被審人の提示価格を伝え，Kが同年11月7日にTに対して日立DPの提示価格を伝えた」というものであった。

　これに対して，被審人は，「（仮に，審査官の主張のとおりであったとしても）同年9月5日にKは日立DPの提示価格を伝えておらず，同年11月7日にTは被審人の提

示価格を伝えていないから，両日の被審人のＴと日立ＤＰのＫのやりとりは，いずれも一方的な情報の伝達に過ぎず，相互の情報交換とはいえない。」などの理由から，「上記２つの一方的な情報伝達を合わせて被審人と日立ＤＰの間に協調的な行動をとることを期待し合う関係を基礎付ける情報交換があったとはいえない。」と主張していた。

この点について，本件審決では「確かに，同年９月５日の被審人のＴと日立ＤＰのＫの電話において，ＫがＴに話した内容を特定するに足りる証拠はないが，Ｋの手帳（査第26号証）には，日立ＤＰの提示予定価格の記載もあり，この電話でＫがＴに何も情報を伝えなかったと認められるわけではない。また，同年11月７日の電話においては，前記［本講においては省略］のとおり，被審人のＴは，日立ＤＰのＫに対し，ＤＳ Lite用液晶モジュールの平成18年第４四半期受注分の数量と価格を伝え，平成19年第１四半期受注分についても数量と価格に関する情報を伝えているから（なお，価格が未提示であると伝えた点については，後記［本講においては省略］）のとおり，この電話においては，相互の情報交換があったことが認められる」ことが判示されていた。

厳密に言えば，この判示には，「ＫがＴに何も情報を伝えなかったと認められるわけではない」といった（肯定ではなく，否定の否定という）表現にとどめられている箇所も存する。

しかしながら，従前からの両者間の情報交換の蓄積（上記のように本講では議論の便宜上あえて省略している。）を踏まえると，本件事案では，被審人のＴとＨＤＰ社のＫとの間には，相互に，「一方が他方に具体的な金額を提示したときに，『提示された側に異存があれば，何らかの反応が返されるはず』という関係性があった事案」という捉え方ができる。

すなわち，本来は，本件事案において認定されていた経緯の蓄積から，そういった関係性がうかがわれ，そして同年９月５日の際にもＫがＨＤＰ社の提示価格をＴに伝えていた可能性がある。本講では議論の便宜上，同日にはそのようなことが認められ得ることをもって，経緯の蓄積について言及することを省略したが，仮に当日に限ってはそのような事実を認めることができなかったとしても，だからといって，実際に本件事案においてそのような関係性が否定されるわけではないという趣旨である[5]。

そして，そういった関係性を前提にすると，「『金額の提示に対して無反応』というのは，『提示金額に異存なし』という意味と受け取られていた」という推認が可能となる。

4．本講のまとめ

　そもそも，「合意」が推認されるルートは1つではない。その前提の上で，今回の設定では，価格低落防止に関する情報交換を従来行ってきている事業者間において，相互に，「一方が他方に具体的な金額を提示したときに，『提示された側に異存があれば，何らかの反応が返されるはず』という関係性があることを前提にすると，『提示に対して無反応』というのは『提示金額に異存なし』という意味と受け取ることができる」という考え方を前提にして，そのような関係性がSRP社側にしか見て取ることができない上記のシナリオ(2)は，その限りでは「合意あり」と認める根拠が欠けている，という状況の図解を試みたものである。

　他方で，シナリオ(1)と本件事案は，結論としてはいずれも同じように，「平成19年第1四半期価格について，平成18年11月7日に，キット3,390円を目途とする旨の合意が成立した」といった認定がなされることが想定される。

　情報交換の場における「明示」のやりとり（双方向）はなくても，一方からの問いかけや情報提供に対する他方の仕草や反応（時に，「あえて異存を述べない」というような「無反応」などでも，会話の中で十分に意味のある「反応」となる。）が，複数回の情報交換の機会を通じて相互にやりとりされることによって，取決めが作り出されたような場合なども，「黙示の合意」に含まれ，これも「意思の連絡有り」とさ

5　本件審決では，情報交換が開始されたきっかけについて，「日立DPは，自社の参入により必要以上に価格が下がることを防止し，数量と価格のバランスをとる必要があると考えていた。任天堂は，日立DPに対し，既にDS用液晶モジュールを販売している被審人の任天堂渡し価格や数量を引き合いに出して価格の引下げを求めた。日立DPは，被審人より高い価格を提示すると発注数量を減らされるおそれがあり，また，任天堂が被審人の提示価格を実際より低く示唆することがあり，任天堂の示唆のままに自社の提示価格を下げると必要以上に価格を下げてしまうことになることから，被審人の任天堂渡し価格について確認したいと考えた。一方，被審人も，任天堂の意向により被審人1社の供給体制が日立DPとの2社の供給体制となり，任天堂が2社に対し，他社の価格を引き合いに出して，DS用液晶モジュールの価格を引き下げようとすることから，価格が必要以上に下がることを懸念しており，また，任天堂が示す日立DPの価格が正しいかどうかについて疑問を持ち，日立DPの価格について情報を得たいと考えていた」という状況の下，被審人のT及び日立DPのKは，相互に情報を得るために接触し，情報交換を行うようになったとされている。このように，双方とも，自社の提示価格を必要以上に下げてしまうことになっていないかということに関心がある場合，仮に平成19年9月5日に限っての真相のいかんについては明確でない部分が残されるとしても，情報交換の蓄積を経ることで，本文で述べるような「関係性」が認められ得る。本件審決の「否定の否定」という表現は，そのような「関係性」が，逆にこの同日の折に限って断絶されていたわけではない，という趣旨とも考えられる。

れる。

　それ故，交わされる情報交換の対象（それ自体が表面上いわゆる機微情報か否か。）だけでは，リスクは測れない。そして，これが，時にビジネスの現場において，独禁法コンプライアンスについての分かりやすい線引きを困難にする理由の１つであると考えられる。

　要するに，競合他社との間での競争関係を回避したり緩和したりすることにつながる情報の提供や受領にはリスクがあることにも注意が必要なのであって，競合他社との接触の場での禁止事項について分かりやすい線引きを試みるあまり，例えば「機微情報が交わされてはならない」という内容を，専ら表層的にのみ捉えてしまうと，「相手方の機微情報は聴いてしまったとしても，それに対して何も反応していないし，当方の機微情報は伝えていないから問題とならない。」といった誤った対応をも招きかねず，時に「無反応」すら有意な反応として捉えられてしまうというリスクが看過されかねないことになる[6]。

　なお，「明示の合意」が認定される場合も，「黙示の合意」が認定される場合も，最終的にはこのような言語化・文章化された内容で認定されることには変わりはない。

　また，独禁法違反に関する社内調査における留意点としては，上記のシナリオ(2)のような状況があったとして，それのみでは安心はできないということが指摘できよう。

　すなわち，時系列をさらに遡ったときには，本件事案における平成18年９月５日の交信に相当するような接触等があったかもしれないからである（なお，脚注４も併せて参照されたい。）。

6　なお，カルテルが禁止されているのは「対価」に関するものには限られていないので，「顧客の住み分け」や「地域の棲み分け」「製品区分の棲み分け」などについても注意が必要となる。

第7講

課徴金の対象となる「談合破り」と対象とならない「フリー物件」

【図表1】 電話連絡帳

＜電話連絡帳　平成11年12月20日＞

22(水) 入札の件皆様の了解得ています

【図表2】 手帳

平成11年12月22日（水曜日）

9：00－町田市入札（土屋）

「**土屋企業事件**」（審判審決平15・6・13，東京高判平16・2・20）
事案の理解の手がかり：「電話連絡帳」資料等（本講【図表1】，【図表2】）

I　証拠からみた，独禁法違反認定の鍵

本講では，土屋企業事件[1]（以下，本講において「本件事案」という。）を取り上げる。

1．「電話メモ」と「手帳の記録」

まず，下記2つの【図表】をご覧いただきたい。自社の営業責任者に宛てて，この【図表1】のような内容の電話メモが残されており，その営業責任者の手帳に【図表2】のような記載が残されていた場合，どのようなことが考えられるだろうか。

【図表1】　電話連絡帳

＜電話連絡帳　平成11年12月20日＞
22（水）入札の件皆様の了解得ています

【図表2】　手帳

平成11年12月22日（水曜日）
9：00－町田市入札（土屋）

(1)　「22（水）入札の件皆様の了解得ています」の意味

【図表1】の文書は，東京都町田市の建設業者（以下「K社」という。）の電話連絡帳に残されていたメモ書きであり，平成11年12月，同社の従業員が，同社の代表者宛ての電話を受け，その内容を，伝言として業務記録に残したものである。

町田市は，当時，土木一式工事の大部分を指名競争入札又は見積り合わせ（以下「指名競争入札等」という。）の方法により発注しており，その際，参加の資格要件を満たす者として登録している有資格者の中から指名競争入札等の参加者を指名していた。そして当時，堺752・764号線道路改良工事（以下「堺道路工事」という。）と呼ばれる工事が町田市により発注され，同月8日，K社ら8業者を指名業者として指名

---

[1]　審判審決平15・6・13審決集50巻3頁（以下「本件審決」という。），東京高判平16・2・20審決集50巻708頁（以下「本件東京高判」という。）。なお本件はその後上告不受理となっている（最決平18・11・14審決集53巻999頁）。

通知がされていた。なお、この堺道路工事は、相原町に所在する工事であったところ、同町を地元とするＫ社が、これに接続する道路工事を請け負って施工中であった。

　結論から述べると、本件では、遅くとも平成8年11月15日以降、東京都町田市の区域において建設業を営む69名が、この堺道路工事を含む、町田市が指名競争入札等の方法により発注する土木一式工事のうちの一定の範囲のものについて、入札談合を行っていたことが認定されていた。そして、この69社によって合意されていた内容は、町田市から指名競争入札等の参加の指名を受けた場合、当該工事について受注を希望する者（以下「受注希望者」という。）が1名のときは、その者を当該工事を受注すべき者（以下「受注予定者」という。）とし、受注希望者が複数のときは、工事場所、過去の受注工事との関連性又は継続性等の事情を勘案して、受注希望者間の話合いにより、受注予定者を決定し、受注すべき価格は、受注予定者が定め、受注予定者以外の者は、受注予定者がその定めた価格で受注できるように協力するというものであった（以下「本件基本合意」という。）。これによれば、Ｋ社は、自らが施工中であった道路工事が堺道路工事と接続していたということで、その（過去の受注工事との）関連性を主張して、自ら受注希望を表明すれば受注予定者となり得る状況にあった。

　しかしながら【図表1】の電話メモは、このような状況で、何者かがＫ社に対して、むしろ自分こそが「皆様の了解」を得ることができたこと（すなわち、自分こそが受注予定者であること。）を表明し、伝達した、という経緯を表したものと考えられた。

(2) 「町田市入札（土屋）」の意味

　堺道路工事の指名業者には、Ｋ社と同様に東京都町田市相原町を地元とする土屋企業株式会社（以下「土屋企業」という。）も選定されていた。

　この堺道路工事の入札は、平成11年12月22日に行われ、結論としては、土屋企業以外の指名業者7社は1,640万円〜1,600万円（例えばＫ社は1,600万円）で入札し、1,570万円で入札した土屋企業が落札していた。なお、同日行われた町田市発注の特定土木一式工事の入札で、土屋企業とＫ社とが指名業者とされた物件は、この堺道路工事だけであった。

　【図表2】の手帳に残されていた日付は、この堺道路工事の入札と一致していた。そして、本件事案では、これらの証拠の記載に基づき、土屋企業が、Ｋ社に他の指名業者の了解を得た旨を連絡し（【図表1】参照）、Ｋ社もこれを了解して、土屋企業が受注予定者であるとして入札に臨んだ（【図表2】参照）ものと推認でき、本件基本合意に基づいて、土屋企業を受注予定者とする受注調整が成立していたことを推認することができると判示された。なお、本件事案ではＫ社の代表者自身が、この【図表2】の記載について、同日の町田市発注の工事の入札予定を記載したものである旨の

供述を行っていたとされていた。

2. 小田急小田原線玉川学園駅付近の都市計画道路工事

(1) ここでも「皆様の了解」は得られていた

　本件基本合意をめぐる一連の事案では，前記の堺道路工事とは別に，同じく土屋企業が落札し，同社に対する課徴金納付命令の算定の基礎とされ，同社がその当否を争った物件として，「都市計画道路工事」と称される物件があった。この工事については，平成10年7月16日，土屋企業のほか，東京都町田市の建設業者であるT建設株式会社（以下「T建設」という。）ら14業者を指名業者として指名通知がされていた。そして，当該工事は，小田急小田原線玉川学園駅前に所在するところ，このT建設が過去3年連続して受注してきた物件の継続物件であり，また，同社の代表者の住居の近隣にあることから，T建設は，その工事場所，過去の受注工事との関連性又は継続性等の事情からすれば，自己が受注予定者となる物件であると考えていた。
　そして，当該工事の現場説明会は同年7月17日に開催され，T建設の営業担当者であるSが出席したが，その際，土屋企業以外の指名業者の出席者らからは，Sに対し受注希望の表明等はなく，Sとしては，他の指名業者は，T建設が受注予定者であることを了解しているものと考えていた。しかしながら，Sは，土屋企業については，相原町という離れた地域に所在することから，T建設が受注予定者となる物件であることを理解しているか否かが分からなかったので，電話等で土屋企業の受注意思を確認したところ，土屋企業の代表者は，Sに対し，仕事がないので受注したい旨を述べた。Sはこれに対し話合いを持ちかけ，同月23日から27日にかけて2，3回，両者間で話合いが持たれた。土屋企業の代表者としては，当該工事がT建設に関連性のあるものであることを薄々感じていたが，町田市における大型工事の受注実績が欲しかったので，Sの説得には応じなかった。当該工事の入札は同月31日に行われ，Sは，土屋企業以外の指名業者に入札価格を連絡した上で臨んだ。当該工事の入札に際して，土屋企業の代表者は，T建設以外に低い価格で入札してくる指名業者があるとは考えていなかった。また，当該工事の指名業者の中には，当該工事の受注希望者がT建設及び土屋企業の2社であることを認識している者がいた。入札の結果は，土屋企業及びT建設以外の指名業者12社が1億4,850万円〜1億4,000万円で入札し，T建設と土屋企業とのたたき合いとなり，T建設が1億800万円，土屋企業が9,600万円でそれぞれ入札して，土屋企業が同金額で落札した。
　この都市計画道路工事については，前記の堺道路工事の場合とは異なり，【図表1】のような文書の存在は確認されていなかった。しかしながら，上記のように，関係証拠に基づき，これを落札した土屋企業と，これを争ったT建設との間で事前の接触が

あったことが確認されていた。すなわち，堺道路工事の場合の土屋企業自身のように，この都市計画道路工事については，T建設が，「皆様（他の入札参加業者）の了解」を得た上で，それを土屋企業に伝えていたことが認定されていた。

そして，本件審決では，基本合意の対象の範疇に属する入札物件において，受注予定者の決定にまで至っていなくとも，個別の調整手続に上程され，受注予定者が絞り込まれ，それ以外の入札参加者は受注する可能性のない価格で応札していたと認められるような場合には，具体的競争制限効果の発生が認められ，課徴金の対象となると結論付けられていた。

(2) 「皆様の了解」を「了承した」のか，しなかったのか

本件審決の判断は，その後の審決取消訴訟で覆されることとなった。

そして，その理由は端的には，落札した土屋企業として，T建設が取りまとめた「皆様の了解」を，自らとしては「了承」せず，他の入札参加業者とはいわば没交渉の状態で落札・受注に至っていたというものであった。

この点について，本件東京高判は，まず，課徴金納付命令の趣旨に照らしつつ，その賦課要件について次のように述べる。

「独占禁止法第7条の2第1項は，事業者が商品又は役務の対価に係る不当な取引制限等をしたときは，公正取引委員会は，当該事業者に対し，実行期間における『当該商品又は役務』の売上額を基礎として算定した額の課徴金の納付を命ずる旨を規定している。そして，『当該商品又は役務』とは，当該違反行為の対象とされた商品又は役務を指し，本件のような受注調整にあっては，当該事業者が，基本合意に基づいて受注予定者として決定され，受注するなど，受注調整手続に上程されることによって具体的に競争制限効果が発生するに至ったものを指すと解すべきである。そして，課徴金には当該事業者の不当な取引制限を防止するための制裁的要素があることを考慮すると，<u>当該事業者が直接又は間接に関与した受注調整手続の結果競争制限効果が発生したことを要するというべきである。</u>」（下線は筆者）

その上で，本件の事実関係に照らし，この「直接又は間接に関与した」について，次のような判断が示されることとなった。

「T建設は，［土屋企業］以外の指名業者と受注調整手続を行い，受注調整を成立させ，自己の入札価格のみを連絡して［土屋企業］以外の指名業者の協力を得たのであるから，T建設が落札し契約した場合には，当該工事が課徴金の対象となることは明らかである。しかし，［土屋企業］は，T建設の要請に応じて話合いに応じたものの，『仕事がないので受注したい。』との一点張りで通し，その結果話合いは決裂し，［土屋企業］自身はその後他の指名業者に対する連絡も協力依頼もしていない。また，

［土屋企業］が，T建設に対して他の指名業者に対する連絡，協力依頼を委託したことも認定されていない。［土屋企業］がT建設以外に低い価格で入札してくる指名業者があるとは考えていなかったこと，また，当該工事の指名業者のなかに当該工事の受注希望者がT建設及び［土屋企業］の2社であることを認識していた者がいたことは前記［略］のとおりであるが，前者は，［土屋企業］がT建設から説得を受ける過程で当然に知り得る事柄であり，後者は，他の指名業者がT建設から協力依頼を受ける際に調整が決裂したとの事実を知らされることによって認識できる事柄であるから，これらの事実をもって，［土屋企業］とT建設間に2社を受注予定者とすることの合意が成立したとか，T建設が［土屋企業］とT建設の2社のために他の指名業者に協力依頼をしたということはできない。以上によれば，都市計画道路工事については，［土屋企業］は，本件基本合意を認識し，これに基づいて［土屋企業］以外の他の指名業者との間で一応受注予定者と調整されていたT建設の要請によりT建設との間で最終的な受注予定者を決めるための話合いを行ったものの，［土屋企業］自身が受注することにこだわり，T建設を最終的な受注予定者と合意することを拒絶し，本件基本合意によるT建設を受注予定者とする決定自体を受け容れることを明確に拒絶したものである。また，［土屋企業］は，T建設以外に低い価格で入札してくる指名業者があるとは考えていなかったのであるから，［土屋企業］が関与していないところで受注調整手続が進んでいることは認識していたというべきではあるが，［土屋企業］自身は，そのことを認識した後も，他の指名業者に協力を依頼するとか自己の入札価格を連絡するなどの，自己が関与していないところで行われる受注調整によって生ずる競争制限効果を自己のために利用する行為をしていないから，［土屋企業］が当該受注調整手続に間接的ないし後発的に参加したともいえない。他の指名業者は，T建設から同社の入札価格の連絡を受け，同社の入札価格より高い価格で入札したが，これはT建設に対する協力であり，これによって生じた競争制限効果は，［土屋企業］に対する関係では反射的なものにすぎないというべきである。したがって，都市計画道路については，［土屋企業］が関与した受注調整手続（［土屋企業］・T建設間の話合い）によって競争制限効果が生じたとはいえない。」（略称及び［　］内は筆者）

(3) 決裂後「協力依頼していない」ことでよいか，むしろ「自由競争にすべき」といった積極的な訴えかけまで必要か

　上記は，事案によっては逆の評価も可能となり得るような微妙な側面をはらんでいるように思われる。例えば，この都市計画道路工事をめぐって，【図表1】のような文書が残されていたような架空事例を考えた場合など，そのような電話を受け，メモを残した土屋企業の意図が，その連絡をしてきたT建設に対して，「他の指名業者に

協力を依頼する」趣旨を全く持っていなかったと言えるか否かは，一義的に明確であるとは言えない。すなわち，「仕事がないので受注したい。」との一点張りで通すということは，T建設を含め，いかなる者の協力も仰がないという趣旨とも取れる。反面，相手方との話合いの過程で，事実上，（自己が関与していないところで）受注調整手続が進んでいることを認識してさえいれば，自らは他の入札参加者に受注希望を断念させるような働きかけを行っていないとしても，それは同時に，基本合意によらずに自由競争で入札すべきであると積極的に訴えかけたわけでもないとも言える。事実，そのように，ある時点から他の入札参加業者らとは没交渉の状態となり，それ故，それらの者の受注希望を断念させるような働きかけは行っていないとは言えるものの，それは同時に，基本合意による競争制限効果を打ち消す行為を何ら行っていないことになるといった評価をされ，結論としては，その（自己が関与していないところで行われる）受注調整によって生ずる競争制限効果を自己のために利用する行為として十分であると評価をされてしまったと思われる事案も存する（沖縄県建設工事談合事件・東京高判平21・10・2審決集56-2巻373頁）。

　以上のように，ある基本合意をめぐる一連の事案の中で，個別の物件について，自身が受注することにこだわり調整を決裂させ，いわゆる真剣勝負（たたき合い）で当該物件を落札したというような場合，それが課徴金賦課の対象に含められてしまうか否かの判断は，極めて微妙なものとなり得る。私見としては，極めて率直なところ，これを肯定するための理屈も，また否定するための理屈も，いずれも整えられている状態にあり，事案ごとの諸事情の総合考慮の中で，いずれの結論も導かれ得るように思われる。

3．補　論

　筆者（向）は，『経済法判例・審決例百選〔第2版〕』において本件事案についての解説に際し，以下の指摘を行った[2]。

　課徴金の算定基礎である「当該商品又は役務」については，入札談合事案に関し，「本件基本合意の対象とされた工事であって，本件基本合意に基づく受注調整等の結果，具体的な競争制限効果が発生するに至ったものをいう」とされるところ，本件事案の判示により，この具体的な競争制限効果の発生について，特に課徴金賦課対象事業者との関係で，その制裁的要素を持つ処分を賦課してよいほどに，当該事業者による「関与」が認められる必要があるとされた。ただし，この具体的競争制限効果の発生という要件は，現実の不当利得に対応した額を課徴金の額にしようとする考え方に基

2　向宣明『経済法判例・審決例百選〔第2版〕』別冊ジュリスト204頁。

づくものとして，独占禁止法研究会報告書（平成29年4月25日）を踏まえて予定される今後の法改正により，撤廃される見込みとされていた。

しかしながら，その後の法案準備の検討の中で，従来の課徴金制度の趣旨からの乖離の当否といった観点から，結論として令和元年の法改正では，この「当該商品又は役務」という規定についての変更は見送られることとなった[3]。その結果，本件判決が求めた「（当該事業者による）関与」という要件についても，特段の立法的な解決は図られておらず，引き続き本講で述べた点を含め，従前と同様の解釈論が妥当することになると思われる。

Ⅱ　事案検討から得られる教訓

本講で扱っている議論は，前講までとは異なり，独禁法違反の成否自体ではなく，違反（入札談合）の存在自体を前提としつつ，個別の入札物件ごとに課徴金納付命令の対象とされるべきか否かが問われる場面での議論である。講学上は，「具体的競争制限効果の有無」と呼ばれる論点である。

この点，本来的には，少なくとも企業の事業活動における独禁法コンプライアンスの観点からは，こういった個別の入札物件ごとの具体的競争制限効果の有無のいかんにかかわらず，そもそも違反行為（入札談合）への関与自体が回避されるべきである。

ただし，本書がテーマとする効率的・効果的な社内調査の観点からは，有事対応の選択肢の1つとして，いわゆるリニエンシー制度の活用が挙げられるところ，我が国の法制度において，これは「課徴金減免申請」として位置付けられている。すなわち，仮に，ある事業者について，違反行為（入札談合など）への関与が認められ得る状況であるにもかかわらず，何らかの事情により，その者について課徴金の算定基礎となる売上が認められないというような（ある種の限界事例のような）場面においては，当該事業者にとって，この課徴金減免申請を行うという選択肢を採るべきか否かの判断にあたり考慮すべき事項は，（課徴金賦課が想定されるような）他の関係事業者とは少々様相を異にするということがあり得る。その意味で，課徴金の算定に関する議論についてもある程度理解を得ておくことが，有事対応における社内調査の観点からも有用であると言える。

例えば，ある個別の入札物件について，総数としては10社程度の入札参加が予定されている状況において，結果的に（実質的に）落札受注を真剣に争い合うこととなっ

3　小幡忍ほか「座談会　令和元年独占禁止法改正をめぐって」公正取引828号4頁。

た事業者が2社存在するという場面を想定する。その2社のうちの一方（「甲」とする。）が，その他の入札参加事業者（8社）に対して，自己の落札受注への協力を依頼する際に，他の一方（「乙」とする。）との受注調整が決裂したことを併せて伝えることもあった場合，それは甲のみならず乙のための協力依頼にもなっていると評価すべきか。直感的には，甲が，受注を争っている乙のために協力を依頼するということは考えにくいとしても，「邪魔者を減らす」という程度の意味は甲にとっても認められる余地はありそうである。そして，そのような意味で，それが甲又は乙のうちのどちらか一方のための協力依頼になっていると評価できる場合には，甲と乙のいずれが最終的な落札受注者になるとしても，当該個別物件に関する売上は課徴金賦課の対象に含められるべきことになりそうである。他方で，そのように調整が決裂したことが伝えられることは，むしろ，受注調整が決裂したことにより受注予定者が決まらず，結果として自由競争による入札が行われたと評価すべきか。仮にそれが肯定される場合には，甲と乙のいずれが最終的な落札受注者になるとしても，当該個別物件に関する売上は課徴金賦課の対象に含められないことになりそうである。

1．甲（他の入札参加事業者への協力依頼を行っていた者）との間の受注予定者決定に関する調整を決裂させた上で，たたき合いにより乙が落札受注した場合

　Ⅰで紹介した都市計画道路工事をめぐる事案がこれに該当する。以下の検討の際の比較対象として，念のため，改めて本件の事実関係を確認する。

(1)　事実経過等

　本件当時の手続では，事前審判制度が採用されており，現在の排除措置命令（独禁法61条）に相当するものは，公取委による勧告（平成17年改正前独禁法48条1項又は2項）に対象事業者らが応諾する場合の勧告審決（同条3項，4項），あるいは不応諾の場合の付審判決定・審判審決（同法49条，54条）といった手続により命じられていた。また，課徴金納付命令（独禁法62条）は，当該違反行為について審判手続が開始された場合には審判手続が終了した後でなければ命ずることができないとされていた（平成17年改正前独禁法48条の2第1項但書）。

　そして本件では，土屋企業は，公取委による勧告を応諾し，平成12年12月21日，公取委により勧告審決がなされていた。この勧告審決では，土屋企業やK社を含む，建設業法の規定に基づき建設大臣又は東京都知事の許可を受け，東京都町田市の区域において建設業を営む69名が，一部の例外を除き，遅くとも平成8年11月15日以降，以下のような独禁法違反行為を行っていたことが認定されていた。

まず，違反行為の対象については，町田市が指名競争入札等の方法により発注する土木一式工事とされ，ただし，町田市内に本店又は主たる事務所を有する者のみが指名業者として選定される工事に限るものとされていた（以下「町田市発注の特定土木一式工事」という。）。

　そして，上記69名は，町田市から指名競争入札等の参加の指名を受けた場合，当該工事について受注を希望する者（以下「受注希望者」という。）が1名のときは，その者を当該工事を受注すべき者（以下「受注予定者」という。）とし，受注希望者が複数のときは，工事場所，過去の受注工事との関連性又は継続性等の事情を勘案して，受注希望者間の話合いにより，受注予定者を決定し，受注すべき価格は受注予定者が定め，受注予定者以外の者は，受注予定者がその定めた価格で受注できるように協力する旨の合意の下に，話合いにより受注予定者を決定し，受注予定者が受注できるようにしていた（以下「本件基本合意」という。）との認定がなされていた。

　その上で，公取委は，土屋企業を含む関係事業者に対し，平成13年8月1日，課徴金納付命令を行ったが，土屋企業より，不服があるとして審判手続の開始が請求された（平成17年改正前独禁法第48条の2第5項）。その際，土屋企業に対する課徴金納付命令の対象には，上記の堺道路工事のほか，都市計画道路工事，堺535号線外1路線道路改良工事，及び堺233号線道路改良工事という合計4件の入札物件が含まれていたが，不服申立てがなされていたのは，そのうちの2件（堺道路工事及び都市計画道路工事）についてであった。

　なお，Ⅰで【図表1】や【図表2】として扱っている電話連絡帳や手帳の記載は，この堺道路工事の課徴金対象性の兼ね合いで，議論の対象とされていたものである。

(2)　**本件審決による判断**

　この都市計画道路工事について，本件審決は，まず「本件違反行為の対象役務である町田市発注の特定土木一式工事に該当するところ，当該工事については，受注希望者であるT建設及び被審人の間の話合いによっては受注予定者を決定することができず，入札では，受注予定者が決まらないまま，T建設と被審人とのいわばたたき合いによって被審人が落札・受注したのであるから，この事実をもって，被審人が本件基本合意に基づいて受注予定者に決定され，当該工事を受注したものということはできない。」と述べる。

　しかしながら，「被審人が，本件基本合意を認識しながら，T建設のSに受注希望を述べ，受注希望者であるT建設のSとの間で受注予定者を決めるための話合いを行っており，これをもって，当該工事が本件基本合意による受注調整手続に上程されたものと認めることができること，受注希望を有しない被審人及びT建設以外の12社

の指名業者は，T建設から入札価格の連絡を受けるなどして，受注希望者であるT建設あるいは被審人のいずれかが受注できるような価格で入札するという競争制限的な行為を行ったことを総合すれば，当該工事について具体的に競争制限効果が発生したものと評価することができる。したがって，当該工事は課徴金の対象となるということができる。被審人が，本件基本合意からは受注予定者と目されるT建設からの本件基本合意に沿った説得に応ぜず，このため，受注予定者が決まらなかったこと，被審人は他の指名業者に入札価格の連絡をするなど入札への協力を依頼せず，相当廉価で入札したことをもって，前記認定判断を左右するものということはできない。」との判断を示していた。

入札談合事案において，基本合意の対象となる一定の取引分野の範疇に属する物件でありながら，課徴金の対象から除外されるのは，受注予定者間の話合いがまとまらず，入札に参加する各社が自由に入札に臨み，競争の結果，落札者が決まったという，いわゆる「フリー物件」に該当する場合だけとするのが公取委の従来の考え方である（以下「フリー物件化ルート」という。）。例えば，同種事案に関する審判事件における審査官側からの主張内容としても，基本合意の対象の範疇に属する入札案件において，受注予定者の決定にまで至っていなくとも，個別の調整手続に上程され，受注予定者が絞り込まれ，それ以外の入札参加者は受注する可能性のない価格で応札していたと認められるような場合には，具体的競争制限効果の発生が認められ，課徴金の対象となるという基準で事案の処理が行われていた。そして，少なくともかかる事案処理の基準に照らして考える限り，本件の都市計画道路工事についても，土屋企業に対する課徴金賦課の対象に含められるべきものとなり，本件審決はその旨を判示していたものと考えることができる。

(3) 本件東京高判による判断

本件東京高判も，本件審決と同様に，課徴金の対象となるのは，「受注調整手続に上程されることによって具体的に競争制限効果が発生するに至ったものを指す」とする。

しかしながら，本件東京高判はさらに，「課徴金には当該事業者の不当な取引制限を防止するための制裁的な要素があることを考慮すると，当該事業者が直接又は間接に関与した受注調整手続の結果競争制限効果が発生したことを要するというべきである。」と述べ，土屋企業に，かかる「直接又は間接」の「関与」が認められるか，についての検討を行っている。

その上で，本件東京高判は，当該物件に関する入札の経緯についての本件審決の事実認定を是認しつつ，(ｱ)土屋企業は，T建設の要請に応じて話合いに応じたものの，「仕事がないので受注したい。」との一点張りで通し，その結果話合いは決裂し，(ｲ)原

告自身はその後他の指名業者に対する連絡も協力依頼もしておらず，またＴ建設に対し，他の指名業者に対する連絡，協力依頼を委託したことも認定されていない（以下「没交渉の初志貫徹ルート」という。）ことを挙げ，本件の課徴金対象性を否定した。

土屋企業は，基本合意を認めた違反行為者に含まれており，基本合意を認識しながら，Ｔ建設の要請を受けて受注予定者決定に関する話合いに応じたのだから，「受注調整手続に上程され」た，と言える。さらに，Ｔ建設は，土屋企業以外の指名業者に入札価格を連絡した上で入札に臨んだのであり，連絡を受けた他の（Ｔ建設と土屋企業以外の）入札参加者は，落札することのない高値で入札したのであるから，「具体的競争制限効果が発生するに至った」と解される。また，本件東京高判では，土屋企業は，自社が関与していないところで受注調整手続が進んでいることは認識していたというべきこと，及び他の指名業者はＴ建設から同社の入札価格の連絡を受け，同社の入札価格より高い価格で入札したことはＴ建設に対する協力であると認定しており，公取委の運用基準に照らせば，当然に課徴金の対象に含められるべきとの結論になる。

しかしながら，本件東京高判は，さらに「具体的競争制限効果の発生」に土屋企業が「直接又は間接に関与」したことが必要であるとして，土屋企業が，調整決裂後，他の指名業者に対する連絡も協力依頼もしていないこと（没交渉の初志貫徹ルート）等をもって，この「直接又は間接の関与」はなかったから，課徴金の対象とならないとした。

なお，本件東京高判では，「他の指名業者がＴ建設から協力依頼を受ける際に調整が決裂したとの事実を知らされることによって，当該工事の指名業者のなかに当該工事の受注希望者がＴ建設及び土屋企業の２社であることを認識していた者がいたこと」が認定されている。

Ｔ建設から，調整が決裂したことを聞いた他の指名業者が，結果的には落札できないような価格で入札したとしても，それが当該工事の受注希望者であるＴ建設又は土屋企業の落札に協力したものであったとは限らない。むしろ，受注予定者が決まらなかったのだから，基本合意の拘束は受けず，自社の自由な意思に基づき，元々受注希望のない当該物件について，落札できないような価格で入札したに過ぎなかった可能性もある。特に，本件のような指名競争入札の場合，受注を目指して一般競争入札に参加する場合とは異なり，発注者との円滑な関係維持のため，指名を受けた以上，元より受注意欲はなくても，入札にだけは参加する場合があり得ることを考慮すると，自社の自由な意思に基づき，落札できないような高い価格で入札した可能性は高いとも言える。

そうすると，本件事案においても，状況次第では，土屋企業の「直接又は間接の関与」の有無といった新たな要件を加えて，公取委の従来の考え方（フリー物件化ルー

ト）に反する結論を導き出すまでもなく，結局のところ，本件都市計画道路工事は，受注予定者の決まらなかったフリー物件として自由競争により入札が行われたので，課徴金対象から除外されたのだという結論が導かれていた可能性も，否定はできないと言える。あるいは，本件事案において，土屋企業は，調整決裂後，他の指名業者に対する連絡も協力依頼もしていないと認定されているが，仮に，「本件調整は決裂し，受注予定者は決まらなかったから，協力は不要である」旨を土屋企業から他の指名業者に連絡していたとするならば（「フリー宣言」），フリー物件として課徴金対象から除外されるとの判断は十分可能であったであろう。

2．甲（他の入札参加事業者への協力依頼を行っていた者）が受注予定者となっていたにもかかわらず，乙が勝手に落札受注した場合

これは，受注予定者が甲と決定され，他の入札参加者も甲の受注に協力したにもかかわらず，乙が受注調整結果を無視して，勝手に安値で入札して落札したというケースであり，俗に「談合破り」や「モグリ」と言われることもある。

この場合も，結論としては，当該個別物件についての乙の売上が課徴金賦課の対象に含められることになる。

以下の検討の際の比較対象として，**第5講**で扱った多摩談合事件の中で，個別物件についての課徴金賦課の可否が争われていたケースについて確認する。

(1) 事実経過等

多摩談合事件についての最判平24・2・20（**第5講参照**）では，「本件33社は，本件基本合意に基づき，本件34件の工事について，それぞれ本件33社中の1社である入札参加業者又は本件33社中の1社をメインとする入札参加JVを受注予定者と決め，そのうち33件の工事については，受注予定者が入札参加業者又は入札参加JVのメインとなった他のゼネコンの協力を得て落札し受注するとともに，他の1件の工事については，受注予定者以外の本件33社中の1社をメインとするJVが本件基本合意に基づく受注調整の結果を利用して落札し受注した。」旨の事実認定が是認されている。

この後段の「他の1件」とは，同事件における番号58の物件であり，その経緯は，同事件の審判審決平20・7・24（**第5講参照**）によれば，概要以下のとおりである。

すなわち，公社によりACランクの共同施工工事として10組のJVの構成員となるべき事業者を指名の上で，平成12年5月15日に入札が実施され，指名業者によるJV結成後のメインは，当該事案における違反行為者5社（原告小田急建設，JFE工建，株木建設，佐田建設及び加賀田組），徳倉建設，その他のゼネコン3社及び地元業者

1社であった。施工場所が自社の営業所に近く，同物件の施工場所の近隣において施工実績を持つため，同物件の受注を希望していた佐田建設が，入札に参加するゼネコン各社への連絡等を行った。小田急建設を含む指名を受けたゼネコン各社は，佐田建設がメインとなったJVが同物件の受注を希望していることを認識し，それに異議を唱えず，指名を受けたゼネコン各社のうちJVのメインは，佐田建設がメインとなったJVの入札価格よりも高く，予定価格を上回る価格で入札した。しかしながら，小田急建設は，佐田建設が番号58の物件について条件を持つことを知りながら，佐田建設・堺産業JVの入札価格よりも50万円低い価格で入札し，結果，原告小田急建設・タカラヤ土木興業JVが落札した，というものであった。

　この番号58の物件についての事実認定は，その審決取消訴訟に係る東京高判平22・1・29（第5講参照）においても是認されていた。

(2) 同事案において示された判断

　このような事実経緯を踏まえつつ，審決取消訴訟では，小田急建設から，「被告（公取委）は，平成12年3月29日，町田市が発注する土木一式工事，建築一式工事，舗装工事の入札参加業者に対し，不当な取引制限を行っているおそれがあるとして審査を開始した。原告小田急建設にも立ち入り調査が行われた。その結果，同日以降は，町田市が発注する土木一式工事，建築一式工事，舗装工事の入札参加業者は談合行為を取り止めたとされている。この入札参加業者には，番号58の物件の入札に参加したJVのサブである株式会社加藤組，亜東コンスト株式会社，堺産業株式会社，株式会社北神建設，株式会社タカラヤ土木興業，高尾建設株式会社の6社が含まれている。番号58の物件はその直後の平成12年5月15日に入札の行われた工事であるところ，仮に本件基本合意が存在したとしても，同年3月29日に審査が開始され，原告小田急建設にも立ち入り調査がされ，さらに，JVのサブ6社が談合行為を取り止めたという事情からすると，番号58の物件の入札時期においては町田市関係の物件につき，あえて受注調整が行われるなどということは通常考えられず，本件基本合意の存在が認められたとしても，そこから直ちに番号58について受注調整が行われた事実を推認することはできない。」との主張がなされていた。

　しかしながら，同判決では，「違反行為者5社，被審人徳倉建設，その他のゼネコン3社及び地元業者1社がJVのメインとして入札に参加し，違反行為者5社間で被審人佐田建設・堺産業JVが受注予定者と決定されたものの，被審人小田急建設・タカラヤ土木興業JVは，被審人佐田建設・堺産業JVの入札価格を50万円下回る価格で入札し，落札した。この地元業者が被審人佐田建設の依頼により被審人佐田建設・堺産業JVに落札させるべく協力したことを認めるに足りる証拠はないが，この地元

業者をメインとするJVの入札価格が予定価格を上回ったことは前記…のとおりであり，この地元業者が競争的行動をとったものとは認められない。そうすると，同物件については，競争制限効果が具体的に生じたと認めることができる。そして，上記［本講においては省略］のとおり，被審人小田急建設・タカラヤ土木興業JVは，受注予定者と決定された被審人佐田建設・堺産業JVの入札価格をわずかに50万円下回る価格で入札したのであるから，この受注調整の結果を利用して落札したと推認され（この落札が被審人佐田建設の承諾の下に行われたことを認めるに足りる証拠はない。)，被審人小田急建設・タカラヤ土木興業JVによる同物件の落札・受注は，やはり，上記のとおり競争制限効果が具体的に生じたことによるものというべきである。」とされていた。

なお，特に上記の小田急建設による主張については，「なるほど，前記認定の事実によれば，原告小田急建設は，番号58の物件につき基本合意の当事者の1人である佐田建設と堺産業のJVが受注調整を経て落札するところを，受注調整の経過を認識した上で，同JVよりも50万円低い価格で落札したというのであり，その意味では本件基本合意の他の当事者と協議して落札したというのではないが，原告小田急建設は本件基本合意の当事者であること，受注調整の経過を認識し，受注調整の成果を利用して落札したといえることからすると，課徴金納付を免れることはできないというべきである。」との判断が示されていた。

すなわち，佐田建設・堺産業JVが受注予定者と決定され，他の入札参加者は佐田建設・堺産業JVの受注に協力した，又は競争的行動を採らなかったのに対し，小田急建設・タカラヤ土木興業JVは，佐田建設・堺産業JVを受注予定者と決定した受注調整結果を無視して，勝手に受注予定者より安値で入札して落札したのであるから，「談合破り」又は「モグリ」に当たり，課徴金賦課の対象に含まれることとなったと言える。本件事案では，そのような状況に至る契機として，公取委による事件調査の開始と，それ故に事前の調整どおりの受注結果を生じさせてしまうことへの躊躇といった背景があった可能性もある。しかしながら，結論としては，「受注調整の経過を認識し，受注調整の成果を利用して落札したといえる」か否かという観点からの判断となっており，そういった契機によるものではない通常の「談合破り」又は「モグリ」と，特に異なるところはない。

3．本講のまとめ

上記の1．と2．はいずれも，自らが受注予定者であると考えていた甲の思惑に反して，乙が当該物件を落札受注してしまったという点では共通していると言える。

ただし，状況次第ではあるものの，受注調整により受注予定者となった甲がその他

の入札参加事業者らの協力を得られるに至ったという状況を利用しつつ，乙が甲を出し抜くことにより当該物件を落札受注したケースに当たる 2. とは異なり，1. のようなケースでは，乙には（少なくとも当該個別物件に関する限り），甲のみならずその他の入札参加事業者らのいずれの者からも，その受注に向けた調整や協力を求めるつもりはないという意図（決意）があることがあり得る。加えて，そのような乙の意図が，甲のみならず（甲を通じて）その他の入札参加事業者らにも伝わるということがあり得そうである。

この場合，その他の入札参加事業者らは，引き続き甲の受注に対する協力を継続する場合があり，その場合には，原則として，当該入札に関しては依然として具体的競争制限効果が生じていると言える。

しかしながら，反対に，その他の入札参加事業者らは，「当該個別物件に関する受注調整は無に帰し，受注予定者は決まらなかった」と理解し，あえて甲の受注に協力するのではなく，自由な判断で入札に参加するということもあり得る。その場合には，当該入札はフリー物件になったと考えられ，もはや具体的競争制限効果は認められない。ただ，仮にフリー物件になったとしても，その他の入札参加事業者らに，当該個別物件について元より受注意欲がない場合には，少なくとも外形的にはそれらの者の応札行動にはおそらく変わりがなく，客観的あるいは潜在的には，甲と乙のいずれか落札受注に至った者に対して，それに協力したという結果に至ってしまうようにも思われる。仮に，本件事案を，このような事例に該当するとみることができるならば，その他の入札参加事業者らの，落札することのない高値での入札行動について，本件審決では受注希望者への協力行為に当たると評価したことについて，本件判決は疑問を感じたということであろう。

本件事案においては，基本合意への関与を認め，公取委の勧告を応諾した土屋企業は，その後に課徴金算定対象とされた4件の受注物件のうち2件については，自身の入札への参加行動や他の入札参加者の対応に鑑みると，基本合意に基づく個別受注調整の結果受注したとの公取委の判断に違和感を覚え，審判・訴訟に及んだところ，そのうちの1件については，裁判官も，心証として疑問を感じたということであろう。

乙においては，自由競争で当該物件の入札に臨むという決意があったのであれば，「甲のみならず，その他の入札参加事業者ら全員を含めて競争相手と捉えて行動する」旨を，当該物件のその他の入札参加事業者らに直接又は間接に伝わるようにしておくという選択肢があり得た。これは，「フリー宣言」とも言うことができる。言い換えれば，このフリー物件化ルートは，このように事業者（乙）側のイニシアティブで選択して行動することが可能である。

他方で，事案の状況にもよるが，事業者（乙）としては，その「初志貫徹」のため

に，そういった「フリー宣言」を行うことを含めて，他の入札参加事業者らとは一切の接触を持つことができない（あらゆる「雑音」を排除するために）ということもあり得よう。

　その場合，その意図が他の入札参加事業者らに伝わるか否かは，受注予定者とされていた者（甲）が，他の入札参加事業者らに決裂の状況を伝えるか否かに拠ることになる。そして，その状況下において，没交渉の初志貫徹ルートが採られたケースとして課徴金賦課対象から外されることとなるか，あるいは「談合破り」や「モグリ」と言われるケースとみなされて課徴金の賦課対象とされてしまうかについて，少なくとも，現時点では一義的に明確な基準はない。特に，事業者（乙）の観点からは，自らの与り知らぬところで生じる事象を含めた総合評価により，その帰趨が決せられてしまうということにもなり得る。

　その意味では，状況的に他の入札参加事業者らに対して「フリー宣言」を行う等のための接触を持つことがおよそ採り得ないということでない限り，フリー物件化ルートを選択する方が，その後の帰趨に対する自らとしてのコントロールを確保できる可能性が高いと言える。

　改めて，IIの冒頭で指摘したように，この種の状況は，そもそも入札談合に関する基本合意には関与してしまっている時点で独禁法コンプライアンス上の問題がある。

　したがって，個別物件に関する課徴金賦課のいかんをもって，その基本合意という違反行為の存在が確認されたことへの適切な対処を揺るがせにすべきではないことは当然のことである。

　ただし，そのコンプライアンス活動を担う際に，「課徴金の賦課対象に含められてしまうことへの違和感」というような，社内関係者の感情その他の問題を全く度外視してしまうことは，時に，時宜に適った適切な対処を採ることへの支障となり得る。

　本講で扱ったような事実経過を背景とする「課徴金の賦課対象に含められてしまうことへの違和感」が，その一因となっているということがあるのであれば，実体法的な違反の成否という観点とは別に，その種の法技術的な観点からの議論を駆使しつつ，対応を検討する必要があると思われる。

第8講

業務提携における共同での利益追求と「反競争性」

【図表1】 参加メーカーへの説明資料

【原盤着メロ提供事業のレコード会社におけるメリット】

「レコード会社にしか出来ないビジネス」
「価格競争の起こらない安定したビジネス」

「参入戦術」
「複数のレコード会社が集結するレコちょく♪が，レコード会社にしか出来ない原盤着メロのポータルサイトを展開することで，早期にマーケットシェアを高め，参入障壁を築き，競合他社が参入する余地を排除することを目指します。」

「着うた事件」（審判審決平20・7・24，東京高判平22・1・29）
事案の手がかり：「参加事業者向け説明資料」等（本講【図表1】，【図表2】）

I　証拠からみた，独禁法違反認定の鍵

本講では，着うた事件[1]（以下，本講において「本件事案」という。）を取り上げる。

1．参加メーカーへの説明資料

(1)　「参入障壁を築き，競合他社が参入する余地を排除」の意味

まず，下記の【図表1】をご覧いただきたい。

【図表1】　参加メーカーへの説明資料

【原盤着メロ提供事業のレコード会社におけるメリット】

「レコード会社にしか出来ないビジネス」
「価格競争の起こらない安定したビジネス」

「参入戦術」
「複数のレコード会社が集結するレコちょく♪が，レコード会社にしか出来ない原盤着メロのポータルサイトを展開することで，早期にマーケットシェアを高め，参入障壁を築き，競合他社が参入する余地を排除することを目指します。」

「着メロ」提供事業とは，2000年代初頭より始まった携帯電話を利用したサービスとして，楽曲の電子音を携帯電話の着信音としてユーザーに配信していたサービスである。音楽用コンパクトディスク（以下「CD」という。）に録音された歌声等ではなく，楽曲のメロディを電子音にしたもので，社団法人日本音楽著作権協会等を通じて著作権者に著作物の利用許諾料を支払えば足り，比較的容易に事業を営むことが可能であった。これに対して「着うた」提供事業とは，CD発売用等に製作された原盤に録音された歌声等の一部を携帯電話の着信音として設定できるようにするサービスであった。着うた提供事業に使用される原盤は，レコード会社等が製作するところ，原盤の製作者は，著作権法上，著作隣接権者として保護され，原盤権を有している。したがって，着うた提供事業については，着うたとして提供する当該楽曲の作詞家や作

---

[1]　審判審決平20・7・24審決集55巻294頁（以下「本件審決」という。），東京高判平22・1・29審決集56巻498頁（以下「本件東京高判」という。）。

曲家などの著作者に対し，著作物の利用許諾料を支払うほか，原盤権者に対し原盤権の利用許諾料を支払う必要があった。

　しかしながら，着メロ提供事業においては，原盤権者たるレコード会社は何ら直接的な利益が得られなかったことから，レコード会社の中には，着メロの価格競争が激化して楽曲が安売りされていること等について不満を抱く者も多かった。このような状況下で，レコード会社の中から，そのブランド力や，レコード会社が複数集まることにより多くの楽曲を取り扱うことができることなどのメリットを発揮できれば，多くのユーザーを取り込むことが可能となり，既存の事業者との差別化を図って十分な利益を上げられるのではないかといった考えが芽生えてきたとされていた。

　レーベルモバイルとは，エイベックス株式会社（以下「エイベックス」という。），株式会社ソニー・ミュージックエンタテインメント（以下「ソニー・ミュージックエンタテインメイト」という。），及びビクターエンタテインメント株式会社（以下「ビクターエンタテインメント」という。）の3社により平成13年7月に設立され，その後にユニバーサルミュージック株式会社（以下「ユニバーサルミュージック」という。）と東芝イーエムアイ株式会社（以下「東芝イーエムアイ」という。）が資本参加することとなった共同事業会社であり，平成13年10月から，「レコード会社直営♪」の名称で着メロ提供事業を行うサイトを開設し，事業を開始していた。

　レーベルモバイルは，平成14年8月29日開催の運営委員会（同社の運営に関する事項の検討等を行い，実質的な運営方針を決定するための社内会議）において，当時既に同社に音楽コンテンツなどを提供していたレコード会社（上記5社を除く。本件では，「参加メーカー」と呼ばれていた。）に対する説明会用資料について，検討を行った。【図表1】は，その検討資料の主要な部分の再現を試みたものである。なお，後述のように，その後に開催された参加メーカーへの第1回説明会（平成14年9月2日）において，おおむね同内容の資料が配付されていた。

　そこにはまず，「レコード会社にしか出来ないビジネス」という記載がある。ただし，これは，自ら原盤権を持たない事業者であれば，権利許諾を受けない限りはその事業を行うことができないという客観的事実を述べただけ，ということのようにも見える。また，「価格競争の起こらない安定したビジネス」という記載についても，原盤権利者の立場からすれば，その利用許諾の際の許諾料の設定等を通じて，少なくとも着メロ提供事業との比較において，相対的に価格競争が起こりにくいという認識を記載したものと考えることもできそうである。さらに，「参入障壁を築き，競合他社が参入する余地を排除」という記載も，着うた提供事業をいち早くスタートして後から参入してくる者よりも優位に立ち，先行者利益を享受することを表現したに過ぎないという見方も可能であるようにも思われる。

この点，本件事案では当初，審査官側から，これらの3つの文言を5社で確認したということは，事実上，5社間で相互に他の着うた提供業者には5社が保有等している原盤権の利用許諾を行わないようにしようと確認し合っていたことに等しく，単に直接的な表現を避けただけで，事実上，明示的に利用許諾を拒絶する旨の合意をしていたに等しいという趣旨の主張がなされていた。

しかしながら，結論から述べると，その主張は本件審決において否定されることになった。

(2) プレゼンテーションのための強調？

事業者側からは，【図表1】のこれらの記載は，当該資料がプレゼンテーション資料であるが故に，多少の強調を含むものになっていたに過ぎず，法的に非難されるべきものではないとの反論もなされていた。特に，携帯電話は，パソコンなどと比べてその画面が極端に小さく，サイトの全体を直ちに見渡しづらい等の事情から，着うたのユーザーのアクセスは，着うたカテゴリー・サイトの上方に位置付けられている着うた提供業者のサイトに集中するが，上方に位置付けられるか否かはユーザーのアクセス数によって決定され，このアクセス数を増やすためには，ユーザーに人気のある楽曲を着うたとして提供していることが必要不可欠の条件であり，着うたのユーザーの多くを占める中学・高校生から20代前半までの者に人気のある楽曲をより多く提供できるサイトであることが重要となる等が指摘されていた。

このように，【図表1】の記載は，今後増加してくるであろう着うた提供業者間の顧客獲得競争において有利な立場を確保するという意味で記載されていたに過ぎないとの反論であった。

しかし，本件事案ではこの点について，仮にプレゼンテーション資料として多少の強調を含んでいたとしても，その信用性が劣るということはなく，むしろ，プレゼンテーション資料であれば，重要なポイントを掲げていると見るのが合理的であって，5社が重要事項として認識していたことが推認されるというべきであるとされた。そしてその意味で，事業者側の反論は排斥され，前記の3つの文言は，本件審決において，5社が「複数のレコード会社が集まったレーベルモバイルにおいて着うた提供事業を展開することについてのメリットを検討し，その当時着メロ提供事業の市場で見られた激しい価格競争を避け，原盤権を保有等することによるレコード会社としてのメリットを活かすことにより，レコード会社が結束して着うた提供事業という新しい市場を開拓し，レコード会社としての利益をこの新市場において十分に享受したいとの動機及び共通の意図を有し，新市場において上記のメリットを活かし，市場における優位性を早期に確立させることにより，レコード会社以外の者による同事業への参

入を困難にし，新市場におけるレコード会社の優位性を維持したいとの共通の認識を有していた」という認定根拠の1つとされることとなった。

2．参加メーカー22社との差異

(1) なぜ「5社のみ」が違反とされたのか

改めて確認すると，本件事案においてその成否が争われた共同の取引拒絶（平成25年改正前の独禁法19条・同2条9項，一般指定1項）の「共同して」に該当すると言うためには，単に複数事業者間の行為の外形が一致しているという事実だけではなく，行為者間相互に当該行為を共同でする意思，すなわち「意思の連絡」が必要であるとされる。本件事案において，特に【図表1】の資料中の文言を踏まえつつ，5社間での意思の連絡の成否に関して問題となったのが，同様の文言が記載された説明会用資料が，前記の第1回説明会において参加メーカー（レーベルモバイルを通じて着うたを提供していた27社のうち5社を除くレコード会社22社）にも配布されていたという事実であった。すなわち，この3つの文言が記載された資料を検討してレーベルモバイルの着うた提供事業に参加していたという意味では，前記5社と，その他の参加メーカー22社との間に，かかる共通の認識を形成する過程に差異はないのではないかという点である。

(2) 5社による「アフィリエイト戦略」とは

この点に関連して，以下の【図表2】をご覧いただきたい。

【図表2】 アフィリエイト戦略案資料

アフィリエイト戦略案　2003．9．29経営企画M
■戦略的なポジショニング
【アフィリエイトの位置付け】
着うた，着ムービーは，権利者固有のコンテンツであり，着メロと異なりサイト運営者が独自の判断でコンテンツを開発することができない。従って，音楽関連サイトを運営する企業が，着うたサービスを実現するためには，権利者の事前許諾と着うたファイルの提供が必要となる。権利者にとっては，着うたファイルを複数作成し，複数のサイトに提供することは，業務負荷を高めることになり，必ずしも望むところではない。そこで，LM社の運営するレコード会社直営♪サウンドなどにアフィリエイトプログラムを組み込むことで，サイト運営者および権利者双方のニーズに対するソリューションを提供する。

> 【アフィリエート戦略の目的】
> ①自社サイトへの集客拡大，②競合サイトの発生防止，③立体的な音楽プロモーションの実現，④マーケティングデータの収集
>
> 【アフィリエートの提携先選定の条件】
> ①我々の既存事業と深く関わっていること…，②レコード会社が望まないサービスをしていないこと…，③競合性の高いサイトを運営していないこと⇒着メロなど，④我々のビジネスモデルを崩さないこと…

　この「アフィリエート」とは，本件事案では，レーベルモバイルから直接楽曲の利用許諾を得られない事業者が，自らのサイトのユーザーが楽曲をダウンロードする際に，当該サイトからレーベルモバイルのサイトに誘導し，レーベルモバイルのサイトから当該楽曲をダウンロードする方式（リンク元のサイトの主催者には報酬が支払われる。）を言うとされていた。

　そして，「アフィリエート戦略の目的」については，「競合サイトの発生防止」などが挙げられている。他方で，「アフィリエートの提携先選定の条件」としては，「レコード会社が望まないサービスをしていないこと」等の記載も見受けられていた。

　この点，まずレーベルモバイルの立場からすれば，アフィリエートは，競合事業者である他の着うた提供業者に対する支援ともなり得るような課題であった。ただし，レーベルモバイルにとってもレコード会社は重要な取引先でもあったため，ニーズがあれば何らかの形で対応せざるを得ないということで，事業者（5社）側からは，この検討は5社の立場ではなく，専らレーベルモバイルの立場で行ったものであると主張されていた。

　しかしながら，本件審決はまず，平成15年3月以降，他の事業者が着うた提供事業の開始を検討するようになり，5社が他の事業者から利用許諾の申入れを受けることが多くなった際，5社各社に対する個別の依頼であるにもかかわらず，5社の要職を担う者が集まるレーベルモバイル運営会議の場において，他の着うた提供業者には利用許諾を行わず，アフィリエートによる方法を採ることを検討し始めたという経緯を踏まえつつ，「アフィリエート戦略をレーベルモバイルの運営会議等で検討していたことの意味は，レーベルモバイル独自の利益を図るためだけにアフィリエート方式を展開するというよりは，利用許諾を極力回避することにより5社各社の利益を図るための5社の共通の認識を踏まえた検討であった」と指摘した。その上で，「競合するサイトが発生することを防止するという目的は，着うた提供事業を営んでいるレーベ

ルモバイルの利益に直結するものであると同時に，競合サイトの発生防止により，レーベルモバイルに人気楽曲が集中することになれば，レーベルモバイルに楽曲を提供している5社の利益にもつながるものであって，レーベルモバイルの利益と5社の利益は共通する。」と指摘している。加えて，「アフィリエート戦略の検討経過の中で，アフィリエートの提携先選定の条件として，レコード会社が望まないサービスをしていないことや着メロ提供事業を行う者でないなど，レコード会社と競合性の高いサイトを運営していないことを条件として検討していることなどから見ても，アフィリエート戦略がレコード会社等の原盤権を保有等する者の利益を守る立場からも検討されたものであることが明らかである。」と述べ，アフィリエート戦略を専らレーベルモバイルのための戦略であるとした事業者側の主張を排斥している。

(3) 5社と22社の相違

その上で，本件審決は，この「5社と22社」をめぐる状況について，「5社間において，利用許諾を拒絶することについて意思の連絡が推認されるのは，3つの文言を繰り返し検討したことだけによるものではなく，着うた提供事業を開始するに当たって，レーベルモバイル運営会議において5社間で数か月にわたり検討してきたこと，着うた提供事業が軌道に乗ってきた段階でのアフィリエート戦略の検討等の事情を総合して認定されるもの」であるとしている。なお，本件審決では，「レーベルモバイルへの参加を呼びかける側の5社とそれを受けるか否かの選択権を有する22社とでは，当然その意識の程度も異なる。5社は，着うた提供事業を参加メーカーなどに提案する際の資料の内容について，5社が集まるレーベルモバイルの運営会議で検討を重ね，5社の総意として参加メーカーや非参加メーカーに着うた提供事業の内容を説明しているものであって，5社間においては当然意思の連絡が前提とならざるを得ないが，22社は，単に参加を呼びかけられただけにすぎず，参加するか否かの選択権を有している点でその立場は大きく異なっている。」とも指摘されている。

3．補　論

(1) 本件東京高判における判示

前記のように，本件審決では，関連事情の総合判断により，5社に「他の着うた提供業者に対して楽曲の提供をできる限り拒絶し，少なくとも価格競争圧力となるような競争者の参入を排除するためには，利用許諾を拒絶することが有効であることを認識し，また，5社のうち自己以外の者が同様の認識を有し，5社が相互に協調的行動を採ることを期待し合う関係」つまり，「利用許諾を拒絶することについて，意思の連絡が認められる」と判断された。その際に総合考慮された事情は，「①5社が共同

して設立し，運営するレーベルモバイルに対し着うた配信業務を委託する一方で，他の着うた提供業者あるいは着うた提供事業を開始しようとする者からの楽曲の提供の申入れに対し，5社が利用許諾をしたことはほとんど皆無であった事実，②その申入れに対する5社の対応状況，③レーベルモバイルにおいて着うた提供事業を始めた際の背景や動機及び④レーベルモバイルにおいてアフィリエート戦略を検討していた状況等」（付番は筆者）とされている。

そして，かかる判断は基本的に本件東京高判においても支持されている。なお，Ⅰでは主に③の「背景」や④の検討状況を紹介した。

(2) 共同して利用許諾を拒絶すれば価格競争を回避できるか？

③の「動機」について事業者側からは，「着うた提供事業において，ある着うたが低価格で配信されているからといって他の着うたも低価格で提供せざるを得ないという関係にはなく，…，価格競争を回避するために5社が利用許諾の申入れを拒絶するということは不自然かつ不合理である」との反論もなされていた。なお，この着うたに関する価格競争については，1つの楽曲を「ブランド」として見たときに，1つの楽曲に関する原盤権を5社間で共有している事実はない（単独で，原盤権を適切に行使することにより，ブランド内競争を制御することが可能である。）ことや，着うたという商品の差別化の強さなどを前提とすれば，5社で共同して利用許諾を拒絶したとしてもブランド間競争を制限することはできず，インセンティブにはなり得ないといった反論もなされていた。

しかしながら，本件審決では，まず，ある着うた提供業者により低価格で配信される人気楽曲が増え，着うたの配信価格全体の水準が低くなれば，当然，他の着うた提供事業者が提供する楽曲の配信価格にも影響を及ぼすことは明らかであり，「人気楽曲を保有等するレコード会社の動向の影響を受けないとする…上記主張の前提は不合理」であると指摘されている。この点，本件東京高判も，参考人審尋の結果も引用しつつ，「他の着うた提供業者が着うたを低価格で提供すれば，着うた全体の提供価格に影響が及び得ること，着うたのユーザーがすべて特定の楽曲にしか興味を示さないものとはいえないこと（楽曲の傾向が共通する複数のアーティストに魅力を感じるユーザーが存在しないとはいえない。），着うたのユーザーは，中学生・高校生から20歳代前半までの着うたのダウンロードに金銭的な限界がある者が大部分であること，なども併せ考慮すれば，ユーザーがより安価な着うたに魅力を感じることもあり得るというべきである。」と指摘しつつ，本件審決による判断を支持している。

II 事案検討から得られる教訓

1．はじめに

IIでは，事業者が，その事業活動上の優位性をより確実なものにしたいという意図を持つこと，そして，それを共同事業等の当事会社間で共有することは，企業として自らの利益を追求するという正当な業務活動として許容されるべき範囲の活動ではないか，そして，それを当事会社間で共有することもまた，共通の目的のために集う共同事業等において許容されるべき範囲のことではないか，といった観点から，本件事案を改めて検討する。

そもそも，共同事業活動において本来の趣旨目的とされた内容については，当該共同事業の当事者間では当然に共有されているはずである。したがって，当該趣旨目的自体に反競争的と評価されてしまう内容が含まれていたとすると，そこに共同性（意思の連絡）が認められてしまうのは当然の帰結であろうと思われる。

では，本件事案では，その点は当事者間でどう整理されていたのであろうか。

そこで，以下では，まず，本件審査の経緯と公取委の認定事実を整理したのち，2．として本件審・判決の解釈論的検討（違反の成否についての判示の中で，成立要件に関して認定されていた事実関係の整理）を，3．として本件の実態論的検討（2．の検討から浮かび上がってくる，本件の違反の実態についての再構成）を行う。

この実態論的検討については，とりわけ，「価格の制限」と「競争者の新規参入制限」のそれぞれに関する共同性が，その検討対象となる。併せて，そういった「正当な業務活動」性が，公正競争阻害性の判断に何か影響を持ち得ないのかという点も重要である。

その上で，4．として競争事業者間で同種の共同事業を行う際の，独禁法の観点からの注意事項を抽出する。なお，これらの注意事項は，独禁法違反の嫌疑に関する社内調査の際の重要な視点ともなる。

(1) 本件審査の経緯

まず，改めて本件の審査経緯を振り返る。

本件は，エイベックス，ソニー・ミュージックエンタテインメント，ビクターエンタテインメント，ユニバーサルミュージック及び東芝イーエムアイの5社（以下「5社」という。）が，着うた提供事業に関し，5社の共同出資により運営される会社（レーベルモバイル）に着うた提供事業を委託する一方，共同して，他の着うた提供

業者に対し，その事業のために必要な楽曲の原盤権の利用許諾を行わないようにしている行為が，「不公正な取引方法」の「共同取引拒絶」に該当し，独禁法19条の規定に違反する，とされたものである。

公取委は，平成16年8月26，27日に，5社に対して立入検査を行い，平成17年3月24日，5社に対して，排除勧告を行ったところ，東芝イーエムアイは勧告を応諾したので，同年4月26日，同社に対し，勧告と同趣旨の勧告審決が出された。

他方，他の4社は勧告を応諾しなかったので，審判が開始され，平成20年7月24日，被審人4社に対し，本件審決が出された。

さらに，本件審決に納得できなかった被審人4社は，当該審決の取消しを求めて，東京高裁に審決取消訴訟を提起した。そして，平成22年1月29日，本件判決言渡しがあり，原告4社の請求は棄却された。なお，原告4社のうち3社が本件請求棄却判決について，最高裁に上告及び上告受理申立てを行ったが，平成23年2月18日，上告棄却，上告不受理となったため，本件東京高判が最終判断となった。

(2) 公取委の認定事実

勧告審決の記載に見られる公取委の本件違反行為の認定事実は，以下のとおりである。

「5社は，平成14年8月ころ以降同年10月ころまでに開催されたレーベルモバイルの運営会議等において，着うたを，原盤権を保有しているレコード制作会社の優位性を保つことができ，レコード制作会社にしかできないサービスとすることにより，価格競争が激しくならないサービスであると位置付け，着うたの提供に係るレーベルモバイルの携帯電話向けウェブサイトを共同で構築・運営し，レーベルモバイルに着うたの提供業務を委託することにより，当該ウェブサイトを通じて着うたを提供することを決定するとともに，他の着うた提供業者には，5社が原盤権を保有等している楽曲の原盤権の利用許諾は行わないようにすることとした。

5社は，前記の認識の下，他の着うた提供業者から原盤権の利用許諾の申入れがなされた場合には，これを拒絶し，又は原盤権の利用許諾の申入れを行った他の着うた提供業者が，5社のCDの販売等に関し，5社と取引関係にある等一定の条件を満たす場合には，当該他の着うた提供業者に対し，その携帯電話向けウェブサイトから着うたの提供に係るレーベルモバイルの携帯電話向けウェブサイトへ誘導することを提案するにとどめ，原盤権の利用許諾を拒絶している。

5社の行為により，他の着うた提供業者は，5社が原盤権を保有等している楽曲のほとんどすべてについて，その原盤権の利用許諾を得られていない状況にある。」

すなわち、認定された5社の行為は、①レーベルモバイルに着うたの提供業務を委託することにより、当該ウェブサイトを通じて着うたを提供することを決定、②他の着うた提供業者には原盤権の利用許諾は行わないようにすること、③5社と取引関係にある等一定の条件を満たす他の着うた提供業者からの原盤権利用許諾の申入れに対しては、当該着うた提供業者の携帯電話向けウェブサイトからレーベルモバイルの携帯電話向けウェブサイトへ誘導することを提案するにとどめること、の3点である。

そして、本件審決は、「本件における主要な争点は、5社による楽曲の原盤権に係る利用許諾の拒絶に共同性があるか否かである。」としている。すなわち、②の5社の行為に、「共同性」があるか否かである。

①は、5社の出資により設立したレーベルモバイルに、5社の着うた提供業務を委託することにより、5社の共同事業として着うた提供事業を開始するとの決定である。

①の行為自体は正当な業務活動と見られそうだが、①の共同事業の遂行に関連して②の行為を5社が共同して行ったといえるのか、また、③の行為はアフィリエイト戦略を指すが、競合サイトの発生を防止し、5社の利益を図るためのものであったという点が問題視された。この点について、5社としては、全体として、着うた提供事業の共同実施という正当な業務活動の範囲内の行為であったとして、公取委の独禁法違反の認定には納得できなかったということであろう。

2．本件審・判決の解釈論的検討

(1) 共同事業の当事者間における「共同性」の有無という争点
ア．本件審決及び本件東京高判の判示

本件審決は、「共同性」についての判示として、まず判断基準について「『共同して』に該当するというためには、単に複数事業者間の行為の外形が一致しているという事実だけでなく、行為者間相互に当該行為を共同でする意思、すなわち、意思の連絡が必要であると解される。そして、この場合の『意思の連絡』とは、複数事業者間で相互に同内容の取引拒絶を実施することを認識ないし予測し、これと歩調をそろえる意思があることを意味し、意思の連絡を認めるに当たっては、事業者相互で拘束し合うことを明示して合意することまでは必要ではなく、相互に他の事業者の取引拒絶行為を認識して、暗黙のうちにこれを認容することで足りるものというべきである。」と述べる。これ自体は、**第1講**で取り上げた東芝ケミカル事件において不当な取引制限に関する意思の連絡の成否に関して判示された内容と同旨である。

その上で、「本件においては、5社が利用許諾を拒絶した各行為について、5社間における明示の意思の連絡を直接証するものは存しないものの、次に述べるとおり、5社が共同して設立し、運営するレーベルモバイルに対し着うた配信業務を委託する

一方で，他の着うた提供業者あるいは着うた提供事業を開始しようとする者からの楽曲の提供の申入れに対し，5社が利用許諾をしたことはほとんど皆無であった事実，その申入れに対する5社の対応状況，レーベルモバイルにおいて着うた提供事業を始めた際の背景や動機及びレーベルモバイルにおいてアフィリエート戦略を検討していた状況等の間接事実を総合して判断すれば，5社間において，相互に他の4社も利用許諾を拒絶することを認識して，これを認容した上で，他の着うた提供業者からの利用許諾の申入れに対して拒絶していたものと認められ，<u>5社間において利用許諾を共同して拒絶することについて，意思の連絡があったと認められる。</u>」と判示する。

そして，その「間接事実」として「着うた提供事業が軌道に乗った以降は，他の着うた提供業者に対して楽曲を提供しないようにするため，楽曲の提供に代わる対応策としてレーベルモバイルの運営会議においてアフィリエート戦略を検討してきた」ことなどを挙げた上で，「<u>5社は，他の着うた提供業者に対して楽曲の提供をできる限り拒絶し，少なくとも価格競争圧力となるような競争者の参入を排除するためには，利用許諾を拒絶することが有効であることを認識し，また，5社のうち自己以外の者が同様の認識を有し，5社が相互に協調的行動を採ることを期待し合う関係にあった，つまり5社には，少なくとも利用許諾を拒絶することについて，意思の連絡が認められるものというべきである。</u>」と述べる（下線は筆者）。

さらに，本件東京高判では，「5社は，…原盤権を保有等するレコード会社が結束してレーベルモバイルを通じて率先して着うた提供事業という新規市場を開拓することによって，レコード会社以外の者の参入をできるだけ排除し，5社の原盤権に基づく利益を確保することを意図して，着うた提供事業を開始したものということができる。そして，5社は，レーベルモバイルによる着うた提供事業が軌道に乗った後は，他の着うた提供業者の参入によって着うたの配信価格の安定が脅かされることのないよう，他の着うた提供業者に対して利用許諾の方法では楽曲を提供しないこととし，それに代わる対応策として，レーベルモバイルの運営委員会等においてアフィリエート戦略を検討してきたものと認められる。そして，結果的にも，5社は，他の着うた提供業者に対して，当該業者が着うたの配信価格を設定できる利用許諾の形態での楽曲の提供はほとんど行っていないのである。これらの事情を総合考慮すれば，<u>5社は，それぞれ，他の着うた提供業者が価格競争の原因となるような形態で参入することを排除するためには他の着うた提供業者への原盤権の利用許諾を拒絶することが有効であること（他の業者に対する楽曲の提供を拒絶しきれない場合にはアフィリエートを認めることが対応策であること）を相互に認識し，その認識に従った行動をとることを相互に黙示的に認容して，互いに歩調をそろえる意思であった，すなわち，5社には原盤権の利用許諾を拒絶することについて意思の連絡があったと認めることができ</u>

るものである。」と判示されていた（下線は筆者）。

このように，両者は基本的に同旨と認められる。ただし，本件東京高判では，意思の連絡の認定の中で，特に「アフィリエート」という方策の意義についての関係当事者の認識についての認定が補足されている。

イ．**本件事案**において企図されていた「共同拒絶」の意義

本件事案における共同事業が企図された初期のころに，仮に5社の間で何らかの「共同拒絶」が企図されていたとすると，それはどういった内容のものであったと考えられるか。

これに関連して，改めてⅠの【図表1】の記載に基づいてその意味が議論されていた3つの文言（「レコード会社にしか出来ないビジネス」「価格競争の起こらない安定したビジネス」「参入障壁を築き，競合他社が参入する余地を排除」）を見ると，大別して2つの異なる読み方ができるように思われる。

1つは，文字通りの読み方とも言えるが，広い意味での競合サイトの発生を防ぐ（すなわち，アフィリエートを含めた，5社以外の他社への一切の提供の回避）ということを含めて，競争業者が着うた市場に新規参入してこないようにすることが企図されていたという読み方である。

このような捉え方をする場合，競合サイトの発生を防ぐためには，利用許諾の拒絶だけでは不十分であり，業務委託についても共同拒絶しなければならないことになろう。他方で，現実には5社は，業務委託により音源提供を多数行っており，また，実際，多くの競争業者が着うた市場に新規参入していることから，仮に，このような意味で，5社が「参入障壁を築き，競業他社が参入する余地を排除する」という着うた提供事業開始当初の目標を置いていたのならば，それは早々に放棄されていたのではないかとの疑問も浮かぶ。

もう1つは，価格競争の回避という部分と新規参入の排除という部分を重ね合わせてみることで，5社は，5社の意向に捕らわれずに独自に消費者への配信価格を決定できる競争業者の新規参入を阻害することを企図していたのではないか，という読み方である。

この捉え方の場合には，そういった限定された意味での競合サイトの発生を防ぐためには，利用許諾の拒絶だけで十分であり，業務委託についてまで共同拒絶する必要はなくなり得る（業務委託先には，配信価格の決定権は与えられないので。）。さらに言えば，業務委託に応じても，特に利用許諾を共同拒絶することと齟齬は生じないということになるなら，むしろ，業務委託になら応じてもよいという「逃げ道」を用意しておくことは，利用許諾の共同拒絶の実効性を高めるための手段にすらなり得る。

ただし，この見方については，仮に「5社の意向に捕らわれずに独自に配信価格を

決定できる競争業者の新規参入を阻害すること」ができたとして，その「5社の意向」自体はどう形成されるのか，そこが集約されないままでは価格競争の回避はできないのではないかという疑問が残される。言い換えれば，そういった新規参入阻害は，5社の間での価格競争の回避を行う上での，いわば「雑音を遮るための壁」という手段に過ぎないので，それだけでは価格競争の回避という本丸の目的は達成できないということである。この点については，実態論的検討として3．で後述する。

　なお，特に利用許諾を拒絶するという行為について，本件東京高判では，「確かに，原盤権を保有等する5社が個別に特定の着うた提供業者（レーベルモバイル）には業務委託を行いそれ以外の着うた提供業者には利用許諾を拒絶するということは，何ら違法ではなく，自らが出資したレーベルモバイルの利益ひいては自らの利益を図るために，レーベルモバイルにのみ楽曲を提供し他の着うた提供業者には利用許諾を拒絶するという行為は，経済的合理性に適った行為ということもできるから，結果的に5社のいずれもがレーベルモバイル以外の着うた提供業者に利用許諾を拒絶したことは，それ自体は不自然な行為とまではいえないものである。しかしながら，5社それぞれが個別に行う原盤権の利用許諾の拒絶行為が上記のとおり適法かつ自然な行為と評し得るとしても，5社が意思の連絡の下に共同して取引拒絶をすれば，それは独占禁止法19条，2条9項，本件告示1項1号に違反する違法な行為となる。」旨が判示されている。

　この判示からは，利用許諾（あるいはその拒絶）については5社がそれぞれ個別に判断して対応すべきであるということといわば表裏をなすこととして，利用を許諾する際の配信価格の設定もそれぞれが個別に行う必要があるという示唆を読み取ることができる。また，その意味で，5社の間には，共同事業を行う間柄にあるとはいえ，引き続き，それぞれが個別に行動すべき部分が残されていた（そしてそれは，5社がレーベルモバイルに利用許諾せずに業務委託するにとどめ，利用許諾は引き続き5社がそれぞれ自らの判断で行うという方式を採用した時点で，自ら作出したものであった。）のであり，5社の間には必要に応じて情報遮断措置が設けられて然るべきであったという示唆を得ることもできよう。

　ただし，上記の判示は，あくまで本件事案において成否が争われた（利用許諾の）共同拒絶について，各社にとって利用許諾の拒絶が経済合理的であったとしても，それ自体は違反の成立を否定する根拠とはならないという形で，利用許諾を共同して拒絶することの当否に関連して言及されているにとどまっており，その他，配信価格の設定を含めて，各社各様で行動すべき部分があったことにまで踏み込むものとはなっていない（共同での利用許諾の拒絶についての判示には不要であるので，当然のことではあるが。）。

ウ．本件事案における「アフィリエート戦略」の「ネガティブ条件」

　上記のとおり，本件東京高判は，「共同性」の認定にあたり，特に，本件事案における「アフィリエート戦略」の意義（他の業者に対する楽曲の提供を拒絶しきれない場合にはアフィリエートを認めることが対応策であること）に着目している。

　まず，一般的には，「アフィリエート戦略」とは，「サイトに他の企業サイトへのリンクをはり，当該サイトの閲覧者がそのリンクを経由して当該他の企業サイトを閲覧し，当該他の企業サイトで会員登録や商品購入などの取引が成立すると，当該他の企業からリンク元のサイトの主催者に報酬が支払われるという広告手法のことをいう。」とされる。これに対して，本件事案では，この「アフィリエート戦略」は，「5社が着うたとして配信する楽曲の提供を求める特定の要求を断り切れない場合に原盤権を開放することなしにこの要求に応じる策」とされていた。すなわち，決して積極的に展開することが想定されたものではなく，「利用許諾」には応じないという対応を貫徹するための選択肢（逃げ道）として用意されたものであった。

　この点，例えば，本件審決においても，既に，Ⅰの【図表2】に基づいて開催された運営会議において，「取るべき戦略ではあるが，積極的に展開すべきでないこと，いらぬ競合を発生させない施策として位置づけること」等の意見が出されたことが認定されていた。また【図表2】の資料の改訂版であるアフィリエート戦略案H15/10/9では，「競合サイトの発生防止」を1番目の目的として掲げつつ，「競合サイトの発生防止を第一義とする戦略であり，提携先は厳選，限定することとなる。したがって，交渉戦術上でのネガティブ条件を事前設定する。」などの文言が記載されていたことが認定されていた。

　本件事案におけるアフィリエートが，着うたとして配信する楽曲の提供を求める特定の要求を断り切れない場合に原盤権を解放することなしにこの要求に応じるための次善の策（逃げ道）として認識されていたということは，言い換えれば，アフィリエートは，5社が共同で利用許諾を拒絶するという方針を，より確実に実現するための手段であったということになる。5社の中で，自らは，利用許諾を拒絶するにあたり，特に「楽曲の提供を求める特定の要求を断り切れない」というような場面に直面していないが，他にそういった場面に直面してしまっている者が存在する場合に，その者がその場面にどのように対応することになるのか（拒絶しきれないということで，利用許諾に応じてしまうのか）ということは，「共同性」が認められるべき輪の中に入っている者ならば，等しく関心事となるであろう。

　本件は，共同の「取引」拒絶の成否が問われた事案であるが，上記イ．のとおり，このアフィリエートによる取引に応じる余地が残されていたという意味で，一切の「取引」に応じることを拒絶することが共同されていたわけではない。いわゆる「取

引」のうち，特に「利用許諾」の拒絶が共同されていたという事実について，その有無や当否が問われたものである。そして，アフィリエイトによる「取引」に応じる余地については，5社それぞれの自由な判断に委ねられていたわけではなく，条件が限定的あるいは排他的（ネガティブ条件）に設定され，共有されており，その条件は，レコード会社の立場や利益の観点から検討されたものであった。

　この点，本来であれば，上記のようにアフィリエイトを，利用許諾の共同拒絶を実施するための「逃げ道」として用意するということであったとしても，（利用許諾自体を本来各社各様で行われるべきであったのと同様に）アフィリエイトの提携先選定についてのスタンスもまた，本来各社各様で行われるべきではないかという発想に至ることはあり得たと言えよう。

　しかしながら，実際には，5社の間では互いに異存がないような形で5社それぞれのアフィリエイト対応が行われるよう，提携先選定の条件の検討（目線合わせ）が行われた。そして，少なくともその限りにおいて，アフィリエイトの提携先選定の条件が限定的あるいは排他的（ネガティブ条件）となっていたことが，本件事案において違反が認定される根拠の1つとなった。ただし，繰り返しとなるが，上記イ．のとおり，アフィリエイトの提携先選定の条件についての共同検討は，利用許諾の共同拒絶による違反の成否の兼ね合い（価格競争回避のための手段）で言及されているにとどまり，配信価格の設定に関する価格競争の回避自体との兼ね合いでは，特段の言及はない。

(2)　**本件行為の反競争性**
ア．**本件事案における公正競争阻害性についての判示**
　本件事案では，まず本件審決により，本件行為の反競争性（公正競争阻害性）について，「着うた提供事業において有力な地位にある5社（ただし，東芝イーエムアイが前記第1のとおり勧告を応諾し，同社に対する審決が効力を生じた後にあっては，同社を除く被審人4社）は，相互に着うた提供事業の市場において競争関係にあるところ，共同して，他の着うた提供業者に対し，利用許諾を拒絶していたものと認められるところ，本件告示第1項は，かかる共同の取引拒絶行為は『正当な理由がない』限り不公正な取引方法に該当するものと定めている。独占禁止法第2条第9項は，『不公正な取引方法』の要件として『公正な競争を制限するおそれがある』こと（公正競争阻害性）を定めているが，本件告示の定めは，かかる共同の取引拒絶行為については，その行為を正当化する特段の理由がない限り，公正競争阻害性を有するものとするものである。しかるに，本件において，以上に判断したところに照らせば，5社又は被審人4社の上記共同取引拒絶行為が正当な理由によるものと認めるべき事情

を何らかがうことはできないから，当該行為は，公正競争阻害性を有するものとして，不公正な取引方法に該当することとなる。」旨が判示されていた。

すなわち，本件審決に至る審判手続において提出されていた被審人らの反論を踏まえた上で，本件審決は，特に「正当な理由」の有無という観点から議論すべき点はないと述べている。

この点，本件東京高判においても，結論として本件審決の判示を是認する以上の特段の判示はない。ただし，上記の「正当な理由」の有無と関連し得る議論として，内容的には一部審判手続内で既に主張されていた内容と重複する部分はあるものの，本件審決に対する審決取消訴訟において，共同事業（特に，新規の）として当然の利益追求を行ったに過ぎないという趣旨の反論がなされていた。

なお，5社の「有力な地位」（着うた提供事業における市場の状況等）について，本件審決では，まず「着うたで提供される人気楽曲の原盤権の保有状況」として，「平成16年10月末現在，5社又はそのグループ会社は，着うたの主たるユーザー層に人気のある楽曲の原盤権の多くを，単独で，又はプロダクション等と共同で保有していた」こと，具体的には，オリコンが発表する「シングルランキング　2004付」の上位100位の楽曲中，5社がレーベルモバイルを通じて着うたとして提供し，かつ，原盤権を保有又は管理している楽曲の割合は，上位1位から10位までの楽曲では50％，上位1位から20位までの楽曲では60％，上位1位から50位までの楽曲では48％，上位1位から100位までの楽曲では47％となっていることを認定している。また，「着うた提供事業における5社の売上げ・ダウンロード数の割合」について，5社のレーベルモバイルを通じた着うたの配信に係る売上高は，平成16年10月1日から同月31日の期間において，国内における着うたの配信に係る売上高の約46％を占め，5社がレーベルモバイルを通じて配信した着うたをユーザーがダウンロードする回数は，平成16年10月1日から同月31日までの期間において，着うたにより配信される楽曲の総ダウンロード回数の約44％を占めていることなどを認定している。

イ．価格競争の回避

(ア)　本件審決の認定

本件事案における公正競争阻害性の内容に関連し得る記述として，上記とは別に，本件行為の目的（5社で結束する動機等）について，本件審決では以下のような認定がなされていた。

「原盤権を保有等していない者が着うた提供事業を行う場合，原盤権を保有等する者から，利用許諾を受ける方法と業務委託を受ける方法とがあるところ，両者の方法は，原盤権を保有等する者が着うたの配信価格を決定する主体たり得るか否かという点で異なっている。すなわち，業務委託契約の下では，ユーザーに提供する着うたの**価格**

は，着うた配信業務の委託者である原盤権者等が設定するため，着うた提供業者は自由にその**価格**を設定することができない。」「したがって，5社は，他の着うた提供業者からの楽曲の提供の申入れに対して，業務委託は認めても利用許諾をしなければ，他の着うた提供業者が価格を低く設定することによって着うたの**配信価格の安定**を乱すことを阻止することが容易である。一方，他の着うた提供業者は，原盤権を保有等する者から業務委託を受けて着うたを配信することができれば，外形的には着うた提供事業から排除されないが，実際には，着うた提供についての**価格設定権**を有していないため，**価格面**で十分には競争できない状況にある。そうすると，原盤権者等は，他の着うた提供業者に対し，一定限度で楽曲提供を認める場合であっても業務委託という形態で認めつつ，利用許諾は拒絶することにより，**価格競争力**のある他の着うた提供業者の着うた提供事業への参入を排除することが可能となると認められる。」，「5社は，着うた提供事業を開始したり，着うた提供事業において業績を上げたりするために必要不可欠となる人気楽曲を多数保有等しており，5社が結束して着うたの配信を行うサイトを開設することは，単独でサイトを開設して着うたを配信するよりもメリットがあったといえる。」したがって，「5社は，着うた提供事業を新規に開拓するに当たり，着メロ市場で起きていたような激しい**価格競争**を避け，レコード会社以外の者が着うた提供事業の市場に参入することを困難にするため，人気楽曲を多く保有等する5社が結束し，他の着うた提供業者に対する楽曲の提供はできるだけ行わないようにするとともに，アフィリエートを認めることがあるほか，一定限度で楽曲を提供する場合にも業務委託の方式で行い，利用許諾の方式は極力拒絶する動機があったものと認められる。」（下線強調は筆者）

(イ) **当事者による反論**

　上記に関して，本件審決に対する審決取消訴訟では，当事者から，5社で結束する動機等に関し，「着うた関連市場に内在する制限的要素［着うたカテゴリー・サイトの上方に位置付けられている着うた提供業者のサイトにアクセスが集中し，着うたカテゴリー・サイトの下方に位置付けられ，携帯電話の画面のスクロールを行わなければ表示されないような着うた提供業者のサイトにはほとんどアクセスが集まらないという競争上の制約。これにより，そもそも，着うた関連市場においては，価格による競争が著しく制限されている上，そのような内在する制限的要素を無効化すべく，携帯電話サイト以外の媒体で露出を行うことは，コスト面で不可能であるとされる。］からすれば，そもそも，他の着うた提供業者が着うたを現行の趨勢価格である1曲100円より安く提供するということは困難であり，したがって，5社が利用許諾を共同で拒絶する動機は形成されない。」（［　］内は筆者），「原盤権の利用許諾料の定め方いかんによっては，着うた配信価格の設定という観点においても，原盤権の利用許諾

契約と業務委託契約との間には実質的な差異は認められず，5社が利用許諾のみを共同して拒絶する動機は形成されない。」，「ブランド間競争に関し，着うたという商品の差別化の強さ，楽曲に係る着うたに関する値付け幅の限界及び5社以外の着うたを提供するレコード会社の売上高が着うた関連市場全体の半額を超えていること，などの諸事情を前提とすれば，5社が原盤権の利用許諾を共同して拒絶する動機は形成され得ない。」などの反論がなされていた。これは，「価格競争の回避」という議論について，本件事案では，その前提となる「価格競争」そのものの存在を争う趣旨であると思われる。

しかしながら，本件東京高判は，「着うたを常時1曲100円を下回る価格で提供し続けることは，利益確保の観点から一般的には困難といえても，レーベルモバイルに営業上対抗するために一定期間のキャンペーンとして1曲100円を下回る低価格で着うたを提供することはあり得るし，実際にも1曲100円以下で着うたを提供していた業者も存在したのであって，着うたのユーザーが中学生・高校生から20歳代前半までの着うたのダウンロードに金銭的な限界がある者が大部分であることも併せ考慮すれば，たとえ着うた市場に内在的制限が存在するとしても，なお，価格競争が生じ得ないとまではいえないというべきである。また，原盤権の利用許諾料をいかに定めようとも，原盤権の利用許諾を行った場合には，着うたの配信価格は利用許諾を受けた着うた提供業者が決定することになるのであり，5社による着うたの配信価格の統制には自ずと限界があるから，着うた配信価格の設定という観点において利用許諾契約と業務委託契約との間に実質的な差異が生じないとはいえないものである。」として，反論を排斥した。

また，本件事案では，これとは別に，本件審決に至る審判の段階で，当事者から「5社が他の着うた提供業者を排除し，価格競争を回避しようとすれば，他の22社にも利用許諾を拒絶するように働きかけ，又は他の22社が他の着うた提供業者に利用許諾をする場合には，レーベルモバイルの配信価格と同一の配信価格にさせるように働きかけたりするはずである。」旨の反論がなされていた。しかしながら，本件審決において，「着うたのユーザーのほとんどは，中・高校生から20代前半の者であるから，着うたを提供するサイトへのアクセス数を確保するためには，このサイトにオリコンなどにおける人気楽曲を提供することが必要不可欠であるところ，5社が保有等する楽曲で，着うたとしてユーザーに配信されている楽曲は，オリコンが発表するシングルランキングで上位100位中50パーセント前後を占めているのであって，ユーザー層に人気のある楽曲を保有する割合が相対的に少ない22社と意思の連絡がなかったとしても，5社のみの取引拒絶について意思の連絡があれば，着うた提供事業における配信価格の低下は相当程度防ぐことが可能であり，22社との意思の連絡がなければ意

がないということはできない。」として排斥されていた。

(ウ) 検 討

　本件事案では，5社の間での価格競争の可能性や，それに対する制限の有無などの問題は，特に取り上げられていない。本件審決や本件判決を通して判示されていたのは，5社が出資したレーベルモバイル以外の（すなわち，5社を「内輪」と見たときの，その外部の）着うた提供業者からの価格競争圧力であり，その回避（排除）である。

　これは，見方によっては，**第9講**で取り上げるソニー・コンピュータエンタテインメント事件において「閉鎖的流通経路」の外からの競争圧力として議論する内容とも相通じるところがある。しかし，同事案では単一のメーカー（ブランド）により流通頒布されていた商品についての，その意味で極めて典型的なブランド内競争制限効果について論じられていたのに対して，本件事案では，着うたという，複数のレコード会社による（しかも各商品自体がそれぞれ差別化されているという）ブランド間競争制限効果についての議論であったという相違を指摘することができる。したがって，本件事案では，その複数のレコード会社の間での価格競争があり得たのであり，本件審決や本件東京高判による判示において，5社が価格競争の回避を企図していたのではないかという点は，5社を「内輪」と見たときの，まさにその内輪での価格競争の回避を意味していたのではないかと推測することも可能である。

　ただし，この価格競争に対する制限についての議論は，本件事案ではあくまで行為の動機の文脈で議論されていたにとどまり，公正競争阻害性自体の議論においては特段の言及はない。そうだとしても本件事案は，競争事業者間での共同の取引拒絶が行われる場合に，市場閉鎖効果を通じて価格維持効果が生じる可能性があり得ること（特に，それが行為の動機である場合）についての証左の1つと見ることもできるのかもしれない。

　これとは逆に，仮に5社がその内輪の外からの価格競争圧力を共同で回避すべく利用許諾を共同して拒絶することとしたと評価するのであれば，それは，5社相互の間での価格競争が回避され得る前提で初めて意味を持つのではないかという疑問が生じることになる。

　それにもかかわらず，本件事案を「利用許諾の共同拒絶」としてのみ捉えるのは，「核心的利益の追求」と「そのための手段的措置」のうち，後者のみを違反と捉えて処分するものであるようにも見えることになる。

　以下，3．では実態論的検討として，改めてこの点について検討する。

　ただし，「核心的利益の追求」のための5社間での価格競争の回避と，「そのための手段的措置」としての5社による利用許諾の共同拒絶とは，いずれも，本来5社が各

社各様で対応すべきであったものを共同して行った点に違反が成立するという点で異ならない。その意味で，実務的な観点からは，この種の共同事業についての企画立案の段階で，参加当事者から「無用な価格競争，過当競争を避け」というような意図が提案された場合には，立ち止まって再考する必要がありそうである（後掲の「本講のまとめ」参照）。

3. 本件の実態論的検討

(1) **正当な業務活動性等に関する被審人4社の主張**

勧告及び審判審決を争った4社は，「ソニー・ミュージックエンタテインメント」，「エイベックス及びビクター」，「ユニバーサルミュージック」の3陣営に分かれ，上記のとおり，それぞれの代理人弁護士が，審判・訴訟において多岐の内容にわたる主張・反論を行った。

ここでは，本件の実態論的検討の理解に資するよう，それらの主張・反論のうち，「5社の着うた提供事業は正当な業務活動であり，共同事業として許容される範囲内の行為である」，「利用許諾の拒絶は5社の独自の判断である」，「利用許諾と業務委託の間に差異はない」等の主張内容を改めて整理しておきたい。

ア. **5社のレーベルモバイルを通じた着うた提供は正当な業務活動であるとする主張**

これは，「原告エスエムイーは，単独で着うた提供事業を始めようとしたところ，NTTドコモから採算性の観点から難色を示されたために，複数のレコード会社と協力して多くのユーザーを集めるべく，複数のレコード会社から多くの楽曲を提供してもらうためにレーベルモバイルへの楽曲の提供を呼びかけたにすぎない」，「『レコード会社にしか出来ないビジネス』，『価格競争の起こらない安定したビジネス』及び『参入障壁を築き，競業他社が参入する余地を排除する』という3つの文言は，プレゼンテーション資料上の文言として誇張・強調を含んだ表現である上，レーベルモバイルの利益を追求するに際して当然考慮される内容にすぎない」等の主張である。

イ. **レーベルモバイルのアフィリエート戦略は正当な業務活動として許容されるとの主張**

これは，「レーベルモバイルがアフィリエート戦略の実施によって株式会社として自らの利益を追求することは，事業者において正当な業務活動として許容される範囲の活動である」，「自らの利益を追求するにあたり，その取引先であるレコード会社の利益に配慮することも正当な業務活動として許容される範囲の活動である」，「レーベルモバイルにおける『競合サイトの発生防止』というアフィリエート戦略案の目的は，5社が他の着うた提供業者に対する原盤権の利用許諾を含めた楽曲提供という選択肢を有していることを前提にして初めて意味を有するものであり，むしろ，本件違反行

為として問題とされている『意思の連絡』を推認するものではなく，これを排斥するものに他ならない」等の主張である。

ウ．利用許諾の拒絶は独自の判断であって，共同拒絶に当たらないとの主張

　これは，着うた提供業者に対する原盤権の利用許諾の拒絶は，「著作権法上原盤権者に認められた正当な権利行使」，「それぞれ独自の健全な経営判断に基づくもの」，「基本的なビジネスポリシーである自社配信主義に則ったもの」，「単に条件が合わなかったために自らの判断で許諾しなかったにすぎない」，「５社が利用許諾を拒絶している事実は，偶発的な複数事業者による取引拒絶にすぎない」等の主張である。

エ．着うた提供事業の実施に際し，業務委託を共同拒絶せず，利用許諾だけを共同拒絶する動機はないとの主張

　これは，「『競合サイトの発生防止』が本件違反行為の目的であったのであれば，原盤権の利用許諾のみを共同で拒絶するのでは全く不足で，５社は業務委託をも共同で拒絶しなければならないことになるが，本件審決によっても，着うた配信に係る業務委託まで共同拒絶がなされていたことは認定されていない」，「５社が競合サイトの発生を防止したいのであれば，レーベルモバイル以外の着うた配信業者に対しては業務委託による音源の提供さえも行わないはずであるのに，現実には，５社は業務委託による音源の提供を多数行っている」，「原盤権の利用許諾料の定め方いかんによっては，着うた配信価格の設定という観点においても，原盤権の利用許諾契約と業務委託契約との間には実質的な差異は認められず，５社が利用許諾のみを共同して拒絶する動機は形成されない」，「着うた提供事業において，ある着うたが低価格で配信されているからといって他の着うたも低価格で提供せざるを得ないという関係にはなく，利用許諾であっても業務委託であっても，レーベルモバイルと同一価格で配信されるという保障はなく，第三者に利用許諾をしても，対価・料率の設定によっては，レーベルモバイルよりも安価な配信が行われないようにすることは可能であり，価格競争を回避するために５社が利用許諾の申入れを拒絶するということは不自然かつ不合理である」等の主張である。

(2) ５社の着うた提供事業の評価及び内容

ア．５社の業務提携による新規事業分野への進出

　着うた提供事業は，携帯電話関連技術の進展を踏まえ，既存の着メロ提供事業とは異なる新たな事業分野を開拓するものであり，基本的に競争促進的な行為と評価できるものであった。

　着うた提供事業の立上げに際し，携帯電話会社から，単独では配信可能楽曲数が不十分で，採算性に難があるので，複数のレコード会社で行ってほしいと要求されたこ

とに対応して，原盤権を保有する5社が，5社の共同出資により設立した会社であるレーベルモバイルに着うた提供業務を委託し，同社のウェブサイトを通じて着うたを一元的に提供するという5社の共同事業として開始したものである。

　5社の共同出資会社であるレーベルモバイルは，平成13年7月に設立され，同年10月から着メロ提供事業を開始していたところ，引き続き独立事業者として業務を行っていた5社は，平成14年12月から開始する着うた提供事業に当たっても，レーベルモバイルを活用することとした。

　したがって，共同出資会社の設立・運営という企業結合的要素が伴うものの，5社の着うた提供事業は，独立して業務を営む5社が，着うたの共同配信会社としてレーベルモバイルを利用する，販売面における業務提携に当たると言える。

イ．5社の着うた提供事業の開始と着うた市場の変遷

　5社はレコード制作会社として競争関係にあるところ，本件業務提携は競争事業者間の販売面における業務提携に当たり，消費者に最も近い位置での業務提携として，販売価格等の重要な競争手段の制限につながる可能性が高く，共同事業の開始にあたっては，市場競争に与える影響を慎重に検討する必要があった。

　その際，検討対象とすべき市場は着うた提供に係る市場であるが，既に述べたように，当該市場は従来存在していなかった市場であり，かつ，採算上の問題から単独では参入できなかったことから，5社は，5社の共同事業として参入を果たしたものである。

　そうすると，事業開始当初においては，共同配信会社であるレーベルモバイルを通じた5社の着うた販売シェアは100％であったものの，5社それぞれが単独では参入できなかったのであるから，レーベルモバイルが提供する着うた配信価格の一本化が5社の間で話し合われていたとしても，それが5社間の価格競争制限に当たるのか，それとも，共同事業の実施に必要的に伴うものとして容認されるものであったのかについては，検討の余地があったと言える。

　なお，着うた提供事業開始後，着うたの需要の伸びは予想外に大きく，また携帯電話の技術進展等もあって，急速に競争業者が参入してきたものと思われる。

　実際，公取委の認定によると，5社の着うた提供事業開始の半年後の平成15年3月以降，他の事業者も着うた提供事業の開始を検討するようになり，着うた提供事業者数は順次増加し，約2年後の平成16年10月時点においては，市場全体で130社に達したとされることから，5社の事業開始後，時を置かずして，単独の事業者でも容易に新規参入できる状況となったものと思われる。

　その中で，レーベルモバイルの占める売上高シェアは約半分，ダウンロード数のシェアは約4割となっていた。

また，着うた需要の予想外の好調により，事業開始当初配信料金の45％としていたレーベルモバイルへの5社の業務委託手数料は，平成15年4月以降は35％，平成16年10月以降は25％に引き下げられたが，消費者への配信価格の引下げが行われたとの認定はない。5社は利益を増やしたものの，消費者への利益の均霑は行わなかったようである。
　なお，フィーチャーフォン（いわゆる「ガラケー」）の衰退・スマートフォンの普及に伴い，レーベルモバイルによる着うた提供事業は縮小を続け，本件判決確定から約5年半後の平成28年12月15日に提供を終了したとされる。

ウ．5社の業務提携の着うた市場競争に与える影響
　本件判決や本件東京高判で示されていた違反に関する法的評価を離れて，改めて本件事案の事実関係に照らして見たときに，5社の業務提携が着うた市場の競争に与える影響を検討するにあたって着目すべきは，**5社の間での事業活動についての相互拘束・制約の内容と，5社以外の事業者の排除の有無**の2点である。

㋐　5社間の事業活動の相互拘束・制約
　5社はレーベルモバイルに役職員を派遣していたところ，着うた提供事業の立上げにあたり，5社の代表者も参加するレーベルモバイルの運営会議等において，着うた提供事業の進め方について詳細な検討を行っている。
　そして，レーベルモバイルは，平成14年9月開催の着うた提供事業開始についての説明会において，参加メーカーに対し，以下の内容を説明している。
①　着うた提供事業について，レーベルモバイルと各レコード会社の契約は業務委託契約とすること，それによって，配信価格の決定権は各レコード会社が有すること，
②　配信価格は100円を目安とし，前後50円の幅を持たせること，
③　レーベルモバイルへの業務委託手数料は配信価格の45％とすること。
　本件事案の審判及び審決取消訴訟において，業務委託と利用許諾の差異等についても縷々主張されているが，5社は，レーベルモバイルへの楽曲提供を，利用許諾契約方式ではなく，業務委託契約方式とすることにより，配信価格の決定権を，実際に消費者に着うたを配信するレーベルモバイルに委ねるのではなく，5社それぞれが留保することを合意した。
　5社が，共同事業の実施にあたり，レーベルモバイルへの楽曲提供を業務委託契約方式とし，配信価格の決定権は各レコード会社が保有することを決定すること自体は，5社の事業活動の自由度を確保するもので，独禁法上問題とはならないと考えられる。
　他方で，②の消費者への配信価格の決定（あるいは③のレーベルモバイルへの業務委託手数料の決定）については，5社間の価格カルテルに当たるのではないかとの疑問が浮かぶ。

(イ)　他の事業者の排除

　本件事案では，利用許諾の共同拒絶については，5社間の明示の意思の連絡を直接証明するものはないものの，5社がレーベルモバイル以外の着うた提供業者からの申入れに対し，利用許諾をしたことはほとんど皆無であった事実，その申入れに対する5社の対応状況，レーベルモバイルにおいて着うた提供事業を始めた背景や動機，レーベルモバイルにおいてアフィリエート戦略を検討していた状況等が認定されている（本件審決や本件判決での，他の着うた提供業者からの利用許諾申入れに対して拒絶することについて5社の間に意思の連絡があったとの認定は，これらの間接事実の総合判断によるものである。）。

　他方で，業務委託については，共同拒絶の事実は認定されていない。この点に関連して，被審人4社は，競合サイトの発生を防ぐためには利用許諾の共同拒絶だけでは不十分であり，業務委託についても共同拒絶しなければならない旨を主張し，また，現実に5社は，業務委託により音源提供を多数行っており，実際，多くの競争業者が着うた市場に新規参入しているといった事実を指摘していた（レーベルモバイルによる着うた提供事業開始後2年足らずのうちに，着うた市場に参入した着うた提供事業者が130社となったとされている。）。

　したがって，その限りでは，上記のとおり5社として掲げていた「参入障壁を築き，競業他社が参入する余地を排除する」という着うた提供事業開始当初の目標（【図表1】参照）は，それが業務委託による新規参入をも阻止したいという趣旨だったとするならば，早々に放棄されていたのではないかとの疑問すら浮かぶことになる。

　仮に5社が，レーベルモバイルに対して，着うた提供に係る原盤権の利用許諾契約（業務委託契約ではなく）を結び，5社及びレーベルモバイルが共同して，第三者には着うた提供に係る楽曲の提供を一切行わない（利用許諾であるか業務委託であるかにかかわらず）こととしていたのであれば，上記のような意味での新規参入排除効果が想定されたであろう。しかしながら，5社の共同事業の実施内容としては，5社の間でそのような相互拘束は行っておらず，また，第三者への原盤権の利用許諾及び着うた提供の業務委託も明示的には制限されていなかった。

　本件事案の事実に照らしてみると，利用許諾の共同拒絶の裏側からの見方として，5社は他の着うた提供業者に対しても，レーベルモバイルと同様に業務委託契約（ないしアフィリエート方式）による楽曲提供のみを行うこととし，その配信価格についてもレーベルモバイルと同様に一律100円とすることとしていたとの見方の方が実態に合うように思われる。

　ただし，それは，少なくとも業務委託方式での楽曲提供までは共同拒絶の対象とはされていないという意味で，競合サイトの発生を防ぐものとはなっておらず，共同の

取引拒絶という違反行為において一般的に想定されているような意味での他の事業者の排除とは捉えられない。

(3) 利用許諾と業務委託の差異と価格競争への影響
ア．着うた配信価格決定権の所在と実際の配信価格の決定

上記のとおり，5社は，着うた提供事業実施のため，それぞれが原盤権を有する楽曲のレーベルモバイルへの提供にあたって，利用許諾方式ではなく業務委託方式とすることを合意した。それによって，消費者への小売価格に当たる配信価格の決定権は，小売業者に当たるレーベルモバイルではなく，5社が保持し続けることとなった。

5社が，着うた提供事業実施のためのレーベルモバイルへの楽曲提供を利用許諾方式によって行うことにより，配信価格決定権がレーベルモバイルに移っていれば，レーベルモバイルがその配信価格を一律に100円と定めることは，独禁法上問題とはならない。

しかしながら，業務委託契約としたことにより，本来は，5社それぞれがレーベルモバイルと協議を行うなどして，自社の提供する楽曲の配信価格等を定めるべきこととなるのであり，5社があらかじめ共同して配信価格を取り決めていたとしたら価格カルテルに当たり得る。

平成14年8月のレーベルモバイルの運営委員会等において，5社は，着うた提供料金の設定等について話合いを行い，具体的な水準として100円で市場形成できるか等の検討を行っている。その上で，前記のとおり，レーベルモバイルは，同年9月の着うた事業参加メーカーに対する説明会において，「配信価格は100円を目安とすること」を説明しており，説明会に参加した5社もそれを受け入れたものと思われる。

こうした経緯を踏まえると，配信価格を100円とすることについて，5社の間の意思の連絡は認められそうだが，本件審決ではそのような認定は行われておらず，本件判決においても特段の言及はない。

【参考】 電子書籍価格カルテル事件との対比

利用許諾と業務委託との差異及び価格競争の制限との関係の理解を助けるために，アメリカにおける裁判例であり，しかも本件よりも後年の事例ではあるが，参考となる事例として，アップル社と出版社5社による電子書籍価格カルテル事件[2]を参照したい。

2　United States v. Apple, Inc., 952 F.Supp.2d 638 (S.D.N.Y. 2013), affirmed, 791 F.3d 290 (2015), cert. denied, 136 S.Ct. 1376 (2016).

第8講 業務提携における共同での利益追求と「反競争性」(着うた事件) 215

> アメリカにおける出版業界では，書籍小売店が小売価格を決定するホールセールモデルが一般的とされていたところ，アマゾンが2007年（平成19年）に導入した電子書籍リーダーであるkindleにおける電子書籍販売においてもホールセールモデルが採用され，新書やベストセラーについてもアマゾンは9.99ドルという相当の低価格で販売したため，出版社は脅威に感じていた。
> しかるところ，2009年，電子書籍販売に参入したアップルは，先行するアマゾンに対抗するため，ビッグファイブと呼ばれる大手出版社5社とエージェンシーモデル契約を結び，5社に書籍小売価格を自由に決める権利を付与し，その上で，アップルは5社と話合いを行い，iBook Storeにおける5社の電子書籍の販売価格を12〜20ドル前後に引き上げる共謀を主導するとともに，5社に対し，アマゾンを含む他の電子書籍販売業者との契約もエージェンシーモデル契約に移行させるよう働きかけた。結果として，アップルと5社が電子書籍市場における価格競争を排除したことがシャーマン法違反に当たるとされ，2012年4月，アメリカ司法省（DOJ）が裁判所に提訴した。
> 5社はDOJと和解し，アップル及びその他の電子書籍販売業者との間の，小売業者による電子書籍の値引き販売を制限する契約を終了させることに合意した。アップルは，連邦最高裁まで争ったが，敗訴した。

　本件事案における5社とレーベルモバイルとの業務委託契約は，配信価格決定権を5社が留保する点で，上記の電子書籍価格カルテル事件のエージェンシーモデル契約に相当し，5社が共同拒絶したとされる利用許諾方式は，配信価格決定権を許諾先が有するという点で，上記のホールセールモデル契約に相当する。
　上記の電子書籍価格カルテル事件では，出版社5社は，共同してホールセールモデル契約を拒絶し，エージェンシーモデル契約に切り替えたものと思われるが，それによる書籍の小売価格決定権の確保を通じて，小売価格引上げカルテルが行われることとなった。
　独立事業者であるアップルと異なり，本件事案のレーベルモバイルは5社の意向が及ぶ5社の共同出資会社である。そのような状況下において，5社は，レーベルモバイルとの契約をエージェンシーモデル契約とすることを決定し，それにより配信価格決定権を留保し，その上でレーベルモバイルとも話合いを行い，レーベルモバイルを通じて配信する5社の着うた配信価格を一律100円と定めた。さらに，レーベルモバイル以外の着うた配信業者に対しても，ホールセールモデル契約を拒絶し，レーベルモバイルと同様にエージェンシーモデル契約とし，他の着うた配信業者による5社の

楽曲の配信価格も一律100円としたことにより，着うた提供市場における5社の配信価格競争を制限した。仮にこのように捉えれば，本件事案は，正に上記の電子書籍価格カルテル事件と似通った構図となる。

イ．再販売価格拘束との関係

なお，5社が，レーベルモバイルを含む着うた配信事業者に対して配信価格を指示することは再販売価格の拘束に当たるのではないかとの疑問も浮かぶが，この点については，業務委託契約により，委託者の危険負担と計算により販売が行われた場合には直ちに独禁法上問題とはならない。

参考となる具体例として，公取委の平成16年度相談事例集「3 音楽配信サービスにおけるコンテンツプロバイダーによる価格の指定」として以下の事例紹介がある。

「インターネットを用いた音楽配信業務において，コンテンツプロバイダーA社が，ポータルサイトを運営するプラットフォーム事業者B社との間で，A社が指示する価格で音楽配信することを定めた委託販売契約を締結することは，A社がB社に対し，A社の提供する楽曲のB社のサーバーへのアップロード及び代金徴収業務のみを委託するものであり，実質的にはA社が自らの保有する楽曲を利用者に直接提供するものと認められ，直ちに独占禁止法上問題となるものではない。」

(4) **本件事案の競争制限のメカニズム**

ア．配信価格競争の制限と他の事業者の新規参入排除

以上で述べたように（本件審決や本件東京高判の法的評価を離れて），本件事案の事実に照らしてみた場合，着うた市場において，事業開始時点において100％，2年後においても約50％のシェアを有する5社が，レーベルモバイルを通じた着うたの配信価格を1曲100円とすることを合意し，さらに共同して，他の着うた配信業者に対し，利用許諾契約を拒絶し，業務委託契約にとどめる又はアフィリエート方式により配信価格を1曲100円とすることにより，5社の着うた配信価格競争を制限したことが，本件事案の競争制限のメカニズムであったのではないかという考え方が浮かんでくる。

利用許諾契約の共同拒絶は，5社の着うた配信価格競争回避のための手段であり，他の事業者の新規参入排除も，あくまで配信価格の決定権を持った状態での新規参入を防ぐという限りでのものであって，広い意味での競合サイトの発生を全面的に防ごうというものではなかったと言える。

しかしながら，本件審・判決では，5社が共同して利用許諾契約を拒絶した行為のみが共同取引拒絶として違反認定され，5社の着うた配信価格競争制限の部分は，違反行為としては取り上げられず，違反行為の動機の文脈でのみ取り扱われた。

一般的な議論としては，共同取引拒絶の公正競争阻害効果としてまず想定されるの

は，新規参入妨害や既存事業者の市場からの排除である。

　しかしながら，本件事案では上記のように，少なくとも業務委託による楽曲提供は共同拒絶の対象とはされておらず，実際にも相当数の競合サイトが発生していたとされていた。このため，被審人からも，「『競合サイトの発生防止』が本件違反行為の目的であったのであれば，原盤権の利用許諾のみを共同で拒絶するのでは全く不足で，5社は業務委託をも共同で拒絶しなければならない」，「5社が競合サイトの発生を防止したいのであれば，レーベルモバイル以外の着うた配信業者に対しては業務委託による音源の提供さえも行わないはずであるのに，現実には，5社は業務委託による音源の提供を多数行っている」等の反論が行われることとなったと考えられ（上記(1)エ参照），その限りでは，これらの反論にももっともな面がある。

イ．配信価格の決定が問題とされなかった理由

(ア)　「高速バスの共同運行に係る独占禁止法上の考え方」の参照

　本件事案において5社間での配信価格の決定が独禁法上問題とされなかった理由としては，例えば，5社間の意思の連絡を認定できなかった等の証拠上の問題があった可能性もあり，その場合，やむなく利用許諾の共同拒絶に絞って調査・処分が行われたという可能性も否定はできない。

　他方で，本件事案において被審人らによる反論でも挙げられていたように，着うた提供事業開始当初においては，5社それぞれが単独では参入できなかったとされている。そうであるとすれば，5社は単独では競争単位とはなり得ず，レーベルモバイルが提供する着うたの配信価格の一本化が5社間の話合いで決定されたとしても，必ずしも価格カルテルには当たらないのではないか，という点が考慮された結果として，そのような調査・処分となった可能性もまた否定できない。

　この点を検討するにあたり，参考となるものとして，「高速バスの共同運行に係る独占禁止法上の考え方」（公取委平成16年2月公表。以下「考え方」という。）がある。

　「考え方」においては，バス事業者による運賃・料金・運行回数・運行系統の制限協定は原則として独禁法違反に当たるとしつつ，長距離の都市間を結ぶ高速バス運行については，事業施設等の関係で初期投資に必要な費用を単独では負担し難いこと等から，共同運行によって新規参入することは，競争促進的効果が認められ，また，利用者の利便に資することから，新規路線を開設するために必要な範囲で行われる共同経営に関する協定は，路線分割，市場分割を行う協定を除き，独禁法上問題とならないとされている。すなわち，共同運行を行う事業者間の共同運行協定による事業活動の相互拘束・制約は，共同運行実施のために必要な限り認められるということである。

　ただし，当該協定参加事業者が共同して，競合路線を運行する他の事業者を排除し又は他の事業者による競合路線への新規参入を阻害する行為は独禁法上問題となる。

路線分割・市場分割協定及び競合事業者の新規参入排除等は、共同運行の実施において必要性・合理性はなく、認められないということである。

「高速バスの共同運行に係る独占禁止法上の考え方」(抄)

1 一般に、一般乗合旅客自動車運送事業者(以下単に「事業者」という。)による、運賃・料金、運行回数又は運行系統を制限する協定及び路線分割、市場分割を行う協定は、原則として独占禁止法上問題となる。
2 しかしながら、高速バスの運行については、着地が事業者の営業区域から遠隔地にあり、事業者が単独では運行しにくい場合が多いという特性がある。こうした高速バスの運行における特性を踏まえると、そうした特性に応じた必要な範囲を超えない形で行われる以下の協定は、参入可能な事業体を増やすという競争促進の効果が認められ、また、事業者が単独では達成し得ない効率性を達成することにより利用者の利便に資すると考えられることから、路線分割、市場分割を行う協定を除き、原則として独占禁止法上問題とはならない。
　ア　事業者が単独では参入しにくい場合において、新規路線を開設するために行われる共同経営に関する協定
　イ　上記アの目的に基づく協定を既に行っている事業者が単独では当該協定に係る路線を維持することが困難な場合に行われている当該協定
　ただし、路線への参入が行いやすくなる等競争環境が変化している中、当該協定に参加する事業者が共同して、競合路線を運行する他の事業者を排除し又は他の事業者による競合路線への新規参入を阻害する行為及び他の事業者が協定に参加し又は協定から脱退することを不当に制限する行為は独占禁止法上問題となる。

(イ) 「考え方」の本件事案への援用

「考え方」は、あくまでも高速バスの共同運行という特定の事業分野に特化した内容であり、これを一般化することは必ずしも適当ではない。しかしながら、本件事案において、着うた提供事業という新規事業に単独で参入することは採算上難しいことから5社が共同して参入するための共同事業協定が利用されたという点に着目すると、「考え方」で示された考え方を援用する余地はあると思われる。

また、高速バス運行協定参加者の料金統一が、例えば利用者利便の観点から共同運行において必要な範囲の協定であるとしても、本件の着うた配信価格の統一が、同様

に5社の共同事業のために「必要な範囲」の協定であったと言えるかという疑問もある。しかしながら、この「必要な範囲」の認定が厳格に過ぎると、共同事業による新規参入によって期待される競争促進効果が損なわれるおそれがある（そもそも共同事業の実現自体が危ぶまれる懸念もある。）。

他方、新規参入阻害行為に関しては、この「必要な範囲」の観点とは別の議論として、「考え方」において「路線への参入が行いやすくなる等競争環境が変化している中」という前提で、協定参加事業者による共同での排除や阻害についての懸念が示されている。

本件事案の着うた提供事業についても、5社の参入当初は他に参入できる事業者が存在しなかったとしても、その半年後には他の事業者の新規参入の動きといった競争環境の変化が見られたことに鑑みると、利用許諾の共同拒絶をこの新規参入阻害の観点から問題とすることは、「考え方」の趣旨に照らしても当然に導き出される方向性である。

なお、上記のとおり「考え方」では、「路線分割、市場分割を行う協定を除き」とされている。この点、本件着うた提供事業については、参入事業者が存在していない業務分野において、単独での参入が採算上難しかったことから、5社の共同事業として新規参入したものであり、本件事案で判示された内容による限り、5社の間で地域や顧客をあらかじめ分け合うような合意もなかったと思われる。

以上を要するに、「考え方」における、共同事業のために「必要な範囲」の観点から、レーベルモバイルを通じた着うた配信のための5社の共同事業協定の内容として配信価格の一本化が含まれていたとしても、そもそも5社が単独で参入して配信価格競争を行う余地はなかったのであり、また、1つの楽曲を「ブランド」と捉えれば、ブランド間競争は制限されないことから、独禁法上直ちに問題とはならないと考えることには、一定の合理性がありそうである。

他方、「考え方」に照らしても、上記の「競争環境」の「変化」の観点から、5社が共同して、新規参入してきた他の着うた提供業者への利用許諾を拒絶する行為は、仮に業務委託方式による楽曲提供であれば拒まないということであったとしても、少なくとも5社の意向に捕らわれず独自に配信価格を決定できる競争業者の新規参入阻害効果があり、やはり独禁法上問題があるということになりそうである。

ウ．他事業者の新規参入排除と本件事案の競争制限のメカニズムの関係

上記の新規参入阻害効果が「5社の意向に捕らわれず独自に配信価格を決定できる競争業者」の排除であったことに表されているように、本件事案の競争制限のメカニズムは、やはり5社の配信価格競争の制限であったことがうかがわれる。

そうであるとすると、問題とすべきであったのは、利用許諾の共同拒絶による市場

閉鎖効果を通じた間接的な価格維持効果のみではなく，5社の配信価格100円を維持すること及び新規参入してきた他の着うた事業者に対しても，レーベルモバイルと同様に業務委託契約により楽曲を提供しつつ，全体としてその配信価格100円を維持するという，5社間の着うた配信価格競争制限自体の方であったとも思われる。

なお，本件事案の競争制限のメカニズムが，上記のような5社の着うた配信価格競争の制限であったとすると，競争を回復するためには，5社の配信価格の決定を排除するとともに，5社が共同してレーベルモバイル及び他の着うた配信業者への楽曲提供を業務委託契約とすることにより，5社の着うた配信価格の引下げを制限し，5社の指示するとおりの配信価格を維持できた状況を排除する必要があったと考えられる。

その意味では，本件事案の処理は，5社の配信価格の決定の問題を正面から問疑できなかったことから，利用許諾の共同拒絶を問疑することにより，共同取引拒絶の市場閉鎖効果を通じた配信価格維持効果の排除を目指したものであったと言えるかもしれない。

ところで，時系列に沿って考えた場合に，仮に共同事業開始の際のレーベルモバイルを通じた配信価格の一本化を上記のような検討を経て（「考え方」の趣旨に照らし）問題とできないと整理したとすれば，その後に（競争環境が変化して）他の着うた提供業者が新規参入してきた段階になって改めて遡って，共同事業開始の際のレーベルモバイルを通じた配信価格の一本化の合意を問題とすることも難しいのではないだろうか。

仮に，事業開始後，5社の間で，競争環境が変化して実際に新規参入してきた他の着うた提供業者への楽曲提供について改めて検討した結果，利用許諾は拒否し，レーベルモバイルに対するのと同様の業務委託契約により楽曲を提供することとし，その配信価格についてもレーベルモバイルと同様に100円とする旨の合意が新たに行われていたとすれば，もはや「考え方」の趣旨である，共同事業の実施のための「必要な範囲の協定」の域を超え，独禁法違反となり得るであろう。

本件事案の判示による限りでは，この点についても5社間の（新たな）意思の連絡を認定できるような状況（証拠）は見受けられていないようである。

ただし，本件事案においては，その骨子として「価格競争の回避を目的とした共同取引拒絶」が認定されていたことについて，本来「共同」されるべきでないものとして，「取引拒絶」が「共同」されたという外形のみならず，その目的であった「価格競争の回避」もまた「共同」されていたということに，関心が払われるべきであったとも思われる。特に，それは行為の「目的」に据えられていたことに端的に表されているように，競争制限のメカニズムの中核であった可能性がある。

そして（本講のまとめとして後述するように），このような競争制限のメカニズム

についての理解によれば，本件事案のようなスキームで共同事業が行われる場合には，配信価格の決定権が5社それぞれに留保される以上，その決定は，各社各様に委ねられるべきことが原則であり，「考え方」の趣旨に基づき「必要な範囲の協定」として許容されるのは例外的であるということが想起されるべきということにもなろう。なお，ここでの各社各様とは，5社によるレーベルモバイルを通じての消費者への配信価格について，あるいは少なくとも，他の着うた提供業者に対して業務委託方式により楽曲提供を行う際の価格設定について，という意味である。

4．本講のまとめ

(1) 共同事業体と各参加事業者との関係性

改めて，本件事案の共同事業は，共同出資会社の設立・運営という企業結合的要素が伴うものの，5社の着うた提供事業は，独立して業務を営む5社が，着うたの共同配信会社としてレーベルモバイルを利用する，販売面における業務提携に当たると言える。この点，本件判決では，「原盤権を保有等する5社が個別に特定の着うた提供業者（レーベルモバイル）には業務委託を行いそれ以外の着うた提供業者には利用許諾を拒絶するということは，何ら違法ではなく，<u>自らが出資したレーベルモバイルの利益ひいては自らの利益を図るために</u>，レーベルモバイルにのみ楽曲を提供し他の着うた提供業者には利用許諾を拒絶するという行為は，経済的合理性に適つた行為ということもできるから，結果的に5社のいずれもがレーベルモバイル以外の着うた提供業者に利用許諾を拒絶したことは，それ自体は不自然な行為とまではいえない」（下線は筆者）ことが確認されている。その際，「自らが出資したレーベルモバイルの利益ひいては自らの利益を図るために」と述べられている箇所は，5社のそれぞれが，自己の利益と出資先であるレーベルモバイルの利益を同視すること自体は問題視されていないということのようにも見える。ただし，これを無条件に許容することは，レーベルモバイルの利益を図るための行為をめぐる議論（これは共同で行われてよい。）の過程で，事実上，本来各社各様であるべき部分についてまで5社の足並みが揃ってしまうこととの差別化が困難であるように思われる。

本件事案では，上記のように，利用許諾の当否のみならず，配信価格の決定権が5社それぞれに留保される以上，その決定が（5社によるレーベルモバイルを通じての消費者への配信価格について，あるいは少なくとも，他の着うた提供業者に対して業務委託方式により楽曲提供を行う際の価格設定について）各社各様に委ねられなければならないということが想起されるべきであった。「5社」と「レーベルモバイル」が，いずれも「共同して」ではない形で「個別に」各自で「自らの」利益を図るために行動しているという状況を確保するためには，これら5社とレーベルモバイルとの

間にも，情報遮断措置の導入が求められることになるであろう。

(2) 実務上の留意点
上記を前提に，改めて時系列的な観点から，実務上の留意点について整理する。
ア．共同事業の企画立案（【図表１】参照）
本件事案のように，競争関係にある事業者が，各自の取扱商品・サービスを持ち寄った上で，新たな市場を開拓するような共同事業を企画立案する場合，例えば【図表１】のような資料に基づいて関係者間での議論が進められる可能性がある。

この場合，事案の実情（「考え方」を援用しつつ述べるとすれば，例えば，当該共同事業において，参加当事者間での価格の統一が共同事業のために「必要な範囲」と言えるか等）にもよるところとなるが，共同事業を進める上での前提事項として，共同事業体と各参加事業者との立場（利益）を切断し，情報遮断措置等を導入しつつ，いずれの当事者の立場からの議論であるかを明確に確認し，整理しつつ進めるという方策を採る必要が生じる。

本件事案に即して言えば，例えば５社とは切り離された形で，レーベルモバイルの利益を追求するべく，【図表１】のような資料が作成され，「価格競争の起こらない安定したビジネス」や「参入障壁を築き，競業他社が参入する余地を排除する」といった戦略の検討がなされたとしても，必ずしも直ちに独禁法違反の嫌疑を生むわけではないと思われる（ただし，「レコード会社にしか出来ないビジネス」については，その内容自体がレコード会社の立場からのものとなっているようにも思われ，５社とレーベルモバイルとの間の情報遮断・立場の峻別という観点から，疑問が残る。）。

これにより，共同事業の参加当事者間でも各社各様の判断に委ねられるべき事項は，共有・共同されず，各社各様で行われることを確保すべきことになる。

他方で，事案によっては，必ずしもそのような立場の分断（情報遮断措置の導入等）までは必要ではない場合もあろう。「考え方」を援用しつつ述べるとすれば，「運賃・料金，運行回数又は運行系統を制限する協定」を行うことが広く許されるような場合である。このような場合には，例えば本件事案に即して言えば，【図表１】のような資料において，「価格競争の起こらない安定したビジネス」や「参入障壁を築き，競業他社が参入する余地を排除する」といった戦略の検討のみならず，「レコード会社にしか出来ないビジネス」という点についても，共同事業に「必要な範囲」で，併せて議論され得ることになる。ただしその場合，次項に述べるような，具体的な共同事業の遂行上の施策について，別途留意が必要となる。

イ．差別化（競争力強化）のための施策（【図表２】参照）
上記のように，競争関係にある事業者が，各自の取扱商品・サービスを持ち寄っ

上で，新たな市場を開拓するような共同事業を実施遂行しようとする場合，そのように持ち寄った各自の取扱商品・サービスを，別途競合する先にも提供することは，いわば「敵に塩を送る」ことにもなり，事業戦略上，経済合理性に適う行動とは考えられにくいものと思われる。これは，共同事業体と各参加事業者の利益を分断せず，いわば運命共同体として捉えた場合には，特に顕在化する利益状況であろう。もともと，「価格競争の起こらない安定したビジネス」，「参入障壁を築き，競業他社が参入する余地を排除する」といった獲得目標は，その表現に幾分か当否の問題はあり得るとしても，営利を追求する上で企業が正当な競争手段を通じて実現することを目指す内容を表現したものとして理解することが可能である。

しかしながら，仮に共同事業による競争促進効果が認められるとしても，そもそも上記アのように「運賃・料金，運行回数又は運行系統を制限する協定」を行うことが当該共同事業のために「必要な範囲」の協定であったと言えるかは本来問われるべきである。加えて，参加当事者間で地域や顧客をあらかじめ分け合うような合意を行うことまでは想定されていないのであり，また，共同での新規参入阻害についての懸念は別途考慮されることに留意が必要である（「考え方」参照）。すなわち，共同事業の参加事業者が「共同で」何らかの行為に及ぶということについて，引き続き一定の法的リスクが存在するということが，常に留意されなければならない。

そのような場合に，最終的に（何らかの行為を）「共同」したことになってしまうか否かの分水嶺が，「共同性」すなわち「意思の連絡」の有無という問題である（なお，本書では，不当な取引制限に関する，特に第5講の事案の検討を通じて，これを「自発的な自己拘束の相互認識認容」という観点から整理している。）。

上記アのような情報遮断措置を講じていない状況を想定すると，様々な事項が分け隔てなく共同事業の参加当事者間で共通の議論として俎上に載せられる可能性があり，間接事実に基づいてこの意思の連絡が認定される可能性は高いことが想定され，さらに，明示の合意が容易に認定される場合も考えられる。

これを本件事案に即して考えると，例えば【図表2】の「アフィリエート戦略」のような具体的施策（利用許諾を拒絶しきれない場合の「逃げ道」としての対応策）が用意され，かつ，それ自体として限定的あるいは排他的（ある立場から設定されるネガティブ条件）に利用されることが想定されているという場合には，そこに（「考え方」に即して言えば）「路線分割，市場分割を行う協定」や「他の事業者を排除し又は他の事業者による競合路線への新規参入を阻害する行為及び他の事業者が協定に参加し又は協定から脱退することを不当に制限する行為」という要素が含まれることになってしまっていないかを検証する必要があろう。

すなわち，それが「利用許諾を拒絶しきれない場合の『逃げ道』としての対応策」

として用意されるということは，ある種の新規参入阻害効果を生む余地を検証する必要があるということになる。また，それが「ある立場から設定されるネガティブ条件」を伴うものであるということは，特にその「立場」が，（共同事業体ではなく）個々の参加事業者のそれであるとすると，引き続き各社各様で行われるべき行為についての「共同」となっていないかの検証が必要となろう。さらに，場合によっては，それが「ネガティブ条件」として設定されるということについて，狙い撃ち的な新規参入阻害効果を生むことへの懸念という観点から，条件の内容をより排他的ではないものとすることを検討するなどの対処が求められ得る。

第 2 編

単独行為
(私的独占・不公正な取引方法)

第9講

流通政策に「価格維持効果あり」とされてしまう場合とは

【図表1】 SCE仕入販売ミーティング

> 仕入販売ミーティング
>
> ……
> 中古の扱いがキーPoint（【略】），中古No→価格イジ
> ……

【図表3】 SCE社内報告書

> 報告書
>
> ……
> 売価が乱れると，未取引店への流出も安易になり，未取引店の店頭での安売り，中古販売が増加し，取引店の利益確保が困難になる
> ……

「ソニー・コンピュータエンタテインメント事件」（審判審決平13・8・1）
事案の手がかり：「社内報告書」資料等（本講【図表1】～【図表4】）

I　証拠からみた，独禁法違反認定の鍵

本講では，ソニー・コンピュータエンタテインメント事件[1]（以下，本講において「本件事案」という。）を取り上げる。

1．「中古品」の扱いに関する社内会議資料

(1)　「価格イジ」の意味

まず，下記の【図表1】をご覧いただきたい。

【図表1】　SCE 仕入販売ミーティング

```
仕入販売ミーティング
……
中古の扱いがキー Point（【略】），中古 No →価格イジ
……
```

　これは，本件事案で被審人となった株式会社ソニー・コンピュータエンタテインメント（以下「SCE」という。）の社内会議（平成8年2月22日ころに開催された仕入販売ミーティング）の内容を記載したとされるメモ（査第40号証）である。

　「中古の扱い」が，「価格イジ」（維持）の関連で議論されているように見える。仮に，これが SCE の家庭用テレビゲーム（プレイステーション。以下「PS」という。）の新作ソフトの販売価格についてのものであったならば，このメモは再販売価格の拘束[2]という独禁法違反行為の証拠とみなされる可能性がある。この点，ゲームソフトについては，単価が比較的高いこと，使用によるゲームソフト自体の品質の劣化が通常生じにくいこと，ゲーム内容への飽きや達成感から使用したゲームソフトを売却するという一般消費者のニーズがあること等から，一般消費者が小売業者に中古ゲーム

1　審判審決平13・8・1審決集48巻3頁（以下「本件審決」という。）。
2　独禁法19条，同2条9項4号。平成21年法改正により，現行法の下では所定の要件を満たす形で違反行為が繰り返された場合には課徴金が賦課されるが，本件は同改正前の事案である（同改正前の法19条，同2条9項，同改正前の一般指定12項参照）。なお，本件審決では，この再販売価格の拘束について，その成立自体は認めつつも，行為としてはその後消滅したものと判示されている。

ソフトを売却し，販売業者がそれを買い取り，中古ゲームソフトとして販売することが広く行われていた。

そして，審査官からは，この点を踏まえ，SCEは，中古のPSソフトが新品PSソフトの値崩れの原因となることから，中古品取扱いを禁止することによりこれを防止し，新品PSソフトの再販売価格を維持しようとしたのであり，そして前記メモ（【図表1】）の記載は，その証拠であると主張されていた。

これに対して，SCEは，自らの取引先である販売業者に対して中古品売買をしないように要請することには，それ自体正当な目的があり，審査官が主張するような目的のためのものではないと反論していた。すなわち，ゲームソフトは，前記のように中古品が出回りやすい特性を有しており，中古品売買により，多大な制作コストを要する新作ゲームソフトが想定した販売本数を達成できないと，投下したコストが回収できず，新作ゲームソフトの開発意欲が削がれ，結局のところ，テレビゲーム業界全体を衰退させることになるのであって，この方針には正当な理由があるという趣旨の反論である。

この点について，本件審決は，他の関係証拠等も踏まえつつ，少なくとも【図表1】の記載については，当該ミーティングで話し合われたのは，SCEの「ゲームソフト製造業者からの仕入価格」であり，当該記載は，ゲームソフト製造業者からの仕入「価格」を現状に「維持」するには，中古品取扱い禁止の販売方針を維持して，ゲームソフト製造業者の理解を求めることが必要である旨を記載したものであるとして，審査官の主張を否定した。

(2) 「新譜の価格を下げる」の意味

審査官は，その主張の証拠として，【図表1】のメモ以外にも，【図表2】の文書を提出していた（平成8年4月5日ごろに開催されたSCE営業部の「ブレスト会議」の内容を記載したと認められるメモ。査第35号証）。

【図表2】 SCEブレスト会議

ブレスト会議

……
◎中古に対する理論・新譜の価格を下げる→特にSCEブランド
……

しかしながら，本件審決は，結論として，この【図表２】のメモの記載との関係でも，審査官の主張を否定した。そこでは，当該記載について，同ブレスト会議は，SCEの制作する新作PSソフトの希望小売価格の引下げあるいは価格のオープン化の方策について話し合われたものであって，同記載内容は，「新作PSソフトの希望小売価格を引き下げることにより中古品販売を抑制することができる。」（下線は筆者）旨を記載したものであるとされている。

(3) 新品の「売行き」への影響と「販売価格」への影響

本件審決は，前記の各資料についての検討に引き続いて，関係者による供述として，当時のSCE内部では，「中古品売買は擬似レンタルに当たり，新品の販売本数が確保できなくなるので中古品販売を禁止する。」といった議論があったことのほか，「中古品販売が新品の売行きと販売価格の足を引っ張る。」と考えていた関係従業員の存在は認められるが，中古品販売が新品の「販売価格」の足を引っ張るということがSCEの営業部内で検討されたことを的確に示す証拠は見当たらない，などと指摘している。

このように，本件審決では，中古品が販売されることによる，新品の「売行き」への影響と，「販売価格」への影響は，明確に区別して検討されていた。そして，これらの点と合わせて，前記のように【図表１】や【図表２】の記載では，SCEがPSソフトの再販売価格維持のために中古品取扱い禁止の販売方針を採ったものとまで認めるに足りないと判示されることとなった。

なお，本件審決は，一般論として，仮に，この販売方針について新品のPSソフトの再販売価格維持の目的をもってなされたとはいえないとしても，その行為に新品のPSソフトの価格競争を制限する機能・効果が認められるなどの場合には，別途独禁法違反の問題が生じ得ると述べつつ，本件事案では，結論として「これを的確に判断するに足りる証拠が見当たらない。」としている。

２．「横流し」の扱いに関する社内会議資料

(1) 「未取引店への流出」による「安売り」の懸念

本件事案では，前記の中古品取扱い禁止という販売方針とは別に，SCEは，横流し禁止という販売方針を採用していたとされ，その当否が問題とされていた。

この点について，【図表３】をご覧いただきたい。これは，SCEの営業部幹部職員が作成した社内報告資料であるとされている（査第33号証）。

【図表3】　SCE 社内報告書

> 　　　　　　　　　　　　　報告書
> ……
> 売価が乱れると，未取引店への流出も安易になり，未取引店の店頭での安売り，中古販売が増加し，取引店の利益確保が困難になる
> ……

　この「取引店」と「未取引店」について，SCE は，PS 製品の販売にあたり，直接小売業者と取引し，これら小売業者が一般消費者に販売するという「直取引」を基本方針としており，直接取引ができない小売業者に対しては卸売業者を通じて販売するという方針を採用し，また PS 製品の発売に際して，PS 製品を取り扱う小売店舗を 4,000〜5,000 店程度に限定する方針を採用していたとされている。
　そもそも，SCE は，テレビゲーム事業への参入の具体策を検討する中で，従来のテレビゲーム事業について問題意識を抱いていたとされていた。すなわち，当時テレビゲーム市場において圧倒的優位にあった任天堂が採用している流通政策においては，小売業者は卸売業者を主体とした多段階流通を通して仕入れるために，見込み発注が行われ，過剰発注による過剰在庫や過少発注による品切れが発生するなど，ゲームソフトの需給不均衡が生じやすいこと，そして，これが過剰在庫の処分としての値引き販売，横流し，抱き合わせ販売や，品切れによる中古ゲームソフトの売買が行われる原因となっていること等についての問題意識であった。
　そして，SCE は，平成 5 年 11 月の設立後，平成 6 年 12 月に PS 製品の販売を開始し，我が国のゲーム機及びゲームソフトの各販売分野において，平成 8 年度の出荷額が第 1 位の地位を占める最有力の事業者となるに至っていた。
　このように，SCE の構築した PS 製品の一般消費者直結の流通システム（直取引システム）は，流通の効率化その他の正当な目的のために導入されたものであり，再販売価格維持等の目的で導入されたものではないというのが SCE の主張であった。
　これに対して，審査官は，「SCE は，PS ソフトの再販売価格維持行為及び中古品取扱い禁止行為を行いつつ，PS 製品の横流し禁止行為を行っており，これらを相互に関連させて一体的に行っている。」と主張していた。すなわち，小売業者が SCE の販売方針に反して PS ソフトの値引き販売を行って出荷停止等の措置を受けた場合，取引先販売業者全体に対して PS 製品の横流しが禁止されていることにより，当該小売業者は PS 製品の入手が困難になり，テレビゲーム販売業者にとって PS 製品を取

り扱うことが営業上有利とされていることから，PS製品を取り扱えないことにより大きな不利益を受けるので，PS製品の横流し禁止行為により，PSソフトの再販売価格維持行為の実効性が確保されることになる，という主張であった。

　本件審決は，他の関係証拠等も踏まえつつ，「被審人の横流し禁止の販売方針は，本来，直取引を基本とする流通政策を実現させるために採用されたものであって，PSソフトの値引き販売禁止の実効性確保の目的で採用されたとまではいうことができない。」と判示した。そして，その認定を行う際に，特に【図表3】の「売価が乱れると，未取引店への流出も安易になり…」という部分は，「<u>直接には</u>PS製品が安売りされると未取引店がそれを購入しやすくなることを指摘したもの」（下線は筆者）であると判示している（これは，因果の流れとしては，安売りによって未取引店への製品の流出が生じ得るということであって，その逆ではないことを指摘するものであると思われる。）。

(2) 「目的」の検討だけでよいか

　本件審決では，さらに続けて，この横流し禁止について，「専ら値引き販売禁止の実効性確保の目的で行ったわけではないとしても，そのためにもなるというような副次的効果は期待できる。」というような思惑もあったのではないかという点が議論された。

　この点について，【図表4】をご覧いただきたい。これは，SCEの社内会議で卸売業者による流通を検討した資料であるとされている（査第32号証）。

【図表4】　SCE社内会議資料

> **ブレスト**
> ……
> 全国卸を利用した場合
> 【H社】以外はバッタルートを内部に持っており価格破壊は容易にできる
> ……

（注）「H社」とは，SCEの取引先卸売業者であった事業者のことであり，SCEは，PS製品の販売にあたり，直接小売業者と取引し，これら小売業者が一般消費者に販売するという「直取引」を基本方針としていたところ，直接取引ができない小売業者に対しては，H社等の卸売業者を通じて販売していた。なお，SCEの取引先卸売業者は，H社を含め14社であったとされ，平成8年度におけるSCEのPSソフトの売上金額

を業態別に見ると，直取引が合計約72%，卸売業者が約28%（うちH社が約12%）とされていた。

ここでは，「価格破壊」への懸念が示されているものと読める。また，【図表3】にも，改めてみると「…未取引店の店頭での安売り，中古販売が増加し，取引店の利益確保が困難になる」との記載もあり，未取引店への製品の流出による値崩れのおそれについても言及されていた。本件審決は，この点を捉えて，【図表3】の文書も，「未取引店にPS製品が流出することにより値崩れを起こすおそれがあるとの認識自体を否定するものではない。」と述べている。

そして，結論として，「少なくとも，被審人の営業部幹部及び営業担当者の間では，未取引店へのPS製品の流出を防止することにより値崩れを防止する効果があることが一般的に認識されていたものというべきである。」と判示した。

このように，本件審決では，「目的」とまでは言えずとも，「効果の認識」という限りで，審査官の主張が事実上，一部認容されることとなった。なお，本件審決は，このSCEによって構築されていた単線的で閉鎖的な流通経路を「閉鎖的流通経路」と称しつつ，ここで問題とされるのは，この閉鎖的流通経路「外」へのPS製品の流出を防止し，外からの競争要因を排除する効果であると述べている。

この「効果」の認定について，本件審決では客観面からの検討も行われている。すなわち，まず，SCEのテレビゲーム市場における地位について，PSソフトには他のゲーム機用ゲームソフトとの互換性がないことを前提に，SCEが事実上すべてを販売業者に供給していることや，その拘束は，PS製品の流通に携わるすべての販売業者が対象となっていること等を指摘している。また，PS製品の流通政策について，特に本件事案では，PS製品の横流し禁止によって，SCEのコントロールが及ばない小売店舗でPS製品が販売されること自体が生じないようにすることができ，それによりPSソフトの安売りを防止し，そうした安売りがコントロール下の小売業者による値引き販売に波及してこないようにすることができること等が指摘されている。

他方で，本件審決は，この「効果」の認定に際して，改めて，SCEの内部でそのような効果があると認識されていたこと（【図表3】や【図表4】に関する前記の説明参照）も指摘している。行為者がそういった効果を認識していたことは，通常，客観的にもそういった効果が認められることの根拠の1つとはなり得るということであろう。

3．補論（横流し禁止行為についての違法性の判断基準）

本件審決は，前記のような証拠等に基づく認定を踏まえつつ，SCEの横流し禁止の販売方針について，「横流し禁止行為は，販売業者の取引先の選択を制限し，販売

段階での競争制限に結び付きやすいものであり，それにより当該商品の価格が維持されるおそれがあると認められる場合には，原則として一般指定第13項の拘束条件付取引に該当するのであるが，例外的に，当該行為の目的や当該目的を達成する手段としての必要性・合理性の有無・程度等から見て，当該行為が公正な競争秩序に悪影響を及ぼすおそれがあるとはいえない特段の事情が認められるときには，その公正競争阻害性はないものと判断すべきである。」(下線は筆者)として，目的と手段の観点からの検討を行っている(結論としては，仮にその目的に合理性が認められるとしても，競争制限効果の小さい他の代替的手段によっても達成できるものであって，横流しを禁止すべき必要性・合理性の程度は低いとされ，例外には当たらないとされている。)。

　この点，化粧品の卸売販売禁止の約定が独禁法に違反するか否かが争われた事案として，花王事件最判平10・12・18(判時1664号14頁，判タ992号98頁)[3]がある。同最判では，まず，そのカウンセリング販売の義務付けについて，メーカーや卸売業者の小売業者に対する「商品の販売に当たり顧客に商品の説明をすることを義務付けたり，商品の品質管理の方法や陳列方法を指示したりするなどの形態」による販売方法に関する制限が拘束条件付取引に該当するか否かについては，制限を課すことが，「それなりの合理的な理由」に基づくものであるか，及び他の取引先にも同様の制限が課されているか，の2点から判断されると判示された。そして，特約店契約を締結しておらず，カウンセリング販売の義務を負わない小売店等に商品が売却されてしまうと，その目的を達することができなくなるから，そのカウンセリング販売の義務付けに必然的に伴う卸売販売禁止についても，同様の基準により判断すべきものとされていた。

　本件事案は，この最判の後で争われたものであり，SCEは本件事案の販売先の制限についても，この最判で示された判断基準によるべきであると主張していたが，本件審決はこれを排斥し，前記の判断基準に依るべき旨を判示した。

　この点，改めて本件審決の論旨を追ってみると，特に，本件事案において「当該商品の価格が維持されるおそれがあると認められる」か否かについての具体的な判断は，前記のように【図表3】や【図表4】とした証拠等に基づき，「値崩れを防止する効果があること」(それが「SCE内で」一般的に認識されていたと認められること)についての判断を示した箇所以外には見当たらない。

　すなわち，本件事案の「販売先の制限」は，(前記最判の事案において「販売先の制限」として取り沙汰された行為とは異なり)証拠上，値崩れを防止する効果(とその効果についての認識)が認められるような行為だったということであろう。一見

---

[3] 参考資料として，法曹会編『最高裁判所判例解説民事篇(平成10年度／下)』1000頁(小野憲一)。

「販売先の制限」として同列に論じることができそうな行為も，その実態は様々であり，前記最判が示した基準も，その事案特有の属性を帯びた「販売先の制限」限りのものであって，「卸売販売禁止という取引先制限行為一般についての公正競争阻害性の判断基準を判示したものではない。」というのが，本件審決による，前記最判で示された判断基準との差別化の趣旨であると思われる。

II 事案検討から得られる教訓

IIでは，Iを通して得られた「中古品取扱い禁止」と「横流し禁止」の違反の認定に関する証拠としての社内資料の意味合い等の理解を前提に，改めて，本件事案全体を詳細に検討し，そこから得られる事業戦略の立案及び社内調査の観点に対する示唆を述べることとしたい。

1. SCE の流通政策，公取委の違反事件審査，SCE の勧告不応諾と審判審決

(1) SCE のテレビゲーム市場新規参入とその流通政策

　株式会社ソニーは，CD-ROM 方式によりテレビゲーム事業に参入することを決定し，平成5年11月，株式会社ソニー・ミュージックとの共同出資によりSCEを設立した。

　SCE は，平成6年6月ころまでには PS 製品の流通政策を具体化し，取引先候補となる販売業者にその流通政策を説明した。

　その内容は，小売業者との直取引を基本とした単線的で閉鎖的な流通経路を形成した上で，販売業者を自ら直接コントロールすることを基本方針とするものであった。すなわち，流通経路政策（小売業者との直取引を基本とし，例外的に卸売業者を通す場合にも，小売業者のコントロールができるようにすること），店舗政策（一定の条件・基準に合う販売業者とのみ契約し，取扱い店舗を限定すること，店舗での陳列や販売方法に一定の注文を付けること，小売データを管理すること），価格政策（卸売業者を通す場合にも一本価格（希望小売価格の75％）とし，数量リベートを出さないこと），商品政策（PSソフトの小売店舗への配送を直接管理すること，返品を認めないこと）などと合わせて，小売業者及び卸売業者に対して，3つの販売方針の遵守を要請し，要請を受け入れた小売業者及び卸売業者とのみ PS 製品の取引を行うこととした。3つの販売方針とは，①PS ソフトの値引き販売禁止，②PS ソフトの中古品取扱い禁止及び③PS 製品の横流し禁止である。

平成6年9月以降，SCEの3つの販売方針を含む流通政策を受け入れた販売業者と特約店契約を順次締結し，同年12月3日以降，当該特約店契約を締結した特約店と取引を開始した。そして，わずか1年余り後の平成8年度においては，我が国の家庭用テレビゲーム機及びソフトウェアの販売分野において出荷額が第1位の地位を占める有力な事業者となるに至った。
　SCEは，当時テレビゲーム市場において圧倒的優位にあった任天堂に対抗すべく，新たな方式による製品の投入と任天堂の流通政策の問題点の検討結果に基づく新たな流通政策の採用をもって新規参入を行った。そして，ソニーブランドの優位性に助けられた面があった可能性はあるにせよ，参入後1年余りのうちに，任天堂を凌ぎ，出荷額第1位の地位にまで上り詰めたところ，独禁法違反の疑いを招き，公取委の審査を受けることとなった。
　SCEが問題であると認識した任天堂の流通政策とその影響とは，すなわち，「多段階流通に起因する小売業者の見込み発注→過剰発注による過剰在庫・過小発注による品切れ→過剰在庫処分としての値引き販売・横流し・抱き合わせ販売，品切れによる中古ゲームソフト売買」である。
　任天堂のスーパーファミコンで採用されていたマスクロム方式では，ゲームソフトの製造コストが高く，また，追加発注から納品まで数か月を要した。これに対し，SCEが採用したCD-ROM方式は，マスクロム方式に比して，製造コストが低廉で，かつ，製造に要する期間も短く，受注後3，4日で納入できるとされた。
　CD-ROM方式の採用により，追加発注から納品までに要する期間が大幅に短縮されれば，マスクロム方式によって引き起こされる，「品切れにより需要期間の短いゲームソフトの販売機会の逸失」，「長期間の品切れによる中古ゲームソフト市場の発生」，「見込み発注，過剰発注による過剰在庫の発生，又は過少発注による品切れの発生などの需給不均衡の発生」等の問題が，相当程度未然に防止されるものと一般的には期待される。しかしながらSCEとしては，CD-ROM方式の採用にとどまらず，任天堂とは異なる流通政策の採用による流通の効率化により，事業の成功に万全を期したいということであろう。
　そうしたところ，以下でも述べるように，独禁法との関係で問題となったのが，上記の①PSソフトの値引き販売禁止，②PSソフトの中古品取扱い禁止及び③PS製品の横流し禁止の3つの販売方針であった。
　新規参入者の参入は市場における競争を活発化させるものであり，市場において既に有力な地位を占める事業者の場合とは異なり，その取引方法が競争を阻害するおそれのあるものとして独禁法上問題とされることは稀である。
　本件においては，SCEが，新規参入後1年余りのうちに市場における最有力の地

位を占めるに至ったことから，その取引方法が，市場における高い地位を獲得するに至るプロセスにおいて，不公正な取引方法として問題となる面がなかったか否かが問われたと言える。

(2) **本件審査の経緯**
　SCE は，平成 6 年12月 3 日の PS 製品販売開始からわずか 1 年半後の平成 8 年 5 月 9 日に公取委の立入検査を受けることとなり，審査の結果，平成10年 1 月20日に排除勧告を受けた。SCE は，これを応諾しなかったことから，同年 2 月 6 日，審判開始決定が行われ，審判手続を経て，平成13年 6 月13日，審判審決が出された。被審人SCE は，同審判審決を争わなかったことから，審判審決が最終判断となった。

(3) **審判開始決定における公取委の事実認定**
　審判における主な議論は，Ⅰの記載及び以下に述べるところであるが，まずは，公取委が，審査の結果どのような違反被疑行為の認定を行ったのかを，以下の審判開始決定書の記載から見ておきたい。

---

1 ．SCE は，平成 5 年11月ころから家庭用テレビゲーム機等の製造及び販売への参入について検討する中で，従来，需給の不均衡が生じてソフトウェアの値引き販売及び中古ソフトウェアの売買が行われ，家庭用テレビゲーム機製造業者及びソフトウェア製造業者の利益が損なわれているとの認識を持ち，平成 6 年 6 月ころまでの間に，短期間で製造できる PS ソフトの特性を生かした販売方法によってこれらの弊害を除去するとの方針を採るとともに，取引先小売業者及び取引先卸売業者に対し，次の販売方針を遵守させることとした。
　⑴　小売業者は，PS ソフトの販売に当たっては希望小売価格で販売すること
　⑵　小売業者は，PS ソフトの中古品の取扱いをしないこと
　⑶　PS 製品を，小売業者は一般消費者のみに販売すること，また，卸売業者は小売業者にのみ販売するとともに取引先の小売業者に一般消費者のみに販売させること
2 ．SCE は，PS ソフトの発売タイトル数が増加するのに伴い，発売後長期間経過した PS ソフトに売れ残りが生じ，これが小売業者の利益を圧迫するようになってきたことから，平成 8 年 4 月ころ以降，発売後一定期間を経過した PS ソフトについては，小売業者の判断により販売価格を自由に設定できるよう販売方針を一部修正し，これを自ら又は取引先卸売業者を通じて小売業者に通知

した。その際，発売後一定期間を経過していないPSソフトについては，従来どおり希望小売価格で販売するよう要請した。
3．SCEは，前記1及び2の実効を確保するため，営業担当者が小売業者を訪問してPSソフトの販売価格及び中古品の取扱い状況について調査し，また，PS製品に付したシリアル番号と称する製造ロット番号により取引先小売業者又は取引先卸売業者の取引先である小売業者以外の者が販売するPS製品について，その出荷先を調査し，これらの調査及び特約店からの苦情によって小売業者が前記1及び2の要請等に従っていないことが判明した場合には，自ら又は取引先卸売業者を通じて当該小売業者の行為を改めさせるほか，自ら又は取引先卸売業者を通じて当該小売業者へのPS製品の出荷を停止し又は当該小売業者との取引契約を解除する，当該小売業者の取引先である卸売業者へのPS製品の出荷を停止する等の措置を講じている。
4．SCEは，前記1～3の行為により，小売業者に対し，おおむね，PSソフトについて，希望小売価格で一般消費者に販売させるとともに，中古品の取扱いを行わないようにさせ，また，PSハード及びPSソフトについて，卸売業者に対し，小売業者のみに販売させるとともに，小売業者に対し，一般消費者のみに販売させている。

そして，法令の適用として，上記1.(1)及び2.の行為は，再販売価格の拘束として，また，上記1.(2)及び(3)の行為は，拘束条件付取引として，それぞれ不公正な取引方法に該当し，独禁法19条違反に当たるとされた。

(4) 公取委の勧告を受けたSCEの対応と審判の結果

他の講において既に述べたように，事前審判制度廃止（平成17年法改正）前，公取委の排除勧告については，事前に証拠等の説明は行われず，事件関係人が意見を述べる機会も与えられなかった。したがって，勧告を受けた事件関係人は勧告の記載の一部について納得が行かない点があったとしても，勧告全体を不応諾とし，審判開始請求をする以外の方法はなかった。

勧告書に記載のとおり，SCEは，家庭用テレビゲーム機等の製造及び販売への参入について検討する中で，先行者である任天堂のスーパーファミコンについて，需給の不均衡が生じてソフトウェアの値引き販売及び中古ソフトウェアの売買が行われ，家庭用テレビゲーム機製造業者及びソフトウェア製造業者の利益が損なわれているとの認識を持った。そして，短期間で製造できるPSソフトの特性を生かした販売方法

によってこれらの弊害を除去するとの方針を採るとともに，違反被疑行為とされた3つの販売方針を遵守させることとした。

　前記のとおり，本件の違反被疑行為は，①PSソフトの値引き販売禁止，②PSソフトの中古品取扱い禁止及び③PS製品の横流し禁止，という3つの販売方針である。

　このうち，①については，平成8年5月9日の公取委の立入検査後，SCEでは，直ちに事実確認のための社内調査が行われ，代表取締役社長を始めとする経営幹部が営業部幹部に対し，販売価格を拘束する行為を行わないよう営業部内に徹底するよう指示がされている。

　また，代表取締役社長及び営業部長が，平成8年6月に特約店の代表者を集めて開催したミーティングにおいて，「小売価格は小売店の皆様が自らの経営判断の中で決められるもの」などと述べて，販売価格は販売業者自らが決めるべきものである旨口頭で説明した，とされる。

　もっとも，これらの対応によって，SCEのPSソフトの値引き販売禁止行為が直ちになくなったとは認められなかった。しかしながら，SCEの営業担当者による値引き店への是正指導等が行われなくなり，それに伴い値引き販売を行う販売店も次第に現れ，平成9年11月ころには希望小売価格の90％〜94％程度の値引き販売が一般的なものとなってきていた。そして，これらの経緯を踏まえ，平成9年11月ころには，SCEのPSソフトの値引き販売禁止の拘束はなくなったと認められた。

　他方，②及び③の販売方針については，公取委の立入検査後においても特段の対応は採られず，行為は継続されたようである。

　審判の結果，①PSソフトの値引き販売禁止については，再販売価格の拘束として違反が認定され，排除措置として違反行為を既に取りやめていることの確認等が命じられ，②PSソフトの中古品取扱い禁止については，違反と認定されず，③PS製品の横流し禁止については，PSソフトについてのみ，拘束条件付き取引として違反が認定され，排除措置として違反行為の取りやめ，特約店契約中の関係条項の削除等が命じられた。

　3つの違反被疑行為のうち，①PSソフトの値引き販売禁止について，再販売価格の拘束が独禁法違法行為であることは一般に知られており，それが実効性をもって維持されていれば，販売業者だけでなく，PSソフトを購入した一般消費者の疑念をも喚起していた可能性がある。

　SCEとしても，PSソフトの再販売価格拘束が行われていたとして，それを継続することは適切でないと考えたからか，公取委の立入検査後，直ちにその見直しに着手したと見られる。

　これに対し，②PSソフトの中古品取扱い禁止及び③PS製品の横流し禁止は，価

格を直接制限するものではない「非価格制限行為」に当たり、かつ、正当な目的のために導入したものと考えていたことから、不公正な取引方法として直ちに違法とされるものでないと判断し、公取委の立入検査後も行為は継続し、審判においてもその違法性を争うこととしたようである。

2．PSソフトの再販売価格の拘束

(1) 原則違法行為

再販売価格の拘束は、流通業者間の価格競争を減少・消滅させるものであるから、競争阻害効果が大きく、原則として公正な競争を阻害するおそれのある行為に当たり、不公正な取引方法に該当し、独禁法違反となる。

なお、「正当な理由」がある場合には例外的に違法とならないとされるが、「正当な理由」とは、「事業者による自社商品の再販売価格拘束によって実際に競争促進効果が生じてブランド間競争が促進され、それによって当該商品の需要が増大し、消費者利益の増進が図られ、当該競争促進効果が、再販売価格の拘束以外のより競争阻害的でない他の方法によっては生じ得ないものである場合において、必要な範囲で必要な期間に限り、認められる。」（「流通・取引慣行に関する独占禁止法上の指針」（公取委平成3年7月公表（平成29年6月最終改正）））とされる。

「正当な理由」に該当して、再販売価格拘束行為の違法性が阻却されるケースは極めて例外的であり、SCEも審判において、PSソフトの再販売価格拘束自体に「正当な理由」が存在するとの主張は行っていない。

上記のとおり、SCEとしても、再販売価格拘束行為が独禁法上原則違法に当たることは認識していたと思われ、立入検査後、直ちに改める行動を採ってはいるが、審判においては、まず、以下のような主張を行った。

すなわち、「被審人は、値引き販売禁止の方針を採ったことはない。…被審人の再販売価格に関する基本方針は終始自由化であったのであり、そのことは被審人の経営幹部から営業部員全員に示達されていた。…被審人の営業担当者が値引き販売禁止の販売方針を遵守するよう要請を行ったことは、被審人の方針に反するものであり、当該営業担当者独自の考えにより、ごく例外的に行われたことがあるに過ぎない。…たとえ、営業現場において、再販売価格を拘束する行為が一部行われていたとしても、それは遅くとも平成8年5月9日には終了した。」

再販売価格拘束行為は一部営業担当者の独自の行為であり、事業者としての行為ではなかったとの主張であるが、社員の行為の結果を事業者に帰属させるためには、当該社員の行為が事業者の事業活動に事実上の影響を及ぼしていれば十分であるとされる。この点は、本件審決で認定された、営業部における営業所長等の指示に基づく、

営業担当者の組織的な値引き販売是正措置等の事実関係に照らして，説得的とは認められなかった。

なお，本件審決は，「被審人の営業部幹部は，平成6年6月ころまでに，PS製品の流通を委ねる販売業者との関係で，値引き販売禁止，中古品取扱い禁止及び横流し禁止の販売方針を採ることを決定し，これらの販売方針を受け入れた販売業者とのみPS製品の取引を行うこととしたものと認められる。」とし，さらに，「上記販売方針は，PS製品の販売を担当する被審人の営業部，ひいては被審人自体の販売方針であると認めるのが相当である。」と述べ，SCEの，「再販売価格維持は事業者としての方針ではなかった。」との主張を排斥している。

結論として，SCEのPSソフトの値引き販売禁止行為は，原則として公正競争阻害性を有し，再販売価格維持行為として不公正な取引行為に該当し，独禁法違反に当たると判断された。

(2) 再販売価格拘束行為と他の2つの非価格制限行為との関係

再販売価格拘束に関するSCEの審判における主張の2点目として，再販売価格拘束行為と他の2つの非価格制限行為との関係に関する主張が挙げられる。

すなわち，「審査官は，中古品取扱い禁止及び横流し禁止のいずれについても，再販売価格維持行為のためになされていることを公正競争阻害性の根拠として主張しているが，このような主張は，中古品取扱い禁止，横流し禁止という個別の拘束条件付き取引について，その形態，拘束の程度等に応じて公正競争阻害性を判断するという原則に従わず，これらの行為を別の行為類型である再販売価格維持行為のためになされたことを理由として公正競争阻害性を判断するという根本的な誤りを犯している。」，「仮にこれらの方針が同一機会に示されたり，実行されたとしても，一般に新規事業の開始当初には，必ずしも相互に関連しない複数の方針が同時に採用されることは通常みられること」などから，3つの販売方針の一体性・相互関連性は否定される，との主張である。

中古品取扱い禁止及び横流し禁止が再販売価格拘束の実効確保手段に当たるとされたならば，原則として公正競争阻害性があるとされる再販売価格拘束に包含されるものとして，その公正競争阻害性が認定されやすくなる。これに対し，SCEの認識としては，中古品取扱い禁止及び横流し禁止は，再販売価格拘束を目的としたものではなかった。むしろ，それぞれ，流通の効率化を図る等の正当な目的に基づくものであるから，その行為類型のみから直ちに違法と判断されるべきものではなく，非価格制限行為として，その市場閉鎖効果や価格維持効果の有無といった公正競争阻害性の判断の過程を通じて，正当な目的を有するものであり，公正な競争を阻害するものでは

ないと判断されるべき，との趣旨であったと考えられる。

(3) **再販売価格拘束と他の2つの非価格制限行為の一体性**

　本件審決は，まず，審査官が，「中古品取扱い禁止の販売方針が，中古のPSソフトが新品PSソフトの値崩れの原因となることから，中古品取扱いを禁止することによりこれを防止し，新品PSソフトの再販売価格を維持することを目的とするものである」と主張していた点については，これを否定した。

　また，本件審決は，「横流し禁止」についても「中古品取扱い禁止」の場合と同様に，まず，行為の「目的」について検討し，「被審人の横流し禁止の販売方針は，本来，直取引を基本とする流通政策を実現させるために採用されたものであって，PSソフトの値引き販売禁止の実効確保の目的で採用されたとまではいうことができない。」とした。

　他方で，値引き販売禁止，中古品取扱い禁止及び横流し禁止の3つの販売方針は，「任天堂流通の問題点を解消するため，CD－ROM方式を用いた直取引を基本とする流通政策を検討する中で生まれてきたもの」であって，「一体的に実施されることによって被審人の流通政策を実現することができるもの」であるとして，「必ずしも相互に関連しない3つの販売方針が同時に採用されたもの」とするSCEの主張については，これを排斥している。そして，その判断の根拠として，被審人の営業部幹部が営業担当者に指示した内容を記載した文書にも，「三つの販売方針を『三禁』と記述している箇所がある。」（同事案において，査第36号証の4とされている。）など，3つの販売方針が基本的にセットで販売業者に説明・要請されていることが挙げられる。

　その上で，本件のように，「複数の非価格制限行為が同時に行われている場合や価格制限行為も併せて行われている場合に，ある非価格制限行為の公正競争阻害性を判断するに当たっては，同時に行われている他の非価格制限行為あるいは価格制限行為により影響を受けている市場環境を踏まえた上でなされることは当然である。」と判示した。これにより，他の行為の存在ないしはそれによる影響を切り離して当該非価格制限行為の公正競争阻害性を判断すべきとするSCEの主張を否定するものであった。

　このように，本件審決では，SCEの販売方針として，PSソフトの再販売価格の拘束が行われ，それと一体的なものとして中古品取扱い禁止行為及び横流し禁止行為が行われていたことが認定された。

　以上のように，一方で，中古品取扱い禁止行為及び横流し禁止行為は，再販売価格拘束行為の実効確保を目的とした行為であるという審査官の主張は認められなかった。他方で，再販売価格拘束行為と一体的に実施されていた以上，価格制限行為である再

販売価格拘束行為の影響の下で，中古品取扱い禁止行為及び横流し禁止行為という非価格制限行為の公正競争阻害性も判断されるべきとされた。

このような判示の趣旨を，例えば中古品取扱い禁止行為について見ると，以下のように整理することができる。すなわち，中古品取扱い禁止行為自体を，独立した独禁法違反行為として取り上げるべきか否かについて，仮に，それが再販売価格の拘束の「実効確保の目的で採られた手段」であると言えるなら，その法的評価は，再販売価格の拘束という違反行為に対する判断の中で一体評価すべきであり，かつ，それで足りることになる。他方で，そのようには言えない場合，中古品取扱い禁止行為自体を，独立した独禁法違反行為として取り上げて評価する必要が生じる。ただし，その場合，さらに2つの場面設定が必要となる。1つは，並行して再販売価格拘束行為が存在し，それと一体的に実施されている場合であり，もう1つは，それが存在せず，中古品取扱い禁止行為のみが実施されている場合である。この点，上記のSCEの主張は，いわば本件事案ではそのような場合分けは不要である（前者のような事実が存在しないので）という趣旨と捉えることができる。しかしながら，本件審決は，後述のように，これを否定し，そのような場合分けを前提に判示を行っている。

そして，最終的には，PSソフトの中古品取扱い禁止行為については違反行為に当たるとは認定されなかったのに対し，横流し禁止行為については，PSソフトに関してのみ違反行為に当たると認定された。

3．中古品取扱い禁止

(1) 中古品取扱い禁止と再販売価格拘束の関係

審査官が，「中古品取扱い禁止の販売方針が，中古のPSソフトが新品PSソフトの値崩れの原因となることから，中古品取扱いを禁止することによりこれを防止し，新品PSソフトの再販売価格を維持することを目的とするものである。」と主張していた点について，上記のように本件審決はこれを否定した。

仮に，この「再販売価格を維持することを目的とするもの」という点が肯定されるなら，上記のとおり，「中古品取扱い禁止」は，「再販売価格の拘束」の実効確保手段に該当する行為として捉えられていたであろう。

そして，その判示において検討されていたのが，Ⅰの【図表1】及び【図表2】である。

すなわち，審決では，【図表1】及び【図表2】の記載を具体的に検討しつつ，中古品取扱い禁止行為が新品PSソフトの再販売価格拘束の目的によるものであったとは認められないとしており，その意味で，これらの書証は結果として，SCEの主張の立証に資することとなったといえる。

ただし，本件審決は，さらに進んで上記のとおり，それが「再販売価格を維持することを目的とするもの」ではなかったとしても，この再販売価格の拘束，中古品取扱い禁止行為及び横流し禁止行為の3つの販売方針が一体的なものとして行われており，中古品取扱い禁止行為が新品PSソフトの再販売価格拘束行為の実効的な実施に寄与し，同行為を補強するものとして機能していたと認められる，と認定した。そして，本件中古品取扱い禁止行為は，その点において再販売価格の拘束行為に包含され，同行為全体として公正競争阻害性を有するものと認めるべきであるとされた。

すなわち，再販売価格拘束行為と一体的に行われていたことにより，その実効的な実施に寄与し，同行為を補強するものとして機能していたものと判断されたということである。

なお，念のため，この「再販売価格の拘束行為に包含され」，「その実効的な実施に寄与し，同行為を補強するものとして機能」という評価は，あくまで，「中古品取扱い禁止行為」自体についての競争制限効果を取り上げて検討している箇所で使われている。しかも，次に述べるように，「中古品市場の状況」等についての証拠が十分でないことから，単体としての中古品取扱い禁止行為（すなわち，再販売価格の拘束の存在を度外視した場合の）については競争制限効果を肯定できないことを述べた後に，本件事案ではそういった単体としての評価だけでは足りない，という文脈で言及されている。これを，あえて記号に喩えて述べるなら，再販売価格の拘束をA，中古品取扱い禁止行為をBとするとき，まずB単体では違反とするには証拠不十分と述べた上で，本件事案ではAと一体的に実施されていた以上，本来そのような実態に即して評価される必要があるが，本件事案では，その後にAが消滅しているので，結果的に，B単体についての結論と異なるところはない，ということになろう。

(2) 中古品取扱い禁止行為の公正競争阻害性

上記(1)のように，本件審決において，結果として，中古品取扱い禁止行為が再販売価格拘束行為とは別に，それ自体として論じられ，最終的には違反行為に当たらないとされたのは，再販売価格の拘束行為が平成9年11月ころに消滅したと認められたことが背景となっていた。

すなわち，上記のような意味で，再販売価格拘束行為に包含して評価されるべきものとしての中古品取扱い禁止行為の公正競争阻害性は，再販売価格拘束行為が消滅した時点で消滅したと見られるからである。

そして，本件審決では，「中古品取扱い禁止行為が公正競争阻害性を有すると認められるのが新品の再販売価格維持を目的とする場合に限られるものでないことは当然であり，同行為に新品の価格競争を制限する機能・効果が認められる場合その他PS

ソフトの販売に係る公正な競争を阻害するおそれがある場合には，その具体的な態様・程度により同行為自体が公正競争阻害性を有すると判断される。」ことが指摘されている。

　この（再販売価格の拘束を目的とするものではない）「中古品取扱い禁止」それ自体としての違法性＝公正競争阻害性という点について，審査官からは，「①被審人がPSソフトの再販売価格維持行為を行いつつ，新品PSソフトの値崩れの原因となるPSソフトの中古品の取扱いを小売業者に対し禁止することにより，PSソフトのブランド内競争が減殺されて，新品のPSソフトの価格が維持されることになる。②ゲームソフトの中古品は，新品との品質の差が小さく，また相対的に安価なため，一般消費者の強いニーズがあるところ，有力な事業者である被審人が小売業者に対しPSソフトの中古品の取扱いを禁止することにより，小売業者間で消費者のニーズに応えたPSソフトの中古品の取扱いを行う競争が制限されることになる。」とも主張されていた。

　ただし，上記①の中古品販売と新品販売価格の関係については，中古品販売が新品の「販売価格」の足を引っ張るということがSCEの営業部内で検討されたことを的確に示す証拠は見当たらず，【図表1】や【図表2】のようなものしか存在しなかったことからも，「中古品取扱い禁止」による，新品PSソフトの価格競争を制限する効果が認められる見込みは少なかったのではないかという状況が，既にある程度うかがわれていたように思われる。この点は，次項で述べる「横流し禁止」についての【図表3】や【図表4】のような，行為当時の当事者が値崩れ防止効果を認識していたと思われる資料が存在していたのと，状況が異なっていたと言える。

　他方で，上記②は，新品とは別に「中古品の取扱いを行う競争」に関する議論である。

　本件審決では，「新品と中古品とは完全な代替関係にあるものではないとしても，一般消費者がPSソフトを購入するに当たっては選択的な関係にあることは明らかである。…新品のPSソフトの価格や販売数量と中古のPSソフトの価格や販売数量とは一般的・抽象的には相互に影響し合う関係にある…中古品の取扱いを禁止することは，新品あるいは中古品を巡る販売段階での競争に様々な悪影響を及ぼし得る…具体的に判断するためには，中古品市場の状況，ゲームソフト販売業者の事業活動に及ぼす影響，更には一般消費者の購買行動を含めて幅広い実態把握とその分析が必要になる…本件記録上，こうした具体的な認定・判断をするに足りる証拠は十分でない。」として，中古品取扱い禁止による中古品市場及び新品PSソフト市場の競争に及ぼす影響はあり得るものの，その点を議論するには証拠不十分とされた。

　「中古品の取扱いを行う競争」とは，一般消費者が小売業者に中古ゲームソフトを

売却することで成立する中古品市場にかかるものであり、SCEによって供給される新品PS商品ソフト市場（における競争）とは異なる市場であって、単なる証拠の過不足にとどまらない検討が必要であるように思われる。

以上のとおり、SCEの中古品販売禁止行為は、まず、再販売価格拘束行為に包含されるものとしては、その公正競争阻害性が肯定され得た。他方で、再販売拘束行為自体が消滅した以降においては、純粋に、それ単体として公正競争阻害性を認定する必要があるところ、同行為が中古品市場及び新品PSソフト市場の競争に及ぼす影響はあり得るものの、違反行為の認定には証拠不十分とされた。

(3) 本講のまとめ（その1）

状況次第ではあるが、一般論的な、ある種の経験則として、「品質の劣化がない状況で、新品と中古品が並んで陳列されていれば、消費者は安価な中古品を選ぶはずであり、したがってその取扱いを禁止することで、新品の価格は維持されるのではないか。」という推論が、ある程度の説得力を持って受け止められることがあり得る。しかしながら、仮に、そのような「価格維持効果」が認められそうな状況であるとしても、事業戦略の立案という観点からは、商品の特性や市場の状況、市場関係者の動向に関する時期や規模感などに照らして、状況分析の上、正当な事業目的のための行為として立案策定されたものについては、そういった推論は、根拠のない「勘ぐり」として排して、正当な（すなわち、違法ではない）目的からのものとして臆することなく採用されてよい。そういった、いわば当然のことが、本件事案の審理を通して再確認されたと言える。

少なくとも、中古品取扱い禁止に関する限り、上記(1)のように、審判手続においてSCEから提示された主張（「事業開始に際して単に同時に採用された、相互に関連のない複数の方針にすぎない」）は排斥されたものの、むしろ審査官側から提出されていた証拠等に基づいて、その位置付け（「一体的な流通政策」）が認定された上で、結論としては上記(2)のように、違反の認定は否定されている。

もっとも、原則違法行為とされる再販売価格拘束行為については、「正当な理由」に基づき違法性が阻却される可能性は極めて低いことから、事業戦略としては採用することを避けるべきである。本件においても、仮に新品PSソフトの再販売価格拘束行為が見直されることなく継続されていれば、それと一体的に行われた中古品取扱い禁止行為も、再販売価格拘束の「実効的な実施に寄与し、同行為を補強するものとして機能」するものとみなされ、公正競争阻害性ありとして、違反と認定され、行為の排除を命じられていた可能性があったことに留意する必要がある。

また、社内調査の観点からは、関係証拠の確保の重要性ということが指摘できる。

繰り返しとなるが，前記のように，相互に関連しない3つの販売方針が同時に採用されたとの審判手続での主張は排斥されたにもかかわらず，上記(2)のように結論として，中古品取扱い禁止の違反が否定されたことの背景には，【図表1】や【図表2】のような関係証拠について，他の関係証拠等との照らし合わせも含め，その証拠評価が可能であったことがある。

しばしば，特に当局による事件調査の対象となってしまったような「有事」の場合に，いわば衝動的に関係証拠の破棄隠滅といった行為に及んでしまうという事態が見受けられるが，一見自らに不利と見えるような証拠（審査官側からその立証のために提出されるような）であっても，時に証拠評価とは微妙な側面をはらむものであり，結果として，それが残されていたことが効を奏することがあるのであって，破棄隠滅はその機会を失わせるということが，「平時」のうちから社内理解として共有されていくことも，また「有事」への備えとして有用である。

4．横流し禁止

(1) 横流し禁止と再販売価格拘束の関係

審査官は，横流し禁止行為について，PSソフトの再販売価格維持行為及び中古品取扱い禁止行為と一体的に行っているところ，小売業者がPSソフトの値引き販売又は中古品取扱いを行って出荷停止等の措置を受けた場合，横流しが禁止されていることにより，当該小売業者は，PS製品の入手が困難となることから，大きな不利益を受けるので，横流し禁止行為はPSソフトの再販売価格維持行為の実効確保につながるものと主張していた。

上記のとおり，本件審決は，「横流し禁止」についても「中古品取扱い禁止」の場合と同様に，まず行為の「目的」について検討し，「被審人の横流し禁止の販売方針は，本来，直取引を基本とする流通政策を実現させるために採用されたものであって，PSソフトの値引き販売禁止の実効確保の目的で採用されたとまではいうことができない。」としている。

(2) 横流し禁止の価格維持効果

横流し禁止行為の違法性判断基準については，Ⅰでも触れたように，「販売業者の取引先という，取引の基本となる契約当事者の選定の制限に結び付きやすく，この制限により当該商品の価格が維持されるおそれがあると認められる場合には，原則として，拘束条件付き取引に該当するというべき」というものである。

横流し禁止が，再販売価格維持の実効確保を目的として導入されたものではないとしても，上記のとおり，値引き禁止及び中古品取扱い禁止と一体的に行われていたこ

とにより，中古品取扱い禁止と同様に，値引き禁止の実効的な実施に寄与し，それを補強する機能を有していたかどうかの点は，さらに問われることとなった。

なお，中古品取扱い禁止がPSソフトを対象とした行為であるのに対し，横流し禁止は，PSソフトだけでなく，PSハードを含む，PS製品全体が対象となっていたとの相違がある。

本件審決では，横流し禁止の「効果」について，【図表3】の記載を踏まえつつ，「(しかしながら)少なくとも，被審人の営業部幹部及び営業担当者の間では，未取引店へのPS製品の流出を防止することにより値崩れを防止する効果があることが一般的に認識されていたものというべきである。」との判断を示している。

その際，その他の関係証拠によって，平成6年7月ころ，SCEの新任の営業担当者に対する研修会において，K販売推進課長が，横流し禁止について，「正常販売ができず，価格の乱れを防ぐことができなくなる。」旨を述べたこと，同年8月ころ，営業部内のミーティングにおいて，Y営業課長(なお，同人は，平成6年10月に第一営業所長，平成7年3月に営業部次長に就任した。)が営業部員に対し，横流し禁止の理由として，「横流しがされると，PS製品を取り扱う店舗が増えてきて，販売価格が値崩れしてしまう。」旨を述べたことが指摘されていた。

また，併せて，「ブレスト」と称される会議の資料の記載【図表4】も引用されている(本件審決では，査第32号証とされている。)。関係証拠等を踏まえつつ，当該記載は，平成6年2月，SCEのマーケティング部(後の営業部)の「ブレスト」と称する会議において，卸売業者による流通を検討した資料であるとされている。その記載の趣旨は，「全国卸を利用した場合」について，「H社以外はバッタルートを内部に持っており価格破壊は容易にできる」ということが，推測されるデメリットとして指摘されることを述べたものと認定されている。

これは，横流し禁止の販売方針はPSソフトの再販売価格拘束の実効確保の目的で採用されたとまでは言うことができないとしつつも，なお，「PS製品の発売に先立ち，マーケティング部内で，安売り業者への横流しによる値崩れの可能性が問題点として意識されており，また，被審人の営業部内で，未取引店にPS製品が流出することにより値崩れを起こすおそれがあるものと一般的に認識されていたのであり，このような未取引店へのPS製品の流出を防ぐ手段の一つとして横流し禁止が認識されていたものと認めることができる。」という限りにおいて，「横流し禁止行為はPSソフトの再販売価格維持行為の実効確保につながる。」との審査官の主張の趣旨を活かす余地を残したと見ることができる。

第9講　流通政策に「価格維持効果あり」とされてしまう場合とは
（ソニー・コンピュータエンタテインメント事件）　249

(3) PSソフトの横流し禁止行為の違反の認定

　本件審決では，結論として「横流し禁止」行為について，PSソフトについてのみ，拘束条件付き取引として違反の認定を行った。

　そして，特にその公正競争阻害性について，「被審人によるPSソフトの値引き販売禁止行為が平成9年11月ころに消滅したと認められることは前記認定のとおりであるが，それによって，横流し禁止行為の公正競争阻害性の根拠のうち，閉鎖的流通経路内での値引き販売禁止の前提ないし実効確保としての意味が失われたとしても，閉鎖的流通経路外へのPS製品の流出を防止し，外からの競争要因を排除する効果が直ちに失われるものではないから，PSソフトの販売段階での競争を制限するPSソフトの横流し禁止行為には，現時点でも公正競争阻害性が認められるというべきである。」と述べている。

　なお，この「閉鎖的流通経路」の内外とは，少なくとも【図表3】や【図表4】の記載に照らしてみる限り，それぞれ「取引店」網と「未取引店」群を意図した表現であると考えられる。

　そして，再販売価格拘束行為の消滅後もなお残るとされた「閉鎖的流通経路外へのPS製品の流出を防止し，外からの競争要因を排除する効果」とは，【図表3】に即して言えば，「未取引店の店頭での安売り」により「取引店の利益確保が困難になる」ということへの懸念が示されていたとして，それは「未取引店にPS製品が流出することにより値崩れを起こすおそれがある。」という評価を根拠として導き出されているものである。

　本件審決は，この点をさらに敷衍して，「販売段階での競争制限への脅威は，被審人のコントロール下にある小売業者（被審人の取引先卸売業者の取引先小売業者を含む。）による値引き販売だけではなく，むしろ本来PSソフトを扱っていないはずの販売業者による安売りにあるのであって，それを防止する方法として，閉鎖的流通経路外の販売業者へのPSソフトの流出を根絶することが必要になる。そして，PS製品の横流し禁止によって，閉鎖的流通経路外の（被審人のコントロールが及ばない）小売店舗でPS製品が販売されること自体が生じないようにすることができ，それによりPSソフトの安売りを防止し，そうした安売りがコントロール下の小売業者による値引き販売に波及してこないようにすることができる。」と述べている。

(4) 中古品取扱い禁止，PSソフト横流し禁止及びPSハードの横流し禁止の相違

　既に述べたように，3つの販売方針のうち，値引き販売禁止と中古品取扱い禁止の対象はPSソフトであるのに対し，横流し禁止の対象はPSソフトとPSハードの双方を含むPS製品であった。

そして,【図表3】,【図表4】において SCE の営業部幹部や営業担当者が認識していた「安売り」,「価格破壊」,「価格の乱れ」,「値崩れ」等は PS 製品を対象とした認識であった。

しかしながら,値引き販売禁止の対象となっていたのは PS ソフトのみであって,PS ハードの値引き販売は本件審判の対象とはなっておらず,そもそも PS ハードの値引き販売禁止行為が行われていたか否かも不明である。

既述のとおり,PS ソフトの値引き販売禁止行為が平成9年11月ころに消滅したことによって,横流し禁止行為の公正競争阻害性の根拠のうち,閉鎖的流通経路内での PS ソフトの値引き販売禁止の前提ないし実効確保としての意味が失われた。

PS ソフトの値引き販売禁止行為消滅後の中古品取扱い禁止行為については,新品 PS ソフト市場の競争に及ぼす影響については立証されていないとして,違反認定はされなかったが,横流し禁止行為については,PS ソフトを含む PS 製品の閉鎖的流通経路外への流出防止効果があり,これによって PS ソフトの販売段階での競争を制限することから,PS ソフトの値引き販売禁止行為消滅後においても,PS ソフトの価格維持効果があり,公正競争阻害性が認められる,との判断である。

つまるところ,既に述べたように,PS ソフト中古品は,一般消費者が小売業者にゲームソフトを売却することで初めて発生する商品であり,新品ソフトとの間にある程度の代替関係が認められるとしても,SCE によって供給される PS ソフト新品とは異なる商品である。したがって,中古品の発生を防止したからといって直ちに PS ソフト新品の価格維持につながると結論付けるには,証拠が不十分ということであろう。

これに対し,PS ソフトの横流し禁止は,PS ソフト新品の閉鎖的流通経路外への流出を防止し,その値引き販売が防止されるという意味で価格維持効果が認められるということであろう。

もっとも,値引き販売禁止が行われていない状況において,閉鎖的流通経路外への流出を防止することによる価格維持効果は,PS ソフトだけでなく,PS ハードについても発生し得るところであり,審判開始決定においては,PS ハードについても,販売先について拘束条件を付けて販売するものとして,不公正な取引方法に該当するとしている。しかしながら,本件審決では PS ハードの横流し禁止については違反の認定は行われていない。

この点,本件審決においては,「PS ハードの横流し禁止は,PS ハードの値引き販売が行われにくいように機能する措置であったと同時に,PS ソフトの値引き販売を行う販売業者に PS ハードが供給されないようにするという面でも大きな効果を有するものであったと考えられる。ただし,この点については,PS ハードの希望小売価格が引き下げられ,また,PS ハードが普及するにつれて,こうした効果は弱まり,

さらに，PSソフトの値引き販売禁止行為が平成9年11月ころに消滅したことから，その後，実質的に意味がなくなったと認められる。」としている。

　すなわち，PSハードの横流し禁止は，中古品取扱い禁止と同様に，PSソフトの値引き販売禁止が消滅したことにより，再販売価格拘束の実効的な実施に寄与し，それを補強するものとしての機能は認められないこととなり，結果として非価格制限行為としての公正競争阻害性も認められなかった。これに対し，PSソフト横流し禁止については，その値引き販売禁止の消滅後においても，非価格競争制限行為として，PSソフトの販売段階での競争を制限し，価格維持効果を有することから，引き続き，公正競争阻害性を有し，違反行為に当たると認定されたということである。

(5) 再販売価格拘束行為の存在の影響

　改めて本件審決の論旨を追ってみると，特に，本件事案において「当該商品の価格が維持されるおそれがあると認められる」か否かについての具体的な判断は，【図表3】や【図表4】とした証拠等に基づき「値崩れを防止する効果があること」（それが「SCE内で」一般的に認識されていたと認められること）についての判断を示した箇所以外には見当たらないことは，Iで指摘したとおりである。

　そして，【図表3】から導かれるのは，「未取引店PS製品が流出することにより値崩れを起こすおそれがあるとの認識自体を否定するものではない。」という，それ自体は消極的な認定根拠にとどまる。

　また【図表3】と【図表4】のいずれについても，そこに示される社内議論がなされていたのは，再販売価格の拘束が消滅したとされるよりも前の時点においてである。

　そうすると，当時そういった認識を有していた関係者が，再販売価格の拘束が消滅した後の市場環境等の下でも，引き続き同様に「閉鎖的流通経路外へのPS製品の流出を防止し，外からの競争要因を排除する効果」を認識し得たか否かは，必ずしも明確ではないようにも思われる。

　言い換えれば，本件事案において，PSソフトの横流し禁止行為に公正競争阻害性が認められた根拠として，3つの販売方針が一体的に運用され，少なくとも公取委による立入検査が行われる以前においては，PSソフトの再販売価格の拘束行為が行われていたこと（その状況下で，関係従業員により示されていた事実認識に関する証拠資料）が，重要な意味を有していたと言えよう。

　逆に言うと，仮に本件事案において，PSソフトの再販売価格拘束については当然違法行為であるから当初から採用しないこととし，他方，PS製品の横流し禁止行為のみを実効的に実施したという経緯であったとすれば，その結果として閉鎖的流通経路外へのPS製品の流出阻止により，有効に値崩れを防止しつつ，市場において第1

位の地位を占めるに至ったとしても，それによって独禁法違反に問われることはなかったかもしれない。

(6) **本講のまとめ（その2）**

　以上を要するに，まず事業戦略の立案の観点からは，流通戦略における取引先への条件設定（いわゆる垂直的制限）について，特に価格政策の観点から，仮にその施策が，それ自体として再販売価格の維持を目的とするものではないとしても，社内に，「値崩れを防止する効果があること」（値崩れを引き起こしそうな業者への商品の流出を防ぐことにもなること）についての認識があると考えられる場合には，違反の嫌疑を避けるために，さらに慎重な検討を要する場合があるということが指摘できる。

　ただし，本来的な再販売価格の拘束を一切伴わない状況で，それとは別に，一義的には価格の維持を目的としないような施策が，（いわば副次的に）価格の維持につながるような効果もあるという認識が存在するというのは，実際にはどのような状況で成立し得るのかは定かではない。

　一般に，価格拘束以外の垂直的制限行為には，しばしば競争促進的な効果も認められることが指摘されていることも踏まえて考えると，流通戦略における施策の策定において，本来的な再販売価格の拘束を一切伴わないのであれば，必要以上に，（副次的な）価格維持効果が存在し得る可能性を懸念する必要はないということも指摘できるように思われる。

　また，社内調査の観点からは，「中古品取扱い禁止」の場合と同様に，関係証拠の確保と，その意味合いの確認の重要性を指摘することができる。

　特に，本件事案において確認された社内資料は，再販売価格の拘束が消滅したという前提で，なお非価格（垂直）制限について価格維持効果の観点から公正競争阻害性が認められたという限界的な事例を示していると考えられ，同種の事案における公正競争阻害性の判断を検討する際に，証拠の評価はどうあるべきか，という点について，重要な視座を提供している。

第10講

ライバルとの直接的な競争行動の中で採られる攻撃的な社内方針の注意点

【図表１】 ブロック会議資料

> Ｆブロック会議
> 　於 岩国錦水ホテル
> 平成13年12月18日
>
> 〈M営業統括本部子会社営業部長からの営業方針指示〉
> 　今後，エクシングの通信カラオケ機器ではクラウン及び徳間の管理楽曲が使えなくなることを，卸売業者等に告知する営業を行う

「第一興商事件」（審判審決平21・2・16）
事案の手がかり：「社内会議」「取引先ディーラー会議」資料等（本講【図表１】，【図表２】）

I　証拠からみた，独禁法違反認定の鍵

　本講では，第一興商事件[1]（以下，本講において「本件事案」という。）を取り上げる。

1．「管理楽曲」を使わせないという「攻撃」の意味

(1)　「管理楽曲」の意味

　まずは，下記の【図表1】をご覧いただきたい。

【図表1】　ブロック会議資料

```
Fブロック会議
　　於　岩国錦水ホテル
平成13年12月18日

〈M営業統括本部子会社営業部長からの営業方針指示〉
　今後，エクシングの通信カラオケ機器ではクラウン及
び徳間の管理楽曲が使えなくなることを，卸売業者等に
告知する営業を行う
```

　これは，株式会社第一興商（以下「第一興商」という。）の地区別に開催される営業統括本部のブロック会議（平成13年12月中旬開催）において，同本部子会社の営業部長から示された社内指示の再現を試みたものである。なお，この方針は，同本部会議（平成13年11月下旬）での同社の専務取締役営業統括本部長（当時）からの指示を踏まえたものであった。また，その後の同社の法人営業部所長会議等の社内会議でも，かかる方針が確認されていた。

　そして，後記【図表2】のように，平成13年12月ころに開催された「全国第一興商ディーラー会」（以下「DK会」という。第一興商の主要な取引先卸売業者を会員とし，その親睦向上等を目的としており，全国に7支部を置き，支部ごとに年間4回程度支部会を開催していた。）の各支部会において，同社の法人営業部長らから，当該支部会に出席した会員に対し，第一興商は「クラウン及び徳間にこれらの管理楽曲の使用

---

[1]　審判審決平21・2・16審決集55巻500頁（以下「本件審決」という。）。

をエクシングに対して承諾させないつもりである。」（当該2社については後述(2)参照）ことが伝えられた。なお，本件事案の記録上，これらの会議の議事録の存否は明らかでないが，関係証拠から，各会議の中でこれらの発言等が確認され，伝達されていたことが認定されている。

　株式会社エクシング（以下「エクシング」という。）は，本件事案当時，国内の通信カラオケ機器の分野で第一興商と競合関係にあった。平成14年度の国内シェアにおいて，第一興商は約44％（出荷台数ベース及び稼働台数ベース）を占め，通信カラオケ事業者中第1位であり，エクシングは約11～13％（同上）を占め，第3位の地位にあった。

　業務用カラオケ機器には，通信カラオケ機器のほかに，レーザーディスク等の媒体に記録されたカラオケソフトを再生するものがあったが，その出荷台数及び稼働台数の大部分を通信カラオケ機器が占めていた。また，通信カラオケ機器を来店客のカラオケの用に供する事業を営む者（以下「ユーザー」という。）は，その業態に応じて，「ナイト市場」と称されるスナック，バー等の遊興飲食店，「ボックス市場」と称されるカラオケボックス及び「その他の市場」と称される旅館等の3つに大別されていた。

　平成15年3月末の通信カラオケ機器の総稼働台数のうち，これら3つのユーザー区分ごとの稼動台数の割合は，ナイト市場が約56％，ボックス市場が約34％，その他の市場が約10％となっていた。平成14年度のナイト市場における稼働台数シェアにおいて，第一興商は約43％を占め，通信カラオケ事業者中第1位であり，エクシングは約4％を占め，同第6位であった。

　そして，このナイト市場と呼ばれるスナック，バー等においては，中高年齢層の来店客が多く，これらの者が好んで歌唱する楽曲（特に本件事案において以下のとおり「管理楽曲」と称されているもの）が，ナイト市場のユーザー，そのようなユーザーを顧客とする販売業者，ひいては通信カラオケ事業者にとって必要不可欠であるとされていた。

　この「管理楽曲」とは，作詞者・作曲者とレコード制作会社との間の「専属契約」と呼ばれる著作物の使用許諾に関する契約に基づいて，レコード制作会社が，作詞者・作曲者からその作品を録音等する権利を独占的に付与された歌詞・楽曲のうち，著作権法の施行（昭和46年1月1日）前に国内において販売された商業用レコードに録音されているもの（いわゆる歌謡曲が中心）をいう。そして，通信カラオケ事業者が管理楽曲を使用してカラオケソフトを制作し，通信カラオケ機器に搭載して使用する場合，一般社団法人日本音楽著作権協会（以下「JASRAC」という。）から楽曲の利用許諾を受ける必要があるほか，当該管理楽曲について，作詞者・作曲者との間で専属契約を締結しているレコード制作会社からも個別にその使用の承諾を得ることが

必要であると，通信カラオケ事業者及び卸売業者は認識しており，実際にも，通信カラオケ事業者は，レコード制作会社から管理楽曲の使用承諾を得ているとされていた。

(2) 「『クラウン及び徳間』の管理楽曲を使わせない」の意味

管理楽曲のうち，人気の高いものとしては，例えば「新潟ブルース」や「新宿そだち」などがあり，前者は日本クラウン株式会社（以下「クラウン」という。），後者は株式会社徳間ジャパンコミュニケーションズ（以下「徳間」という。）の管理楽曲であった。そして，第一興商は，平成13年1月ころ，クラウンの筆頭株主となり，同年11月ころに同社の過半数の株式を保有して子会社とするに至った。また，平成13年10月ころ，徳間の全株式を取得することにより同社を子会社とした。

「クラウン及び徳間」（以下「本件2社」という。）の管理楽曲の重要性について，例えば，その使用状況として，ほとんどの通信カラオケ事業者は，クラウンの管理楽曲については平成10年ころ以降，徳間の管理楽曲については平成9年ころ以降，継続して使用承諾を得ているという状況にあった。さらに，演奏回数ランキングについて，総合順位300位以内に入る管理楽曲はおおむね30曲程度であり，このうち，本件2社の管理楽曲は3割近くを占めていること，管理楽曲順位30位以内に入る本件2社の管理楽曲は約3割を占めることなどが認められていた。これらの事実から，通信カラオケ機器における管理楽曲の重要性，特に，ナイト市場においては管理楽曲が必要不可欠であり，本件2社の管理楽曲は，通信カラオケにおいて人気があり，実際の演奏回数や演奏順位も，楽曲全体の中でかなり上位を占めており，本件2社の管理楽曲が通信カラオケ機器にとって重要であると認められるとされた。

そして，本件事案では，【図表1】や【図表2】などの状況から，エクシングの事業活動を徹底的に攻撃していくとの方針を決定した上で，具体的には，本件2社をして，その管理楽曲の使用をエクシングに対して承諾しないようにさせること，エクシングの通信カラオケ機器では本件2社の管理楽曲が使えなくなると告知する営業を行うことを，上記方針とともに第一興商の営業担当者に周知し，会社としての方針をもって営業活動を行っており，偶発的，散発的なものではなく，（その市場シェア等から見ても通信カラオケ機器の分野において有力な事業者であると認められる第一興商による）会社を挙げての行為であると認定されることとなった。

さらに，本件事案では，過去に，第一興商がレコード会社8社に対し，エクシング等の通信カラオケ事業者に対する管理楽曲の使用承諾を遅らせるよう要請し，かつ，レコード会社8社は，エクシング等からの求めに対し，第一興商が管理楽曲を搭載した通信カラオケ機器を発売してから1年以上経過するまで管理楽曲の使用承諾に応じなかったという事実があった。

そして，本件2社の管理楽曲が使用できなくなることを懸念してエクシングの通信カラオケ機器の取扱い又は使用を中止し，管理楽曲に関して問題のない他の通信カラオケ事業者の通信カラオケ機器に変更するような卸売業者やユーザーが少なからずあるであろうことは容易に推認することができ，エクシングの通信カラオケ機器の取引に重大な影響を及ぼす蓋然性が高いというべきであるとされた。

2．エクシングによる管理楽曲の「無断使用」とは

ここで，改めて下記の【図表2】をご覧いただきたい。そこには，エクシングによる管理楽曲の「無断使用」についての指摘がある。

【図表2】 DK会関証拠

```
全国第一興商ディーラー会
    ●●支部会
平成13年12月

〈N営業統括本部法人営業部長より説明〉
エクシングは，クラウン及び徳間の管理楽曲を無断使用
している
【配付資料：クラウン及び徳間がエクシングに使用承諾
    してきた管理楽曲のリスト】
当社としてクラウン及び徳間にこれらの管理楽曲の使用
をエクシングに対して承諾させないつもりである
```

この点，第一興商からは，「クラウンとエクシングとの契約の交渉の過程で，エクシングがアクセス端末台数を過少申告していたことが発見された」こと，また，「エクシングが徳間に対し，契約期間中の1年間の使用料を支払わず，契約終了後の約1年間も無断で徳間の管理楽曲を使用し続けた」ことから，本件2社とエクシングとの信頼関係が破壊されていたとの主張がなされていた。

しかしながら，本件事案では，関連事実の経緯（時系列については，下記【図表3】参照）を踏まえ，本件2社のエクシングに対する管理楽曲の使用承諾は，クラウンについては平成9年12月ころ以降，徳間については平成7年12月ころ以降，平穏かつ継続的に行われ，契約関係及び信頼関係が維持されてきており，本件2社が自らの事情によって契約の更新を拒絶する意向を有していたことは認められないとされた。

その上で，第一興商は，突如，【図表３】のように，（平成13年11月末ころ）エクシングの事業活動を徹底的に攻撃していくとの方針を決定し，これに基づき，本件２社をしてエクシングとの各契約の更新を拒絶させたものと認定されることになった。

【図表３】　本件関連事実の時系列

	クラウン	徳間	第一興商
	平成９年12月21日から平成12年12月20日までの間，エクシングに対し，管理楽曲の使用を承諾	平成７年12月１日から平成12年11月30日までの間，エクシングに対し，管理楽曲の使用を承諾	
平成13年１月ころ	契約書案をエクシングに提示し，エクシングから承諾の連絡を受けていた（契約期間は平成12年12月21日から平成13年12月20日まで）		クラウンの筆頭株主となる 同月下旬ころ，クラウンに対し，エクシングとの契約の更新を望まない旨の意向を表明
平成13年２月ころ	エクシングに対して契約更新ができない旨を伝達。ただし，その後の協議において，クラウンは，エクシングがクラウンの管理楽曲を従前どおり使用することを認める旨を伝達		
平成13年10月ころ			徳間の全株式を取得することにより同社を子会社化
平成13年11月ころ		エクシングの使用料不払いと，契約期間の経過を指摘。これに対し，エクシングから，不払いや終期失念についての謝罪と，その支払及び契約更新の申し入れ	クラウンの株式の過半数の株式を保有して子会社化

なお，エクシングがクラウンに申告したアクセス端末台数の件については，クラウン側からエクシング側に対し，徳間の管理楽曲関連のアクセス端末台数が４万台であるのに対し，クラウンの管理楽曲関連のアクセス端末台数が２万５千台であることについて説明を求め，その説明に納得したとの供述もなされていた。さらに，徳間に対

する使用料不払の件については，指摘を受けたエクシングが当該使用料を支払うとともに，徳間の社長に謝罪に赴いたところ，徳間の社長から「第一興商とのパテントの件がまとまればこんな話はなんてことないこと。」と告げられたことも認定されていた。

本件事案では，【図表1】や【図表2】のような状況とともに【図表3】のような経緯も踏まえつつ，第一興商は，「専らエクシングの事業活動を徹底的に攻撃することを目的として，［本件2社］の管理楽曲の重要性を利用し，［本件2社］をして，それまで平穏かつ継続的に行われてきたエクシングとの間の契約の更新を突如拒絶させ，さらに，当該拒絶を原因として，エクシングの通信カラオケ機器では［本件2社］の管理楽曲が使用できなくなる旨を卸売業者等に告知したのであり，当該更新拒絶及び当該告知は，前記目的の下に一連のものとして行ったものである。」（［　］内は筆者）と判示されることとなった。

3．補　論

以上を踏まえ，本件事案の第一興商の行為は，①価格・品質・サービス等の取引条件を競い合う能率競争を旨とする公正な競争秩序に悪影響をもたらす不公正な競争手段であり，また，②通信カラオケ機器の取引分野における有力な事業者である第一興商が会社を挙げて行ったものであり，エクシングの通信カラオケ機器の取引機会を減少させる蓋然性が高いというべきであって，「不公正な取引方法」一般指定15項の「不当に」の要件に該当すると判示されることとなった。

(1)　特許訴訟の存在

本件事案の背景として，第一興商は，平成12年3月ころ，エクシング及びその親会社であるブラザー工業株式会社（以下「ブラザー工業」という。）から，カラオケソフトの歌詞の色変えに関する特許等を侵害しているとして特許権侵害差止等請求訴訟を提起され，和解交渉も試みられたが，交渉は決裂するに至っていた（なお，当該訴訟は平成14年9月27日請求棄却の判決がなされ，同年10月12日確定したとされている。）。

この点について，第一興商からは，事業の存亡に影響を被る立場に陥れられたことに対する防衛行為である等の反論もなされたが，「法的手段等の措置により対応すべきであって，自力救済に及ぶことは許されない。」との理由により，その反論は排斥されている。

また，「エクシングの事業活動を徹底的に攻撃していく」との方針は，「エクシングの顧客を奪う」，「エクシングと徹底して競争を行っていくという方針のことである」

との反論もなされたが，本件事案のように，本件2社をして，エクシングとの契約の更新を拒絶させることや，卸売業者等に対して，エクシングの通信カラオケ機器では本件2社の管理楽曲が使えなくなる等と告知し，これによりエクシングの事業活動にダメージを与えることは，価格・品質等の正当な競争手段により顧客を奪取することではないとして，同様に排斥されている。

さらに，本件事案では，エクシングも，ブラザー工業の前記特許が登録される前から，第一興商のカラオケ機器が使えなくなることを卸売業者に告知し，その後，第一興商に対して前記特許訴訟を提起しており，その行為は，第一興商の行為と同種・同様・同程度以上の行為である等の反論もなされていた。

しかしながら，第一興商の行為が，告知行為のみならず，前記のように本件2社をして，その管理楽曲の使用をエクシングに対して承諾しないようにさせた行為も含むものであったのに対し，特許権侵害に対して訴訟の提起を含め，侵害の差止め等を求めることは権利者にとって通常の対応であるから，エクシングの一連の行為は，第一興商の行為と比較して，同種・同様・同程度以上のものとは言えないとも指摘されている。

(2) 権利性の有無と取引慣行

レコード制作会社は，専属契約に基づき，管理楽曲を録音等する権利を作詞者・作曲者から独占的に付与されているところ，当該権利が通信カラオケ機器における管理楽曲の使用承諾にも及ぶか否かについては当事者間に争いがあった。

この点，審査官からは，少なくとも本件2社の管理楽曲の通信カラオケ機器での使用については，本件2社には排他性を持つ法的権利はなく，独禁法21条の知的財産権の行使に対する適用除外の対象とはならない旨，また，JASRACは，その管理楽曲の利用許諾について，本件2社の承諾を許諾の条件とする取扱いをしておらず，本件2社の承諾を得なくともJASRACから正当に許諾を受けられるが，通信カラオケ事業者は，従来の慣行に倣い，事実上，その管理楽曲の使用につき，本件2社の承諾を得ているのであって，第一興商は，そのように事実上認識されている状況を巧みに利用して，競争事業者の取引を妨害したのであって，公正な競争手段から程遠い旨の主張もなされていた。

本件では，適用除外の有無の判断と，競争手段の不公正さの判断のいずれについても，厳密な意味での権利性の有無のみならず，上記のような関係事業者の認識と慣行を踏まえつつ，違反が認められている。

II　事案検討から得られる教訓

　本件事案では，Iの補論において指摘したように，関係当事者間で，極めて熾烈ともいうべき競争が繰り広げられていた。

　例えば，本件事案では，被審人は，クラウン及び徳間をして，その管理楽曲の使用承諾契約の更新を拒絶させて，エクシングの通信カラオケ機器ではクラウン及び徳間の管理楽曲が使用できなくなるようにしつつ，その旨を卸売業者等に告知したとされている。また，これに対して，エクシングも，被審人の通信カラオケ機器は，エクシングの親会社であるブラザー工業が取得し，エクシングが専用実施権を有する特許を侵害しているとして，被審人のカラオケ機器が使えなくなることを卸売業者に告知し，さらに，被審人に対して特許権侵害訴訟を提起していたとされている。

　このような状況では，一方当事者の社内で，他方に対して「徹底的に攻撃」を加えるというような方針が議論され，その種の表現や記載をもって社内文書が作成・共有されるということもあり得ないわけではないであろう（少なくとも，それのみをもって法的に非難されるべきとは思われない。）。

　ただし，本件審決では，被審人が「エクシングの事業活動を徹底的に攻撃していくとの方針」を有していたことが，違法性が肯認されるべき理由の文脈で，繰り返し指摘されている。その結果，本件事案が与え得る印象としては，双方熾烈に競争し合っている中で，仮に，一方の内心にやや過剰というべき攻撃性が見受けられてしまうと，そういった主観面が特に着目されてしまう形で，当該一方の他方に対する行為（攻撃）が切り取られて処分の対象とされてしまうリスクがあるのかの如くにも思われる。

　しかしながら，結論として，本件審決は，そのように内心の問題を根拠として違法との結論に至ったものではない。

　そこで，以下では，この点を確認しつつ，時に競争業者との間でこの種の熾烈な競争に身を置くことにならざるを得ない場合，その採るべき競争戦略において，留意すべき点について検討する。

1．本件違反行為の内容と競争者に対する取引妨害
　　（不公正な取引方法一般指定第14項）

(1)　**本件違反行為の内容**

　本件審決において認定された被審人の違反行為の内容は，平成13年11月末ころ以降の，①エクシング攻撃の方針決定及び社内への通知，②クラウン及び徳間をして，その管理楽曲の使用承諾契約を更新拒絶させた行為並びに③クラウン及び徳間をしてそ

の管理楽曲の使用をエクシングに対して承諾しないようにさせる旨又はエクシングの通信カラオケ機器ではクラウン及び徳間の管理楽曲が使えなくなる旨を卸売業者及びユーザーに告知した行為である。

(2) **競争者に対する取引妨害**

本件審決において適用された一般指定第15項（現行一般指定では14項に当たる。）の規定内容は，「自己又は自己が株主若しくは役員である会社と国内において競争関係にある他の事業者とその取引の相手方との取引について，契約の成立の阻止，契約の不履行の誘引その他いかなる方法をもつてするかを問わず，その取引を不当に妨害すること」である。

すなわち，(a)事業者が妨害の対象となる取引の一方当事者と国内において競争関係にあること，(b)いかなる方法をもってするかを問わず，取引を妨害すること，(c)公正競争阻害性が認められること（「不当に」）の3つの要件が満たされる場合に，当該行為は不公正な取引方法として違法となる。

本件においては，違反行為者である第一興商は，「妨害の対象となる取引」すなわち，管理楽曲を通信カラオケにおいて利用するため使用承認許諾契約に係る取引の一方当事者であるエクシングとの間において，国内における通信カラオケ機器販売等の事業分野において競争関係にあることから，(a)の要件は満たす。

(b)取引を妨害することについて，妨害の方法には限定はなく，「契約の成立の阻止」や「契約の不履行の誘引」は妨害方法の例示である。そして，それに該当すれば直ちに(c)の「不当に」の要件を満たすことを意味するものではない。過去の事例によると，威圧・脅迫，誹謗・中傷，物理的妨害，競争者の契約の妨害・奪取，取引拒絶・供給遅延等が挙げられる。これらの行為が，威力業務妨害，契約違反等に当たり，損害を発生させたということであれば，不法行為として民事法上の損害賠償請求等の対象となり得る。それが，公法である独禁法の規制の対象となるのは，(c)の要件を満たす，すなわち，公正な競争を阻害するおそれがある場合である。

そして，(c)の要件については，「競争手段の不公正さ」を中心に判断されるが，下記に述べるように，本件においては，「自由競争の減殺」という側面も併せて検討されている。

物理的な妨害を加える行為など取引妨害に該当することが外形上明らかな場合には，残る問題は，(c)の要件該当性の判断のみとなる。他方，問疑されている行為に何らかの正当性があり，また，外形上取引妨害性が明らかでないような場合には，(b)該当性の判断にあたっても，当該行為の目的について検討すること，及び「競争手段として不公正」か否かといった，(c)該当性において検討すべき事情を，併せて検討すること

が必要な場合もある。

　本件違反行為である「更新拒絶行為」及び「告知した行為」の(b)該当性の判断にあたっても，当該行為の目的について検討されるとともに，それが「競争手段として不公正」か否かという点についても併せて検討されている。

2．本件審決による公正競争阻害性の認定

　本件審決では，「一般指定第15項の適用に関する判断（本件違反行為の公正競争阻害性）」という項目において，まず，「被審人は，通信カラオケ機器の取引において，クラウン及び徳間の管理楽曲の重要性を利用して，エクシングの事業活動を徹底的に攻撃していくとの方針の下，クラウン及び徳間をして，従来継続的に行われてきた管理楽曲使用承諾契約の更新を突如拒絶させるとともに，自らが行わせた当該更新拒絶の帰結となる『エクシングの通信カラオケ機器ではクラウン及び徳間の管理楽曲が使えなくなる』旨を自ら卸売業者等に告知することにより，エクシングと卸売業者等との取引を妨害したものである。このような行為は，価格・品質・サービス等の取引条件を競い合う能率競争を旨とする公正な競争秩序に悪影響をもたらす不公正な競争手段である。」と述べる。

　その上で，本件審決は，「また，本件違反行為は，通信カラオケ機器の取引分野における有力な事業者である被審人が会社を挙げて行ったものであり，通信カラオケ機器にとって重要なクラウン及び徳間の管理楽曲が使えなくなることへの懸念から，卸売業者等がエクシングの通信カラオケ機器の取扱い又は使用を中止することにより，エクシングの通信カラオケ機器の取引機会を減少させる蓋然性が高いというべきである。」から，「本件違反行為は，競争手段として不公正であるとともに，当該行為により，妨害の対象となる取引に悪影響を及ぼすおそれがあるものであって，一般指定第15項の『不当に』の要件に該当する。」と述べている。

　このように，本件審決は，少なくともその形式として，「不公正な競争手段」と，「妨害の対象となる取引に悪影響を及ぼすおそれ」（自由競争の減殺に当たる，いわゆる「市場閉鎖効果」）の2つを挙げている。

3．本件事案における「競争手段の不公正さ」の意味

　そこで，まず「競争手段の不公正さ」について判断した部分について見ると，本件審決は，「被審人は，①専らエクシングの事業活動を徹底的に攻撃することを目的として，②クラウン及び徳間の管理楽曲の重要性を利用し，クラウン及び徳間をして，それまで平穏かつ継続的に行われてきたエクシングとの間の管理楽曲の使用承諾契約の更新を突如拒絶させ，③さらに，当該拒絶を原因として，エクシングの通信カラオ

ケ機器ではクラウン及び徳間の管理楽曲が使用できなくなる旨を卸売業者等に告知したのであり，②当該更新拒絶及び③当該告知は，前記目的①の下に一連のものとして行ったものである。」と述べた上で，「これら一連の行為は，被審人が，その競争事業者であるエクシングとの間で，価格・品質等による競争を行うのではなく，エクシングにクラウン及び徳間の管理楽曲を使わせず，卸売業者等にエクシングの通信カラオケ機器の取扱いや使用を敬遠させるという，公正かつ自由な競争の確保の観点から不公正な手段であると認められる。」と述べている。

ただ，改めて見ると，②当該更新拒絶及び③当該告知という一連の行為自体が，直ちに「価格・品質等による競争を行うのではなく」と評価されるべきものか否かは，必ずしも明らかでないように思われる。

まず，この行為は，確かにその外形上，競争者の契約の妨害に当たりそうであるが，他方，被審人自身の権利・資産に基づく取引の自由の範囲内にある行為であるとの主張もあり得るところであり，いずれにしても，それによって直ちに公正競争阻害性があるとの判断にはならない。加えて，端的に言えば，この使用承諾契約の更新拒絶によって，エクシングの通信カラオケ機器は，その「品質」において「劣化」する（通信カラオケ事業にとって重要なクラウン及び徳間の管理楽曲がエクシングの通信カラオケ機器では演奏できなくなる。）ことになり，したがって，③当該告知の内容自体が真実であるとすれば，その告知自体はむしろ品質競争に関連するものと見ることもできる。

このような意味で，本件事案における，①エクシングの事業活動を徹底的に攻撃するとの目的の下に一連のものとして行ったとされる②使用承諾契約更新拒絶行為と③卸業者等への当該告知行為は，「価格・品質等による競争を行わないという，公正かつ自由な競争の確保の観点から不公正な手段である。」との認定には，疑問の余地が残る。また，本件事案において認定されている以下のような経緯は，企業結合規制においては，いわゆる「投入物閉鎖」として議論されている内容に当たるものであり，この点を「競争手段の不公正さ」を基礎付ける要素として捉えようとすることについても，疑問の余地は残る。すなわち，被審人は，「平成13年1月ころ，クラウンの筆頭株主となり，その後もクラウンの株式の取得を行い，同年11月ころに同社の過半数の株式を保有して同社を子会社とするに至った。」とされ，また，「平成13年10月ころ，徳間の全株式を取得することにより同社を子会社とした。」とされ，その後，そのころまでに被審人の子会社となっていたクラウン及び徳間をしてその管理楽曲の使用をエクシングに対して承諾しないようにさせることとしたとされている点である。これが「投入物閉鎖」（すなわち「市場閉鎖」）として議論されていることを想起しても，通常であれば，この種の状況は，「競争手段の不公正」として議論されるものではな

く,「自由競争の減殺」ないし「排除行為」として理解されるであろう。

4．「競争手段の不公正さ」の前提となる行為の「目的」

　本件審決は，被審人の行為を競争手段として不公正であると判示する際に，そのための考慮要素として，行為の目的を論じている。認定された違反行為の内容も，「①エクシングの事業活動を徹底的に攻撃するとの目的の下に一連のものとして行った②使用承諾契約更新拒絶行為と③卸業者等への当該告知行為」である。

　すなわち，本件事案における事実関係を踏まえつつ，「本件違反行為は，特許権侵害に関する争訟を起こされた被審人の対抗措置ないし意趣返しとして行われたものであり，価格や品質による競争を行うためではなく，専らエクシングの事業活動を攻撃することを目的として行われたものであると認められる。」と判示する部分である。

　この点について，被審人は，「本件違反行為は，被審人がブラザー工業及びエクシングから特許権を侵害しているとして仮処分，訴訟，誹謗中傷等の妨害行為を受け，和解交渉も事実上決裂させられ，事業の存亡に影響を被る立場に陥れられたことに対する防衛行為であり，正当な競争方法であって，特に，ブラザー工業及びエクシングが，後に無効とされるような特許に基づく訴訟や誹謗中傷という違法な妨害行為を行ったのに対し，被審人が行ったのは，取引先選択の自由に基づく，わずか67曲の管理楽曲の使用承諾契約の更新留保にすぎず，ブラザー工業及びエクシングの不当な干渉行為よりもはるかに妨害効果等の小さい対抗行為であったことから，独占禁止法上是認されるべきである。」と主張していた。

　これに対して，本件審決は，「しかし，ブラザー工業及びエクシングが主張する特許は，特許庁に対する特許無効審判請求の段階においては無効ではないと判断されたのであり（審第24号証），また，【被審人の】Y専務が『当社は，平成12年ころも特許侵害訴訟では劣勢にありましたので，話合いで何とか解決したいと考えていました。』（査第67号証）と供述していることに照らし，当該特許が最終的に無効とされたのは飽くまでも結果論にすぎないというべきであり，また，被審人が主張するブラザー工業及びエクシングの行為に対しては，法的手段等の措置により対応すべきであって，自力救済に及ぶことは許されない。」と述べている。

　ただし，一般論として「自力救済」が許されるべきことにならないことはよいとしても，本件事案における被審人の行為が「自力救済」に当たるものであるのか否かは必ずしも明らかではない。被審人の行為は，自ら（その子会社を含む。）が保有する権利・資産について，取引に応じない（既存の取引契約の更新拒絶を含む。）という意味では，一般論として，取引自由の原則の範囲内に含まれ得る行為であったと言い得るからである。

また，この点に関連して，被審人は，「エクシングの事業活動を徹底的に攻撃していくとの方針が被審人にあったとしても，それは，エクシングの顧客を奪うという意味であり，競争自体が顧客奪取を予定しているものであることからすれば，結局，当該方針は，エクシングと徹底して競争を行っていくという方針のことである。」とも主張していた。

これに対して，本件審決は，「しかし，被審人の方針である『エクシングの事業活動を徹底的に攻撃していく』とは，前記（略）のとおり，クラウン及び徳間をしてエクシングとの管理楽曲使用承諾契約の更新を拒絶させることや，卸売業者等に対してエクシングの通信カラオケ機器ではクラウン及び徳間の管理楽曲が使えなくなる等と告知し，これによりエクシングの事業活動にダメージを与えることであって，価格・品質等の正当な競争手段により顧客を奪取することではない。」（省略は筆者）と述べている。

ただし，「告知」という行為の存在を根拠に，こういった行為の「目的」の不当性を論難することについても疑問は残る。例えば，これを，特許権の侵害についての第三者への告知と比較してみると，その告知の内容については，当該特許権の有効・無効のほか，対象物件は当該特許権の技術的範囲に属するか（充足論）など，事実関係と法的評価の双方について慎重な検討を要することが想定される。すなわち，告知を行う特許権者自身にとっても，その告知の内容が（結果論としても）真実であると断言し得るか否か，告知の時点では確実とは言い切れないということがあり得る。なお，上記のとおり，本件事案では，エクシングも，ブラザー工業の前記特許が登録される前から，第一興商のカラオケ機器が使えなくなることを卸売業者に告知していたとされている。

これに対して，契約更新の拒絶等の行為は，それとは異なり，通常はそれ自体取引自由の原則の範囲内の問題として許されており，それが許されないのは，いわゆる継続的契約関係の法理の観点や，場合によってはその拒絶行為自体が独禁法違反となるなどの事情により，結論として許されないこととなるような場合に限られている。したがって，通常の状況であれば，取引拒絶が許されることで告知の内容は真実となると思われ，それが許されないために告知が虚偽となるのは，例外的な場合にとどまる。このように，本件事案における被審人の「告知」という行為は，逆にエクシング側によってなされていたとされる「告知」の内容・態様との比較において，少なくとも一見して不当性が明らかであると言えるような状況にはなく，この「告知」行為の存在が，直ちにその目的の不当性の根拠となり得るとは思われない。

以上のように，本件事案においては，被審人の「①エクシングの事業活動を徹底的に攻撃していく」との目的が認定されたからといって，実際の行為である②使用承諾

契約更新拒絶行為と③卸業者等への当該告知行為が取引妨害行為に当たるとの認定にも，また，「競争手段の不公正さ」として公正競争阻害性があることの認定にも必ずしもつながらないように思われる。

5．本件行為が独禁法違反に当たるとされた実質的理由（排除行為）

　本件審決は，「エクシングから特許権侵害に関する争訟を起こされた対抗措置ないし意趣返しとして，専らエクシングの事業活動を徹底的に攻撃するとの目的の下に一連のものとして行った行為は，被審人が，その競争事業者であるエクシングとの間で，価格・品質等による競争を行うのではなく，エクシングにクラウン及び徳間の管理楽曲を使わせず，卸売業者等にエクシングの通信カラオケ機器の取扱いや使用を敬遠させるという，公正かつ自由な競争の確保の観点から不公正な手段であると認められる。」とし，行為の目的に重きを置きつつ，取引妨害に当たり，独禁法に違反するとするが，疑問の余地が残ることは上記で述べたとおりである。

　他方で，本件審決は，「妨害の対象となる取引に悪影響を及ぼすおそれ」について，次のように述べる。すなわち，「本件違反行為は，通信カラオケ事業の分野における有力な事業者である被審人が，会社としての方針に基づき組織的に行ったものであることが認められる。」ことに加えて，「クラウン及び徳間の管理楽曲が通信カラオケ機器にとって重要であること，さらに…過去に，被審人がレコード会社8社に対し，通信カラオケ機器を開発して市場に参入したエクシング等の通信カラオケ事業者に対する管理楽曲の使用承諾を遅らせるよう要請し，かつ，レコード会社8社は，エクシング等からの管理楽曲の使用承諾の求めに対し，被審人が管理楽曲を搭載した通信カラオケ機器を発売してから1年以上経過するまで管理楽曲の使用承諾に応じなかったという事実があったことを併せ考えれば，被審人が本件違反行為を行うことにより，卸売業者及びユーザーが，クラウン及び徳間の管理楽曲が使用できなくなることへの懸念から，エクシングの通信カラオケ機器の取扱い又は使用を中止し，管理楽曲に関する問題のない他の通信カラオケ事業者の通信カラオケ機器に変更するものが少なからずあるであろうことは容易に推認することができるから，本件違反行為は，エクシングの通信カラオケ機器の取引に重大な影響を及ぼす蓋然性が高いというべきである。」（省略部，下線及び網掛けは筆者）という判示である。特に，下線部は，上記で指摘した点と重複するが，エクシングの通信カラオケ機器の「品質」を「劣化」させることで，その競争力に影響を生じさせることを指摘するものであると言える。

　すなわち，被審人の，エクシングに対する管理楽曲の使用承諾契約更新拒絶行為により，エクシングの通信カラオケ機器が卸売業者から選ばれなくなり，結果として，

通信カラオケ機器の販売市場から，被審人の競争相手であるエクシングが排除されるおそれがあったということである。

そして，本件審決においては，被審人が，通信カラオケ機器市場において第1位を占める有力事業者であること，被審人の更新拒絶行為の対象となった管理楽曲が通信カラオケ事業者にとって重要であること，そして，管理楽曲が使えないことの懸念からエクシングの通信カラオケ機器の取扱い又は使用を中止する卸売業者等が少なからずあるであろうことが認定されており，被審人の行為の排除行為該当性を支えている。

競争制限のメカニズム，あるいは theory of harm の観点からは，本件は，競争手段としての不公正さというよりも，「妨害の対象となる取引に悪影響を及ぼすおそれ」（自由競争の減殺に当たる，いわゆる「市場閉鎖効果」）が問題視された事案であると解する方がより適切であるように思われる。また，その意味で，本件事案は，排除型私的独占とも連続性を有する事案であると言える。

「排除型私的独占に係る独占禁止法上の指針」（平成21年公取委）によると，「排除行為」とは，「他の事業者の事業活動の継続を困難にさせたり，新規参入者の事業開始を困難にさせたりする行為」であるとされる。そして，その行為の目的については，「行為者が他の事業者の事業活動を排除する意図を有していることは，排除行為に該当するための不可欠の要件ではない。しかし，主観的要素としての排除する意図は，問題となる行為が排除行為であることを推認させる重要な事実となり得る。さらに，排除する意図の下に複数の行為が行われたときには，これらの行為をまとめて，排除する意図を実現するための一連の，かつ，一体的な行為であると認定し得る場合がある。」とされている。

これを本件事案に引き当ててみると，「エクシングの事業活動を徹底的に攻撃していく。」との意図は，排除行為の認定において不可欠の要件ではないが，問題となる行為，すなわち「更新拒絶行為」と「告知行為」が排除行為に当たることを推認させ，また，両行為が排除の意図を実現させるために一連・一体のものとして行われたと認められた，と言える。

6．本講のまとめ
　　（同種の状況における，競争戦略上の留意事項）

本件審決では，「本件違反行為の公正競争阻害性」という最終の議論の中で，改めて，被審人による，公取委の行政裁量をめぐる主張についても検討が加えられている。すなわち，「エクシングが，ブラザー工業の特許が登録される前から，被審人のカラオケ機器が使えなくなることを卸売業者に告知し，その後，被審人に対して本件特許訴訟を提起しているから，当該告知行為は，被審人の本件告知行為と同種・同様・同

程度以上の行為であり，そのことを熟知していたにもかかわらず，エクシングの妨害行為については調査もせず，被審人に対してのみ審判を行うという公正取引委員会の偏ぱな取扱いは，行政行為として許されざる不平等な取扱いであり，さらに，本件は，公正な競争秩序を維持すべき公正取引委員会が，公費をもって，私的紛争の一方当事者に助力し，不公正な競争を助長しているものであり，公正取引委員会の裁量権の濫用・逸脱である。」との主張である。

ただし，この議論について本件審決が示した判断には，「被審人は，エクシングと被審人の各告知行為の比較を基にした主張をするが，本件違反行為は，本件告知行為のみならず，被審人がクラウン及び徳間をしてその管理楽曲の使用をエクシングに対して承諾しないようにさせた行為も含むものである。」という部分がある。これは，本件事案の違法判断の中核が，専ら告知行為のみに比重を置いたものではなく，「エクシングの事業活動を徹底的に攻撃していく。」との目的の下で，「更新拒絶行為」と「告知行為」が一連・一体のものとして行われたものであることを述べたものと捉えれば，公取委としてその点を重く捉えて本件事案に対する処分を行ったという意味で，その理解がより容易になると考えられる。

なお，本件審決は，上記に続けて，「そして，被審人がエクシングの事業活動を徹底的に攻撃していくとの方針に基づいて，クラウン及び徳間をしてエクシングとの管理楽曲使用承諾契約の更新を突如拒絶させたのに対し，特許権侵害に対して訴訟の提起を含め侵害の差止め等を求めることは権利者にとって通常の対応であるから，エクシングの一連の行為は，被審人の本件違反行為と比較して，同種・同様・同程度以上のものとはいえない。」（下線強調は筆者）と述べる。そして，本件事案では，この「差止め等」の中に，被審人の取引先である卸売業者に対する告知行為が含まれていたとのことである。ただし，上記のように，特許権侵害の有無が争われている状況では，当該特許権の有効・無効のほか，対象物件は当該特許権の技術的範囲に属するか（充足論）など，事実関係と法的評価の双方について慎重な検討を要することが想定されるのであって，それにもかかわらず，侵害被疑者を超えてその取引先にまで告知を行うというエクシングの行為も，必ずしも「通常の対応」と言い得るものではない。ただ，そうであるとしても，エクシングにおいては，被審人の事業活動を徹底的に攻撃するとの意図があったとまでは認められておらず，それ故，以下に述べるように，行為が及ぼし得る対市場効果について事実上推認される程度という点において，被審人の行為との違いがあると言えよう。

改めて，本件行為が反競争的とされた実質的理由として，上記5．で引用した本件審決の判示を見るに，本件事案において重要な要因となったのは，上記で判示を引用した際に筆者において網掛けを付した，「クラウン及び徳間の管理楽曲が通信カラオ

ケ機器にとって重要であること」といった事情から，「本件違反行為は，エクシングの通信カラオケ機器の取引に重大な影響を及ぼす蓋然性が高い」と判断された点にあると考えられる。そして，本件行為が，専ら相手方を「徹底的に攻撃していく」ことのみを目的とするものであったということならば，そのように懸念される市場閉鎖効果について，特に行為の目的という観点からも別途正当化の余地を検討する必要はなさそうである，ということになろう。

　以上を要するに，競合関係に立つ事業者同士が，各自保有する資産（知的財産権を含む。）を駆使して，法的排他権の行使や取引の拒絶等により，相手方に対して，より優位な立場に立つことを試みることは，必ずしもそれ故に独禁法違反との非難を受けるべきものではなく，その経緯の中で，例えば，社内で，相手方に対して（その）事業活動を「徹底的に攻撃していく。」というような方針が採られることになったとしても，それが故に法的評価が左右されるべきものではないと考えられる。

　したがって，事業戦略の立案の観点からも，必ずしも相手方に対する攻撃の意図についての表現方法（社内文書への記載のあり方）の逐一に拘泥する必要はないと言える（これは，事後的な社内調査の文脈においても同様である。）。むしろ，それらの際に求められるのは，行為の対市場効果についての，独禁法・競争法的観点からの検討である。

　ただし，行為の目的が専ら相手方に対する攻撃のみを意図したものであり，しかも熾烈な競争関係故に，その攻撃の意図についても苛烈な表現が使用されがちな状況では，より効果的な攻撃手段が模索され，選択されることで，必然的に，行為の対市場効果についても，独禁法・競争法の観点からの懸念につながりやすいことが想定される。そのような意味で，懸念を探知するための徴表として，行為の意図や目的に関する社内での議論形成に留意することには，実務的意義があると言える。

　なお，行為の目的は，そのために採られる手段の相当性と相まって，行為の反競争性の判断にあたり，正当化事由として考慮され得るので，その観点からの検討を行っておくことも有用であると考えられる。

第11講

競争戦略の「動機・目的」と
私的独占(「人為性」の要件その1)

【図表1】 本件社内資料1(「査第107号証」)

> Bフレッツ提供エリアの表示方法について
>
> 当面の対応策
> ●アウトバンドを基本とし,支店で販売エリア(町丁目)を策定すると共に,設備の即応体制を整える。
> ●販売側は,DF開示されても優位に展開できる集中アウトバウンド販売体制を確立する。
> ●上記を考慮の上,支店として町丁目表示するタイミングを決定する。

「NTT東日本事件」(審判審決平19・3・26,東京高判平21・5・29,最判平22・12・17)

事案の手がかり:「社内(検討)資料」等(本講【図表1】,【図表2】)

I 証拠からみた，独禁法違反認定の鍵

本講では，NTT東日本事件[1]（以下，本講において「本件事案」という。）を取り上げる。

1．NTT東日本の営業戦略

まず，下記の【図表1】をご覧いただきたい。

【図表1】　本件社内資料1（「査第107号証」）

> Bフレッツ提供エリアの表示方法について
>
> 当面の対応策
> ● アウトバンドを基本とし，支店で販売エリア（町丁目）を策定すると共に，設備の即応体制を整える。
> ● 販売側は，DF開示されても優位に展開できる集中アウトバウンド販売体制を確立する。
> ● 上記を考慮の上，支店として町丁目表示するタイミングを決定する。

これは，本件事案に関する東日本電信電話株式会社（以下「NTT東日本」という。）の社内資料の再現を試みたものである。

「Bフレッツ」とは，NTT東日本が平成13年8月から提供を始めた，光ファイバ設備を用いた通信サービス（以下「FTTHサービス」という。）である。NTT東日本は，Bフレッツの販売において，従来，電話等で申込みを受け付けるインバウンドという営業方法に重点を置いていたが，戸建て住宅向けFTTHサービスについては，顧客に訪問営業をかけるアウトバウンドという営業方法を実施していくこととした。

---

[1] 審判審決平19・3・26審決集53巻776頁（以下「本件審決」という。）。東京高判平21・5・29審決集56巻262頁（以下「本件東京高判」という。）。最判平22・12・17審決集57巻215頁（以下「本件最判」という。）。

(1) 「ダークファイバ」の意味

ダークファイバとは，未使用の光ファイバのことをいう（【図表1】の「DF」は，これを意味するものと考えられる。）。NTT東日本は，平成6年以降，加入者回線の光ファイバ化を推進し，平成15年3月末当時，保有する加入者光ファイバ（電話局からユーザー宅内に設置される装置までを結ぶもの）は約380万芯となっていた。そのうち，自社で使用している芯線数（回線数）と，他の電気通信事業者（以下「新電電」ということがある。）が接続している芯線数の合計は約95万芯であった。これは，保有する加入者光ファイバ全体（約380万芯）の約25％に当たり，大部分は未使用であった。なお，NTT東日本の保有する加入者光ファイバは，東日本各都道県において，芯線数で，FTTHサービスに係る事業者の保有する加入者光ファイバ全体の，おおむね70％以上を占めていた。

(2) 「設備ラインから受け取る情報」は「他事業者にも開示される」

次に，【図表2】をご覧いただきたい。

【図表2】 本件社内資料2（「査第106号証」）

> **町丁名で公表できないか**
>
> 光営業部門では，光設備ラインから受けた設備情報と，営業部門独自で取得した情報をベースに，マーケティングおよび営業コンサルを実施する。この場合，光設備ラインから受ける情報は，他事業者にも開示されることから，他事業者に開示する情報は，営業活動に必要最低限の情報とする。

【図表1】同様，NTT東日本の社内資料の再現を試みたものである。そこには，「光設備ラインから受け取る情報」は「他事業者にも開示される」ことを配慮しつつ，営業活動のための情報の準備が検討された様子が記されていた。なお，本件事案ではその他に，NTT東日本の社内メールにおいても，情報を営業活動の中で利用する方法について開示することによるリスク（他事業者からダークファイバの開通を迫られる。）などを考慮し，「もっと上手く（旨く？）実施すべき」といったやりとりがなされていた。

本件事案において，NTT東日本は，自社の営業部門は（他事業者と同様に）設備

情報を利用できない立場にあり，アウトバウンド営業を行うにあたり，かかる情報を，他事業者に開示しないまま自らは活用するということはないとの主張を行っていた。しかしながら，本件東京高判は，NTT東日本の主張を排斥し，NTT東日本は，アウトバウンド営業の検討の過程で，ユーザーがホームページから申し込む際に，サービス提供エリアか否かを電話番号でしか判定できなかったことから，これを住所ごとに町名及び丁目で表示することや，既に光ファイバが引き込まれているビルの情報を開示することを検討したが，これら設備情報を開示すると，他の事業者が未使用の加入者光ファイバの存在を知ることができるようになり，これらの事業者が，NTT東日本よりも先に加入者光ファイバを押さえてしまうおそれがあるため，当面，設備情報の開示を見送りつつ，自らのアウトバウンド営業で活用することとしたものと認定した。

2．本件審決の争点（「ユーザー料金」と「接続料金」の「逆ざや」）

　本件事案の当初の主な争点の1つは，NTT東日本の「ユーザー料金」（後述のように，小売値に相当）が「接続料」（同様に，卸値に相当）を下回っている場合，他の事業者が，NTT東日本の加入者光ファイバ設備に接続してFTTHサービスを提供しようとしても，NTT東日本のユーザー料金に対抗できない（対抗しようとすると赤字になる。）から，参入の可能性が事実上封じられるという点で，かかる行為は私的独占に該当するという判断の当否であった。

　一般に，ある事業者が，供給先事業者が市場（川下市場）で事業活動を行うために必要な商品を供給する市場（川上市場）において，合理的な範囲を超えて供給拒絶等をする行為は，（私的独占の要件である）排除行為に該当し得るとされる（公取委「排除型私的独占に係る独占禁止法上の指針」参照）。特に，かかる観点から，川下市場で事業活動を行うために必要な商品を供給する川上市場における事業者が，自ら川下市場においても事業活動を行っている場合に，供給先事業者に供給する川上市場における商品の価格について，自らの川下市場における商品の価格よりも高い水準に設定する行為（いわゆる「マージンスクイーズ」）が排除行為に該当し得ることについては，前記指針がその具体例として本件事案を挙げている。

(1) 「接続料」と「ユーザー料金」

　「接続料」とは，他社が保有する光ファイバ設備を利用する電気通信事業者が，その顧客（利用者）にFTTHサービスを提供するために当該設備に接続する際に当該設備保有者に支払うべき料金であり，「ユーザー料金」とは，その利用者に対して設定される料金である。

第11講　競争戦略の「動機・目的」と私的独占（「人為性」の要件その１）（NTT東日本事件）　275

　NTT東日本は，電気通信事業法（当時）に基づき，その光ファイバ設備の「接続料」の金額及び接続条件についての接続約款を定め，総務大臣の認可を受けなければならないとされていた（「接続料」の金額は，設備管理運営費等のコストの合計額を，利用者の利用数量で割り戻して利用数量１単位当たりで計算される。）。そして，その利用の方式には，光ファイバ１芯を１人で利用する「芯線直結方式」と，最大32人で共用する「分岐方式」があり，前者の場合は（最低）6,328円（芯線以外の施設は複数ユーザーで共用されるので，その数によって変動），後者の場合は1,746円から１万7,145円の間でユーザー数の増加に応じて逓増するものとなっていた（平成15年３月以降の場合）。

　また，「ユーザー料金」については，総務大臣への届出が義務付けられていた。そして，同一の電気通信事業者が提供するFTTHサービスのユーザー料金と，当該サービスに用いられる設備の接続料との関係について総務省は，第一種指定電気通信設備を設置する電気通信事業者がユーザー料金を設定する場合には，当該ユーザー料金は接続料金を下回らないように設定するよう行政指導（一般に，「インピュテーションルール」と呼ばれている。）を行っていた。

(2)　「ニューファミリータイプ」導入の背景と実情

　元々，NTT東日本は，芯線直結方式による「ベーシックタイプ」（通信速度最大100Mbps，月額9,000円），分岐方式による「ファミリータイプ」（通信速度最大10Mbps，月額5,000円）を提供していたところ，平成13年ころ，東京電力株式会社（以下「東京電力」という。）等の参入の動き（100Mbps，月額6,000円程度）を把握し，通信速度と月額料金の両方で対抗し得る「ニューファミリータイプ」を導入した（その際，NTT東日本は，ユーザー料金（5,800円）の設定について，100Mbpsの最大通信速度を可能とする分岐方式を導入した上で，総務省に対し，32分岐のうち60％についてユーザーを獲得できることを前提に，その場合のユーザー１人当たりの接続料金相当額（4,906円）と比較して，一定程度の営業費を見込んだものであると説明した。）。さらに，平成14年12月の東京電力によるFTTHサービスの値下げ（月額4,500円程度と推測されていた。）を受け，NTT東日本も，ユーザー料金を同額まで引き下げることとし，そのための接続料金の変更の認可手続を行っている。

　なお，上記のように，ユーザー料金を下げるためには接続料を下げる必要があるところ，接続料を下げるには，分岐方式（共用による低価格化）によるしかないという状況にあった。ただし，上記のNTT東日本の説明は，言い換えれば，１芯当たり６割の収容率を達成しなければ計算上コストを回収できないことを意味していた。この「１芯当たり６割」とは，１芯32分岐を利用できる範囲の区域で約19人のユーザーを

獲得することを意味しており、その範囲は、上記値下げ後の「ニューファミリータイプ」の設備構成（局内 4 分岐、局外 8 分岐）の場合、局外スプリッタから電柱3区間分（約105メートル）とされていた。この点、調査官解説（後掲 3.(2)参照）では、FTTH サービスへの需要は、なお点在していたに過ぎなかったから、収容比率 6 割を超えるということはおよそ想定し難く、これは主としてインピュテーションルールに抵触せずにユーザー料金を引き下げるための方策に過ぎないとも指摘されていた。

　他方で、実際の「ニューファミリータイプ」の提供には、分岐のための付加的な機器の設置等の費用を要したが、前記のように、まだ需要の伸びが低調で、大半は加入者光ファイバ 1 芯当たり 1 ユーザーしか獲得できていなかったため、NTT 東日本は、ユーザーが少ないうちは芯線直結方式で、需要が増えてきたら分岐方式で提供することとしていた。この点を踏まえ、本件事案では、NTT 東日本の「ニューファミリータイプ」は、（NTT 東日本は、これを分岐方式と主張していたが）その実体として芯線直結方式であったと認定されていた。

　したがって、芯線直結方式でのサービス提供を前提とするなら、前記接続料（最低 6,328円）との兼ね合いで、マージンスクイーズの状態が生じることになる。

3．審決取消訴訟を通じて浮上した新たな争点

(1) 「ダークファイバ」をめぐる駆け引き

　NTT 東日本は、「排除行為」非該当の理由として、自らと新電電との間には「競争条件の同等性」が担保されていたとも主張していた。すなわち、NTT 東日本の加入者光ファイバ設備の利用について、NTT 東日本と他事業者との間にコスト負担と条件の同等性が存在する以上、他事業者は、NTT 東日本と同等のコスト負担及び条件で、当初は芯線直結方式の設備を利用し、需要拡大後は分岐方式の設備を利用して、NTT 東日本の「ニューファミリータイプ」と全く同一の内容・ユーザー料金のサービスを提供することができたから、NTT 東日本の行為は排除行為には当たらない等の主張である。

　これに対して、本件最判は、（本件審決を維持した）本件東京高判を是認するにあたり、関係者の「FTTH サービス市場における地位及び競争条件の差異」を、考慮すべき要素の 1 つとして挙げつつ、NTT 東日本は、「FTTH サービス市場において他の電気通信事業者よりも先行していた上、その設置した加入者光ファイバ設備をみずから使用していたため、ユーザー料金が接続料金を下回っていたとしても実質的な影響はなく、ダークファイバの所在等に関する情報も事実上独占していた」ことを踏まえ、NTT 東日本と他の電気通信事業者との間には、競争条件等において相当の格差が存在したことを挙げ、排除行為該当性を肯定している。

(2) 単なる「逆ざや」を問題視した事案ではないということ

　本件最判の調査官解説（法曹会編『最高裁判所判例解説民事篇（平成22年度／上)』795頁（岡田幸人））では、「競争の同等性」の評価について、本件審決が認定根拠として挙げていた事情（例えば、接続料やユーザー料金の算定に、実は、当分の間は芯線直結方式でサービスが提供されることが反映されていなかったこと）には、「競争の同等性とは直接の関連性が薄いものも含まれている。」と述べつつ、FTTH サービス市場のように、生成途上のネットワーク市場においては、いかに効率的な事業者が参入しても、需要が立ち上がるまでは赤字が生ずるのがむしろ常態であるという可能性も直ちには否定できず、新電電にも赤字覚悟で参入し、将来的な投資の回収を目指すことがおよそ非現実的だったとまでは言い難いとも指摘している。その上で、「Ｘ［NTT 東日本のこと。以下同様］の設定したユーザー料金が接続料金を下回っていたという事実だけから、これが直ちに新電電との実質的な取引拒絶に当たると解することはできず、Ｘとの競争の同等性が確保されている限り、新電電がＸの示した接続条件によって接続を行わなかったのは、その自由な経営判断の結果であったと解する余地がある。」（［　］は筆者）と述べ、むしろ、NTT 東日本が、加入者光ファイバ設備を先行投資によって現に建設し、保有するに至っていることを重要視すべきだとする。例えば、まず、NTT 東日本の場合には、加入者光ファイバの接続料金は既に投下した資本の配賦計算に過ぎないが、新電電にとって接続料金は、FTTH サービスの提供に伴って現実の支出を要する経費であることは、両者間の競争上の差異として重大であると指摘している（この点は、本件審決では指摘されていなかったが、本件東京高判により付加された指摘であった。)。また、「Ｘがダークファイバの位置情報を事実上独占しており、Ｘだけがこれらの情報を利用して顧客に対する訪問営業（アウトバウンド）をかけることができたことも無視し得ない。」とも述べている（これは、前記のとおり【図表1】及び【図表2】等に基づいて認定されていた事実である。)。その際、特に本件事案における NTT 東日本の設備に係る情報（加入者回線網の設置場所やその空き情報等）の不開示は、事実上の接続拒否と異ならないとも指摘している。

(3) 残された疑問点

　調査官解説は、この「競争の同等性」について、その他、新電電の場合には、芯線直結方式でいくら顧客を増やしても（その接続料金を下回るユーザー料金を設定する限り）黒字とはならず、いずれ分岐方式を導入する必要があるが、それを、自ら加入者光ファイバ設備を保有していた NTT 東日本と同じように新電電が確実に行い得たとは言い難いとも述べる。

これは，前提として，新電電も赤字覚悟で参入し，将来的な投資の回収を目指すことがおよそ非現実的だったとまでは言い難いという上記の評価を踏まえたものと思われる。すなわち，当初の参入は芯線直結方式で正面から行い，それによって需要を喚起しつつ，その後，市場が拡大した時点で分岐方式を導入して，接続料金の値下げによる先行投資の回収や更なるサービスの拡大を目指す余地は新電電にもあったのではないか，というのがその趣旨であった。そして，そうであるとしても，いずれ分岐方式を導入する必要があるという点を考慮した際に，NTT東日本との間で，接続のための事務作業等の対応を要する新電電と，自社で保有する設備の使用方法を変えれば良いだけのNTT東日本では，競争条件に同等とは言い切れない点があるのではないかというのが，ここでの指摘である。

　ただ，この点，調査官解説では基本的に，新電電による参入が「芯線直結方式であることを正面に掲げて」行われるべきことが前提とされているように見える。これに対して，上記のように「ニューファミリータイプ」は，「芯線直結方式であることを正面に掲げて」はおらず，むしろ「分岐方式」とされていたのであるが，その上で，「最大通信速度100Mbps」とされていた。そうであるとすれば，「競争の同等性」を検討する際の，新電電としての当初の参入のあり方について，「芯線直結方式」や「分岐方式」といった方式のいかんによらず，正に，当時，NTT東日本が「ニューファミリータイプ」について行ったように，例えば，その速度を強調しつつ参入を試みるという想定もあり得たのではないかという疑問もある。その際，これも当時のNTT東日本と同様に，「分岐方式」を標榜しつつも，需要が少なくユーザーが点在している状況を踏まえ，当面は「芯線直結方式」で提供するという形での接続対応について，仮に，NTT東日本による新電電に対する対応が円滑に進められないなら，それが，少なくとも独禁法の観点からは，また別途の供給拒絶の嫌疑を惹起するように思われる。

　なお，当然のことながら，そのような接続対応が電気通信事業法上どのように評価されるべきであったかは別論であり，ここではあくまで，その点を棚上げにした上で，NTT東日本との「競争条件」の同等性に限ってみたときに，必ずしも方式のいかんにはよらない形での参入を想定した議論もできるのではないかということを，残された疑問点として指摘できるのではないかという趣旨である。

　ただし，NTT東日本の主張によれば，芯線直結方式と分岐方式の間には，通信速度のほかに容量の優劣もあり得たようでもある。この点，東京電力も，容量にも着目した比較広告を行っていたとされている。そして，調査官解説はこの点も含めて「通信品質」の優劣の問題として整理し，例えば「ニューファミリータイプ」について，実際に「分岐方式」への切替を行うことは，光ファイバを専用できなくなることから

通信品質が落ちる（それ故に，NTT東日本において，ユーザーの同意を得て切替を進めることに苦心していた。）ことを指摘している。そうであるとすると，「芯線直結方式」から「分岐方式」へ切替を行うことの困難さについても，NTT東日本においてさえそのような苦労に直面したところ，新電電の場合には，そのための回線工事（ユーザー宅内等）について，さらにNTT東日本と同等とは言えないような課題に直面する可能性を考慮する必要も生じるように思われる。そうであるなら，この新電電による参入のあり方について，「芯線直結方式」や「分岐方式」といった方式のいかんを前提とした議論と，通信速度を前提とした議論とのいずれであったとしても，「競争の同等性」に疑問が生じるという結論には変わりはなかったであろう，ということになるのかもしれない。

4．補　論

以上を踏まえつつ，本件最判は，排除行為該当性について，「本件行為の単独かつ一方的な取引拒絶ないし廉売としての側面が，自らの市場支配力の形成，維持ないし強化という観点からみて正常な競争手段の範囲を逸脱するような人為性を有するものであり，競業者のFTTHサービス市場への参入を著しく困難にするなどの効果を持つものといえるか否かによって決すべき」と述べ，本件行為は「［かかる］人為性を有するものであり，<u>当該競業者のFTTHサービス市場への参入を著しく困難にする効果を持つものといえる</u>から，同市場における排除行為に該当する。」（［　］及び下線は筆者）と判示した。

本件最判では，引き続いて「一定の取引分野」における「競争の実質的制限」等について判示し，結論として私的独占該当との判断が維持されている。この点，上記の排除行為該当性の判断の中でも，既に「FTTH市場」が検討対象として設定されていることや，かかる市場への「参入を著しく困難にする効果を持つ。」と認定されていること（下線部参照）と，「一定の取引分野」や「競争の実質的制限」の認定判断との関係には，概念整理の観点を含め，興味深い問題がある。この点については，Ⅱで，本件事案から得られる教訓と併せて検討する。

Ⅱ　事案検討から得られる教訓

排除型私的独占については，公取委が平成21年10月28日に，「排除型私的独占に係る独占禁止法上の指針」（以下「排除型私的独占ガイドライン」という。）を公表している。

ここでは、行為の主観的要素としての排除の意図について、「行為者が他の事業者の事業活動を排除する意図を有していることは、排除行為に該当するための不可欠の要件ではない。しかし、主観的要素としての排除する意図は、問題となる行為が排除行為であることを推認させる重要な事実となり得る。」と述べ、排除行為該当性の判断において、排除の意図の存在は必要ではないが、排除行為の存在を推認させる有益な考慮要素であるとしている。

その後、本講で扱うNTT東日本事件の本件最判による事例判例としての判示を契機に、排除行為該当性について、「市場支配力の形成、維持ないし強化という観点からみて正常な競争手段の範囲を逸脱するような人為性を有する」ものと言えるかどうかが問われることとなり、「人為性」が排除行為該当性の判断において、充足すべき要件として求められることとなった。

この「人為性」の要件と、「排除の意図」という考慮要素とは、相互に明確に区別して理解され、議論される。他方で、特に本件事案において、その事実関係の詳細に着目してみると、最終的に上記の「人為性」の要件が、どういった事情に基づいて肯定されるに至ったのかという点で、排除行為該当性の判断にあたっての「排除の意図・目的」との間に、一定の関係性を見て取ることができる。すなわち、排除行為については、排除の意図に基づく明確な抑圧的行為である必要はないが、正常な競争的活動に当たる行為が排除行為に当たると判断されることのないようにするために、「人為性」の概念が導入されたという関係性を、本件事案の具体的な事実関係の中で、感得することができるように思われる。そこでⅡでは、この点に留意しつつ、社内調査等の実務への示唆・教訓について検討する。

なお、時系列的には、本件東京高判（平21・5・29）、「排除型私的独占ガイドライン」の公表（平21・10・28）、本件最判（平22・12・17）の順となっている。

1．勧告及び本件審決における公取委の違反認定とその後の本件事案の経緯

本件審決（平成19年3月26日）において認定された本件違反行為の概要は以下のとおりである。

ア 「被審人は、平成14年6月1日以降、戸建て住宅向けのFTTHサービスとして新たに『ニューファミリータイプ』と称するサービスを提供するにあたり、被審人の電話局から加入者宅までの加入者光ファイバについて、1芯の光ファイバを複数人で使用する分岐方式（以下『分岐方式』という。）を用いるとして、ニューファミリータイプのFTTHサービスの提供に用いる設備との接続に係る接続料金の認可を受けるとともに、当該サービスのユーザー料金の届出を行ったが、実際には分岐方式を用い

ず，電話局から加入者宅までの加入者光ファイバについて1芯を1人で使用する方式（以下『芯線直結方式』という。）を用いて当該サービスを提供した。被審人は，当該サービスのユーザー料金を，当初月額5,800円，平成15年4月1日以降は月額4,500円と設定したが，いずれも，他の電気通信事業者が被審人の光ファイバ設備に芯線直結方式で接続してFTTHサービスを提供する際に必要となる接続料金[2]を下回るものであった。

なお，被審人は，平成16年4月以降，『ニューファミリータイプ』の新規ユーザーに対して，芯線直結方式でサービスを提供することをやめている。」

イ 「被審人が，光ファイバ設備を用いたFTTHサービスの提供において，平成14年6月1日以降行った前記行為は，被審人の光ファイバ設備に接続して戸建て住宅向けFTTHサービスを提供しようとする事業者の事業活動を排除することにより，東日本地区における戸建て住宅向けFTTHサービスの取引分野における競争を実質的に制限していたものであって，これは，独占禁止法第2条第5項に規定する私的独占に該当し，同法第3条の規定に違反するものであり，かつ，当該行為は，既になくなっていると認める。」

なお，上記は，公取委の勧告における違反行為の認定とほぼ同様であるが，勧告では排除行為として，違反行為の取りやめ等の措置を講じることを求めていたのに対し，本件審決においては，違反行為が既になくなっていることを認定した上で，敢えて排除措置を命ぜず，いわゆる「違法宣言審決」となった。

NTT東日本は，平成19年4月26日，当該違法宣言審決を不服として審決取消訴訟を東京高裁に提起したところ，平成21年5月29日，東京高裁が審決取消請求を棄却した。NTT東日本は，これを不服として上告。平成22年12月17日，最高裁は，上告を棄却し，同社の行為が，排除型私的独占に該当すると認めた。

2．本件東京高判を受けた公取委ガイドラインの記載

本件東京高判後に公表された公取委の「排除型私的独占ガイドライン」においては，

---

[2] 新規事業者が，原告と同様に芯線直結方式の設備を利用してFTTHサービスを提供する場合に，原告に支払うべき接続料金は，加入者光ファイバ1芯について5,074円であり，新規事業者はこれに加え，少なくとも原告の局舎内に設置するメディアコンバータ（MC）及び地域IP網への接続料金を支払う必要がある。そして，メディアコンバータの接続料金は，1装置（集線型，16回線収容）当たり2万57円であり，最大限16ユーザーで利用することとしても1ユーザー当たり1,254円となるから，新規事業者は，原告に1ユーザーにつき5,074円＋1,254円＝6,328円及び局舎内のポートごとに地域IP網への接続料金を支払わなければならない。

「供給拒絶・差別的取扱いにより，拒絶等を受けた供給先事業者の川下市場における事業活動を困難にさせる場合には，当該行為は排除行為となる。」とする。そして，「事業活動を困難にさせるか否か。」の判断にあたっては，「川上市場及び川下市場全体の状況，川上市場における行為者及びその競争者の地位，川下市場における供給先事業者の地位，当行為の期間，行為の態様（行為者の意図・目的を含む。）を総合的に考慮する。」としている。

その上で，具体例として，以下のとおり，本件事案を取り上げているが，ここでは，逆ザヤが生じることにより，参入が困難となることを中心に据えた記載となっており，違反行為者Xの意図・目的については特に触れておらず，また，当然のことながら「人為性」の有無についても触れていない。

「X社は，東日本地区を業務区域として地域電気通信事業を営む者であり，光ファイバ通信サービスの提供基盤となる加入者光ファイバの保有量においても，戸建て住宅向け光ファイバ通信サービスの開通件数においても，東日本地区のほぼ全域において極めて大きなシェアを占めていた。そのため，加入者光ファイバ設備を保有しない者にとって，戸建て住宅向け光ファイバ通信サービス市場（川下市場）においてサービスを提供するには，加入者光ファイバ設備接続市場（川上市場）においてX社の保有する加入者光ファイバ設備に接続することが極めて重要であった。このような状況において，X社は，自ら光ファイバ通信サービスを提供するに当たり，他の電気通信事業者がX社に支払う接続料金を下回るユーザー料金を設定した。このため，新規事業者は，ユーザーを獲得するためには，X社に接続料金を支払いながらX社のユーザー料金に対抗するユーザー料金を設定しなければならず，逆ざやが生じて大幅な赤字を負担せざるを得ないこととなり，戸建て住宅向け光ファイバ通信サービス事業に参入することは事実上著しく困難となった。このようなX社の行為は，X社の加入者光ファイバ設備に接続して戸建て住宅向け光ファイバ通信サービスを提供しようとする事業者の事業活動を排除するものであると認定された。（東京高判平成21年5月29日，平成19年（行ケ）第13号)」

3．本件事案の調査官解説

原告であるNTT東日本は，本件行為が他の事業者の参入を排除するものではないと主張し，「競争条件の同等性」に関して，「原告の加入者光ファイバ設備の構築・維持のコストと接続料とは利用数量に応じて同額になるように算定されている以上，原告と原告の設備を利用する他事業者は，同等のコスト負担及び条件で原告の設備を利用することができたものであり，原告は，このように原告の設備の利用に関して競争条件の同等性が確保されている中で，需要点在期において，顧客獲得リスクをとって，

ニューファミリータイプの提供を開始したのであって，原告の本件行為は排除行為には当たらない。」と主張した。

　この点に関し，本件事案の調査官解説では，Ⅰでも概要を紹介したとおり，本件においては，NTT東日本と新電電との間で「競争条件の同等性」が確保されていたとはいえないことを指摘する。以下では，Ⅱにおいて特に詳細な検討を試みるべく，少々長い引用となるが，前後を含めて掲記する。

　すなわち，「本件審決は，①総務大臣にX［NTT東日本（以下同じ。）］が認可申請した接続料金や届け出たユーザー料金の算定には，Xが当分の間は芯線直結方式によってサービスを提供することが何ら反映されておらず，総務大臣はXが分岐方式の設備を使用する前提で接続料金の認可を行い，ユーザー料金の届出を受理したものである，②Xは，FTTHサービスは一度契約を締結すれば一定期間他の事業者への乗換えが生じにくいため，当面の損益を無視しても他に先駆けたユーザー獲得が重要であると考えて（赤字となるような）ユーザー料金を設定したが，これは極めて大きな企業規模と加入者光ファイバ設備を有するXであるからこそ可能となった選択であるとして，競争条件の同等性は本件では担保されていないとの判断を示した。原判決は，これに加えて，③Xの場合，加入者光ファイバの接続料金は，既に投下した資本の配賦計算にすぎないが，新電電にとって接続料金はFTTHサービスの提供に伴って現実の支出を要する経費であるという点を付加した上で，本件審決の上記判断を支持している。しかしながら，上記①及び②の内容のうちには，競争の同等性とは直接の関係性が薄いものも含まれているように思われる。すなわち，①については，たといXが総務省に対し接続料金の認可を詐取するに近い行為をしたとしても，実態が芯線直結方式であるのに分岐方式を標榜している以上，通信品質の優れた芯線直結方式であることを正面に掲げて同程度のユーザー料金で参入する新電電があれば，これに顧客の囲込みを許す可能性はあったといえるし，②についても，新電電にせよ東京電力にせよ，それぞれは大企業であることが明らかなのである（また，そもそも，FTTHサービス市場のように生成途上のネットワーク市場においては，いかに効率的な事業者が参入しても，需要が立ち上がるまでは赤字が生ずるのがむしろ常態であるという可能性も直ちには否定できないところである。例えば，新電電が，赤字を覚悟で芯線直結方式により正面から同市場に参入し，需要を喚起してその通信速度に見合うコンテンツの充実を待つなどし，将来的に市場が十分に拡大した時点で分岐方式をも導入して接続料金の値下げによる先行投資の回収及び更なるサービスの普及を目指すといった正攻法を採用することがいかなる場合でもおよそ非現実的であったとまでは言いがたいようにも思われる[3]。すなわち，Xの設定したユーザー料金が接続料金を下回っていたという事実だけから，これが直ちに新電電との実質的な取引拒絶に当たる

と解することはできず，Xとの競争の同等性が確保されている限り，新電電がXの示した接続条件によって接続を行わなかったのは，その自由な経営判断の結果と解する余地があるのではないか。）。むしろ，本件では，Xが加入者光ファイバ設備を先行投資によって現に建設し，保有するに至っていることの重要性を直視する必要があるように思われる。例えば，<u>原判決の挙げる上記③の点</u>［Xは部門間において計算上接続料金を移転すれば足りるのに対し，新電電は現実にこれをXに対し出捐する必要がある点）は，Xと新電電との間の競争上の差異として重大と考えられる。<u>加えて</u>，共通指針［公取委・総務省『電気通信事業分野における競争の促進に関する指針』（平成20年3月）］もいうとおり，<u>不可欠設備に係る情報の不開示や接続の遅延は事実上の接続拒否と異ならないものと解されるところ，Xがダークファイバの位置情報を事実上独占しており，Xだけがこれらの情報を利用して顧客に対する訪問営業（アウトバウンド）をかけることができたことも無視し得ない。</u>さらにいえば，新電電の場合，芯線直結方式でいくら顧客を増やしてもXに支払う接続料金を下回るユーザー料金を設定する限りは絶対に黒字にならないため，FTTHサービス事業で採算を合わせるにはいずれ分岐方式を導入することが必要となるが，自ら加入者光ファイバ設備を保有していたXと同じように新電電がこれを行い得る見込みが確実であったともいい難いのではないだろうか。これらの点に鑑みれば，本件においては，Xと新電電との間で競争条件の同等性が確保されていたとはいえないと考えられよう。」と述べられている部分である（下線と［　］内は筆者）。

　そして，結論として，「本判決は，以上のような検討の結果，本件行為は，本件指針［公取委『排除型私的独占に係る独占禁止法上の指針』（平成21年10月）］で挙げられている判断要素等に照らし，Xが，接続市場における事実上唯一の供給者としての優位な地位にあることを利用して生成途上のFTTHサービス市場における（利用ベースでの）競争の芽を事前に摘むべく，当面は自らの設備利用部門に赤字を蓄積してでも先行的に顧客を囲い込むとともに，新電電に対しては経済合理的にみて客観的に受け入れ難いような接続条件を提示したものであり，競争の同等性も確保していなかったから，全体として排除行為に該当すると判断したものと推察される。」（同上）と述べている。

4．調査官解説が指摘した本件東京高判による判示の具体的内容

　上記で引用した調査官解説の中で，「原判決の挙げる上記③の点」に「加えて」と

3　東條吉純「『排除』の不当性」ジュリスト1350号88頁（特に，その91頁以下が引用されている）。

第11講　競争戦略の「動機・目的」と私的独占（「人為性」の要件その１）（NTT東日本事件）　285

して，調査官自身の見解として挙げられているのが，最後に下線を付した部分である．「ダークファイバの位置情報」を利用した「訪問営業（アウトバウンド）」に関する部分である．この点に関する本件東京高判の判示を，Ⅰでは省略した箇所も含めて以下引用する．

「原告は，本件審決が，原告は，設備情報を開示すると，他の電気通信事業者が未使用の加入者光ファイバの存在を知ることができるようになり，これらの事業者が，原告よりも先に加入者光ファイバを押さえてしまうおそれがあるため，当面，設備情報をアウトバウンド営業で活用することとしたと認定したことについて，原告の営業部門は他事業者と同様に設備情報を利用できない立場にあったから，原告が当該情報を他事業者に開示せず自らはアウトバウンド営業で活用するということはなく，明らかに誤った事実認定であると主張する．しかし，本件証拠中の査第107号証（『Ｂフレッツ提供エリアの表示方法について』と題する文書）には，その『当面の対応策』の欄に，『●アウトバンドを基本とし，支店で販売エリア（町丁目）を策定すると共に，設備の即応体制を整える．●販売側は，DF開示されても優位に展開できる集中アウトバウンド販売体制を確立する．●上記を考慮の上，支店として町丁目表示するタイミングを決定する．』との記載があり，また，査第105号証（社内メール）には，『これらのデータは必要で，それを営業で使っていくのは当然と考えます（まあ本論的にはいけないことです）が，開示する！となれば，我々は同じテンポでダークの開通を迫られます！　そのリスクはよろしいのでしょうか!?　また，この情報を支店に作らせたという事実がわかった時点で，コウトリあたりにそれが知れれば，開示を求められ，上と同じ憂き目にあうという想像もたやすいです．もっと上手く（旨く？）実施すべきだと考えます．』等の記載があり，さらに，査第106号証（『町丁名で公表できないか』と題する文書）には，『光営業部門では，光設備ラインから受けた設備情報と，営業部門独自で取得した情報をベースに，マーケティングおよび営業コンサルを実施する．この場合，光設備ラインから受ける情報は，他事業者にも開示されることから，他事業者に開示する情報は，営業活動に必要最低限の情報とする．』等の記載があり，これらの証拠によれば，本件審決が上記のとおりの事実を認定することは不合理とはいえないから，原告の上記主張は採用することができない．」

上記調査官解説では，この事実を踏まえつつ，NTT東日本による本件行為について，「事実上の接続拒否と異ならない」というべき「不可欠設備に係る情報の不開示や接続の遅延」を指摘する（前記3．下線部参照）．これらはいずれも，本来なされるべき行為がなされないという「不作為」として捉えられるべき行為である．

この点，事案にもよるが（第12講参照），作為に比べて不作為は，結局のところなされるべきことがなされない場合の効果は同じだとしても，なぜしなかったのかとい

う動機・目的といった内心の探求が，作為の場合に比べてより強く求められる場合があるように思われる。これは，しばしば，行為の外形からの動機・目的の推認が，不作為よりも作為の場合の方が容易であるということによるものであろう。

Ⅰで【図表1】，【図表2】として取り上げた査第106号証，同107号証のみならず，Ⅰでは省略した同105号証を含め，これらの証拠は，NTT東日本という組織体としての当時の方針（内心）として，「設備情報を開示すると，他の電気通信事業者が未使用の加入者光ファイバの存在を知ることができるようになり，これらの事業者が，原告よりも先に加入者光ファイバを押さえてしまうおそれがある」という懸念を有していたことが，本件行為の動機・目的（少なくとも背景事情）であったことを認定するための根拠とされている。

5．「排除の意図」についての懸念

(1) 「人為性」と「排除の意図」

排除型私的独占の事案における行為者の動機・目的は，しばしば「排除の意図」と呼ばれる。そして，既に述べたように，排除型私的独占ガイドラインでは，「行為者が他の事業者の事業活動を排除する意図を有していることは，排除行為に該当するための不可欠の要件ではない。しかし，主観的要素としての排除する意図は，問題となる行為が排除行為であることを推認させる重要な事実となり得る。さらに，排除する意図の下に複数の行為が行われたときには，これらの行為をまとめて，排除する意図を実現するための一連の，かつ，一体的な行為であると認定し得る場合がある。」と説明されている。要約すれば，違反の肯認に際し，必要ではないが有益な考慮要素であるということになる。

他方で，本件最判は，行為の排除行為該当性について，「本件行為が独禁法2条5項にいう『他の事業者の事業活動を排除』する行為（以下「排除行為」という。）に該当するか否かは，本件行為の単独かつ一方的な取引拒絶ないし廉売としての側面が，自らの市場支配力の形成，維持ないし強化という観点からみて正常な競争手段の範囲を逸脱するような人為性を有するものであり，競業者のFTTHサービス市場への参入を著しく困難にするなどの効果を持つものといえるか否かによって決すべきものである。」と述べている。

すなわち，そこで言われる「人為性」は，本件事案において，違反の肯認に際し，要件として充足が求められたことになる。

この点について，調査官解説では以下のような説明もある。すなわち，「『他の事業者の事業活動を排除』する行為（以下『排除行為』という。）とは，他の事業者の事業活動の継続又は新規参入を困難にする行為をいう。もっとも，独禁法が促進しよう

としている『競争』とは，それ自体，他の事業者の事業活動を排除する過程であり，より良い品質の製品をより好ましい取引条件で提供することによって他の事業者の事業活動を困難にし，あるいは市場からの退出を余儀なくさせたとしても，これを違法とすることは明らかに背理である。そこで，多数説は，自らが市場で発揮することのできる効率性とは関係のない要素（濫用的要素）によって他の事業者の活動を排除する行為だけが排除行為に当たる，とする。例えば，廉売や競争相手との取引拒絶といった，一見したところでは市場における正常な競争手段である行為であっても，それが客観的にみて市場支配力を形成・維持・強化する以外に自己の利益とはならないという意味で人為的なものであれば，一般に排除行為に該当すると考えられている。他方，一見すると人為的とみられる行為（例えば，原価割れの廉売）であっても，その排除効果が自己の効率性を達成する過程に随伴して生じたにすぎない場合（例えば，学習効果達成の手段として行われたもの）であれば，正当な事業目的に必要な行為であったとして違法性が否定され得る」。

　理論的に，この「人為性」の要件と，「排除の意図」という考慮要素とは，相互に明確に区別して理解され，議論されてきているものであることに異論はない。

　反面，実際の事案をめぐる判断の場面では，両者は，いわば同じ事象を異なる観点から評価するというような意味で，その峻別が事実上困難になることがあり得る。

　例えば，上記の調査官解説を踏まえつつ，本件行為について排除行為該当性が認められたポイントについて見ると，そこで重要視されていたのは，「競争の同等性」が確保されていたか否かであったと考えられる。それが確保されていたなら，「新電電がXの示した接続条件によって接続を行わなかったのは，その自由な経営判断の結果と解する余地がある。」と述べられている。すなわち，「競争の同等性」が確保されている限り，「Xの示した接続条件」は通常の事業活動の一環であり，また，新電電が参入しなかったのも，「その自由な経営判断の結果」であって，「正常な競争手段の範囲を逸脱するような人為性」を有する行為によって排除されたのではないということである。これは，「人為性」についての検討に等しいと言える。

　ここで，本件事案において「競争の同等性」が確保されていたとは言えないとされた主な理由が，この，「事実上の接続拒否と異ならない。」と言えるような「設備に係る情報の不開示や接続の遅延」という不作為があった，という点に求められている点に特に着目して以下検討する（もちろん，本件事案ではこれ以外にも指摘があるが，あえてこの点に議論を純化させるという趣旨である。理由については後述する。）。

　すなわち，この不作為の背景に，「他事業者にも開示されること」を回避したいという動機・目的があり，この動機・目的の存在によって，Xの接続条件の提示が，市場における正常な競争手段とは言えない「人為性」ありとの評価につながったという

ことである。

　ここでの「情報の不開示」とは、より具体的には、例えば、Ⅰで【図表2】として取り上げた「光営業部門では、光設備ラインから受けた設備情報と、営業部門独自で取得した情報をベースに、マーケティング及び営業コンサルを実施する。この場合、光設備ラインから受ける情報は、他事業者にも開示されることから、他事業者に開示する情報は、営業活動に必要最低限の情報とする。」というような状況から認定されたものである。すなわち、直接的に他事業者への情報開示を拒んだというよりも、ある情報を社内共有すると「他事業者にも開示されることから」差し控えるようにした、ということである。

　この点、そもそも、その情報について、必ずしも社内共有されることが、特段義務的にあるいは必要的に求められたり、想定されていたりしたわけではなかったなら、それがなされないこと自体、特に不信や疑念を生むようなものではなかった可能性がある。他方で、上記のように、その背景に、「他事業者にも開示されること」を回避するという動機・目的があったという場合には、それ故に、その行為（不作為）の意味が問われることになろう。

　ところで、そういった動機・目的により「事実上の接続拒否と異ならない。」と言えるような「設備に係る情報の不開示や接続の遅延」という不作為があったという事実は、しばしば「排除の意図」として議論される事項である。そして、「排除の意図」は、しばしば、「排除のための機序」（何をどのように利用するなどして、他者排除を企図するか。）と表裏不可分の関係にある。

　本件事案で言えば、「ダークファイバの位置情報」を他事業者に開示せず、他方で、自らはアウトバウンド営業で活用する、という点がこれに当たる。

　この種のビジネス戦略上の思惑は、当該業種・業界の事情に詳しい担当者が抱くものである以上、事案にもよるが、ある程度の実現可能性を含むものと推測することは、必ずしも不合理とは思われない。調査官解説では、排除型私的独占ガイドラインを踏まえつつ、供給拒絶等の排除行為該当性の判断にあたり、「その判断要素として、㋐川上市場及び川下市場全体の状況（両市場における市場の集中度、商品の特性、規模の経済、商品差別化の程度、流通経路、市場の動向、参入の困難性等）、㋑川上市場における行為者及びその競争相手の地位（川上市場における行為者及びその競争相手の商品のシェア、その順位、ブランド力、供給余力、事業規模等）、㋒川下市場における供給先事業者の地位（川下市場における供給先事業者の商品のシェア、その順位、ブランド力、供給余力、事業規模等）、㋓行為の期間、㋔行為の態様（行為者の川上市場における商品の価格、供給先事業者との取引の条件・内容）」を、「行為者の意図・目的」とともに挙げている。これらの、判断要素として列挙されている客観的な

事項の中には,「行為者」として行為当時にも認識されていたものもあれば,認識されていなかったものや,およそ認識し得なかったものもあり得よう。したがって,事案の判断権者が,そのように「行為者」の認識が及び得た範囲を超えて,広く客観的に把握された判断要素を考慮して示す判断は,「行為者」の行為当時の判断よりも,より合理的なものとなり得よう。しかしながら,そのように各判断要素を踏まえた事後的評価との比較においても,しばしば,「行為者」が行為当時の認識の範囲で立てた戦略は,(それが濫用と評されてしまうような行為であるなら,その濫用を奏効させるためのものとして)効果的に設計されている可能性がある。「排除の意図」を探ることが事案の調査として効果的であるのは,このように,「行為の違法性」のみならず,「違法性を評価するべき対象である行為」自体をどう捉えるべきかについてのヒントが,そこにあるからである。

　以上のように,状況によっては,要件として求められる「人為性」についての検討と,要件として求められるものではない「排除の意図」についての検討とが,具体的な事象のレベルで交錯することがある。それ故に,「排除の意図」あるいは行為の動機・目的について議論する際に,懸念あるいは留意事項として想定されることが,時に「人為性」の要件についても等しく妥当するということが生じ得る。

(2) 動機・目的を議論する際の懸念

　特に,独禁法違反に関して,行為の動機・目的を議論する際に,懸念あるいは留意事項として挙げられるのは,行為者(組織体である事業者)としての「動機・目的」をいかに認定すべきか,その際に,安易に担当者(個人)としての動機や目的に基づいて,それが認定されてしまうことがあってはならない,という点である。

　この点について,筆者(向)は以前に論考での指摘を試みたことがある[4]。以下では,まず,その際に不十分あるいは不明瞭にとどまったと思われる点について補足する。

　契機は,平成21年法改正による排除型私的独占に対する課徴金制度の導入を受けて策定・公表された排除型私的独占ガイドラインにおいて,「排除行為とは,他の事業者の事業活動の継続を困難にさせたり,新規参入者の事業開始を困難にさせたりする行為であって,一定の取引分野における競争を実質的に制限することにつながる様々な行為をいう。」と記述されることになった,という点にあった。これは,読み方次第では,排除行為該当性の判断の際に,「一定の取引分野」の画定や「競争の実質

4　向宣明「特集　排除型私的独占課徴金ショック・課徴金導入で注目される公取委の調査姿勢」ビジネス法務2010年3月号43頁以下。

制限」についての判断を，実質的に先行して取り込んでしまうことになる可能性を生む。加えて，「一定の取引分野」の画定について，同ガイドラインにおいても，「当該行為に係る取引及びそれにより影響を受ける範囲を検討し，その競争が実質的に制限される範囲を画定して決定されるのが原則」といった考え方が示されていた。さらに，一般に，排除行為該当性が認められる場合には，通常，「競争の実質的制限」の存在が事実上推定されるといった説明がなされてきていた。こういった状況からは，排除型私的独占の成否をめぐる事案では，しばしば，排除行為該当性が，最終的な違反の成否にとって極めて重要な争点となることが想定された。特に，通常の正当な事業活動の結果として他者が排除されるに至ったような場合までもが独禁法違反とされるべきではないことからすれば，その峻別は，この排除行為該当性の判断によって担われるべきところが大きいように思われた（なお，その論考の脱稿の時点では，排除行為該当性の判断に際して，いわゆる「人為性」の要件を求めたとされる，本件最判はまだ下されていなかった。）。そしてその結果，特に実務感覚として，行為者（事業者）に「排除の意図」が認められる場合には，違反の存在が肯認されるという結論が導かれやすいという帰結に至ることが懸念されるように思われた。それ故，「例えばシェア50％以上を有するある事業者の従業員が，ある目的・動機のもとにある事業活動を行ったとして，当該行為がかかる目的・動機に基づくものであったことが過度に重視され，行為の客観的な効果が慎重に検証されないままに，安易に排除型私的独占としての非難が加えられてしまうのではないか。」というような懸念を抱いた，というような趣旨であった。

　上記で指摘を試みていたことのうち，特に，排除行為に該当するかどうかの判断が，対市場効果の要件をあらかじめ取り込む形で，何らかの「一定の取引分野」を想定し，そこで競争制限的効果が生じることを踏まえて行われることとなるという点については，以下のような指摘をいただいていた。すなわち，「排除行為にあたるかどうかについて，当該行為が有する競争制限的効果（対市場効果）と融合・連動する形で認定される側面があることは否定できないように思われる。」との指摘である（金井貴嗣ほか『独占禁止法〔第6版〕』（弘文堂）155頁（脚注23）（山部俊文））。これは，主観面が偏重されることにならないかという上記の筆者の懸念が当を得ているか否かはともかく，少なくとも，そういった行為要件と効果要件との融合・連動自体は，必ずしも論難されるべきことには当たらないという指摘であろう。ただし，そこでは，筆者の懸念とは別に，「良質・廉価な商品の供給など能率競争に適う正常な事業活動」について，違反の成立が否定されるべき理論構成という観点から，そういった行為要件と効果要件の融合・連動に，一定の留保も示されていた。すなわち，「もっとも，排除行為にあたるかどうかを競争制限効果と一体化させる形で判断することには，疑問が

ないではない。競争制限的効果が生じる場合であっても，それが良質・廉価な商品の提供など能率競争に適う正常な事業活動によるものであれば，私的独占の成立は否定されるのが適当である。そうでなければ，事業者の自由な事業活動を萎縮させてしまうおそれがあるからである。行為要件において，排除行為の態様・類型について形式的にある程度の絞りをかけることは，やはり有用であるように思われる（もっとも，排除行為にあたるかどうかについて，競争制限的効果を有するかどうかによって判断するとしても，良質・廉価な商品の供給など能率競争に適う方法による『排除』の場合には，競争制限的効果を正当化する理由があるとすることによって〔つまり，行為要件ではなく，対市場効果の要件の方を満たさないとして〕，私的独占の成立を否定するという立論の仕方もありうる）。」との指摘である。

　これに対して，例えば，本件最判を踏まえつつ判示されたJASRAC事件最判（第12講で扱う。）の調査官解説では，まず「人為性」について，「排除型私的独占において『排除』という抑圧的な行為による独占が禁止の対象とされていることについて，その対象が狭くなりすぎないために，明白な抑圧的行為（排除の意図や目的等の主観的要件）までは要しないものとする一方で，何らかの限定を付さないと正常な競争活動に当たる行為までが同項の排除に該当してしまうこととなるから，このような正常な行為が同項の排除に該当しないようにするものとして，人為性という概念が必要となるものと解される。」と述べる。その上で，社会公共目的に照らして見た場合に行為が非難に値するかといった正当事由に関する議論については，少なくとも一定の取引分野における競争を実質的に制限するという要件に関するものと位置付ける見解を「直ちに否定するものとは解しがたい」と述べ，他方でこれを人為性の要件に位置付ける見方については「的を射たものとはいい難いであろう」と述べている。その趣旨が，上記のような意味での，行為要件と効果要件の融合・連動の可否・当否を，どの程度想定した言及であるかは不明である。ただし，少なくとも，「社会公共目的に照らして見た場合に行為が非難に値するかといった正当事由」は，効果要件で検討されるべき事項であって，行為要件で検討されるべき事項ではないという立場に沿うものであるという意味で，行為要件と効果要件を広く融合・連動して一体化させることには，消極的な立場に立つものであると見ることができるように思われる。

　このように，排除型私的独占の成否の検討においては，「排除行為該当性」，「一定の取引分野」，「競争の実質的制限」といった各要件が，判審決例の蓄積を経ながら，必ずしも完全に融合・連動して一体化された形で判断されているわけではない，ということが示されてきているとも思われる。しかしながら，そういった判審決例の蓄積からは，各要件の峻別が意識されつつも，一定程度，融合・連動され，その結果，違反の成否については，この排除行為該当性の判断によって担われるべきところが大き

いということもまた，示されてきているように思われる。加えて，上記のとおり，その排除行為該当性の検討にあたり，要件として求められる「人為性」についての検討と，要件として求められるものではない「排除の意図」についての検討とが，具体的な事象のレベルで交錯することがあるということが，示されてきているように思われるのである。

　そこで，改めて見るに，本件最判の調査官解説では，「競争の同等性」が確保されている限りでは，新電電が NTT 東日本の示した接続条件によって接続を行わなかったのは，その自由な経営判断の結果であったと解する余地があり，必ずしも，NTT 東日本の新電電に対する本件事案の行為について排除行為該当性が認められるとは限らないという立場が示されていた。そして，その前提に立った上で，本件事案において，「競争の同等性」が確保されていたとは言えないという理由として重要なものとして，NTT 東日本がダークファイバの位置情報を事実上独占しており，NTT 東日本だけがこれらの情報を利用して顧客に対する訪問営業（アウトバウンド）をかけることができたことを指摘していた。すなわち，NTT 東日本による「不可欠設備に係る情報の不開示や接続の遅延」という不作為が，事実上の接続拒否と異ならないとされた理由は，情報を事実上独占していた NTT 東日本だけが，それを利用することができたという事情があった。これは，この点で「競争の同等性」が確保されていなかったことが，排除行為該当性が認められた理由となっていたということである。そして，その指摘の根拠とされていたのが，本件高判で言及されていた査第105号証から107号証（Ⅰの各【図表】）であった。

　当然のことながら，本件事案において，「競争の同等性」が確保されていないとされた理由は，上記にはとどまらない。すなわち，上記のような情報独占・自己のみでの利用という事情のみから，「競争の同等性」が直ちに否定されていたかどうかは不明である。調査官解説でその他に挙げられていたのは，NTT 東日本は部門間において計算上接続料金を移転すれば足りるのに対し，新電電は，現実にこれを NTT 東日本に対し出捐する必要がある点などである。ただし，これらの事情について相互に比較してみると，上記のような情報独占・自己のみでの利用という点は，単に客観的に存在していた状況というよりも，NTT 東日本自身により作出され，あるいは意図的に利用されていたという面があり，そして，そういった面があることも併せて評価の対象にされていた可能性がある。そしてそれ故に，今後の同種事案においても，行為者により作出され，意図的に利用されたと認められるような事象が特に着目され，それを踏まえた評価がなされる可能性があると思われる。本件事案における「競争の同等性」をめぐる議論の中で，特に，この「設備に係る情報の不開示や接続の遅延」という不作為（客観的な状況というよりも，行為者による行為）を取り出して検討を

行ったのは，そのような趣旨からである。

　そしてそれ故に，この情報独占・自己のみでの利用という事情に関する事実認定は，単に，現場担当者において認識され，言及されていたものではなく，真にNTT東日本という事業者（組織体）としてのものであったのか否かが問われるべきであると思われる。

　この点，調査官解説では，この部分に関して脚注（35）が設けられており，そこでは本件事案に先行した警告事案（ADSL事業に関連して，NTT東日本は公取委から，平成12年2月，私的独占違反被疑行為について警告を受けていた。）において，「接続のためのコロケーションに必要な情報をあらかじめ十分に開示していない行為，Xの相互接続推進部が接続交渉の場において得たDSL事業者の営業情報を社内の検討会議等において営業部及びグループ企業に提供している行為が挙げられていた。」ことを指摘している。ある意味で，同種事案においても，NTT東日本による事業者（組織体）としての行為として，同様の事情が認められていたことを指摘したものとも思われる。他方で，改めて見ると，少なくとも本件東京高判の判決理由中で引用されている査第105号証～107号証に関する限りでは，いずれも，その社内メールや社内文書の作成者や作成権限，作成経緯等を含め，それらがNTT東日本という事業者（組織体）としてのものと認定するに足る根拠は特に示されていない。おそらく，本件事案に関する限りでは，他の関連証拠等も踏まえつつ，NTT東日本による行為に関する事情として認定するに足りると結論付けられたものと思われるが，本来，慎重な検討を要する部分であると思われる。

6．本講のまとめ

　本件事案は，当初は，インピュテーションルール違反としてのマージンスクイーズが問題の核心であると思われていたものが，審級が上がるにつれて，「競争の同等性」（情報独占・自己のみでの利用等）に議論の比重が移った可能性がある。調査官解説においても，上記のように，NTT東日本の設定したユーザー料金が接続料金を下回っていたという事実だけから，これが直ちに新電電との実質的な取引拒絶に当たると解することはできない旨が明言されている。その場合，当初の時点での嫌疑に対して，被疑事業者としても，指摘を受けている事項だけについて言えば，「競争の同等性」が確保されていたか否かで，違法とされるべきか否かが異なり得るはずであり，直ちに違法とされるべき状況にはないという認識を抱いていた可能性もあるということになる。そして，その認識自体は，最終的に調査官解説において賛同を得ることとなる内容と軌を一にしていたことになる。

　反面，本件事案を通じて理解されることとして，上記のように審級が上がるにつれ

て議論が深められる中で，必ずしも公取委の当初の法的評価が排斥されることにはならず，いわば補強されつつ維持されるに至るという経過を辿ることとなる可能性があるということがある。

本件事案では，少なくとも営業現場において，「設備情報を開示すると，他の電気通信事業者が未使用の加入者光ファイバの存在を知ることができるようになり，これらの事業者が，原告よりも先に加入者光ファイバを押さえてしまうおそれがあるため，当面，設備情報をアウトバウンド営業で活用することとした。」という事実があったと思われるような証拠資料等が見受けられていた。

まず，少なくとも，同種事案の社内調査において，行為当時の競争環境の中で，効果的な営業戦略にはどういったものがあったか（それが時に反競争的なレベルにさえも達し得ることを含めて）という点を，実際の営業の現場で行われていた戦略に関する議論から推察することは，極めて合理的な手法である。そこで想定されている，他の事業者との競争を制するための方策は，その成果を生むための因果律・機序が不合理でない限り，当該業界の競争環境の中で実現可能性のあるものとして，しばしば起こり得る反競争性を推認するための有力な視座をも提供するものとなり得る。また，それ故に，当局による調査対応の場面においても，その独禁法的観点からの評価が問題となり得ることが留意されるべきである。

第12講

通常の経済活動とみられる行為と私的独占
（「人為性」の要件その2）

【図表1】 社内通知文書（「査第36号証」）

> **連絡票**
>
> 平成18年9月27日
> テレビ朝日　Tコンテンツ事業局ライツ推進部長
>
> ①別紙の楽曲（【イーライセンス管理楽曲】）を使用する場合は，「使用報告書の提出」と「放送使用料の支払い」が必要となります
> ②「使用報告書」には，楽曲名，アーティスト名等を記入して，放送日から1か月以内に提出してください
> ③放送等使用料（【額】）
> ④放送等使用料は番組負担となります。また，使用報告書の提出が遅れると一般料金の6万円の支払が課せられます
> ⑤これらの楽曲には大塚愛，倖田來未らの楽曲が含まれているので十分注意してください

「JASRAC事件」（審判審決平24・6・12，東京高判平25・11・1，最判平27・4・28）
事案の手がかり：取引先「社内通知文書」等（本講【図表1】～【図表4】）

I　証拠からみた，独禁法違反認定の鍵

本講では，JASRAC事件[1]（以下，本講において「本件事案」という。）を取り上げる。

1．放送事業者による楽曲の利用控え

まず，下記の【図表１】～【図表４】をご覧いただきたい。これらはいずれも同時期に，テレビ・ラジオ等の放送事業者の社内で周知された，その放送番組での楽曲の利用（控え）に関する通知の内容を再現したものである。

【図表１】　社内通知文書（「査第36号証」）

> **連絡票**
>
> 平成18年9月27日
> テレビ朝日　Tコンテンツ事業局ライツ推進部長
>
> ①別紙の楽曲（【イーライセンス管理楽曲】）を使用する場合は，「使用報告書の提出」と「放送使用料の支払い」が必要となります
> ②「使用報告書」には，楽曲名，アーティスト名等を記入して，放送日から1か月以内に提出してください
> ③放送等使用料（【額】）
> ④放送等使用料は番組負担となります。また，使用報告書の提出が遅れると一般料金の6万円の支払が課せられます
> ⑤これらの楽曲には大塚愛，倖田來未らの楽曲が含まれているので十分注意してください

---

[1] 審判審決平24・6・12審決集59-1巻59頁（以下「本件審決」という。），東京高判平25・11・1審決集60-2巻22頁（以下「本件東京高判」という。），最判平27・4・28審決集62巻397頁（以下「本件最判」という。）。

【図表2】 社内通知文書（「査第37号証」）

㈱イーライセンスによる楽曲の著作権管理について

平成18年9月29日
TBS　F編成局コンテンツ＆ライツセンター長兼メディアライツ推進部長

①イーライセンスが【同年】10月1日から放送における楽曲の著作権管理を開始します
②イーライセンス管理楽曲については，**1曲利用ごとに，使用料の支払をしなければなりません。1曲ごとに，使用料を支払う必要があります。**
③イーライセンス管理楽曲を利用する際は報告用紙に必要事項を記入の上，担当部署に提出してください

※原本においても，上記太字の部分は，大文字で強調されている。

【図表3】 社内通知文書（「査第38号証」）

イーライセンス社放送使用楽曲の管理業務開始のお知らせ

平成18年10月
J－WAVE編成責任者（A氏）

①イーライセンスが【今月】1日から放送に使用する楽曲の管理業務を開始しました
②イーライセンス管理楽曲は一曲ごとの報告・支払となります
③放送等使用料【額】
④将来的にイーライセンス管理楽曲の楽曲数が増えたケースを考慮し，ライブラリーで検索時に確認できる方法について，外部業者に委託しております

【選曲時のお願い】前述のとおり，別途報告・支払いなど煩雑な作業が発生します。
＊やむを得ない場合を除いて，当面は極力使用を避けるよう，お願いします
＊なお，使用した場合は，必ず記録を残し（使用時間も必要になる可能性あり），事後報告に備えてください（報告方式は未定）

【図表4】 社内通知文書（「査第41号証」）

緊急のお知らせ

平成18年10月12日
NACK 5　T専務取締役

① NACK 5ではエイベックス60曲のオンエアを当面見合わせることとします
② ゲスト出演などでこれらの楽曲をオンエアする際は事前に編成部に知らせてください
③ これらの楽曲をオンエアした場合は必ず番組名とオンエア日時を報告してください

(1)　「楽曲の管理」とは

　上記の4つの【図表】は，いずれも概要として，「イーライセンスによる楽曲の管理業務の開始」について通知する内容となっている。
　この「楽曲の管理」とは，著作者等の音楽の著作権を有する者からその管理を受託し，①放送事業者にその放送への利用（以下「放送利用」という。）を許諾し，②その使用料（以下「放送使用料」という。）を徴収して，③著作権者等に分配することをいう。
　利用の許諾には，その管理する楽曲（以下「管理楽曲」という。）を特定して許諾する「曲別許諾」と，管理楽曲を特定せずに管理事業者が管理するすべての楽曲の利用を包括的に許諾する「包括許諾」がある。また，使用料の徴収には，1曲1回ごとの料金（以下「単位使用料」という。）に利用数を乗じて得られる金額による徴収

（以下「個別徴収」という。）と、単位使用料の定めによることなく包括的に定められる金額（例えば年間の定額又は定率による金額など）による徴収（以下「包括徴収」という。）がある。利用許諾が「曲別許諾」の場合には、必然的に「個別徴収」となる一方、「包括許諾」の場合には、「包括徴収」による場合と「個別徴収」による場合があるとされていた。

なお、「著作権者への使用料の分配」に関しては、使用料が「個別徴収」によって徴収された場合には、使用料と楽曲との対応が明らかなので、使用料は、管理事業者の管理手数料が控除された上で、当該楽曲の著作権者に対して分配される。これに対し、使用料が「包括徴収」によって徴収された場合には、使用料を著作権者に曲別の利用状況に基づいて分配するために、各利用者の利用状況に関するデータが必要となる。利用者の利用状況に関する報告には、全曲報告とサンプリング報告があった。

(2) 「イーライセンス」とは

楽曲の管理については、昭和14年に設立された一般社団法人日本音楽著作権協会（以下「JASRAC」という。）が、許可制のもと、我が国における唯一の管理事業者として音楽著作権管理事業を営んできたところ、平成13年10月の著作権等管理事業法の施行により、登録制へ移行（自由化）された。株式会社イーライセンス（以下「イーライセンス」という。）は、同法に基づく登録を受け、平成14年4月からインタラクティブ配信等への利用につき音楽著作権管理事業を営んでいたところ、日本放送協会や社団法人日本民間放送連盟との間で、その管理楽曲の放送利用について、包括許諾・個別徴収とする旨を合意（イーライセンスの管理楽曲の数が不明であったことなどから、包括徴収では合意が成立しなかったとも言われていた。）し、平成18年10月1日から放送利用に係る利用許諾の業務を開始した。また、これに先立ち、同年9月末ころ、音楽コンテンツの制作等に伴い、音楽著作権を保有しているエイベックス・グループ・ホールディングス株式会社及びその子会社（以下「エイベックス・グループ」という。）との間で、音楽著作権の管理委託契約を締結した。その管理楽曲には、例えば【図表1】のとおり、既に人気が高く、また人気を博することが予想される楽曲も含まれていた。

しかしながら、首都圏のFMラジオ局を含む相当数の放送事業者が、イーライセンスの管理楽曲の利用を回避しようとするなど、その楽曲の放送利用の実績は上がらなかった。そのため、エイベックス・グループは、平成18年12月、イーライセンスとの管理委託契約を解約した。なお、その後イーライセンスは、その管理楽曲数は増加させたが、その放送利用について放送事業者から徴収した放送使用料は、平成18年は6万6567円、平成19年も7万5640円にとどまったとされている。

2．排除措置命令と公取委自身によるその取消し

(1) なぜ敬遠されたのか

　公取委は，平成21年2月27日，JASRAC に対し，本件事案は私的独占に該当するとして排除措置命令を行った。【図表1】～【図表4】は，これに対する JASRAC による不服申立て（審判）において，審査官側から，「放送事業者によりイーライセンス管理楽曲が利用回避されていたこと」（また，その利用回避は，JASRAC が採用していた放送使用料の徴収方法（後述）のゆえに，イーライセンス管理楽曲を利用した場合には（放送事業者側に）追加負担が発生してしまうことが理由であったこと）の立証として提出されていたものである。これに対して，JASRAC 側からは，これらの文書には，当時提案されていた契約書案の説明や，イーライセンス管理楽曲を利用した場合に煩雑な作業が発生することなどが挙げられているにとどまり，「追加負担」については言及されていない等の反論がなされていた。

(2) JASRAC の徴収方法により発生する「追加負担」とは

　本件事案における当時の JASRAC の使用料規程では，放送使用料の徴収方法につき，年間の包括許諾による利用許諾の場合には「包括徴収」により，それ以外の場合には「個別徴収」によるとされていた。そして，その「包括徴収」の具体的内容は，基本的に（地上波放送や衛星放送等の種別に応じて）前年度の放送事業収入に所定の率を乗じて得られる金額を当該年度の放送使用料とするというもので，その算定にあたり，放送事業者が放送番組において利用した音楽著作物の総数に占める JASRAC 管理楽曲の割合（以下「放送利用割合」という。）は反映されていなかった（以下，放送利用割合を反映させない包括徴収を特に「本件包括徴収」という。）。そのため，放送事業者が（イーライセンス等）他の管理事業者にも放送使用料を支払う場合，その分だけ放送使用料の総額が増加することとなる（上記の「追加負担」。また，それ故に，放送利用に係る管理楽曲の利用許諾分野において他の事業者の事業活動を排除する効果を有する。）というのが，審査官側の主張であった。

　この点について，本件審決は，本件包括徴収により JASRAC 以外の管理業者への放送使用料の支払が放送事業者にとって追加負担となることは，他の管理業者の新規参入について消極的要因とはなるものの，放送事業者は，番組の目的，内容，視聴者の嗜好等を勘案して適切な楽曲を選択するものであって，楽曲の個性や放送使用料の負担をどの程度考慮するかは放送事業者や番組の内容により大きく異なるとした。その上で，私的独占の要件である排除行為該当性については諸般の事情を総合的に考慮して検討するとし，【図表4】に関する限りでは（他の関係証拠に照らし），一応審査

官側の主張を認めたものの，その他については排斥し，むしろイーライセンスの側に準備不足のまま放送利用に係る管理事業に参入したため放送事業者に混乱等が生じた等判示して，前記命令を取り消した。

3．本件東京高判による審決取消と本件最判によるその是認

(1) 本件証拠をめぐる事情に対する本件東京高判の評価

本件東京高判は，例えば【図表1】について，「放送使用料の支払い」が必要であると最上段に記載され，さらに，イーライセンスに支払う放送使用料は番組負担となる旨記載されていること等を挙げ，「上記連絡票が番組制作担当者に［イーライセンス］管理楽曲の利用を差し控えさせる効果を有していたと認めることはできないとした本件審決の認定は，実質的証拠に基づくものとはいえない。」（［　］内は筆者）と指摘した。また【図表2】や【図表3】についても，例えば，イーライセンス管理楽曲を1曲利用するごとに放送使用料を支払わなければならないことが強調されていること等を指摘しつつ，同様に，本件審決の認定は実質的証拠に基づくものとはいえないと判示している。そして，このように放送事業者がイーライセンス管理楽曲の利用を回避（しようと）したのは，イーライセンス管理楽曲を利用した場合，JASRACに支払う放送使用料に追加してイーライセンスへも放送使用料の支払が必要となるからであり，それが追加負担となるのは，放送事業者がJASRACに支払う放送使用料が放送利用割合を反映していないからであったと認められると判示した。

その上で，JASRACの本件行為が，放送利用に係る管理楽曲の利用許諾分野において，競業者の参入を著しく困難にするなどの効果（排除効果）を有するか否かは，放送利用に係る「管理楽曲の利用許諾分野における市場の構造，同市場における参加人及び原告の地位，<u>音楽著作物の特性</u>，著作権者から音楽著作権の管理の委託を受けることを競う管理委託分野等との関連性等の諸事情を，総合的に考慮して判断すべき。」（下線は筆者）とした。これらは，後述の本件最判において，より網羅的に列挙された判断の諸要素に取り入れられている。そして，かかる諸事情についての検討に併せて，放送事業者の上記のような対応は，イーライセンスへの放送使用料の支払が「追加負担となること」が大きな要因であったことなどの事実を総合すれば，JASRACの行為は，放送利用に係る管理楽曲の利用許諾分野における他の管理事業者の事業活動を排除する効果を有するものと認められるとして，本件審決を取り消した。

(2) 本件最判の評価

本件最判は，本件東京高判を是認しつつ，「本件行為が上記の効果を有するものと

いえるか否かについては，本件市場を含む音楽著作権管理事業に係る市場の状況，参加人及び他の管理事業者の上記市場における地位及び競争条件の差異，放送利用における音楽著作物の特性，本件行為の態様や継続期間等の諸要素を総合的に考慮して判断されるべき。」(下線は筆者) と判示している。

なお，前記で「網羅的」と評したのは，これが本件東京高判では挙げられていなかった要素にも言及しつつ，他方でここで挙げられていない要素は (次項で述べるように) むしろ考慮すべきでないという趣旨を含むと解されるからである。その上で，「参加人の本件行為は，本件市場において，音楽著作権管理事業の許可制から登録制への移行後も大部分の音楽著作権につき管理の委託を受けている参加人との間で包括許諾による利用許諾契約を締結しないことが放送事業者にとっておよそ想定し難い状況のもとで，参加人の管理楽曲の利用許諾に係る放送使用料についてその金額の算定に放送利用割合が反映されない徴収方法を採ることにより，放送事業者が他の管理事業者に放送使用料を支払うとその負担すべき放送使用料の総額が増加するため，楽曲の放送利用における基本的に代替的な性格もあいまって，放送事業者による他の管理事業者の管理楽曲の利用を抑制するものであり，その抑制の範囲がほとんどすべての放送事業者に及び，その継続期間も相当の長期間にわたるものであることなどに照らせば，他の管理事業者の本件市場への参入を著しく困難にする効果を有する。」(下線は筆者) と判示した。

(3) 調査官解説による評価と別の観点から見た本件証拠の意義

本件最判は，上記に続けて，「本件行為が他の管理事業者の管理楽曲の利用を抑制するものであることは，前記〔略〕のとおり，相当数の放送事業者において被上告人の管理楽曲の利用を回避し又は回避しようとする行動が見られ，被上告人が放送事業者から徴収した放送使用料の金額も僅少なものにとどまっていることなどからもうかがわれるものということができる。」(〔 〕内は筆者) と述べる。この点について，調査官解説 (法曹会編『最高裁判所判例解説民事篇 (平成27年度/上)』204頁 (清水知恵子)) では，「このような現実の利用回避行動等が立証できなければ利用抑制効果の存在が認められないわけではなく，あくまでも実証的な観点から補強するものとして位置付けられるにとどまる。」と説明され，さらに，「このような補強的な事情につきどこまで詳細に認定する必要があったのか」，「審理の在り方についても検証する余地がある。」との批判的な指摘もなされていた。

これは要するに，本件事案において，各放送事業者による楽曲の利用控えが実際に生じていたのか否かについて，各図表のような証拠等に基づいて審理し，認定判断すること自体不要だったのではないかという示唆であろう。

ただし，その点とは別に，各図表の記載（例えば【図表3】）の「やむを得ない場合を除いて，当面は極力使用を避けるよう」や，【図表4】の「オンエアを当面見合わせることとします」等）は，放送事業者の認識として，そのように使用を「避け」，「見合わせ」ること自体が可能であったことを示す資料でもあると考えられる。すなわち，これらの資料は，前記(1)の本件東京高判の引用中で下線を付した「音楽著作物の特性」や，前記(2)の本件最判の引用中で下線を付した「放送利用における音楽著作物の特性」に関して，「楽曲の個性によって差別化され得るものであるとともに，基本的に代替性を有する。」と認める上での根拠とされ得るものである。この点については，調査官解説でも，「一般的には，著作物は個性を有するため代替性が低いものとされているが，その代替性の有無や程度は，需要者が著作物のどのような点に着目して利用するのかによっても異なるものといえ，一律に論じることはできない。」と指摘されており，そのような一般論も踏まえた上で，本件事案では，特にその実情に即した評価・判断が下された部分である。一般に，この種の商品特性については，関係当事者による（行為当時の）発言等に現れる認識は，認定判断の根拠資料として有用であると考えられる。

4．補論

まず，念のため確認すると，排除型私的独占については，**第11講**のNTT東日本事件最判において事例判例として示されていた争点の整理が，他の事案における要件該当性の検討においても有用であるとされている。すなわち，ある行為が，①排除効果を有し，②自らの市場支配力の形成，維持ないし強化という観点からみて正常な競争手段の範囲を逸脱するような人為性を有し，③一定の取引分野における競争を実質的に制限するものであり，④公共の利益に反するものである場合，（本件事案で問題とされた）排除型私的独占に該当し，違反となるとされる。そして，本件事案では，本件審決が①を否定して排除措置命令を取り消したのに対し，本件東京高判は，その本件審決の判断を誤りであるとして取り消したが，その際，②以下の争点については特に判断は示されていなかった。

他方で，本件最判は，①に関する本件東京高判の判断を是認しつつ，②についても法廷意見の中で付言している。すなわち，本件最判は，その末尾で「参加人の本件行為は，別異に解すべき特段の事情のない限り，自らの市場支配力の形成，維持ないし強化という観点からみて正常な競争手段の範囲を逸脱するような人為性を有するものと解するのが相当である。」と述べる。そして，調査官解説は，この「人為性」に関する判示について，本件審決と本件東京高判のいずれもこの点には立ち入っていないことを踏まえつつ，本件最判が（傍論とはいえ）この点に立ち入ったのは，人為性が

排除効果と密接な関係を持つ要件であり，排除効果と人為性が一体的に判断される場合も少なくないこと，本件行為の人為性の有無についても，その判断の基礎となる事情は原審が確定した事実関係等において既に現れており，取消し後の審判における更なる審理を経ずに法的判断を示すことが可能であったことなどの理由によるものと考えられる，とする。

　そもそも，この「人為性」は，何らかの限定を付さないと正常な競争活動に当たる行為までが「排除」に該当してしまうこととなるから，このような正常な行為が「排除」に該当しないようにするものとして必要となると説明されている。そして，その「人為性」の有無の判断の要素について，調査官解説では，上記の「排除効果」の有無の判断において考慮すべき事情と多くの点で共通するとしつつ，特に本件事案では，「使用料規程において，放送事業者のJASRACとの利用許諾契約の締結において個別徴収が選択される場合にはその年間の放送使用料の総額が包括徴収による場合に比して著しく多額となるような高額の単位使用料を定め，これによりほとんどすべての放送事業者が包括徴収による利用許諾契約の締結を余儀なくされて徴収方法の選択を事実上制限される状況を生じさせる。」（下線は筆者）ことが加えられている点で異なる，と説明されている。すなわち，「排除効果」の判断の際は，本件行為が，ほとんどすべての放送事業者との間で本件包括徴収による利用許諾契約を締結するものであることを前提として判断するものとされていたのに対し，「人為性」の有無においては，JASRACが，ほとんどすべての放送事業者との間で本件包括徴収による利用許諾契約を締結していること自体の評価も含まれている。そして，その相違は，「本件行為が，［典型的な排他的取引である］排他条件付き取引と異なり，本来的に作為性を有する行為とはいえないことによるもの」と指摘されている。これは，本件行為についての，利用許諾契約の相手方である放送事業者の取引の自由を制約し，その制約を通じて競争者である他の管理事業者の取引機会を不当に減少させていると評価できるというような事情をもって，「人為性」を肯定したものと説明されている。JASRACが，その使用料規程において，個別徴収について高額の単位使用料を定めたことで，放送事業者は包括徴収による利用許諾契約の締結を余儀なくされていた（そこに，選択を制限する仕組みが作られていた。）ということである。

　この「（契約の締結を）余儀なくされ」との認定判断は，ときに優越的地位の濫用との兼ね合いで取り沙汰されるものであるが，私見では，それとは別に，上記のような排他的取引（あるいは「抱き合わせ」的行為）とも評価すべき状況において，関係当事者間に現出する関係性を評する表現としても適切である。この点については，第13講に譲る。

Ⅱ　事案検討から得られる教訓

　本件事案は，公取委の発出した排除措置命令を公取委自身が審決によって取り消し，これに対して，審決名宛人以外の第三者であるイーライセンスが審決取消訴訟を提起し，最高裁の審理を経て，最終的に当初の排除措置命令が確定するという異例の経緯を辿った。

　このため，本書で取り上げた他の事案とは異なり，違反被疑対象事業者による行為の当時の内部文書の内容等が，違反の有無の認定に際して取り上げられていた事案ではない。その意味で，その種の内部文書等に着目して，今後への参考を得ようという本書の趣旨にはややそぐわないところがある。それにもかかわらず取り上げたのは，本件事案が，「人為性」という要件を考えるにあたり，極めて参考となるものを提供していると思われたからである。

　改めて，本件事案の調査官解説には，以下のような説明がある。すなわち，そもそも独禁法における私的独占の概念はアメリカ法における独占の概念に由来し，そこでは当初，主観的要件としての意図又は目的が必要であると解されていた。しかし，それでは法規制として奏効しない状況に至ったため，そのような意図や目的等の主観的要件が不要とされることとなったが，他方で，独占状態が（獲得されたものではなく）与えられたものであったに過ぎないような場合まで規制するわけにはいかないとも考えられ，行為の作為性を表すような概念（"deliberately"）が用いられるようになった。そして，それ以外にも，競争活動を萎縮させないようにという懸念への配慮を経て，「何らかの形で競争過程への悪影響を持つ行為であることを要する。」と考えられるようになってきた，という経緯についての紹介である。

　また我が国の独禁法の解釈としても，規制対象が狭くなり過ぎないように，明白な抑圧的行為（排除の意図や目的等の主観的要件）は不要とされ，他方で，何らかの限定を付さないと正常な競争活動に当たる行為までが「排除」に該当してしまうこととなることから，そのような正常な行為が「排除」に該当しないようにするものとして，この「人為性」という概念が必要となる，と説明されている。そして，本件事案における「人為性」について詳細な検討を行った上で，なお書きとして「JASRACがそのような選択の制限や利用の抑制を意図していたかといった主観面を問うものではない。」という念押しを行っている。

　この末尾の念押しは，かえって「人為性」の検討が，確かに主観面を問うものではないものの，実情として相当程度それに近接あるいは肉薄するところがあり，それが故に，このような念押しをしておきたい心持ちにさせられるところがあることを示し

ているようにさえ思われる。同時に，本件事案のように，行為者が何らかの意図や目的から作為的な行為を行ったわけではなく，むしろ（なし得たようにも思われる何らかの作為を）行わなかったという点に，この「人為性」の有無が問われるような場合には，そのように何かを「しない」ことについて，行為者の意図や目的を問うべきではない度合いが，より一層高まることがある。本件事案の検討からは，そういった意味で，「人為性」の判断に際して留意すべき点が見えてくるように思われるのである。

　以下では，本件事案において，「人為性」の検討はどのようになされたのか，そしてそれは，今後の同種事案への対処として，社内調査や，事業戦略立案等の場面で，どのように参考とされ得るかという観点から検討を行う。

１．本件事案の経緯：公取委自身の取消とイーライセンスの訴訟提起

(1) 公取委の排除措置命令の内容

　平成21年2月27日に発出されたJASRACに対する公取委の排除措置命令では，本件違反行為について以下のように記載されている。

> 「ア　JASRACがすべての放送事業者から本件包括徴収により放送等使用料を徴収していることから，JASRACの放送等利用に係る管理楽曲以外の音楽著作物は放送事業者の放送番組においてほとんど利用されず，著作者及び音楽出版社がJASRAC以外の管理事業者に放送等利用に係る音楽著作権の管理を委託しても放送等使用料の分配を受けることはほとんどできないものと見込まれるため，JASRAC及びイーライセンス以外の管理事業者は，著作者及び音楽出版社から放送等利用が見込まれる音楽著作物の放送等利用に係る著作権の管理の委託を受けることができず，放送等利用に係る管理事業を開始していない。
> 　イ　これにより，JASRAC以外の管理事業者は，自らの放送等利用に係る管理楽曲が放送事業者の放送番組においてほとんど利用されず，また，放送等利用に係る管理楽曲として放送等利用が見込まれる音楽著作物をほとんど確保することができないことから，放送等利用に係る管理事業を営むことが困難となっている。
> 　ウ　前記行為によれば，JASRACは，すべての放送事業者との間で放送等使用料の徴収方法を本件包括徴収とする内容の利用許諾に関する契約を締結し，これを実施することによって，他の管理事業者の事業活動を排除することにより，公共の利益に反して，我が国における放送事業者に対する放送等利用に係る管理楽曲の利用許諾分野における競争を実質的に制限しているものであって，これは，独占禁止法第2条第5項に規定する私的独占に該当し，独占禁止法第3

条の規定に違反するものである。」

そして，排除措置命令の主文1として，概要以下が命じられた。

「**JASRACは，放送事業者から徴収する放送等使用料の算定において，放送等利用割合**（当該放送事業者が放送番組において利用した音楽著作物の総数に占めるJASRACが著作権を管理する音楽著作物の割合をいう。）**が当該放送等使用料に反映されないような方法を採用することにより**，当該放送事業者が他の管理事業者にも放送等使用料を支払う場合には，当該放送事業者が負担する放送等使用料の総額がその分だけ増加することとなるようにしている行為を取りやめなければならない。」（太字は筆者。以下同じ）[2]

(2) **本件事案が辿ったその後の経緯**

平成21年2月27日付け排除措置命令の名宛人であるJASRACは，排除措置命令を不服として，平成21年4月28日，公取委に対して審判開始請求を行った。

そして，13回の審判を経て，3年後の平成24年6月12日，公取委は，排除措置命令を取り消す審決（「本件審決」）を行った。

---

[2] 著作権等管理事業は，管理事業者がプラットフォームとして，著作権者・音楽出版社から著作権管理の委託を受ける著作権管理受託市場と放送事業者に対し管理楽曲を利用許諾し，利用料を徴収する管理楽曲利用許諾市場を結び付ける役割を果たす2面市場であり，間接ネットワーク効果が働くものと考えられ，管理事業への新規参入障壁は高いと思われる。
　排除措置命令では，「他の管理事業者は，自らの放送等利用に係る管理楽曲が放送事業者の放送番組においてほとんど利用されず，また，放送等利用に係る管理楽曲として放送等利用が見込まれる音楽著作物をほとんど確保することができないことから，放送等利用に係る管理事業を営むことが困難となっている。」とし，間接ネットワーク効果により両面の市場から排除されていることを認定しているが，法令の適用においては，一定の取引分野を「放送事業者に対する放送等利用に係る管理楽曲の利用許諾分野」とし，利用割合を反映しない包括徴収のみを捉え，排除型私的独占に当たるとしている。
　対放送事業者利用許諾市場におけるJARACの排除行為が排除されれば，対著作権者市場の排除効果も自ずと解消されると考えたのか否かは不明である。なお，対著作権者市場に関しては，JASRACの「著作権信託契約約款」3条において，「委託者は，その有する全ての著作権及び将来取得する全ての著作権を，本信託の期間中，信託財産として受託者に移転」すると規定しており，これによれば，新たに参入する管理事業者は，放送等利用に関し，JASRACに楽曲を管理委託していない委託者を獲得する必要があるため，参入障壁は高いと言える。もっとも，同契約約款4条では，「支分権又は利用形態の区分の全部又は一部を管理委託の範囲から除外することができる。」と規定し，また，同6条では，「音楽出版者である委託者（法人に限る。）は，あらかじめ受託者の承諾を得て，その事業部を単位として，受託者との間で複数の著作権信託契約を締結することができる。」と規定するなど，新たな管理事業者の参入を容易にする手段も用意されていると言える。

本件審決の概要は以下のとおりである。

「本件行為は，放送事業者が被審人以外の管理事業者の管理楽曲を利用することを抑制する効果を有し，競業者の新規参入について消極的な要因となることは認められ，被審人が管理事業法の施行後も本件行為を継続したことにより，新規参入業者が現れなかったことが疑われるものの，本件行為が放送等利用に係る管理楽曲の利用許諾分野における他の管理事業者の事業活動を排除する効果を有するとまで断ずることは，なお困難である。

本件行為が他の管理事業者の事業活動を排除する効果を有することを認めるに足りる証拠はないから，その余の点について判断するまでもなく，本件行為が独占禁止法第2条第5項所定のいわゆる排除型私的独占に該当し，同法第3条の規定に違反するということはできない。」

これに対し，本件審決を不服とした「他の管理事業者」であるイーライセンスが，平成24年7月10日，本件審決の取消と排除措置命令主文の執行を求めて，東京高裁に訴訟提起した（審決名宛人であるJASRACは「参加人」として当該訴訟に参加）。

平成25年11月1日，東京高裁は，公取委の審決の認定，判断には誤りがあるとして，これを取り消し，公取委に差し戻した。公取委は，本件東京高判を不服として最高裁に上告及び上告受理申立てを行った。

平成27年4月28日，最高裁は，本件最判により上告を棄却し，改めて公取委の審判において審理を行うこととされた。

平成27年6月12日，公取委はJASRACに対する審判手続を再開したところ，平成28年年9月9日，JASRACから審判請求の取下げがあり，これによって，当初の排除措置命令は確定した。

なお，審判再開に先立つ平成27年5月以降，JASRACと放送事業者との利用許諾契約は，従来の「包括許諾・包括徴収」を基本としつつ，各放送事業者が年間に使用した楽曲のうちJASRACの管理楽曲の使用比率を算定し，当該比率を各放送局の売上高に一定比率を掛けて算出される使用料に掛け合わせてJASRACに支払うべき使用料を算出する方法に改められており，排除措置命令主文第1項は事実上執行されていた。

以上のとおり，本件においては，公取委は当初の排除措置命令を審決により取り消したことにより，被審人JASRACの不服は解消され，本件はそれで終結するものと予想したと思われるが，その後，管理事業から排除されたイーライセンスの審決取消請求訴訟提起があり，その原告適格[3]が認められ，最高裁まで審理が行われ，結果として，当初の排除措置命令から7年を要して同命令が確定した。

2．本件最判における「人為性」の認定：通常の経済活動との差異

(1) 「作為性」がある場合の「人為性」についての調査官解説の記載

まず，以下少々長文となるが，調査官解説における「人為性」についての検討箇所を引用する。

3　公取委の本件審決の名宛人すなわち処分の相手方はJASRACであるから，JASRAC以外のイーライセンスが審決取消訴訟の原告適格を有するか否かについては，訴訟における争点となった。

公取委は，本件取消訴訟において，「行政事件訴訟法9条1項は，当該処分の取消しを求めるにつき『法律上の利益を有する者』に原告適格があると規定するが，『法律上の利益を有する者』とは，当該処分により自己の権利若しくは法律上保護された利益を侵害され，又は必然的に侵害されるおそれのある者をいう」と述べ，「独占禁止法の適正な運用によって既存の競業者が公正な競争秩序の下で事業活動を行うことができるようになったり，同法違反行為の被害者が救済されたりするなどの利益を受けるとしても，そのような利益は，公正な競争秩序が維持される結果として生ずるものであって，公益に属する利益というべきであり，同法が競業者の上記利益を個々人の個別的利益としても保護する趣旨を含むと解することはできない。したがって，参加人の競業者である原告は，本件審決の取消しを求めるにつき法律上の利益を有する者とは認められずその取消訴訟における原告適格を有しない。」と主張した。

これに対し，本件東京高判では，以下のように判示し，イーライセンスの原告適格を認めた。「独占禁止法の排除措置命令等に関する規定（同法7条，49条6項，66条）は，第一次的には公共の利益の実現を目的としたものであるが，競業者が違反行為により直接的に業務上の被害を受けるおそれがあり，しかもその被害が著しいものである場合には，公正取引委員会が当該違反行為に対し排除措置命令又は排除措置を認める審決を発することにより公正かつ自由な競争の下で事業活動を行うことのできる当該競業者の利益を，個々の競業者の個別的利益としても保護する趣旨を含む規定であると解することができる。したがって，排除措置命令を取り消す旨の審決が出されたことにより，著しい業務上の被害を直接的に受けるおそれがあると認められる競業者については，上記審決の取消しを求める原告適格を有するものと認められる。」

従来，公取委は，独禁法の保護法益は自由競争経済秩序の維持であり，公取委の法執行の目的も公正かつ自由な競争秩序の維持・回復にあるのであって，違反行為の被害者の保護・救済は直接の目的ではない，仮に排除措置によって違反行為の被害者が救済されたりするなどの利益を受けるとしても，それは反射的利益に過ぎないと説明してきた。

しかしながら，本件東京高判の判示により，独禁法の排除措置命令等に関する規定は，独禁法違反行為により著しい業務上の被害を直接的に受けるおそれがあると認められる事業者については，公取委の排除措置命令により公正かつ自由な競争の下で事業活動を行うことのできる利益を個々の事業者の個別的利益としても保護する趣旨を含む規定であるとされ，「著しい業務上の被害を直接的に受ける」場合，との限定が付されてはいるものの，違反行為の被害者の救済は反射的利益ではなく，独禁法上保護される利益に当たることが示された。

「本判決は，本件行為の人為性の有無の判断において考慮すべき事情として，(a)大部分の音楽著作権につき管理の委託を受けているJASRACとの間で包括許諾による利用許諾契約を締結しないことが放送事業者にとっておよそ想定し難い状況の下で，(b)使用料規程において，放送事業者のJASRACとの利用許諾契約の締結において個別徴収が選択される場合にはその年間の放送使用料の総額が包括徴収による場合に比して著しく多額となるような高額の単位使用料を定め，これによりほとんど全ての放送事業者が包括徴収による利用許諾契約の締結を余儀なくされて徴収方法の選択を事実上制限される状況を生じさせるとともに，(c)包括徴収の内容につき，放送使用料の金額の算定に管理楽曲の放送利用割合が反映されない本件包括徴収とするものと定めることによって，(d)放送使用料の追加負担によって放送事業者による他の管理事業者の管理楽曲の利用を相当の長時間にわたり継続的に抑制した，という各事情を挙げている。これらの事情は，本件行為の排除効果の有無の判断において考慮すべきものとされた事情（略）と多くの点において共通するものであるが，上記(b)のとおり，JASRACの使用料規程において，個別徴収につき高額の単位使用料が定められているという事情についても考慮すべきものとされている点で，排除効果の有無とはその判断の基礎となる事情を若干異にするものといえる。排除効果の有無においては，本件行為が『ほとんど全ての放送事業者との間で』本件包括徴収による利用許諾契約を締結するものであることを前提として，その行為が他の管理事業者の事業活動との関係でいかなる効果を有するものであるかが判断の対象とされていたのに対し，人為性の有無においては，JASRACの本件行為が正常な競争手段の範囲を逸脱するものであるか否かが判断の対象とされており，その中には，JASRACがほとんど全ての放送事業者との間で本件包括徴収による利用許諾契約を締結していること自体の評価も含まれているものと解される。

　このように，本件最判が，本件行為の人為性の有無の判断につき排除効果とは異なる事情をも考慮に加えるべきものとしているのは，本件行為が，排他条件付取引と異なり，本来的に作為性を有する行為とはいえないことによるものと考えられる。すなわち，本件行為は，JASRACが『ほとんど全ての放送事業者との間で本件包括徴収による利用許諾契約を締結しこれに基づく放送使用料の徴収をする行為』であって，それ自体をみれば，利用許諾契約の締結及び放送使用料の徴収という通常の経済活動に過ぎない。このような本件行為が，独占禁止法2条5項の排除の要件である人為性を有する行為と評価されるためには，その行為の在り様について更に踏み込んだ検討が必要となるものと考えられる。

　この点に関する本件最判の判示を見ると，『放送使用料及びその徴収方法の定めの内容並びにこれらによって上記の選択の制限や利用の抑制が惹起される仕組みの在り

方等に照らせば，参加人の本件行為は，別異に解すべき特段の事情のない限り，自らの市場支配力の形成，維持ないし強化という観点からみて正常な競争手段の範囲を逸脱するような人為性を有するものと解するのが相当である』とされている。本件最判の上記判示は，JASRACが，その使用料規程において個別徴収につき高額の単位使用料を定めたことにより，放送事業者がJASRACとの間で包括徴収による利用許諾契約を締結することを余儀なくされ，徴収方法の選択を事実上制限されていた（選択の制限を惹起する仕組みが形成されていた。）という点を踏まえた上で，このような選択の制限と，包括徴収の方法としてその放送使用料の金額の算定に放送利用割合が反映されない本件包括徴収を定めたことが相まって，放送事業者が他の管理事業者の管理楽曲の利用を抑制することとなるよう誘導されていた（利用の抑制を惹起する仕組みが形成されていた）とし，これらの事情の考慮によって，本件行為は正常な競争手段の範囲を逸脱するような人為性を有するとしたものと解される。つまり，本件行為は，上記の事情の下では，排他条件付取引と同様に，利用許諾契約の相手方（放送事業者）の取引の自由を制約するという側面を有し，その制約を通じて競争者（他の管理事業者）の取引機会を不当に減少させていると評価することができるものであり，本件最判はこのような理由から本件行為の人為性を肯定したものと解されよう。」（下線は筆者）

そして，調査官解説は以上のように述べた上で，本件最判にいう「『選択の制限や利用の抑制が惹起される仕組み』とは，あくまでも外形的，客観的にみてそのような仕組みが形成されていることをいうものであって，JASRACがそのような選択の制限や利用の抑制を意図していたかといった主観面を問うものではないと解される。」とも指摘している。

(2) 「作為性」の有無が意味するもの

下線を付した箇所で用いられている「作為性」とは，Ⅱの冒頭で紹介したように，調査官解説において，アメリカ法での議論の進展の中で「行為の作為性」（"deliberately"）という言い方で用いられていたものである。すなわち，それは，単なる価値中立的な「何かをしないこと＝不作為」（**第11講**参照）と区別される「何かをすること＝作為」というよりも，独禁法的に，規制の対象に含められるべきものという価値的な意味合いを込めて用いられている。「作為性」がないとは，それ自体を見れば通常の経済活動に過ぎない，と述べられている部分が，そのことを表している。

3. 「人為性」の要件と排除型私的独占のその他の要件／考慮要素

(1) 「作為性」がない場合の「人為性」

　本件事案では，JASRACは，「その使用料規程において個別徴収につき高額の単位使用料を定めたことにより，放送事業者がJASRACとの間で包括徴収による利用許諾契約を締結することを余儀なくされ，徴収方法の選択を事実上制限されていた（選択の制限を惹起する仕組みが形成されていた。）。」とされる。では，何のためにJASRACはそういった高額の単位使用料を定めていたのか。「放送事業者がJASRACとの間で包括徴収による利用許諾契約を締結する」ようにするためか。これを問うことは，意図や目的といった主観面を問うことになる。その際には，行為者であるJASRACの当時の内部文書等の探索や参照が必要あるいは有益ということになろう。

　ただし，注意を要するのは，そもそも「何のために高額の単位使用料を定めていた（すなわち，より低廉な額に引き下げていなかった）のか」といった問いは，本件事案が独禁法違反に問われたということを踏まえて，いわば後知恵的に想起されるものであろう，という点である。それは，ある時点で何かをしていないとき，それを「本来なすべきX」をしていない，と捉えることができるのは，「本来なすべきX」なるものを認識できた後だからである。したがって，その当時に，これを，「より低額の単位使用料を定めるべきところ，それをしない」というような意味での「何かをしないこと＝不作為」として捉え，「何かをすること＝作為」とは峻別して議論するということは，困難であったと思われる。あるいは，それでもなお何らかの想定を置くなどして，本件事案のJASRACを含め，行為者が「しない」という選択を採っていることを検討対象としようとするならば，そこには，その行為当時の事情から，様々な理由（意図や目的）があり得よう。しかしそうすると，IIの冒頭で紹介した内容の繰返しともなるが，違反の成立に排除の意図や目的を要件として求めることになり，禁止対象が狭くなり過ぎる懸念も生じる。

　しかも，ここで議論されるべき「作為性」とは，上記のとおり，より独禁法的に，規制の対象に含められるべきものという価値的な意味合いを込めて用いられるものである。そして，そのような観点から，「JASRACが，その使用料規程において個別徴収につき高額の単位使用料を定めたことにより，放送事業者がJASRACとの間で包括徴収による利用許諾契約を締結することを余儀なくされ，徴収方法の選択を事実上制限されていた（選択の制限を惹起する仕組みが形成されていた。）。」という行為を見ると，これは確かに，それ自体を見れば通常の経済活動に過ぎないという意味で，「作為性」がない場合として捉えることができる。本件事案は，このような意味で，

「作為性」がないとされる事案である。

　そこで改めて，本件事案において，「包括徴収の方法としてその放送使用料の金額の算定に放送利用割合が反映されない本件包括徴収を定めたこと」で，放送使用料の追加負担を避けようとする放送事業者が，他の管理事業者の管理楽曲の利用を抑制するようになった（そのおそれを生じさせた。）のは，何故であったか。それは要するに，他にはその「追加負担」を避ける手立てがなかったからであろう。すなわち，「徴収方法の選択を事実上制限されていた（選択の制限を惹起する仕組みが形成されていた。）。」ということである。そしてそれは，「JASRAC が，その使用料規程において個別徴収につき高額の単位使用料を定めたこと」により，生じていたものである。それにより，放送事業者が JASRAC との間で包括徴収による利用許諾契約を締結することを余儀なくされていたということである。

　上記のとおり，この検討は，何のために JASRAC はそういった高額の単位使用料を定めていたのかを問うものではない。ポイントは，そういった行為の意図や目的ではなく，JASRAC には，その状況を改善あるいは除去することができたか否か，である。「作為性」（"deliberately"）があるとされる場合には，対象行為が，独禁法的にも，規制の対象に含められるべきものという価値的な意味合いを込めて捉えられており，それ故に，行為者には（通常はそれを止めることで）その状況を改善あるいは除去することができたと考えられよう。では「作為性」がない場合はどうかというと，そのように，行為それ自体を見れば通常の経済活動に過ぎないというような場合でも，なお，行為者によって，その状況を改善あるいは除去することができる場合があり得る。そして，そうであるなら，その改善あるいは除去を行為者（本件事案の JASRAC）に求め，競争環境の回復を図ることが独禁法の法目的に適うものと考えられる。この「改善あるいは除去」について，公取委が独禁法に違反する行為を排除するために必要な措置を命ずることができるとされていること（独禁法 7 条参照）との兼ね合いで，違反行為の成立には何らかの「人為的要素」が必要であるとされ，その理由として，それがないと「排除措置の命じようがないから」という点が指摘されてきた（実方謙二『独占禁止法〔第 4 版〕』（有斐閣）168 頁）。

　排除措置命令の名宛人となる行為者が，そのような「改善あるいは除去」をなし得る立場にあることについて，その行為者自身に何らかの法的な意味での帰責性などが認められるとは限らない。それは，排除の意図や目的を要件として求めることになると，禁止対象が狭くなり過ぎる懸念が生じる，ということとおおむね同じ議論に帰着すると思われる。筆者らがイメージしているのは，行為者目線（虫観）ではなく，いわば第三者の目線（鳥瞰）というべきものである。また，少なくとも上記の議論の中では，行為者が，いつの時点からそのような立場にあったのかという点についても，

まだ考慮には含んでいない。

(2) 「人為性」と正当事由（理論面）

上記に加えて、本件最判の調査官解説では、いわゆる正当事由についての検討のあり方について、以下のような指摘がある。

すなわち、「本件行為については、本判決で採り上げられた論点のほかにも、①放送利用割合を正確に反映する包括徴収の実施は技術的に困難であるか（又はそのための経済的負担が過大であるといえるか。）、②音楽著作権の集中的な管理という社会公共目的に照らして、本件行為は非難に値すべきものといえるかなどについても論点とされていた。これらの論点は、いわゆる正当事由（正当化理由）に関するものであるところ、正当事由については、そもそも独占禁止法2条5項のどの要件に関するものかというところから議論されており、『一定の取引分野における競争を実質的に制限する』という要件に関するものとする見解が主流であるとされている（白石忠志『独占禁止法〔第2版〕』92頁）。本判決は、『本件審決の取消し後の審判においては、…上記特段の事情の有無を検討の上、…本件行為が同項にいう『一定の取引分野における競争を実質的に制限する』ものに該当するか否かなど、同項の他の要件の該当性が審理の対象になるものと解される。』とするだけで、上記のような正当事由の、同項の要件における位置付けについては特に触れておらず、少なくとも、『一定の取引分野における競争を実質的に制限する』という要件に関するものと位置付ける上記の見解を直ちに否定するものとは解し難い。なお、正当事由につき、人為性の要件に関するものと位置付ける見方もあるかもしれないが、上記のとおり、本判決が人為性の有無について『特段の事情のない限り』という留保を付したのが『審級の利益』に配慮したものと解されることを考慮すると、このような見方が的を射たものとはいい難いであろう。」との指摘である。

人為性が、「何らかの限定を付さないと正常な競争活動に当たる行為までが排除に該当してしまうことになるから正常な行為は排除に該当しないようにするためのもの」であるというなら、考え方によっては、正当事由に基づく行為（これも、「正常な行為」と捉えることはできそうである。）について独禁法違反の成立を否定する際の要件上の位置付けについて、同様に人為性の要件に関するものと位置付ける余地もありそうではある。

他方で、この人為性の要件には、Ⅱの冒頭で紹介したような、行為の意図や目的という観点との交錯のほかに、上記のような、行為者にその行為を排除させることで、独禁法に違反する行為を排除するために必要な措置を命ずることができるかという観点がある。ここでは前者を、行為の違法性判断の際に参照される事項として「入口

論」と呼び，それに対して後者を，行為に対する処分の際に参照される事項として「出口論」と呼ぶこととする。

　そもそも，理論的な意味で「ある行為に人為性が認められるかを検討する」際には，実務的には，まずは「人為性が認められそうな行為があると言えるか」を問い，その上で「その行為についての人為性を確認する」というステップが採られることが多い。これは，「入口論」の場面で，例えば「作為性」のある場合には，上記のように，対象行為が，独禁法的にも，規制の対象に含められるべきものという価値的な意味合いを込めて捉えられているということが，その背景になっている。そしてそれ故に，行為者は（通常はそれを止めることで）その状況を改善あるいは除去することができたと考えられ，さらに，行為者にそれを命ずることで，その状況を改善し除去することもできると考えられる。これは，上記の「出口論」としての人為性の意義である。すなわち，「作為性」のある場合には，通常，違法性判断の対象としての行為についての人為性の有無を問うという「入口論」から始めた上で，この「出口論」としての人為性の議論においても，その「作為性」ありとされる行為に着目すること（＝そのものを止めさせること）で，有意な結論を得ることができる（＝排除措置として必要かつ十分な内容となる）ことが多いものと思われる。

　そして，本件事案を通して明らかにされたように，この人為性は，排除型私的独占の要件として，「作為性」のある場合のみならず，「作為性」のない場合にも求められる。ただし，この「作為性」がないという場合は，行為それ自体を見れば通常の経済活動に過ぎないことが多いとされる。したがってまた，通常は，その意図や目的を問うても，独禁法的な意味で，規制の対象に含められるべきものであるか否かといった評価に資することが少ないということになりそうである。すなわち，この「作為性」がない場面では，「入口論」において，上記のような「人為性が認められそうな行為」を探すという点に，しばしば困難が生じるということになる。違法性の有無を判断しようとする場面で，人為性という観点から検討対象とすべき行為を見出そうとしても，その検索手法の有効性が，「作為性」がある場合に比べて，低いということである。他方で，仮にそうであるとしても，実際に生じている事象を踏まえて，行為者の行為のどの点あるいは範囲を捉えて競争の回復を図ることが必要かつ十分かという観点から，行為者の行為を見るならば，行為自体は通常の経済活動に過ぎないことや，その意図や目的に反競争性が見られないといったことは，必ずしも大きな障碍にはならないと思われる。これは，「出口論」としての人為性の意義の問題である。すなわち，行為者が，そのように競争の回復を図ることができる立場にいる以上，その行為には，その意味での人為性はあるというべきことになる。このように「作為性」がないというような場合には，「本来なされるべきこと」が「なされないままになっている」こ

とについて，改善あるいは除去が求められるべきであるという観点，すなわち本来は「出口論」とされる，行為者の行為のどの点あるいは範囲を捉えて競争の回復を図ることが必要かつ十分かという観点から，検討を始めることが有効である場合があると思われる。そしてそのように特定された「本来なされるべきこと」が「なされないままになっている」ことについて，改めて「入口論」としての，違法性の有無を判断する上で必要となる人為性の有無を問うという，いわば逆転のアプローチを採ることが検討されるべきことになる。それはしばしば，自らは通常の経済活動を行っているに過ぎないとしか認識していない行為者にとって，その置かれている立場や状況故に求められる責務を問われているようなことにもなり得よう。それ故に，Ⅱの冒頭でも述べたように，「作為性」がない場合には，この人為性の要件が，行為の意図や目的，あるいは行為者についての帰責性といったことを求めるものではないということが，より強く意識されるべきことになる。

　以上を踏まえつつ，改めて「作為性」がある場合も含めて考えると，通常の独禁法上の法的検討は，行為に着目してその違法性（人為性）について検討し（「入口論」），その行為による反競争的効果について検討した上で，違反の成立が認められる場合には，その排除を命ずることによって競争が回復されるような行為（人為性のある行為）について，排除措置が命じられるべきことになる（「出口論」）。また「作為性」がない場合であっても，少なくとも理論的には，このように検討結果が整理されることになろう。そしていずれにしても，このように，人為性とは，独禁法上の法的検討において，その「入口」と「出口」で，特に「行為」に紐付けられた要素であると考えられる。そして，人為性の要件が持つ，このような側面について考えてみると，いわゆる正当事由の存在をめぐる議論は，しばしば行為の属性についての議論を超えることがあるという意味で，まず理論的には，この人為性の要件において検討するべきものというよりも，その行為の反競争的な効果の有無に関する，「一定の取引分野における競争を実質的に制限する」という要件に関するものと捉えておく方が，概念整理としてより理解しやすいように思われる。

(3)　「人為性」と正当理由（実証面）

　ところで，改めて，排除型私的独占についての要件を通観すると，前記のとおり，実務上，①排除効果を有し，②自らの市場支配力の形成，維持ないし強化という観点から見て正常な競争手段の範囲を逸脱するような人為性を有し，③一定の取引分野における競争を実質的に制限するものであり，④公共の利益に反する，ということが挙げられる。このうち，①の排除効果と②の人為性とは，考慮要素がしばしば多くの点で共通し，ただし，行為の作為性の有無などのいかんにより，①については前提とさ

れるにとどまる要素が，②については判断対象に含められ得るとされる（本件最判調査官解説参照）。

そして，この③の「一定の取引分野」については，例えば前講のNTT東日本事件では，効果要件に先立つ行為要件としての「排除行為」該当性の判断の中で，既に「FTTH市場」が検討対象として設定されていた。この点については，本件事案においても同様に，「排除行為」該当性の判断の中で，既に，関連市場は「放送事業者による管理楽曲の放送利用に係る利用許諾に関する市場」として画定されている。そして，その画定は，引き続く効果要件における「一定の取引分野」の画定においても基本的に引き継がれることが想定される。その上で，そこでの「競争の実質的制限」については，競業者が排除されて競争が減少すれば，通常は市場支配力を維持・形成・強化することにつながるものと解され，他者排除事案においては，経験則上，通常であれば競争の実質的制限の状態が生じているものと推認することが許されるという考え方が示されている（前講のNTT東日本事件最判調査官解説参照）。

そして，この競争の実質的制限の要件については，（他の）競業者等による牽制力など，上記の推認を覆すような事情についての検討（同上）や，いわゆる社会公共目的に照らしての正当性といった正当化理由についての検討の余地があるとされる（本件最判調査官解説参照）。上記(2)では，それが人為性の要件と，競争の実質的制限のいずれに関するものとして捉えられるべきかについて，理論的な観点からは，後者であろうと述べた。他方で，この社会公共目的に照らして見た場合の正当性といった事情は，（理論的には区別されるべきであるとしても）しばしば，心証形成の場面で，排除の意図とは互いに両立し得ない二律背反なものとなることも少なくないと思われる。例えば，ある競業者に対する排除の意図が，過当競争の回避にあったという場合に，その行為について，安全性確保という目的のためのものとして正当化理由が認められることがあり得るか，といった状況である。

このように，人為性に関する議論と，正当理由に関する議論は，具体的な事案に対する評価（心証形成）の場面では，極めて近接する関係にあると思われる。

4．本講のまとめ

改めて，いわゆる「作為性」が認められるような事案であれば，通常，行為者である事業者の社内文書等を探索・参照して，その行為の意図や目的等を把握することができれば，そこから，行為者の意図や目的を離れて一般的（客観的）に，その当時，競争業者に対してどのような影響が生じ得たのかという点も，一定の合理性をもって推認することが可能となることが多いと思われる。一般的な事業活動において，事業者は通常，経済合理性をもって行動しているであろうと思われるからである（それが

独禁法的にどう評価されるかにかかわらず。）。その場合，逆に，競争環境を回復させるという観点からも，そのような効果を生じさせる要因となっていた事項について，行為者に，その作為を取りやめ，旧に復するように求めることが法目的に適うと考えられる。

　これに対して，行為それ自体を見れば通常の経済活動に過ぎず，「作為性」が（少なくとも一見）認められないような事案では，行為者が，ある行為(X)を行うにあたり，何らかのこと(A)を「しないままでいる」ということについて，理由は多様なものがあり得よう。例えば，単に別の選択(B)を行ったことが，その理由であることもありそうである。加えて，そもそも行為者が「しないままでいる」ことは，この(A)以外にも無数に存在しているはずであり，その中で，あえて「(A)を」しないままでいるという点を何故取り上げるべきか（取り上げるべき対象をどのようにして選び出すか。）という判断も容易ではない場合がありそうである。そして，そうであるとすると，本件のような「作為性」を認め難い事案では，内部文書等の探索や参照による，意図や目的等の把握というのは，例えば効率的・効果的な社内調査の遂行という観点から，必ずしも必要ではなく，むしろ避けておいた方がよい（帰趨を見誤るおそれを避けるために）とすら思われるような状況がうかがわれる。

　そして，特に，この(A)を採り上げて，それを「しないままでいる」ことに着目して，ある行為(X)自体は通常の経済活動に過ぎないものであり，「作為性」がないとしても，そこに「人為性」が認められるか否かを検討するという場合，注意を要するのは，行為者は，いつの時点からそのような立場にあったのかという点である。検討の出発点は「本来はなされるべきことの有無」ということになろう。それがあるにもかかわらず，「しないままでおかれている」ことが，「人為性」の有無として問われることになるが，それはいつの時点からそのような状況にあったのか。「作為性」がないとしても「人為性」はあったというように，行為の反競争性が問題視されている当初時点から「本来はなされるべきこと」があったと言えるのかも，判然とはしていない可能性がある。

　このように，行為それ自体を見れば通常の経済活動に過ぎず，社内には必ずしも違反の存在を疑わしめるような文書等がないというような場合に，その社内調査をいかに適切に行うかということは，しばしば極めて困難な課題となることが予想される。また，事業戦略の立案検討の際にも，その目的や意図自体には特に懸念すべきところはないとしても，その結果として選択されなかった（しないままおかれることとなった）事柄に，上記のような「人為性」の問題が含まれていたことが後に判明するという可能性は否定できない。ただ，それについても同様に，その行為の時点で問題点を的確に把握することには困難が予想される。

第12講　通常の経済活動とみられる行為と私的独占（「人為性」の要件その２）（JASRAC事件）　319

　この点，本件事案では，その「人為性」に関する議論の中で，必ずしも明示的には議論されていないが，「JASRACがその使用料規程において個別徴収につき高額の単位使用料を定めたことにより，放送事業者がJASRACとの間で包括徴収による利用許諾契約を締結することを余儀なくされ，徴収方法の選択を事実上制限されていた（選択の制限を惹起する仕組みが形成されていた。）。」という点について，それが，どの程度の期間にわたって維持（あるいは放置）されてきたか，ということも関係した可能性がある（例えば，平成13年10月の著作権等管理事業法の施行による音楽著作権管理事業の，許可制から登録制への移行以降）。行為者の立場に立ったときに考えられる方策としては，あるべき競争という観点から見て，「本来はなされ得たこと」というものの存在が，認識されながらも放置されてきているということがあり得る。
　実務的な観点から，例えば，時間の経過と共に，当初は所与の事実であるとしても，どこかの時点からは「改善あるいは除去」し得たはずのものと評価され，さらに，場合によっては，自身が公取委から，その「改善あるいは除去」（排除措置）を求められる立場になり得るという観点で，「本来なされるべきことが，なされていないこと」による自身の違反行為の存在を覚知し，自主的な改善・除去に取り組むということを試みる余地がある。
　本件事案に即して言えば，平成13年10月の著作権等管理事業法の施行により，著作権等管理事業への新規参入が自由化されたにもかかわらず，放送等利用に係る管理事業については，平成18年10月のイーライセンスの新規参入までの5年間，JASRACの独占状態が継続していたことをJASRAC自身は認識し得たはずである。
　さらに，下記のとおり，その間に，JASRACの包括徴収が新規参入を困難にしていることに気付きを与え，さらに，それを自主的に「改善あるいは除去」する機会があったにもかかわらず，JASRACは，あえて「本来なされるべきことが，なされていないこと」を継続したことが，本件排除措置命令において認定されている。
　①「平成15年3月31日に公取委が公表した『デジタルコンテンツと競争政策に関する研究会』報告書において，管理事業法の施行により複数の管理事業者の参入が認められることとなったにもかかわらず，管理事業者が大口の利用者との間で包括契約（事業収入等に応じて管理楽曲の使用料を包括的に徴収する内容の契約をいう。）を締結していることを理由に管理事業への新規参入が行われなくなる場合には，当該包括契約が管理事業における競争を阻害する要因ともなり得ること等の問題点について指摘している。」
　②「民放連加盟の民間放送事業者との利用許諾に関する当時の契約が平成18年3月31日をもって終了することから，JASRACは，平成18年4月以降の契約の在り方について，本件包括徴収を維持する方針の下，民放連と協議を開始したところ，平

成17年9月下旬，当該協議の場において，民放連から，イーライセンスの放送等利用に係る管理事業への参入の動きがあったことを受け，本件包括徴収により徴収している放送等使用料の額を減額する意向の有無について確認されたが，減額する意向はない旨回答し，その後，平成18年9月28日，各民間放送事業者との間で，平成18年4月1日から平成25年3月31日までを契約期間とし，民間放送事業者から放送等使用料を徴収する方法について本件包括徴収とする内容の契約を締結した。」

すなわち，平成13年10月の著作権等管理事業法の施行により，音楽著作権等管理事業への新規参入が自由化されて以降もJASRACの独占状態が継続する中，平成15年3月の公取委研究会報告による，本件包括徴収が競争阻害要因となり得る旨の問題点の指摘及び平成17年9月以降の契約改定協議における民放連からの指摘に対応した，JASRAC自身による違反行為の存在の覚知及び自主的な「改善あるいは除去」の取組みの余地は十分にあったということが言える。

上記のように（また前講においても述べたように），排除型私的独占の成否については，人為性の要件の充足性の点が特に重要な意味を持つと考えられる。これが，本来許されるべき正常な競争的活動を守るための要件であることを踏まえ，事業活動に対する不必要な萎縮が生じることのないよう留意されなければならない。同時に，予防法務的観点からは，その調査検討にあたっては，本件事案のように，関連法規制や市場環境の変遷なども含め，様々な要因が考慮の対象に含められ得ることを踏まえ，必要以上に評価を矮小化させてしまうこと（他を排するのが競争の本質である等の考えによる正当化）がないよう留意する，ということも併せて求められることになろう。

5．課徴金が賦課される際には検討が必要となる事項

なお，以下は本件事案からは直接的には射程外となるが，排除型私的独占については，平成21年法改正以降，義務的課徴金の賦課が定められている。言い換えれば，「人為性」の議論を踏まえて違反が認定された場合の帰結には，排除措置命令のみならず，課徴金納付命令という経済的負担の賦課が，本件事案以降に新たに追加された。

新たに義務の課徴金が賦課されることとなったことから，排除型私的独占についても，課徴金額の算定のため，違反行為の確定に加えて，その実行期間を確定することが必要となり，それに伴い，「当該違反行為の実行としての事業活動を行った日」すなわち違反行為の始期がいつであるのかを常に問う必要が出てくる。この点，それが「人為性」の要件に何か影響を及ぼすのか否かについては，特に定まった見解はない（少なくとも，論理必然として何らかの影響があるとはされていない。）。

ただし，一応関連し得る議論として，第7講で取り上げた土屋企業事件高裁判決では，不当な取引制限に関する事案であるが，「課徴金には当該事業者の不当な取引制

限を防止するための制裁的要素があることを考慮すると，当該事業者が直接又は間接に関与した受注調整手続の結果競争制限効果が発生したことを要する。」ことが判示されていた。この「制裁的要素」の有無において，排除措置命令と課徴金納付命令との間には一定の差異があると言わざるを得ず，それが上記の「人為性」や，その他の排除型私的独占において，特に本件事案のような，「作為性」についての限界事例に対する影響は，あり得るものと思われる。

　上記の「違反行為の始期」と「制裁的要素」との関連で本件事案を改めて見ると，本件事案が「作為性」の違反行為が認められる事案とは異なり，「作為性」のない行為についての「人為性」を問うものであるため，まず，違反行為の始期の確定は容易ではない。「本件行為は，放送事業者が被審人以外の管理事業者の管理楽曲を利用することを抑制する効果を有し，競業者の新規参入について消極的な要因となることは認められ，被審人が管理事業法の施行後も本件行為を継続したことにより，新規参入業者が現れなかった。」との本件審決の認定に基づいて，「管理事業法の施行日」をもって違反行為の始期と捉えるのも，当該施行日の設定に被審人は何の関与もないことからして，「制裁的要素」の観点からは当を得た判断とは言えない。

　もっとも，上記4に引用した排除措置命令において，「JASRACは，平成18年4月以降の契約の在り方について，本件包括徴収を維持する方針の下で民放連と協議を開始し，本件包括徴収により徴収している放送等使用料の額を減額する意向の有無について，減額する意向はない旨回答し，平成18年4月1日から平成25年3月31日までを契約期間とし，本件包括徴収とする内容の契約を締結した。」旨認定されている。個別徴収の際の高額の単位使用料についても減額されることなく維持されたと思われることから，これによって放送事業者に包括徴収契約の継続を余儀なくさせたとして，平成18年4月1日を違反行為の始期とする余地はあると考えられる。ここでは，管理事業法の施行に伴う競争環境の変更後も，従来の契約にあえて変更を加えないという「不作為性」に「正常な競争手段の範囲を逸脱するような人為性」を認めることができ，「制裁的要素」という点からも一応の説得力はあると言えそうである。

　ただし，課徴金賦課相当事案であるか否かは，基本的に公取委の法執行における判断に（少なくとも第一義的には）委ねられ，違反の成否に関する法的な議論としては，特段の差異は設けられない可能性がある。少なくとも，現時点での，社内調査や事業戦略の立案検討における姿勢としては，その可能性を前提として踏まえておくべきであろう。

第13講

知的財産権のライセンス契約がライセンシーの研究開発意欲を阻害するおそれのある場合とは

【図表】 契約条項（概要）

「SUBSCRIBER UNIT LICENSE AGREEMENT」
……

XX条（クロスライセンス条項）(fully-paid and royalty free license)
乙（ライセンシー）は，甲（ライセンサー）に対し，甲によるCDMA携帯電話端末及びCDMA部品の製造，販売等のために，以下の知的財産権の一身専属的（譲渡禁止），全世界的及び非排他的な実施権を許諾する。
① (i)乙が，甲に対して，他の第三者に対するロイヤルティ又は他のいかなる対価の支払をすることもなく，実施権等を許諾する権限を有し，
(ii)コモン・エア・インターフェース（IS-95規格及びこれと実質的に同様の規格並びにCDMA携帯無線通信に係る規格を含む。以下「CAI」という。）に適合する「加入者端末」及び（又は）「部品」を製造，使用又は販売するために必須である知的財産権であって，本件ライセンス契約の発効日以前に乙が開発又は取得したものに加え，改良期間内に乙が開発又は取得した改良技術を含むもの（以下「技術的必須知的財産権」という。）及び

「クアルコム事件」（審判審決平31・3・13）
事案の手がかり：関連ライセンス契約条項（本講【図表】）

I　証拠からみた，独禁法違反認定の鍵

本講では，クアルコム事件[1]（以下，本講において「本件事案」という。）を取り上げる。

1．「範囲が広範」で「無償」の「不均衡」なライセンス？

まずは，下記の【図表】をご覧いただきたい。

【図表】　契約条項（概要）

> 「SUBSCRIBER UNIT LICENSE AGREEMENT」[※1]
> ……
> XX条（クロスライセンス条項）(fully-paid and royalty free license)
> 乙（ライセンシー）は，甲（ライセンサー）に対し，甲によるCDMA携帯電話端末及びCDMA部品の製造，販売等のために，以下の知的財産権の一身専属的（譲渡禁止），全世界的及び非排他的な実施権を許諾する。
> ①　(i)乙が，甲に対して，他の第三者に対するロイヤルティ又は他のいかなる対価の支払をすることもなく，実施権等を許諾する権限を有し，
> 　　(ii)コモン・エア・インターフェース（IS-95規格及びこれと実質的に同様の規格並びにCDMA携帯無線通信に係る規格を含む。以下「CAI」という。）に適合する「加入者端末」及び（又は）「部品」を製造，使用又は販売するために必須である知的財産権であって，本件ライセンス契約の発効日以前に乙が開発又は取得したものに加え，改良期間内[※2]に乙が開発又は取得した改良技術を含むもの（以下「技術的必須知的財産権」という。）及び
> ②　(i)乙が，甲に対して，他の第三者に対するロイヤルティ又は他のいかなる対価の支払をすることもなく，実施権等を許諾する権限を有し，
> 　　(ii)CAIに適合する「加入者端末」及び（又は）「部品」を製造，使

---

[1]　審判審決平31・3・13審決集65-1巻263頁（以下「本件審決」という。）。

用又は販売するために必須ではなく,
(ⅲ)「加入者端末」及び（又は）「部品」に競争上の優位性（例えばコスト，リードタイム，品質等の優位性）を与えるか，又は市場で合理的に要求される可能性のある機能その他の特徴を付与する知的財産権であって，本件ライセンス契約の発効日以前に乙が開発又は取得したものに加え，改良期間内【※3】に乙が開発又は取得した改良技術を含むもの（以下「商業的必須知的財産権」という。）

YY条（クロスコベナント条項）
【前条の②に替えて】乙は，甲に対し，又は，これに加えて甲からCDMA部品を購入した顧客(以下「甲の顧客」という。)に対し【※4】，甲によるCDMA部品の製造，販売等又はこれに加えて甲の顧客が甲のCDMA部品を自社の製品に組み込んだこと（甲のCDMA部品とそれ以外の製品とを組み合わせることによる権利侵害をした顧客を除く。）について，自己が保有し又は保有することとなる商業的必須知的財産権に基づいて権利主張を行わないことを約束する。

※1　本件審決による認定においても判断に影響を及ぼさない詳細等は捨象されていると思われる。
※2　ライセンシー14社中8社について「無期限」とされていた。
※3　上記※2と異なり「無期限」ではなく，ただし，本件審決では黒塗りとされた上で「比較的短い」と認定されている。
※4　網掛け部分に同意せず，「甲に対し」てのみ非係争を約したライセンシーもいた。

　これは，本件事案でその反競争性の有無が争われた契約条項の内容の再現を試みたものである。特に，そのXX条には"royalty free"（無償）との記載があり，ライセンシーは，ライセンサーからその権利の実施許諾を受けるにあたり，自ら保有する権利をライセンサーに実施許諾する必要があり，その経済条件は無償となる。これは，取引に「不当」な拘束条件を付したものというべきか。

(1) クロスライセンス条項
　クアルコム・インコーポレイテッド（以下「クアルコム」という。）は，携帯無線通信に関する技術研究開発，関連の知的財産権についての実施権の許諾や，携帯電話端末等に用いられる半導体集積回路（以下「チップ」ともいう。）の製造販売等に係

る事業を営み，特に，いわゆる第三世代の携帯無線通信（符号分割多元接続方式。以下「CDMA」という。）の技術に関する知的財産権で，それを侵害することなく標準規格を満たす装置等の製造販売等が技術的に不可能なもの（以下「技術的必須知的財産権」という。）を保有していた。

　このCDMAについて，例えば，日欧から提案されていた方式に対応して，国際規格及び我が国における標準規格が承認されていた。その際，技術的必須知的財産権に関する取扱いとして，権利の所有者が，この標準規格を使用する者に対し，一切の権利主張をせず，無条件でその実施を許諾するか，あるいは適切な条件の下に非排他的かつ無差別に実施を許諾することを確認する書面を提出する場合には，その標準規格の対象とするという基本指針が定められていた。確認書が提出された技術的必須知的財産権の総数は，日欧の方式について350件となっており，うちクアルコムは63件を保有していた。

　我が国の主要なCDMA端末等製造販売業者（以下「本件ライセンシー」という。）は本件事案当時約10数社あり，うち約半数弱は，クアルコム同様，技術的必須知的財産権について確認書を提出していた。他方で，本件ライセンシーは，第二世代規格の知的財産権についてもクアルコムからライセンスを受けており，これを修正する形でCDMAについてのライセンス契約を締結していた。

　【図表】中の「XX条（クロスライセンス条項）」は，本件ライセンシーが，その保有する知的財産権をクアルコムに（逆に）実施許諾するものである。その①は，技術的必須知的財産権についての規定であり，②は，「商業的必須知的財産権」と称される，（技術的必須知的財産権には該当しないものの）装置等に競争上の優位性を与えたり，機能面の他の特徴を与え，差別化するための知的財産権についての規定であった。本件ライセンシー約10数社のうちの多数（後述の2社以外）は，①の技術的必須知的財産権と②の商業的必須知的財産権の両者がこの条項の対象とされることに同意していた。

(2)　クロスコベナント条項

　本件ライセンシーのうち，②の商業的必須知的財産権までが前記のクロスライセンス条項に含まれてしまうことを望まなかった2社は，その対象を①の技術的必須知的財産権に限定することを求め，これに替わるものとして，【図表】の中の「YY条（クロスコベナント条項）」が設けられた。

　この条項によって本件ライセンシーによる権利主張ができなくなる範囲は契約上で限定され，2社のうちの1社の場合，クアルコムから購入した所定の部品を組み込んだことにより生じる権利侵害とされており，したがって，当該部品とそれ以外の製品

とを組み合わせることによる権利侵害については権利主張ができるものとされていた。また、残る1社が権利主張をしないことに同意したのはクアルコムについてのみであり、クアルコムの顧客に対する権利主張は制限されていなかった。

なお、本事案では、前記のほか、クアルコムのライセンシー相互の非係争条項についても争いがあった。

2. 契約の一部のみを取り出して議論するのは適切か

(1) 審査官は契約条項の不当性を主張

本件事案において、審査官は、前記の契約条項の制約の程度、内容が本件ライセンシーの研究開発意欲を阻害するおそれがあると推認できる程度に不合理であると主張していた。そして、その根拠として、概要、前記の契約条項は①その適用範囲が広範であること、②無償ライセンスとしての性質を有すること、③不均衡であることなどを挙げていた。

この適用範囲が広範という点について、審査官は、その対象に契約の発効日以前に開発・取得されたもののみならず、「改良期間」(【図表】の※2参照) に開発・取得されるものも含まれることを指摘していた。また、本件事案当時、CDMA 携帯無線通信の信号処理のほか、端末の消費電力を低減する電力消費節減機能、音楽再生や動画表示を実現する AV 機能等の各種の機能を1つの半導体集積回路に搭載する「シングルチップ化」が進められており、本件ライセンシー等の技術がクアルコムのチップにも利用されることで、技術的必須知的財産権のほか、多くの商業的必須知的財産権も権利消尽の対象となり得る等の指摘もなされていた。

また、無償であるという点について、審査官は、表記として royalty free とされていることや、クアルコムから本件ライセンシーに格別の金員を支払うものとはされていないことに加え、クアルコムは、一部の本件ライセンシーから (その保有する知的財産権を理由として) ロイヤルティの減額等を求められたものの、これを拒絶し、ロイヤルティ料率を基本的に一律としているなど、クアルコムが、本件ライセンシー等の保有する知的財産権の内容等を考慮してロイヤルティ料率の調整を行わなかったことなどを指摘していた。

さらに、不均衡性については、本件ライセンシーはクアルコムに対し、莫大な費用及び労力を投じて開発する広範な知的財産ポートフォリオについて無償で実施権を許諾すること等を約束するとともに、クアルコムが一方的に決定した料率に基づくロイヤルティを支払うことを義務付けられる一方で、クアルコムは、本件ライセンシー等が保有する極めて広範な知的財産権を何らの対価を支払うことなく使用して、本件ライセンシーの権利を侵害することのない安定性を有する CDMA 部品を顧客に提供す

ることが可能となることから，両者間での均衡を欠くなどの主張がなされていた。

(2) 本件審決は審査官の主張を排斥

　これに対して，本件審決は，まず，本件契約は基本的な契約の構造として，クアルコムが保有する知的財産権の実施権を許諾するのに対し，本件ライセンシーも保有する知的財産権の非独占的な実施権を許諾するなど，クロスライセンスとしての性質を有するものといえ，この点，クアルコムは金員の支払義務を負わず本件ライセンシーだけが金員の支払義務を負うことになっているものの，このような態様の契約もクロスライセンスとして非典型的なものとはいえないし，その金員の多寡も契約の性質自体に影響を及ぼすものとは認められないと指摘した。

　その上で，本件契約がクロスライセンスとしての性質を有するものである以上，本件ライセンシー等の保有する知的財産権の行使が制限される部分のみを取り出し，その適用範囲の広範性を論じるのは適切とはいえないと述べ，例えば改良期間について，それがクアルコムにより実施許諾される知的財産権の範囲を画する改良期間と共通のものでもあること等を指摘しつつ，審査官の主張を排斥している。なお，製品の差別化の要素となる商業的必須知的財産権については，技術的必須知的財産権とは異なり，改良期間は無期限とされていなかったことも併せて指摘されていた。また，「シングルチップ化」（1つの半導体集積回路に各種機能をまとめて登載すること）により，本件ライセンシーの商業的必須知的財産権が権利消尽の対象となり得るという点についても，本件契約下では，「シングルチップ化」により，クアルコムが権利主張することができなくなる範囲も広がることになるので，本件ライセンシーが権利行使できなくなる知的財産権の範囲だけが一方的に広範であるということはできないとしている。

　次に，「無償」性についても，クロスライセンスは，その性質上契約において定められた当事者双方の義務が相互に関連するものであるから，一方の契約当事者の一部の義務だけを取り出してその評価を行うのは相当ではないと述べた上で，本件契約が当事者間で一定の交渉を経て締結されたものであることからすると，仮に，クアルコムが本件ライセンシー等の保有する知的財産権についての十分な検討やロイヤルティ料率の調整を行っていなかったり，その交渉態度に問題があるとしても，本件条項が実質的に無償であると評価するのは困難であると判示されている。

　さらに，内容が「不均衡」であるという審査官の主張についても，前記と同様，クロスライセンスについて，その特定の条項についての義務と権利だけを考慮して不均衡性を検討するのは適切とはいえない上に，「無償」性の議論が認められないことなどから，審査官の主張はその前提を欠くものとされた。

なお，審査官からは，前記に加え，本件ライセンシーの権利行使が妨げられる相手方には競争者が多く含まれ，製品の差別化が困難となるため，研究開発をしようとする意欲を低下させるといった主張もなされていたが，本件審決では，権利行使を妨げられる相手方に競争者が多く含まれているとしても，他の事業者の製品との差別化のために重要となる商業的必須知的財産権についての時的範囲を画定する改良期間は比較的短い（具体的には非開示となっている。）ことなどを挙げ，その主張を排斥している。

そして，本件審決により，排除措置命令は取り消されることとなった。

3．補　論

(1) そもそも判断に「範囲が広範」，「無償」，「不均衡」といった要素は必須か

本件審決は，その全体を通じて，クロスライセンスは，通常その性質上，一方の契約当事者の一部の義務だけを取り出して評価を行うのは相当ではないというスタンスをベースに判示を行っており，それ自体には違和感はない。

反面，例えば，「シングルチップ化」をめぐる議論に関する判示など，若干の疑問が残る部分もある。この点についての審査官の主張は，本件ライセンシーの保有する技術がクアルコムのチップにも利用されることで，多くの商業的必須知的財産権も権利消尽の対象となり得るということで，その「範囲が広範」としつつ，究極的には「本件ライセンシーの研究開発意欲を阻害するおそれ」を述べようとするものであった。

しかしながら，本件審決は，「シングルチップ化」により，クアルコムが権利主張できなくなる範囲もまた広がるのであって，本件ライセンシーが権利行使できなくなる知的財産権の範囲「だけが一方的に」広範であるとはいえないと判示したにとどまる。審査官は，このような「一方的な広範さ」だけを述べようとしたものではなかったのではないか。

また，製品の差別化に必要となる商業的必須知的財産権をめぐる議論についても，改良期間が比較的短く，本件ライセンシー等がその経過後に開発又は取得することとなる知的財産権については権利行使が可能であることなどを踏まえつつ，本件ライセンシーによる製品の差別化が実際に困難となったと認めるに足りる証拠はないと指摘されている。

しかしながら，「研究開発意欲を阻害するおそれ」との兼ね合いで，どの程度の期間であれば「比較的短い」といった評価が可能なのかというのは，それ自体極めて評価困難な問題であり，必ずしも説得的であるようには感じられない。

なお，本件審決自体においても，その趣旨は必ずしも明らかではないが，判示の理

由を述べるにあたり，あえて「ところで」として，一方で「被審人が本件無償許諾条項等を規定した本件ライセンス契約を国内端末等製造販売業者との間で締結したことについて，本件排除措置命令が摘示する拘束条件付取引に該当するものとして公正競争阻害性を有すると認めるに足りる証拠はない。」と結論付けながらも，他方で，「被審人は，CDMA携帯電話端末等に関する技術に係る市場（本件検討対象市場）において有力な地位を有していたものと推認されるところ，このような被審人による国内端末等製造販売業者との間の本件ライセンス契約の締結に至る過程において，独占禁止法による何らかの規制を受けるべき行為が認定される余地があったとも考えられる。」とも言及されていた。

(2) 「抱き合わせ」という観点からの評価

そもそも，この「研究開発意欲を阻害するおそれ」の有無が極めて評価困難であることは，従前からも指摘されてきたところであり，本件審決は，その判断をできる限り証拠に基づき具体的・客観的に行うことを試みているように思われ，その限りでは評価できる。しかしながら，これを「範囲の広範さ」などの個別論に集約させてしまった点には問題があるように思われる。

思うに，「研究開発意欲を阻害するおそれ」については，仮に，その意欲が阻害されず，研究開発が然るべく行われる場合に生み出される成果があるとして，一般に，研究開発活動自体には取引や市場を想定し得ないので，技術開発競争への影響は，研究開発活動の成果である将来の技術や当該技術を利用した製品の取引における競争に及ぼす影響によって評価すべきことが指摘されていることを踏まえると，競争への影響についての考え方として，（新商品開発等の意欲が損なわれること等による）新規参入の排除（市場閉鎖）の観点からの検討に置き換えることも可能であるように思われる。

ところで，本件事案で問題とされた行為の反競争性は，審査官の主張によれば，本件ライセンシーが，本件契約の締結を「余儀なく」されたことによって生じたものとされていた。本件審決は，この点について，「拘束条件が付された取引を『余儀なく』させたか否かは，拘束条件付取引に該当するための直接の要件となるものではない。」と述べる。

他方で，**第12講**で扱ったJASRAC事件の最判調査官解説（法曹会編『最高裁判所判例解説民事篇（平成27年度／上）』204頁（清水知恵子））では，同最判が，（行為の人為性の有無に関して）「ほとんど全ての放送事業者が包括徴収による利用許諾契約の締結を余儀なくされて」いたことに言及していた点について，当該行為が，（排他条件付取引と同様に）「利用許諾契約の相手方（放送事業者）の取引の自由を制約す

るという側面を有し、その制約を通じて競争者（他の管理事業者）の取引機会を不当に減少させていると評価することができる。」ところに、人為性が肯定される理由を認めたものと説明されていた。

　本件事案では、チップの製造を業とする（その意味でクアルコムと競争関係に立ち得る）者が、本件ライセンシーの中に複数見受けられていた。少なくとも、それらの事業者にとっては、自己の製品の差別化の可能性確保は重要な課題であったのではないかと推測される。現に、本件ライセンシーには、クロスライセンス条項の対象に商業的必須知的財産権まで含められてしまうことに同意せず、別途、クロスコベナント条項を設けることで、自己の要請とクアルコムの要請との調整を甘受したと思われる者もあった。この懸念は、「シングルチップ化」により、その技術がクアルコムのチップにも利用されることで、多くの商業的必須知的財産権も権利消尽の対象となり得るという、審査官の主張とも通底する部分があるように思われる。

　本件審決からは明らかではないが、各契約条項によって、「シングルチップ化」という「機能」の観点での「抱き合わせ」というべき行為が可能となっていたなら、その反競争的効果を問う余地もあったのではないか。本件審決が、その議論を、前記のように、（契約条項の対象範囲が）「一方的に広範」かといった個別の論点に集約させてしまった点には、更なる検討の余地が残されていたように思われる。なお、抱き合わせの成否については、一般に、前提として「他の商品」性が認められるかという議論があり、国内外の議論において、一方で、組み合わされた商品の内容・機能が抱き合わせ前のそれぞれの商品と比べて実質的に変わっていれば、1個の特徴を持つ単一の商品であって「他の商品」とは言えないという考え方もあれば、組み合わされた商品の機能よりもむしろ、それぞれの商品（特に組み合わされた従たる商品）自体に対する需要の有無を重視すべきであり、例えば、従たる商品に特化した事業者が存在するなら「他の商品」性が肯定され得るという考え方もある。これは、ある組合わせによってもたらされ得る効能を、競争法の観点からいかに評価・判断すべきかという問題とも関連するが、常に効能が優先されて、需要者や消費者から見た選択の幅の確保が顧みられないことになるとすれば、それも問題であろう。事案にもよるが、「他の商品」性という入り口の議論で違反の成否が決せられるべきはなく、両者を考え合わせて競争への影響を評価すべき場合もあると思われる。

Ⅱ　事案検討から得られる教訓

　本件事案を通じて得られる教訓についての検討にあたり，前提として，まず，本件事案において最も重要な事実認識として踏まえられるべき事項を，本件審決中の判示から引用する。

　「CDMA携帯無線通信に係る技術的必須知的財産権は，CDMA携帯無線通信に係る信号処理を行う半導体集積回路に搭載され，CDMA携帯電話端末等に内蔵されているが，近時，携帯電話端末で利用される半導体集積回路については，携帯電話端末の消費電力を低減する電力消費節減機能，音楽再生や動画表示を実現するAV機能等と信号処理等の各種の機能を一つの半導体集積回路に統合する，いわゆるシングルチップ化が進められており，このような多様な機能を有する半導体集積回路の製造，販売等においては，CDMA携帯無線通信に係る技術的必須知的財産権に加えて商業的必須知的財産権を利用する場合がある。」（審決案7頁）。

　この判示から，少なくとも次に挙げる2点を理解することができる。
①　本件において，「商業的必須知的財産権」は，「技術的必須知的財産権」と同様に「必須」という呼称が用いられてはいるものの，少なくとも，CDMA携帯無線通信に係る信号処理を行う半導体集積回路の製造等において，上記のようなシングルチップ化を企図しない限り，「商業的必須知的財産権」は不要であり，その意味で「必須」ではなく，この点で，「技術的必須知的財産権」とは明確に区別されている。
②　本件において，どの特許権が「技術的必須知的財産権」に属し，どの特許権が「商業的必須知的財産権」に属するかについて，ライセンス契約当事者である関係者の認識は一致しており，したがってまた，「商業的必須知的財産権」に属する知的財産権を（クロス）ライセンスの対象に含めることの意味は，上記①のような意味で「必須」ではなく，専ら，関係各社の半導体集積回路の「差別化」に影響を生じさせるところにある，ということもまた，関係者間において一致して認識されている。

　なお，以下に要約して引用する本件審決中の判示も，このような理解を裏付けるものである。

　すなわち，まず，本件事案に関する「技術的必須知的財産権」に関する取扱いについて，それが標準規格の対象とされるのは，その権利所有者が「確認書」を，規格会議の委員長に提出した場合，とされていた。なお，この「確認書」とは，「標準規格の名称，該当工業所有権（技術的必須知的財産権）及び実施を許諾するにあたっての

対価等の条件等を明示した上で，当該必須の工業所有権について，所定の取扱いを選択する（当該標準規格を使用する者に対し，適切な条件の下に，非排他的かつ無差別に当該必須の工業所有権の実施を許諾する。）ことを確認する旨の確認書」とされていた。また，その提出先である「規格会議」とは，「我が国の標準化機関である社団法人電波産業会（当時）に設置された規格会議」とされていた。そして，被審人及び国内端末等製造販売業者は，それぞれ，第三世代携帯無線通信規格に必須であると主張する工業所有権が記載された確認書を規格会議委員長に提出していた，とされている。この，規格会議委員長に提出された確認書において，「ARIBSTD−T63 Ver.1.00」の規格に係るものとして記載された該当工業所有権（技術的必須知的財産権）の総数は350件であり，「ARIBSTD−T64 Ver.1.00」の規格に係るものとして記載された該当工業所有権（技術的必須知的財産権）の総数は233件であった（本件審決案4頁〜7頁）。

　そして，以上を踏まえつつ，本件事案を改めて見ると，クアルコムによるライセンス方針として，（本件事案において「無償許諾条項」と称されていた）クロスライセンス対象として，全体として，関係者間で「技術的必須知的財産権」と認識されていた一群の権利に併せて，「商業的必須知的財産権」と認識されていた一群の権利をも，同時にその契約対象とすることが企図されていた。そして，その背景には，チップに関する「シングルチップ化」という動向があった。仮にそれが，「技術的必須知的財産権」の分野での有力な立場をテコとして，「商業的必須知的財産権」の分野でも一定の地位を形成，維持あるいは強化しようといった意図によるものであったなら，そこには行為の反競争性につながる「人為性」を認める余地もあり得たと言える。そして，このクアルコムのライセンス方針に対して，一部のライセンシーにおいて，そのように「商業的必須知的財産権」が併せて契約対象とされてしまうことに反発していた，という経緯であったことが分かる。その際，少なくとも，そのような反発が直接クアルコムに対して明示されていたからこそ，クアルコムとしても，それへの対処として，替わりとなる契約条件の交渉・締結が可能となったと言える。さらに，本件事案において違法の評価を免れたのは，そのように一定の対処を行ったが故であったとも思われ，そのような対処が可能であったこと，すなわち対処の検討の契機となるような反発がクアルコムの側にも認識できる形で示されていたことが，結果的に，クアルコムとしての法令遵守に資するものとなっていたと言える。

　改めて，本件事案で争われた「研究開発意欲を阻害するおそれ」は，過去にも同種事案における独禁法違反の成否をめぐってその有無が争われており（マイクロソフト非係争条項（NAP条項）事件・公取委審決平20・9・16審決集55巻380頁），さらに，公取委平成19年9月公表（平成28年1月最終改正）「知的財産の利用に関する独占禁

止法上の指針」(以下「知財ガイドライン」という。)においても，非係争条項に関して，「ライセンシーの研究開発意欲を損ない，新たな技術の開発を阻害することにより，公正競争阻害性を有する場合には，不公正な取引方法に該当する。」との考え方が示されており，少なくとも，「非係争条項」と称される行為についての違法性判断基準としては定着しているものと評価できるように思われる。

しかしながら，Ⅰでも指摘したように，本件事案における「研究開発意欲を阻害するおそれ」についての判示は，その「おそれ」の有無自体というよりも，審査官による，その「おそれ」の有無についての（別の事実からの）推認や（それ自体についての具体的な）立証のアプローチについての不備を指摘するものであったせいか，同種行為の独禁法違反該当性を考える上で，直ちに参考にするには分かりにくいところがある。例えば，この「研究開発意欲を阻害するおそれ」という規範は，本件事案と同種の行為について採否を決するにあたり，事業戦略の立案検討のための行為規範として有効に機能し得るだろうか。

そもそも，この種の状況を，「非係争条項」と称される行為に関する事案と捉えること自体に再考の余地はないだろうか。この点，確かに，その趣旨は必ずしも明らかではないが，本件審決も「被審人は，CDMA携帯電話端末等に関する技術に係る市場（本件検討対象市場）において有力な地位を有していたものと推認されるところ，このような被審人による国内端末等製造販売業者との間の本件ライセンス契約の締結に至る過程において，独占禁止法による何らかの規制を受けるべき行為が認定される余地があったとも考えられる。」とも言及していた。Ⅰの補論で「抱き合わせ」について示唆を行ったのは，このような趣旨からのものである。

以下では，そういった事業戦略の立案検討のための示唆や，今後の同種事案についての社内調査において持つべき視点という観点から，本件審決を通して得られる教訓について検討する。

1．本件違反行為の背景及び排除措置命令における違反行為の認定

(1) 違反行為の背景；クアルコムのビジネスモデル

クアルコムは，平成2年からCDMA関連技術の特許ライセンス業務を行っていたが，平成12年ころからの第三世代標準の確立に際し，クアルコムは，関連する多数の標準必須特許を獲得し，そのFRAND宣言を行っていた。

クアルコムは，当初，その製造・販売するCDMAチップと競合するチップメーカーとも標準必須特許のライセンス契約を結び，そのチップ販売からロイヤルティを得ていた。

しかしながら，いつかの時点から，クアルコムは，競合チップメーカーへの特許ライセンスを中止し，代わりに，携帯電話端末メーカーにのみ，端末の販売価格をベースにしたロイヤルティによるライセンス契約を開始した。これは，取引相手を端末メーカーに限定するもので，「OEMレベル・ライセンシング」ポリシーとも呼ばれた。端末メーカーにだけライセンスする方が収益性が高いことが理由であったとされている。また，クアルコムは，一部の端末メーカーに対しては，端末価格ベースのロイヤルティに加え，前払金やその保有する特許のクアルコムへの無償クロスライセンスを求めたとされている。

クアルコムが端末メーカーに課すロイヤルティは，CDMA必須特許とそれ以外の非必須特許等を合わせたものをCDMA特許ポートフォリオとし，それに対するものであったとされる。これについて，無線通信に関係のない特許等まで抱き合わせたことが競争法違反に当たるとして，平成27年には中国の独禁当局が摘発を行っているとも報告されている[2]。

また，クアルコムは，上記のようにその製造するCDMAチップを競合チップメーカーにライセンスすることを拒絶した際に，端末メーカーがクアルコムとのライセンス契約を締結するまでCDMAチップの販売を拒絶した。これは，クアルコムの特許ライセンスとCDMAチップの販売を組み合わせるもので，「ノーライセンス・ノーチップ」ポリシーと言われ，クアルコムの競合他社によるチップ販売を排除するなどしたとして，後に，欧米の競争当局が競争法に違反する行為に当たるとして摘発を行っている。もっとも，令和2年8月，米国連邦巡回控訴裁は，クアルコムが競合チップメーカーにライセンスしないとの方針はシャーマン法に違反するものではなく，また，「ノーライセンス・ノーチップ」ポリシーは関連市場における競争を阻害するものではなかったと判示している[3]。

本件ライセンシーにおいても，クアルコムとのライセンス交渉において，ライセンス契約を締結しなければCDMAチップを販売しないと言われるなどして，ライセンス料に加え，契約一時金の支払，自身の所有する技術的，商業的必須特許等のクアルコムへの無償クロスライセンス及び非係争義務を伴うライセンス契約の締結を要求され，それが本件事案発生に至ったということであろう。

もっとも，本件事案は，「ノーライセンス・ノーチップ」ポリシーやCDMA必須特許とそれ以外の技術的・商業的必須特許等との抱き合わせに焦点を当てたのではなく，以下のとおり，本件ライセンシーとクアルコムとのライセンス契約に付随する，

---

2 「海外競争政策の動き」公正取引774号83頁以下（85頁）。
3 FTC v. Qualcomm, 969 F.3d 974(9th Cir. 2020).

技術的, 商業的必須特許等のクアルコムへの無償ライセンス及び非係争義務に焦点を当てたということである。

(2) 本件排除措置命令が認定した違反行為の概要と法令の適用

平成21年9月30日に発出された本件排除措置命令における違反行為の概要と法令の適用は以下のとおりである。

ア. 違反行為の概要

クアルコムは, 国内端末等製造販売業者に対し, CDMA携帯無線通信に係る知的財産権の実施権等を一括して許諾するにあたり, あらかじめ適切な条件の下に非排他的かつ無差別に実施権等を許諾する旨を明らかにしているにもかかわらず, 次の(ア)から(ウ)までの全部又は一部を内容とする規定を含むライセンス契約を, おおむね平成12年3月以降平成13年3月までに締結することを余儀なくさせている。

(ア) 国内端末等製造販売業者は, クアルコム等によるCDMAチップ等の製造, 販売等のために, 国内端末等製造販売業者及びその親会社, 関連会社等の保有し又は保有することとなる知的財産権の実施権等をクアルコムに対して無償で許諾する。

(イ) 国内端末等製造販売業者は, クアルコム等によるCDMAチップ等の製造, 販売又はクアルコムの顧客によるCDMAチップ等の使用について, 上記(ア)の知的財産権に基づいてクアルコム等又はクアルコムの顧客に対して権利主張を行わないことを約する。

(ウ) 国内端末等製造販売業者は, 本件ライセンス契約と同様の契約を締結しているクアルコムのライセンシーによる, CDMA携帯電話端末等の製造, 販売等について, その知的財産権に基づいて, 当該クアルコムのライセンシーに対して権利主張を行わないことを約する。

上記(ア)から(ウ)により, 国内端末等製造販売業者等は, その保有し又は保有することとなる知的財産権について対価を得ることなく, 当該知的財産権に基づいてクアルコム等, クアルコムの顧客及びクアルコムのライセンシーに対する差止訴訟の提起, 許諾料の請求等の権利主張を行うことを制限されている。

これらのことから, 国内端末等製造販売業者等のCDMA携帯電話端末等に関する技術の研究開発意欲が損なわれ, また, クアルコムの当該技術に係る市場における有力な地位が強化されることとなり, 当該技術に係る市場における公正な競争が阻害されるおそれがある。

イ. 法令の適用

「クアルコムは, クアルコム等が保有し又は保有することとなるCDMA携帯無線通信に係る知的財産権について, 国内端末等製造販売業者に対してその実施権等を一

括して許諾する契約を締結するに当たり，国内端末等製造販売業者等が保有し又は保有することとなる知的財産権について実施権等を無償で許諾することを余儀なくさせ，かつ，国内端末等製造販売業者等がその保有し又は保有することとなる知的財産権に基づく権利主張を行わない旨を約することを余儀なくさせているものであり，これは，国内端末等製造販売業者の事業活動を不当に拘束する条件を付けて，国内端末等製造販売業者と取引しているものであって，不公正な取引方法の第13項（拘束条件付き取引）に該当し，独占禁止法第19条の規定に違反するものである。」

(3) 知財ガイドラインに依拠した違反行為の捉え方

　公取委の知財ガイドラインは，技術の利用に係る各種の制限行為に対する独禁法の適用について網羅的に考え方を整理したものであり，本件審判においても，審査官は，知財ガイドラインに依拠した主張を行ったと見られる。
　前記(2)のとおり，本件違反行為は，クアルコムによる(ア)から(ウ)の行為に区分されている。これを知財ガイドラインに照らして見ると，以下のように，(イ)及び(ウ)については「非係争義務」が，また(ア)については「改良技術の非独占的ライセンス義務」が，それぞれ，検討において参照されるべきものと考えられる。

ア．非係争義務

　上記(イ)及び(ウ)は，一定の相手方に対して権利主張を行わないことを約することを内容とするものであり，知財ガイドラインの「5．その他の制限を課す行為(6)非係争義務」に当たる。
　ここでは，ライセンサーがライセンシーに対し非係争義務を課す行為は，ライセンサーの技術市場若しくは製品市場における有力な地位を強化することにつながること，又はライセンシーの権利行使が制限されることによってライセンシーの研究開発意欲を損ない，新たな技術の開発を阻害することにより，公正競争阻害性を有する場合には，拘束条件付き取引に該当する，とされている。

イ．知的財産権の実施権等の無償許諾

　上記(ア)は，ライセンシーが開発した独自技術を，ライセンサーであるクアルコムに対して無償ライセンスさせる行為であり，知財ガイドラインに直接該当する項目はないが，「5．その他の制限を課す行為(9)改良技術の非独占的ライセンス義務」に類似するものである。
　ここでは，改良技術の非独占的ライセンス義務を課す行為は，ライセンシーの事業活動を拘束する程度は小さく，ライセンシーの研究開発意欲を損なうおそれがあるとは認められないので，原則として不公正な取引方法に該当しないが，当該改良技術のライセンス先を制限する場合は，ライセンシーの研究開発意欲を損なうことにつなが

り，また，技術市場又は製品市場におけるライセンサーの地位を強化するものとなり得るので，公正競争阻害性を有する場合は，拘束条件付き取引に該当する，とされている。

本件においては，ライセンシーである国内端末等製造販売業者のライセンス先の制限はないが，クアルコムに対する無償ライセンス及びそれがクアルコムの販売するCDMAチップに組み込まれることにより，携帯電話端末の製造・販売を行う広範囲の需要者に対し，許諾料の請求，差止請求提起等ができなくなることは，上記ライセンス先の制限と同様に，研究開発意欲の阻害，ライセンサーの地位の強化により，公正競争阻害性を有するか否かが問題となろう。

なお，クロスライセンスについては，知財ガイドラインにおいて，不当な取引制限の観点から，競争業者間で行われるクロスライセンスに関連して，関係事業者が当該技術を用いて行う事業活動の範囲を共同して取り決める行為や，当該製品の価格，数量，供給先等の制限行為を取り上げているが，本件においては，このような被疑行為は見当たらなかったということであろう。

ウ．一括ライセンス

知財ガイドラインの「5．その他の制限を課す行為(4)一括ライセンス」では，ライセンサーがライセンシーに対してライセンシーの求める技術以外の技術についても，一括してライセンスを受ける義務を課す行為について，技術の効用を発揮させる上で必要ではない場合又は必要な範囲を超えた技術のライセンスが義務付けられる場合は，ライセンシーの技術選択の自由が制限され，競争技術が排除される効果を持ち得ることから，不当な抱き合わせに該当し得る旨指摘されている。

クアルコムが，そのCDMAチップ販売の前提として，ライセンス契約を求める特許が，携帯電話端末の製造に必要な技術的必須特許だけではなく，商業的須特許等も含めた特許ポートフォリオとして一括したライセンス契約を強いていたということであれば，不当な抱き合わせに該当する可能性もあるが，本件においては検討の対象とされていない。

エ．優越的地位の濫用

知財ガイドラインでは，不公正な取引方法に該当し得る各行為類型の公正競争阻害性について，自由競争基盤の侵害の観点すなわちライセンサーの取引上の地位がライセンシーに対して優越しているか否かの観点からの検討もあり得るとしている。

本件においては，第三世代携帯電話端末等の製造のための技術的必須特許を有するクアルコムは，当該特許のライセンスを受けない限り，その製造・販売を行うことのできない国内端末等製造販売業者に対して優越的な地位にあると言える可能性もあり，クアルコムが，当該優越的地位を利用して国内端末等製造販売業者に対して不利益と

なるようなライセンス契約条件を強要し，その締結を余儀なくさせたと言えるか否かが問題となるが，本件においては検討の対象とされていない。

2．審査官の主張に対する本件審決の判示

まず，本件事案における公正競争阻害性について，本件審決が判示した内容を，その項目と結論を抜粋して確認する。これにより，本件審決の判示は，審査官の行った主張に即して，それに1つひとつ反駁する形で議論が進められていることが分かる。反面，それ故に，その判示の内容は，審査官による主張内容を超えて，いわば独自の立場から公正競争阻害性についての検討を示す体裁には，必ずしもなっていない。

(1) 公正競争阻害性

本件審決は，まず検討の前提として，公正競争阻害性に関する一般論について，次のように述べる。

「審査官は，知財ガイドライン…の考え方を踏まえて，本件無償許諾条項等の制約の程度，内容が，国内端末等製造販売業者の研究開発意欲を阻害するおそれがあると推認できる程度に不合理であり，その制約による不利益を填補又は回避する可能性もなかったことから，CDMA携帯電話端末等に関する技術について国内端末等製造販売業者の研究開発意欲を阻害するおそれがあるほか，被審人の有力な地位を強化するおそれがあるとして，本件ライセンス契約において本件無償許諾条項等を規定することにより国内端末等製造販売業者の事業活動を拘束するという本件違反行為は，公正な競争秩序に悪影響を及ぼすおそれがあるものと認められると主張する。…この点…クロスライセンス契約としての性質を有する本件無償許諾条項等が規定された本件ライセンス契約について，国内端末等製造販売業者の研究開発意欲を阻害するなどして公正な競争秩序に悪影響を及ぼす可能性があると認められるためには，この点についての証拠等に基づくある程度具体的な立証等が必要になるものと解される。」

(2) 国内端末等製造販売業者の研究開発意欲を阻害するおそれ

上記を踏まえつつ，本件審決は，審査官の主張について，「審査官は，まず，本件無償許諾条項等の制約の程度，内容が国内端末等製造販売業者の研究開発意欲を阻害するおそれがあると推認できる程度に不合理であると主張し，その根拠として，①本件無償許諾条項等の適用範囲が広範であること，②本件無償許諾条項等が無償ライセンスとしての性質を有すること，③本件無償許諾条項等が不均衡であることを挙げる。」ことを指摘する。そして結論として，審査官の主張をすべて排斥している。その際，審査官が列挙していた上記3つの根拠のそれぞれについて，大要，以下のよう

に判示している。

ア．本件無償許諾条項等の適用範囲が広範であるというべきか

この点についての本件判示は次のとおりである。

「まず，本件無償許諾条項等により実施権を許諾し，又は，権利主張を行わないと約束する国内端末等製造販売業者の知的財産権は，CDMA 携帯電話端末等の製造，販売等のための CDMA 携帯無線通信に係る技術的必須知的財産権及び商業的必須知的財産権（被審人のライセンシーに対する非係争条項は技術的必須知的財産権のみ）であるが，この範囲が，携帯無線通信に係る携帯電話端末，基地局及びこれらに使用される部品の製造，販売等のための知的財産権のライセンス契約ないしクロスライセンス契約において実施権の許諾等の対象となる知的財産権の範囲として，通常のものとは異なり，特に広範なものであると認めるに足りる証拠はない。…次に，本件無償許諾条項等で実施権の許諾等がされる国内端末等製造販売業者の知的財産権には，本件ライセンス契約の発効日以前に開発又は取得したもののみならず，本件ライセンス契約で定められた改良期間に開発又は取得することとなるものも含まれるところ，…技術的必須知的財産権の改良期間が無期限とされていることをもって，その範囲が広範なものであって，本件無償許諾条項等の制約の程度，内容が国内端末等製造販売業者の研究開発意欲を阻害するおそれがあると推認できる程度に不合理であることを示すものであるとまで認めることはできない。また，他の事業者の製品との差別化の要素となる商業的必須知的財産権については，上記の国内端末等製造販売業者14社全てとの間の本件ライセンス契約において，改良期間は無期限とされておらず，いずれも本件ライセンス契約の発効日から■〜■以内と定められている上，この改良期間は，被審人が国内端末等製造販売業者に対して実施権を許諾する技術的必須知的財産権及び商業的必須知的財産権の実施権と共通のものであることからすると，…その範囲が広範なものであって，本件無償許諾条項等の制約の程度，内容が国内端末等製造販売業者の研究開発意欲を阻害するおそれがあると推認できる程度に不合理であることを基礎付けるような広範なものであると認めることはできない。」（下線及び網掛けは筆者）。

また，「本件無償許諾条項等の適用範囲の広範さ」について，審査官は，上記のほか，例えば，「CDMA 携帯無線通信に係る信号処理のほか，携帯電話端末の消費電力を低減する電力消費節減機能，音楽再生や動画表示を実現する AV 機能等の各種の機能を半導体集積回路に搭載するシングルチップ化が進められている現状においては，国内端末等製造販売業者等の保有するかかる技術が被審人のチップにも利用されることで，技術的必須知的財産権のほか，多くの商業的必須知的財産権も権利消尽の対象となり得る。」とか，「被審人の顧客が少なくとも100社以上に及ぶことからすれば，

国内端末等製造販売業者が本件無償許諾条項等によって権利行使をすることができなくなる知的財産権の範囲が狭いとはいえない。」とも主張していた。

しかしながら、本件審決は、「被審人が本件無償許諾条項に基づいて実施権を許諾された国内端末等製造販売業者等の保有する知的財産権を使用して製造、販売したCDMA部品等について、国内端末等製造販売業者の権利行使が制限されることは、知的財産権の実施権の許諾の性質上、当然のことである（被審人等に対する非係争条項に基づいて一定の範囲の被審人の顧客に対する権利主張が制限されることも、当然である。）。また、本件ライセンス契約では、国内端末等製造販売業者も、被審人から知的財産権の実施権を許諾されており、審査官が主張するシングルチップ化や実施権を許諾されて知的財産権を用いた商品の顧客の数が多数となることにより、一方で、被審人が権利主張することができなくなる範囲も広がることになるのであって、国内端末等製造販売業者が本件無償許諾条項等によって権利行使をすることができなくなる知的財産権の範囲だけが一方的に広範であるということはできない。」（下線は筆者）と述べて、これを排斥している。

イ．本件無償許諾条項等が無償ライセンスとしての性質を有するというべきか

本件審決は、結論として、「本件無償許諾条項等が無償ライセンスとしての性質を有しており、これが、本件無償許諾条項等の制約の程度、内容が国内端末等製造販売業者の研究開発意欲を阻害するおそれがあると推認できる程度に不合理であることを示すものであるという審査官の主張を採用することはできない。」と判示している。

その際、以下のとおり、ａ．本件無償許諾条項及び被審人等に対する非係争条項と、ｂ．被審人のライセンシーに対する非係争条項に分けて検討されている。

ａ．本件無償許諾条項及び被審人等に対する非係争条項

この点について、本件審決は、「本件ライセンス契約の契約書には、本件無償許諾条項に関して『royalty free license』という記載がされており、被審人が国内端末等製造販売業者に対して格別の金員を支払うものとはされていないことは確かである。」とする。他方で、「本件無償許諾条項及び被審人等に対する非係争条項が規定された本件ライセンス契約は、被審人と国内端末等製造販売業者がそれぞれ保有する知的財産権を互いにライセンスし合うクロスライセンス契約としての性質を有するものであると認められるところ、…国内端末等製造販売業者が、一定の範囲の知的財産権について、その実施権を許諾し、又は、一定の範囲の相手方に対してその権利主張をしないことを約束するという本件無償許諾条項等だけを取り出して、国内端末等製造販売業者が何らの対価も得られないままに義務付けられたものと解釈することは、本件ライセンス契約の解釈として相当ではなく、これをもって本件無償許諾条項等が対価のない無償のものであると評価することはできない。」と述べる。

また，この本件無償許諾条項等の「無償ライセンス」性について，審査官は，上記のほか，例えば，「被審人が本件無償許諾条項の対象となるライセンシーの知的財産権の価値に応じたロイヤルティ料率又はその他の契約条件の調整のプロセスを拒絶したという経緯に照らせば，本件無償許諾条項及び被審人等に対する非係争条項は，その対象となる国内端末等製造販売業者の知的財産ポートフォリオの価値を検討，評価し，その結果を前提としてロイヤルティ料率及びその他の契約条件を調整したものではなく，無償ライセンスとしての性質を有する。」とも主張していた。

　しかしながら，本件審決は，国内端末等製造販売業者14社の各社各様の状況を踏まえつつ，例えば「《D》，《L1》及び《E》の3社の商業的必須知的財産権について，本件無償許諾条項による実施権の許諾の対象とせずに，被審人等に対する非係争条項を規定してその対象としたり，被審人の顧客が国内端末等製造販売業者に対して権利主張する場合や被審人の製造したチップと第三者の製品とが組み合わせられた場合に，当該国内端末等製造販売業者による権利主張を可能としたり，被審人等に対する非係争条項において権利主張をしないと約束する範囲を定める『部品』や『顧客部品』の定義を限定したり，被審人等に対する非係争条項において権利主張をしないと約束する相手方から被審人の顧客を除外したり，契約時に支払われる一定額の金員（一時金）を減額したりして，本件無償許諾条項等を含む本件ライセンス契約における契約条件の調整を行っている。そうすると，上記3社については，被審人が，本件無償許諾条項及び被審人等に対する非係争条項の対象となる知的財産ポートフォリオの価値を検討，評価し，その結果を前提としてロイヤルティ料率及びその他の契約条件を調整していないと認めることはできない。」（下線及び網掛けは筆者）との指摘を行っている。

b．被審人のライセンシーに対する非係争条項

　この点について，本件審決は，「実質的にみると，被審人のライセンシーが保有し又は保有することとなる知的財産権を相互に利用することができるようにすることを目的とした条項といえる」ものであり，「国内端末等製造販売業者にとっては，当該条項と同様の条項を規定した他の被審人のライセンシーの知的財産権を利用できるという対価があることになるから，被審人のライセンシーに対する非係争条項が無償ライセンスとしての性質を有するとはいえない。」としている。

ウ．本件無償許諾条項等が不均衡であるというべきか

　この点について，本件審決は，「本件無償許諾条項等が規定された本件ライセンス契約は，基本的に，クロスライセンス契約としての性質を有するものであるところ，審査官の主張は，本件無償許諾条項等を含む本件ライセンス契約の特定の条項についての国内端末等製造販売業者が負う義務と被審人が得られる権利だけを考慮し，国内

端末等製造販売業者が得られる権利や被審人が負う義務を考慮しないものであり，本件ライセンス契約における本件無償許諾条項等の不均衡性の検討方法としては適切なものとはいえない。」としている。

(3) 審査官のその他の主張とそれに対する本件審決の判示

上記(2)記載のように，本件審決は，審査官が，「本件無償許諾条項等の制約の程度，内容が国内端末等製造販売業者の研究開発意欲を阻害するおそれがあると推認できる程度に不合理であるという主張の根拠」として挙げていた3点（適用範囲の広範性，無償ライセンスとしての性格及び不均衡性）について，いずれも排斥した。

加えて，審査官は，上記3点以外にも，下記のとおり，国内端末等製造販売業者の研究開発意欲を阻害するおそれに関する主張を行っていたが，いずれも本件審決において排斥されている。

ア．本件無償許諾条項等により製品差別化が困難となるとの主張

審査官からは，「国内端末等製造販売業者が価値のある技術を開発しても，対価の支払を受けることができない場合が広く発生すること，権利行使が妨げられる相手方には競争者が多く含まれ，CDMA携帯電話端末等製品の<u>差別化が困難となること</u>」などが指摘されていた。この点について，本件審決は，「そもそも，<u>技術的必須知的財産権</u>は，標準規格（第三世代携帯無線通信規格）を構成するものであり，規格会議により，標準規格の対象とするものについては，当該権利所有者が，一切の権利主張をせずに無条件に，又は適切な条件の下に非排他的かつ無差別に実施権を許諾するものとされており，CDMA携帯電話端末等の製品の<u>差別化</u>要素となるものではない。」（下線は筆者）ことを指摘している。

また，審査官は，「本件無償許諾条項等によって権利行使が制限される相手方には国内端末等製造販売業者の競争者が多く含まれており，これにより，CDMA携帯電話端末等製品の<u>差別化</u>が困難となるため，国内端末等製造販売業者の研究開発意欲を低下させる。」との主張も行っていた。この点についても，本件審決は，「国内端末等製造販売業者が権利行使を妨げられる相手方に競争者が多く含まれているとしても，他の事業者の製品との<u>差別化のために重要となる商業的必須知的財産権</u>については，■〜■という比較的短い改良期間が定められていて，国内端末等製造販売業者等が改良期間経過後に開発又は取得した知的財産権については権利行使をすることが可能であり，証拠（略）によれば，実際にも，本件ライセンス契約締結後に国内端末等製造販売業者が携帯電話端末等の通信分野において積極的に技術開発を行い，特許出願を行っていることが認められ，このような事実も併せ考えれば，本件無償許諾条項等が規定された本件ライセンス契約が，国内端末等製造販売業者において携帯電話端末等

の製品分野において，差別化のための研究開発を行うことを困難とするものであって，国内端末等製造販売業者の研究開発意欲を阻害するおそれがあると推認できる程度に不合理なものとまでは認められない。」（下線は筆者）ことを指摘している。

イ．国内端末等製造販売業者は本件無償許諾条項等により被るおそれのある不利益を填補又は回避できなかったとの主張

　この点について，審査官からは，「本件無償許諾条項等の制約の程度，内容が国内端末等製造販売業者の研究開発意欲を阻害するおそれがあると推認できる程度に不合理なものであったとしても，国内端末等製造販売業者が，本件ライセンス契約の交渉過程において，本件無償許諾条項等により被るおそれのある不利益を填補又は回避することができたのであれば，研究開発意欲阻害のおそれを基礎付ける事実は認められないところ，本件において，国内端末等製造販売業者は，本件無償許諾条項等が規定された本件ライセンス契約の締結を『余儀なく』されており，本件無償許諾条項等により被るおそれのある不利益を填補又は回避することができなかった。」と主張されていた。これに対して，本件審決は，「本件無償許諾条項等の制約の程度，内容が，国内端末等製造販売業者の研究開発意欲を阻害するおそれがあると推認できる程度に不合理なものと認められない」以上，「本件無償許諾条項等により被るおそれのある不利益を填補又は回避することができなかったという審査官の主張は，その前提を欠く。」と判示している。

　なお，審査官から，「国内端末等製造販売業者が，本件ライセンス契約の交渉過程において，本件無償許諾条項等が規定された本件ライセンス契約の締結を『余儀なく』されており，本件無償許諾条項等により被るおそれのある不利益を填補又は回避することができなかった。」と主張されていたことについて，仮に，これが，「クアルコムが，国内端末等製造販売業者に対して優越的地位にあり，それを利用して，ライセンス契約交渉において，国内端末等製造販売業者に対して不利益なライセンス契約の締結を要求し，クアルコムとのライセンス契約が締結できなければ，携帯電話端末等製造・販売に係る事業継続が困難となる国内端末等製造販売業者が，不利益なライセンス契約の締結を余儀なくされ，結果として具体的な不利益を被った。」との主張であったとするならば，優越地位濫用に係る主張とも見られよう。しかしながら，本件事案では優越的地位濫用の観点からの検討は行われていない。

ウ．本件無償許諾条項等の具体的な効果が認められ，国内端末等製造販売業者の研究開発意欲阻害のおそれが具体的に立証されるとの主張

　この点について，審査官は，「本件無償許諾条項等の具体的な効果として，国内端末等製造販売業者が，本件無償許諾条項等により，新たな技術のための研究開発活動への再投資を妨げられているほか，制約が広範かつ長期にわたり，また，不均衡な内

容であることを認識して研究開発を行わざるを得なくなっていることから，国内端末等製造販売業者の研究開発意欲を阻害するおそれが具体的に立証される。」との主張を行った。

これに対し，本件審決は，まず，「国内端末等製造販売業者が，本件無償許諾条項等によって保有する知的財産権の行使を妨げられ，これによって本来得ることができる経済的利益を獲得する機会を奪われたため，新たな技術のための研究開発活動への再投資を妨げられている。」という点について，既に判示されているように，クロスライセンス契約である以上，対価を得ることができる余地が減少するのは当然であることや，（一時金及びロイヤルティの支払並びに知的財産権の実施権の許諾又は権利主張をしない旨の約束が）均衡のとれていないものであると認めるに足りる証拠がない以上，本来得ることができる経済的利益を得る機会を獲得することができなかったことを示すものと認めることはできない。」ことなどを指摘する。その上で，「他の事業者との<u>差別化</u>を図るために必要となる<u>商業的必須知的財産権</u>については，改良期間が■～■とされており，国内端末等製造販売業者等が改良期間経過後に開発又は取得することとなる知的財産権については権利行使をすることが可能であることからすると，本件無償許諾条項等が規定された本件ライセンス契約により，国内端末等製造販売業者による製品の<u>差別化</u>が実際に困難となったと認めるに足りる証拠はないといわざるを得ない。」（下線は筆者）とも述べている。

また，審査官からは，「本件無償許諾条項等による制約が広範かつ長期にわたり，また，不均衡な内容であることを認識して研究開発を行わざるを得ない。」とも主張されていた。これに対して，本件審決は，「本件無償許諾条項等が，その性質上，国内端末等製造販売業者の研究開発意欲を低下させるおそれがあると推認される程度に不合理なものと認められない」ことは，既に説示されたとおりであるところ，「審査官の上記主張は，このことを国内端末等製造販売業者の認識の点から表現しているにすぎず，格別の主張であるとは認められない。」として，排斥している。

(4) 被審人の有力な地位が強化されるおそれ

この点について，本件審決は，上記のように，「本件無償許諾条項等が規定された本件ライセンス契約が，国内端末等製造販売業者によるCDMA携帯電話端末等に関する技術の研究開発意欲を阻害するおそれを推認させる程度に不合理なものであるとまでは認められないことからすると，本件無償許諾条項等が規定された本件ライセンス契約によって国内端末等製造販売業者の研究開発意欲が阻害され，それによって国内端末等製造販売業者の地位が低下し，被審人の有力な地位が更に強化されるという審査官の主張は，その前提を欠く。」旨を判示している。

3. 本件審決の論旨

上記2.で述べたとおり，本件審決の判示は，審査官の主張を1つひとつ詳細に拾い上げながら，それに反駁する形で示されている。そして，その審査官の主張は，その中核をなしていた「本件無償許諾条項等の制約の程度，内容が，国内端末等製造販売業者の研究開発意欲を阻害するおそれがあるものと推認できる程度に不合理か否か」（上記2.(2)）と，それ以降の各項目の間に，内容面での実質的な重複なども見受けられていた。そこで，改めて，特にこの「研究開発意欲を阻害するおそれ」に着目して，本件審決の論旨を確認する。

(1) 研究開発意欲を阻害するおそれの推認と具体的立証

上記のように，審査官による主張の中核は，「本件無償許諾条項等の制約の程度，内容が，国内端末等製造販売業者の研究開発意欲を阻害するおそれがあるものと推認できる程度に不合理か否か。」（上記2.(2)）であった。そして，その根拠として挙げていたのが，適用範囲の広範性（上記2.(2)ア），無償ライセンスとしての性格（上記2.(2)イ）及び不均衡性（上記2.(2)ウ）の3点である。これに加えて，審査官からは，「研究開発意欲を阻害するおそれ」について，「本件無償許諾条項等の具体的な効果が認められ，国内端末等製造販売業者の研究開発意欲阻害のおそれが具体的に立証される。」（上記2.(3)ウ）とも主張されていた。しかしながら，本件審決は，おおむね，後者は前者と異なる格別の意味を持つものではないと述べている。

ただし，「他の事業者との<u>差別化</u>を図るために必要となる<u>商業的必須知的財産権</u>については，…本件無償許諾条項等が規定された本件ライセンス契約により，国内端末等製造販売業者による製品の<u>差別化</u>が実際に困難となったと認めるに足りる証拠はないといわざるを得ない。」ということで，判断に証拠不十分の留保を付けている。

なお，審査官からは，「研究開発意欲を阻害するおそれ」について，「国内端末等製造販売業者は本件無償許諾条項等により被るおそれのある不利益を填補又は回避できなかった。」（上記2.(3)イ）とも主張されていた。しかしながら，この主張は，上記2.(2)が成立したとしたときに初めて意味のあるものとなる。

また，審査官による「被審人の有力な地位が強化されるおそれ」についての主張（上記(4)）も，少なくとも本件事案に関する限り，上記2.(2)（又は2.(3)ウ）が認められない限り，「前提を欠く。」と評されるに至っている。

審査官の主張が，以上のような評価を受ける構造となっていたことを受けて，本件審決の判示も，その中核をなすのは，3点（適用範囲の広範性，無償ライセンスとしての性格及び不均衡性）に照らして，「本件無償許諾条項等の制約の程度，内容が，

国内端末等製造販売業者の研究開発意欲を阻害するおそれがあるものと推認できる程度に不合理か否か。」(上記2.(2))となっている。

(2) 研究開発意欲を阻害するおそれを推認させるとする3つの根拠の排斥
　そこで，改めて上記イについて，審査官が挙げた3つの根拠が排斥されたポイントについて整理する。それにより見えてくるのは，本件事案における，「技術的必須知的財産権」と「商業的必須知的財産権」との違いが持つ意味と，それに関連して「シングルチップ化」(1つの半導体集積回路に各種機能をまとめて登載すること)という動向が生じていたことの意味である。

ア．本件無償許諾条項等の適用範囲が広範であること
　まず，①本件無償許諾条項等の適用範囲が広範であることに関しては，審査官の主張を排斥するポイントの1つとして，「他の事業者の製品との差別化の要素となる商業的必須知的財産権については，上記の国内端末等製造販売業者14社全てとの間の本件ライセンス契約において，改良期間は無期限とされておらず，いずれも本件ライセンス契約の発効日から■〜■以内と定められている」ことが挙げられていた。その際，この改良期間は，被審人が国内端末等製造販売業者に対して実施権を許諾する商業的必須知的財産権の実施権と共通のものであることも，併せて指摘されていた。

　なお，①本件無償許諾条項等の適用範囲が広範であることの関連では，「シングルチップ化」により，本件ライセンシーの「商業的必須知的財産権」が権利消尽してしまうということも指摘されていた。すなわち，「CDMA携帯無線通信に係る信号処理のほか，携帯電話端末の消費電力を低減する電力消費節減機能，音楽再生や動画表示を実現するAV機能等の各種の機能」がシングルチップ化されて1つの半導体集積回路に搭載されることにより，国内端末等製造販売業者等の保有する「技術的必須知的財産権のほか，多くの商業的必須知的財産権も権利消尽の対象となり得る」ことになってしまうという懸念である。この点についての本件審決の判示は，結論から言えば，権利消尽をめぐる議論自体に対して直接的な回答を述べているというよりも，それ故に「本件無償許諾条項等の適用範囲が広範である」というべきか否かについて回答するにとどまるものとなっている。すなわち，「シングルチップ化や実施権を許諾されて知的財産権を用いた商品の顧客の数が多数となることにより，一方で，被審人が権利主張することができなくなる範囲も広がることになるのであって，国内端末等製造販売業者が本件無償許諾条項等によって権利行使をすることができなくなる知的財産権の範囲だけが一方的に広範であるということはできない。」との判示である。

イ．本件無償許諾条項等が無償ライセンスとしての性質を有すること
　②本件無償許諾条項等が無償ライセンスとしての性質を有することに関する審査官

の主張のポイントとなったのは，「『本件無償許諾条項及び被審人等に対する非係争条項』について，（単に，形式的に被審人から国内端末等製造販売業者への金員の支払がないということにとどまらず）本件無償許諾条項及び被審人等に対する非係争条項は，その対象となる国内端末等製造販売業者の知的財産ポートフォリオの価値を検討，評価し，その結果を前提としてロイヤルティ料率及びその他の契約条件を調整したものではないという点で，無償ライセンスとしての性質を有する。」という点であった。

　本件審決は，この点について，全14社のうち３社が，特にその「商業的必須知的財産権について，本件無償許諾条項による実施権の許諾の対象とせずに，被審人等に対する非係争条項を規定してその対象としたり，被審人の顧客が国内端末等製造販売業者に対して権利主張する場合や被審人の製造したチップと第三者の製品とが組み合わせられた場合に，当該国内端末等製造販売業者による権利主張を可能としたり，被審人等に対する非係争条項において権利主張をしないと約束する範囲を定める『部品』や『顧客部品』の定義を限定したり，被審人等に対する非係争条項において権利主張をしないと約束する相手方から被審人の顧客を除外したり，契約時に支払われる一定額の金員（一時金）を減額したりして，本件無償許諾条項等を含む本件ライセンス契約における契約条件の調整を行っている。」ことを指摘していた。

ウ．本件無償許諾条項等が不均衡であること
　さらに，③本件無償許諾条項等が不均衡であることについては，結論としては，本件ライセンス契約がクロスライセンス契約であることを理由に，審査官の主張は比較的簡潔に排斥されていた。

(3) 技術的必須知的財産権と商業的必須知的財産権の区別
　上記から，本件事案では，技術的必須知的財産権と商業的必須知的財産権との区別を前提に，少なくとも３社の国内端末等製造販売業者により，特に後者の扱いを慎重にしようとする行動が採られていたということが分かる（後掲の【交渉状況整理表】参照）。
　そして，被審人も，ある程度その要請に応じていたということからは，それらの国内端末等製造販売業者の認識と行動は，客観的にも合理的と認められていたことがうかがわれる。
　この点，審査官が示していた懸念は，「シングルチップ化」により，国内端末等製造販売業者等の保有する「技術的必須知的財産権のほか，多くの商業的必須知的財産権も権利消尽の対象となり得る。」というものであった。これに対して，本件審決が示していたのは，およそ権利消尽の対象となるようなことは「あり得ない」というような趣旨ではなく，あくまで，「被審人が，本件無償許諾条項及び被審人等に対する

非係争条項の対象となる知的財産ポートフォリオの価値を検討，評価し，その結果を前提としてロイヤルティ料率及びその他の契約条件を調整していないと認めることはでき（ない）」というにとどまっていた。

【交渉状況整理表】

	無償許諾条項の範囲	被審人等に対する非係争条項の有無（後掲※１）	「確認書」（後掲※２）の提出の有無	事業概要
Ａ１《現Ａ２》	技術的必須知的財産権及び商業的必須知的財産権とすることを了承		技術的必須知的財産権について確認書提出	
Ｂ	同上		同上	H12からH21の間の我が国の主要な国内端末等製造販売業者。H16.4.1より事業を《H》に移管。基地局の製造，販売も行っていた。
Ｃ	同上		同上	H12からH21の間の我が国の主要な国内端末等製造販売業者。基地局の製造，販売も行っていた。CDMA携帯電話端末等に使用される半導体集積回路も製造
Ｄ	範囲を狭めることを希望し，技術的必須知的財産権のみを規定	無償許諾条項に替わるものとして，商業的必須知的財産権について規定	同上	H12からH21の間の我が国の主要な国内端末等製造販売業者。基地局の製造，販売も行っていた。CDMA携帯電話端末等に使用される半導体集積回路も製造
Ｅ	技術的必須知的財産権及び商業的必須知的財産権とすることを了承		同上	H12からH21の間の我が国の主要な国内端末等製造販売業者
Ｆ	同上	規定あり。	同上	H12からH21の間の

		ただし，別途本件無償許諾条項（左記）が規定されていることから，実質的に意味のない条項となっている。		我が国の主要な国内端末等製造販売業者。H20.3.3に事業を終息させる旨公表。基地局の製造，販売も行っていた。
G	同上			H12からH21の間の我が国の主要な国内端末等製造販売業者。H16.4.1より事業を子会社の《H》に移管
I	同上			H12からH21の間の我が国の主要な国内端末等製造販売業者
J	同上			H12からH21の間の我が国の主要な国内端末等製造販売業者。H20.4.1に事業を《I》に譲渡
K	同上			H12からH21の間の我が国主要な国内端末等製造販売業者
L1	範囲を狭めることを希望し，技術的必須知的財産権のみを規定。 　また，一定の「部品」の第三者への販売等について，技術的必須知的財産権の実施権を許諾していないほか，実施権を許諾する知的財産権の範囲を一部限定している。	無償許諾条項に替わるものとして，技術的必須知的財産権及び商業的必須知的財産権について規定		H12からH21の間の我が国の主要な国内端末等製造販売業者。H15.1.1に《L2》から社名変更。基地局の製造，販売も行っていた。CDMA携帯電話端末等に使用される半導体集積回路も製造

※1　本件ではこれとは別に，被審人のライセンシーに対し，そのCDMA携帯電話端末等の製造販売等について，自己の知的財産権に基づく権利行使を行わない旨を約するという，「被審人のライセンシーに対する非係争条項」があり，国内端末等製造販売業者らは，これに応じていたとされている。
※2　「標準規格の名称，該当工業所有権（技術的必須知的財産権）及び実施を許諾するに当たっての対価等の条件等を明示した上で，当該必須の工業所有権について，所定の取扱いを選択する（当該標準規格を使用する者に対し，適切な条件の下に，非排他的かつ無差別に当該必須の工業所有権の実施を許諾する。）ことを確認する旨の確認書」

4．本件事案の結論と今後の同種事案の法的検討における規範

(1) 証拠不十分による判断の留保

以上を翻って見たときに，特に本件事案が全くの「違反なし」とされたのか否かという点については，一定の留保が必要である。例えば，本件審決では，「他の事業者との差別化を図るために必要となる商業的必須知的財産権については…本件無償許諾条項等が規定された本件ライセンス契約により，国内端末等製造販売業者による製品の差別化が実際に困難となったと認めるに足りる証拠はないといわざるを得ない。」ということで，判断に証拠不十分の留保が付けられていた。

また，「シングルチップ化」による，国内端末等製造販売業者等の保有する「技術的必須知的財産権のほか，多くの商業的必須知的財産権も権利消尽の対象となり得る。」という懸念についても，判示はあくまで，「被審人が，本件無償許諾条項及び被審人等に対する非係争条項の対象となる知的財産ポートフォリオの価値を検討，評価し，その結果を前提としてロイヤルティ料率及びその他の契約条件を調整していないと認めることはでき（ない）。」ということにとどまっていた。

今後の同種事案においては，このように，証拠不十分により判断の留保されていた部分について配慮した上での法的検討が求められる。

(2) 有効に機能し得る規範
ア．「研究開発意欲を阻害するおそれ」という規範の有効性

Ⅱの冒頭で述べたように，本件事案と同種の行為が，今後，公取委による行政処分の対象となり，あるいはその不服申立て手続において裁判所による審理判断の対象となる場合には，おそらく，引き続き「研究開発意欲を阻害するおそれ」という規範に照らした判示が下されるであろうというのが，おおむねの理解であると思われる。

反面，この規範は，行為規範として，上記のように，判断の留保されていたような部分についての法的検討においても有効に機能し得るだろうか。

本件事案は，要するに，「CDMA携帯無線通信に係る信号処理のほか，携帯電話端

末の消費電力を低減する電力消費節減機能，音楽再生や動画表示を実現するAV機能等の各種の機能を半導体集積回路に搭載するシングルチップ化」という状況下で，特に，「他の事業者の製品との差別化の要素となる商業的必須知的財産権」をめぐって，いわば技術的必須知的財産権をテコに，商業的必須知的財産権を本件無償許諾条項等の対象とすることをめぐるせめぎ合いであったと言える。

　まず，改めて振り返ると，クアルコムの有するCDMA関連特許については，すべての国内端末等製造販売業者が需要者であり，そのライセンスを受ける立場にあるが，その他の関連特許については，国内端末等製造販売業者は，自身の開発した技術の供給者であるとともに，他の国内端末等製造販売業者の開発した技術については需要者の立場となる。

　このため，仮に，「商業的必須知的財産権」もまた「シングルチップ化」という状況下で，「技術的必須知的財産権」と同様に，契約関係者にとって「必須」のものであったとすれば，クロスライセンス契約により，自ら開発した「商業的必須知的財産権」が他の国内端末等製造販売業者に無償で使われ，新たな技術のための研究開発活動への再投資に充当されるべき当該ライセンス料が得られないことが，その限りでは「研究開発意欲を阻害するおそれ」につながるとしても，自らもまた，「シングルチップ化」を利用し，他の国内端末等製造販売業者の開発した「商業的必須知的財産権」を無償で使うことができ，そのライセンス料負担が不要となるという関係性が生じ得る。そうであるとすれば，新たな技術のための研究開発活動への再投資予算の確保の点からは「研究開発意欲」に対し，全体として，プラスの効果を有する場合もあると言える。

　さらに，自身の開発した技術（特許発明）を他の事業者との差別化を図るために利用したいと考える事業者においては，当該特許をクロスライセンスの対象に加えないこととすれば，製品差別化が実現したか否かはさておき，当該事業者の「研究開発意欲」が阻害されることとはならない。

　したがって，シングルチップ化という状況下でのクロスライセンスにより，国内端末等製造販売業者の研究開発意欲を阻害するおそれにつながるとは必ずしも言えない。

　他方，本件事案では，上記のとおり，「技術的必須知的財産権」と「商業的必須知的財産権」との間に，前者は携帯電話端末等で利用されるチップに「必須」であるが，後者は「必須」でなく，シングルチップ化という状況の中で「利用される場合がある」というに過ぎなかったという明解な境界が存在し，それが関係事業者によって共通に認識されていた。

　さらに，「技術的必須知的財産権」のライセンスをクアルコムから受けることが不可欠である国内端末等製造業者においては，その開発した「商業的必須知的財産権」

の内容も多岐にわたることから，クアルコムとのクロスライセンス契約交渉の結果として自身の開発した「商業的必須知的財産権」の無償許諾に応じる場合のほか，当該技術の高い商業的価値を戦略的に活用するために，クアルコムへの無償許諾に難色を示す場合もあったと思われる。ただし，その帰結は交渉次第であったと言える。したがって，自身の開発した技術（特許発明）を他の事業者との差別化を図るために利用したいと考える事業者において，当該特許をクロスライセンスの対象に加えないという途が閉ざされてしまう可能性があったということになる。

　そして，そのような状況の下，特に半導体集積回路すなわちチップの製造も行い，その分野でクアルコムと競争関係に立ち得る国内端末等製造販売業者は，その製造等のために必須である「技術的必須知的財産権」のライセンスは必要不可欠であるものの，そのために必須ではない「商業的必須知的財産権」のライセンスは，むしろ不要という状況にあったかもしれない（その場合，そこに「取引の強制」の側面が認められることになる。なお，クアルコムと競争関係に立たない国内端末等製造販売業者においても，利用する予定のない「商業的必須知的財産権」も併せてライセンスされたという点においては，「取引の強制」の側面はあったと言える。)。

　さらに，上記の国内端末等製造販売業者は，自らの半導体集積回路製品の差別化のためには，「技術的必須知的財産権」について取引関係に入ることを契機に，自らの開発した「商業的必須知的財産権」についてまで取引を余儀なくされることは望まないという強い反発から，その除外を求めていたと思われる。

　こういった，本件事案における「取引の強制」的な側面と，それによる反競争的効果については，本件審決の判示からは直ちに明確に理解できる状況にはない。しかしながら，いずれにせよ，上記のように知的財産権をめぐる様々な状況において，被審人のように，必要不可欠な「技術的必須知的財産権」を有する事業者が，競争上優位に立つための事業戦略の立案検討を進めるにあたり，例えば，クロスライセンスの要求に対し，個別の競争相手や取引先が何らかの反発を示すことは十分に予想される。その場合，その理由や動機といった内部事情を逐一推察して，当該競争相手や取引先の「研究開発意欲を阻害するおそれ」をもたらすか否かの観点から，自己の行為の当否を評価することは通常極めて困難であろうと思われる。

　本件事案においても，本件ライセンス契約締結後に，国内端末等製造販売業者が携帯電話等の通信分野において積極的に技術開発を行い，特許出願を行っているとの事実が認められているところであり，それにもかかわらず，自己の行為が競争相手や取引先の「研究開発意欲を阻害しているおそれがある。」との判断に至ることはおおよそ不可能であろう。

イ．「抱き合わせ」の観点からの反競争的効果の有無を規範とすることの検討

ここで改めて，Ⅰの末尾で指摘した点を再掲する。

「本件事案では，チップの製造を業とする（その意味でクアルコムと競争関係に立ち得る）者が，本件ライセンシーの中に複数見受けられていた。少なくとも，それらの事業者にとっては，自己の製品の差別化の可能性確保は重要な課題であったのではないかと推測される。現に，本件ライセンシーには，クロスライセンス条項の対象に商業的必須知的財産権まで含められてしまうことに同意せず，別途，クロスコベナント条項を設けることで，自己の要請とクアルコムの要請との調整を甘受したと思われる者もあった。この懸念は，『シングルチップ化』により，その技術がクアルコムのチップにも利用されることで，多くの商業的必須知的財産権も権利消尽の対象となり得るという，審査官の主張とも通底する部分があるように思われる。本件審決からは明らかではないが，各契約条項によって『シングルチップ化』という『機能』の観点での『抱き合わせ』というべき行為が可能となっていたなら，その反競争的効果を問う余地もあったのではないか。」

(ア)　「他の商品性」が認められるか否か

抱き合わせの要件については，一般に，①主たる商品と従たる商品が別個の商品であること，②取引の強制があること，③公正競争阻害性が認められること，と解されている。

このうち，①については，国内外の議論において，一方で，組み合わされた商品の内容・機能が抱き合わせ前のそれぞれの商品と比べて実質的に変わっていれば，1個の特徴を持つ単一の商品であって「他の商品」とは言えないという考え方もあれば，組み合わされた商品の機能よりもむしろ，それぞれの商品（特に組み合わされた従たる商品）自体に対する需要の有無を重視すべきであり，例えば従たる商品に特化した事業者が存在するなら「他の商品」性が肯定され得るという考え方もある。

本件においては，シングルチップ化により，クアルコムの技術的必須知的財産権に，他の事業者の開発に係る多くの商業的必須知的財産権が組み合わされて実施され，チップとして販売された。これは，携帯電話端末等製造に必須の特許発明に加え，商業上有用な種々の「商業的必須知的財産権」をワンストップショップにおいて一度にまとめて入手することができる単一の商品であると見ることもできるが，既に述べたように，「商業的必須知的財産権」に係る技術を開発した事業者の中には，他の事業者との製品差別化を図るための競争手段として当該技術を積極的に活用したいとする事業者もいたことから，「他の商品」性が肯定されるとも言える。

(イ)　取引の強制性と公正競争阻害性

「取引の強制」すなわち「従たる商品を購入させる」とは，一般に，従たる商品を

購入しなければ主たる商品を供給しないという関係にあることを言い，強要行為は必要ではないとされる。

また，公正競争阻害性については，①顧客の商品選択の自由を妨げるおそれのある競争手段として，能率競争の観点から見て不公正であるとの側面と，②主たる商品市場において有力な事業者が抱き合わせ行為を行うことにより，従たる商品市場における自由な競争を阻害するおそれがあるとの側面から判断される。

この点，携帯電話端末等の製造にあたり，組み合わされて実施された種々の商業的必須知的財産権は無償で利用でき，また，利用しないことも自由であり，それによって製品の機能に支障は生じないということであれば，結果として「顧客」の立場としての国内端末等製造販売業者の技術選択の自由を妨げるおそれはなかったと言えるかもしれない。

しかしながら，自らの技術開発に係る商業的必須知的財産権について，クロスライセンス契約において取引を余儀なくされることは望まないという強い反発を示した「供給者」としての事業者にとっては，当該商業的必須知的財産権が「商業的必須知的財産権」の市場において無力化されてしまうことを余儀なくされ，製品差別化のため自ら当該商業的必須知的財産権を活用することを阻まれ，「商業的必須知的財産権」の取引市場から排除され，自由な競争を阻害するおそれにつながったとの見方も可能である。さらには，シングルチップ化という状況の中で，それらの事業者が自己の製品を差別化させることを困難にし，ひいては「チップ」の取引市場から排除されるおそれにつながったとの見方も，不可能ではないと思われる。

(ウ) 典型的な「抱き合わせ」事例との相違

このように，本件事案を「抱き合わせ」という視点で検討しようとすることについては，従来「抱き合わせ」として処理されてきた事案との相違という点で，少なくとも以下のような点での違和感が生じ得る。

例えば，本件事案は，単純に，「クアルコムとして，その保有する『技術的必須知的財産権』と『商業的必須知的財産権』とを抱き合わせてライセンス供与した。」というものであったのか否かが不明であり，むしろ「商業的必須知的財産権」は，少なからず他のライセンシーが保有するものを（多数当事者間でのクロスライセンスを通じて）共同して利用することを可能としたに過ぎないのではないか，少なくとも「従たる市場」における自己の地位を強化しようとしたものとは言えないのではないか，ということがあり得る。この点は，本件審決からは明らかではないが，結局のところ，事実関係次第であると言える。例えば，一般指定10項において「自己の指定する事業者と取引するように強制すること。」とされているように，取引強制の相手は必ずしも「自己」には限られていないことを含めて，そういった取引の強制により反競争的

効果が生じていると認められるならば、独禁法違反が疑われるべき状況にあったと言える。

また、抱き合わせを検討する際に、「従たる市場」と位置付けられることになる「商業的必須知的財産権」の分野において、例えば、クアルコムの保有に係る権利と、本件事案のDやL1らが保有していた権利とは、代替関係というよりもむしろ補完関係にあったのではないか（その場合、両者は競争によって排斥し合う関係には立たない。）、ということがあり得る。この点も、本件審決からは必ずしも明らかではなく、事実関係次第である点は上記と同様である。ただし、本講において繰り返し指摘してきたように、少なくともこのDやL1は、自らの「商業的必須知的財産権」がクロスライセンスに含められてしまうことを拒絶したのであり、その「商業的必須知的財産権」が、「技術的必須知的財産権」とは異なり、専ら差別化のために利用されるものであったことからすれば、そこには、相互に補完し合って1つの機能を実現するような関係ではなく、差別化という場面で相互に競い合い、排斥し合う関係にあるものも存在し得たものと思われる。その場合、本来であれば、クアルコムから提供される「商業的必須知的財産権」（さらにはチップ）に対抗する競争単位として存在し得たはずの権利（さらには競合チップ）が、クアルコムのライセンス戦略によって排斥されていた可能性があった、ということになる。

さらに、いわゆる抱き合わせの典型例（表計算ソフトとワープロソフトを抱き合わせることで、競合ワープロソフトに対する市場閉鎖効果が生じる。）において、その反競争的効果は、従たる市場における商品の代替性と、顧客による商品選択とが媒介となって生じるのが通常であるとされる。この点、本件事案では、仮にDやL1といった事業者が「商業的必須知的財産権」の取引分野から排除されるとしても、それは顧客による商品選択を経て生じるものではない。むしろ、クアルコムにより実施権として召し上げられてしまうことで、顧客による商品選択に委ねられる機会すら得ることなく、無力化されてしまうことになる。これは、競争関係に立ち得る事業者間での知的財産権をめぐるクロスライセンス取引故の特徴と言えよう。取引を強制し得る立場にある事業者が、そのクロスライセンス取引の対象に、例えば本件事案の「商業的必須知的財産権」を併せ含めることで、取引相手の商品差別化の機会を、顧客による商品選択を経る機会すら与えることなく、事前に封殺してしまうことすら可能となり得ることになる。

なお、本講の文末に、【参考】としてマイクロソフトによる非係争義務（NAP条項）事件の審決において判示された概要を示す。

その関係事実欄に記載のとおり、同事案における非係争条項は、「被審人、被審人の子会社又は製品の使用の許諾を受けている者」を対象としていた。これに対して、

本件事案では，クアルコムとの交渉を経て，Ｄの場合は権利主張を行えなくなる相手方は「被審人等」であり，Ｌ１の場合は「被審人等と被審人等から被審人の『顧客部品』を購入してこれを製品に組み込んだ顧客（『顧客部品』とそれ以外の製品とを組み合わせることによる権利侵害をした顧客を除く。）」とされていた。このように，同じ「非係争条項」という名称であっても，それにより権利主張できなくなる相手方の範囲や，その実務的な意味は，相互に異なっていた。そして，その実務的な意味合い（その影響の及ぶ範囲の広さ）において，このマイクロソフトによる非係争条項をめぐる状況は，むしろ本件事案における無償許諾条項を含むクロスライセンス全般を含む状況に近かったと捉えることができる。

ウ．NTT東日本事件及びJASRAC事件と共通する人為性の存在

第11講では，NTT東日本事件最判（平22・12・17）を取り上げ，排除行為該当性について，排除の意図に基づく明確な抑圧的行為である必要はないが，正常な競争的活動に当たる行為が排除行為に当たると判断されることのないようにするために，「人為性」の概念が排除行為該当性の判断における充足要件として求められることとなったことを述べた。

さらに，第12講で取り上げたJASRAC事件の最判調査官解説では，同最判が（行為の人為性の有無に関して）「ほとんど全ての放送事業者が包括徴収による利用許諾契約の締結を余儀なくされて」いたことに言及していた点について，当該行為が（排他条件付取引と同様に）「利用許諾契約の相手方（放送事業者）の取引の自由を制約するという側面を有し，その制約を通じて競争者（他の管理事業者）の取引機会を不当に減少させていると評価することができる。」ところに，人為性が肯定される理由を認めたものと説明されていた。

本件事案においても，クアルコムによるライセンス方針は，クロスライセンスという建付けを利用しつつ，契約相手にもその保有する商業的必須知的財産権を取引の対象に含めることを余儀なくさせる（抱き合わせる）ことによって，商業的必須知的財産権の自由な取引を制約するという側面もあり得るのであり，その制約を通じて，商業的必須知的財産権を自ら開発した事業者の取引の機会を不当に減少させているという評価も可能であり，それが人為性を肯定させる理由となり得る。

なお，上記の抱き合わせという観点からの検討は，「商業的必須知的財産権」に係る技術開発を行う事業者の排除の観点からの検討を指しているが，それは，「研究開発意欲を阻害するおそれ」という観点からの検討と全く異質のものというわけではないとも思われる。

Ⅰの３．補論において，「思うに，『研究開発意欲を阻害するおそれ』については，仮にその意欲が阻害されず研究開発が然るべく行われる場合に生み出される成果があ

るとして，一般に，研究開発活動自体には取引や市場を想定し得ないので，技術開発競争への影響は，研究開発活動の成果である将来の技術や当該技術を利用した製品の取引における競争に及ぼす影響によって評価すべきことが指摘されていることを踏まえると，競争への影響についての考え方として，（新商品開発等の意欲が損なわれること等による）新規参入の排除（市場閉鎖）の観点からの検討に置き換えることも可能であるように思われる。」と述べたのも，そのような趣旨である。

5．本講のまとめ

　本件のような事案を抱き合わせという観点から検討するという上記の趣旨を，より一般的な形で言い換えるとすれば，「例えば『非係争条項』というような，ある契約条項についての呼称を頼りに，それに関する法的検討を行う（公取委の知財ガイドライン中の『非係争義務』に関する記載の箇所に照らして検討し，かつそれにとどめる。）ということではなく，その契約条項が当事者間で実施される際の周辺事情も取り込んだ上で，適用され得る法条の選択ということを含めた検討を行う。」ということと同義である。

　あるいは，**第9講**で取り上げたソニー・コンピュータ・エンタテインメント事件の中で議論となった「横流し禁止」行為と，その関連で言及されていた花王事件の「横流し禁止」行為のそれぞれを検討する際にも，同様に妥当すると言える。

　ただし，念のため，本講で述べている趣旨は，抱き合わせの成否という観点からの検討が行われていれば本件事案の結論は異なっていたはずである，といったことを指摘しようとするものではない。いずれにしても結論は異ならなかった可能性もあるが，少なくとも法令遵守の観点から見て，抱き合わせという違反行為についての懸念を念頭において行動を律することとした方が，事業者側としての行動規範として，より明解なのではないかということを指摘しようとするものである。加えて，本件事案のDやL1といった相手側の立場として，自らの利益を守るための独禁法の活用法を検討しようとするものである。

　すなわち，本件事案において「本件無償許諾条項『等』」としてライセンス契約の相手方に対して一律に課されていたかの如くであった契約条件は，内実としては，相手方ごとに，個別の交渉を通じて，内容（拘束の範囲や程度）に適宜調整が加えられていた。そして，その主要な調整の1つが，「技術的必須知的財産権」と「商業的必須知的財産権」とを分けて，後者を無償許諾の対象から外すというものであった。そのような対処が，本件事案を抱き合わせの成否という観点から見ても（違反の成立を回避するために）十分なものであったのか否かは不明である。しかしながら，少なくとも，その嫌疑の程度を低減させるために有効な対処であったとは言える。また同時

に，そのような対処を行ってもなお，クアルコム側として，目指すべき事業上の戦略目標の達成手段としての機能は損なわれない（だからこそ，そのような対処がなされ得た。），ということであったものと推察される。

そして，法的評価の検討の場面でも，このような対処（実施に際しての軌道修正といった周辺事情）も取り込んだ形での検討が行われるべきであり，そういった検討への取込み作業は，「少なくとも一部の契約相手との関係では『商業的必須知的財産権』を無償許諾の対象から外した。」という事実を，より明示的な形で把握可能にしておくことで，より良くなされ得る。

抱き合わせの成否という発想が本件のような事案において有益であるという指摘は，上記のような趣旨からのものである。

そして，事業戦略の立案検討や，事後的な社内調査においては，まさに，その行為（競争戦略）の肝となる部分で，その実施態様を含め，何は譲ることができて何が譲れないか，譲ることができないとしてその理由は何か，ということについての理解から，その法的検討のあり方への重要な示唆を得ることができるものと思われる（譲歩できない施策と，それによって意図されている戦略目標とが，状況次第では，時に，排除の意図や目的と評されることになり，あるいは行為についての人為性ありとされる要因となる。）。

また，本件事案のDやL1のような立場に立つ事業者の視点から見ても，行為が自らに及ぼす影響（本件事案では，自ら保有する「商業的必須知的財産権」を，他社製品からの差別化のために活用することに支障が生じ得ること）と，その点についての独禁法的観点からの評価検討を行うための視座を，より広く持つことは，あるべき救済を求める上で極めて重要である。

【参考】

マイクロソフト NAP 事件（審判審決平20・9・16審決集55巻380頁）

事件の概要
1．前提事項
　（1）手続的経緯
　　　NAP の廃止宣言　　　　　　　平成16年2月20日ころ
　　　立入検査　　　　　　　　　　平成16年2月26日
　　　勧告　　　　　　　　　　　　平成16年7月13日
　　　NAP 削除後の OEM 契約開始　　平成16年8月1日

審判開始決定	平成16年9月1日
審決	平成20年9月16日

(2) OEM 契約

　平成13年以降に「Windows XP」、平成18年以降に「Windows Vista」の使用の許諾をそれぞれ開始して、ウィンドウズシリーズのバージョンアップを行っている。

　ウィンドウズシリーズのパソコン用 OS の全世界における市場に占める比率は、平成8年ころには70パーセントを超え、平成9年ころに80パーセントを超え、平成12年ころに90パーセントを超え、平成15年には約94パーセントに達している。

直接契約：パソコン製造販売業者と直接に契約交渉して、ウィンドウズシリーズの OEM 販売契約を締結。
間接契約：販売代理店を通じて、ウィンドウズシリーズが記録された記録媒体を、パソコン製造販売業者及び CPU やマザーボードといったパソコンを構成する部品（「パソコンパーツ」）の販売を営んでいる事業者に対して販売することにより、ウィンドウズシリーズの OEM 販売を許諾。
<u>直接契約の場合には、ロイヤリティが、間接契約の場合に比べ低くなる。</u>
<u>直接契約には非係争条項があるが、間接契約にはない。</u>

(3) 非係争条項（NAP 条項：Non-assertion of Patent）[4]

① 当該契約によって被許諾者が使用の許諾を受けている製品に係る被許諾者の特許権の侵害について、当該被許諾者は、被審人、被審人の子会社又は製品の使用の許諾を受けている者に対し、訴えないこと及びあらゆる種類の司法上、行政上その他の手続において手続の提起、訴追、支援又は参加をしないことを誓約する旨の規定

② 当該契約によって被許諾者が使用の許諾を受けている製品に含まれている特徴及び機能が当該製品の将来製品、交換製品又は後継製品に含まれている場合には、当該将来製品、交換製品又は後継製品に含まれる当該特徴及び機能は、当該契約によって被許諾者が使用の許諾を

4　一般には Covenant not to sue（CNS）条項と称され、特に対象が Patent である場合には、Non-assertion of Patent（NAP）条項と称されるとも説明されている。

受けている当該製品の一部とみなし，これに係る被許諾者の特許権の侵害について，当該被許諾者は，被審人，被審人の子会社又は同製品の使用の許諾を受けている者に対し，訴えないこと及びあらゆる種類の司法上，行政上その他の手続において手続の提起，訴追，支援又は参加をしないことを誓約する旨の規定

（審決主文第1項）

(4) 関連技術

AV機能：デジタル化された音声又は画像を視聴できるようにするための機能。「Windows Media Player」と称するアプリケーションソフトウェアであるメディアプレーヤー等をウィンドウズシリーズに組み込むとともに，ウィンドウズシリーズの機能拡張に合わせて，「Windows Media Player」等の機能を拡張するなど，ウィンドウズシリーズのAV機能を拡張している。

AV技術：テレビ，CD，DVD等のオーディオやビデオ関連機器において，AV機能を実現させるための技術をいい，これには，音声データ及び画像データの圧縮・伸長技術（「コーデック技術」）である「MPEG」規格，Digital Right Management技術（送信する情報の著作権を管理するための処理を施すためのデジタル著作権管理技術。「DRM」）及びテレビ番組を録画するためにテレビの番組表を表示する「EPG」（電子番組ガイド）等が含まれる。

パソコンAV技術：パソコン上で，インターネット等における音声データ及び画像データを保存せず（「ストリーミング方式」），又はハードディスクに音声データ及び画像データを保存して（「ダウンロード方式」），パソコンに付属若しくはダウンロードした「Windows Media Player」，「Real Player」，「iTunes」等のメディアプレーヤーソフトウェアを使用して再生し，それを視聴するなど，AV機能をパソコン上で実現するために必要となる技術。特に，デジタル化された音声データ及び画像データの圧縮・伸長技術，配信技術や課金技術等が，パソコンAV技術の中核的技術とされる。

2．本件の争点

(1) 公正競争阻害性の判断基準

(2) 本件非係争条項の不合理性

(3) OEM業者は，本件非係争条項が付された直接契約の締結を余儀なくされていたか否か
(4) 平成16年7月31日以前においてOEM業者のパソコンAV技術の研究開発意欲が損なわれる高い蓋然性が存在したか否か
(5) 平成16年8月1日以降においてもOEM業者のパソコンAV技術の研究開発意欲が損なわれる蓋然性が高いか否か
(6) 本件非係争条項によるパソコンAV技術取引市場における競争への悪影響の有無
(7) 本件非係争条項によるパソコン市場における競争への悪影響の有無
(8) 本件非係争条項は正当化事由を有するか否か
(9) 排除措置の相当性

3．知的財産ガイドライン
　第1　はじめに
　第2　独占禁止法の適用に関する基本的な考え方
　第3　私的独占及び不当な取引制限の観点からの考え方
　第4　不公正な取引方法の観点からの考え方
　1　基本的な考え方
　2　技術を利用させないようにする行為
　3　技術の利用範囲を制限する行為
　4　技術の利用に関し制限を課す行為
　5　その他の制限を課す行為
(1)〜(5)略
(6) 非係争義務
　ライセンサーがライセンシーに対し，ライセンシーが所有し，又は取得することとなる全部又は一部の権利をライセンサー又はライセンサーの指定する事業者に対して行使しない義務（注17）を課す行為は，ライセンサーの技術市場若しくは製品市場における有力な地位を強化することにつながること，又はライセンシーの権利行使が制限されることによってライセンシーの研究開発意欲を損ない，新たな技術の開発を阻害することにより，公正競争阻害性を有する場合には，不公正な取引方法に該当する（一般指定第12項）。
　ただし，実質的にみて，ライセンシーが開発した改良技術についてライセンサーに非独占的にライセンスをする義務が課されているにすぎない場合は，

後記(9)の改良技術の非独占的ライセンス義務と同様，原則として不公正な取引方法に該当しない。

（注17）　ライセンシーが所有し，又は取得することとなる全部又は一部の特許権等をライセンサー又はライセンサーの指定する事業者に対してライセンスをする義務を含む。

4．審決の認定（要旨）

　被審人は，遅くとも平成13年1月1日以降平成16年7月31日まで，パソコン用OS市場における有力な地位を利用して，パソコンAV技術取引市場における有力な競争者であるOEM業者に対して，**極めて不合理な内容**である本件非係争条項の**受入れを余儀なくさせた**ものであり，当該行為は，OEM業者の**パソコンAV技術の研究開発意欲を損なわせる高い蓋然性を有する**ものである。また，直接契約から本件非係争条項が削除された平成16年8月1日以降においても，**本件非係争条項の将来的効力**により，OEM業者の**パソコンAV技術に対する研究開発意欲が現在に至るまでなおも損なわれている高い蓋然性を有する**ものであり，**これらにより**，本件非係争条項は，**パソコンAV技術取引市場におけるOEM業者の地位を低下させ，当該市場における被審人の地位を強化**して，公正な競争秩序に悪影響を及ぼすおそれを有するものである。

　そして，本件非係争条項には，**パソコンAV技術取引市場**における公正な競争秩序への**悪影響を覆すに足りる特段の事情**も認められないことから，平成13年1月1日以降における被審人及びOEM業者の間の本件非係争条項の付された直接契約の締結並びに本件非係争条項によるOEM業者の事業活動の拘束行為は，公正競争阻害性を有し，一般指定告示第13項［当時］の不当な拘束条件付取引に該当すると認められる。

5．各争点について（概要）

(1) 公正競争阻害性の判断基準

　不当な拘束条件付取引に該当するか否かを判断するに当たっては，被審人が主張するような具体的な競争減殺効果の発生を要するものではなく，ある程度において**競争減殺効果発生のおそれ**があると認められる場合であれば足りるが，この「おそれ」の程度は，競争減殺効果が発生する可能性があるという程度の漠然とした可能性の程度でもって足りると解すべきではなく，当該行為の競争に及ぼす

量的又は質的な影響を個別に判断して，公正な競争を阻害するおそれの有無が判断されることが必要である。

被審人は，公正競争阻害性を判断する前提として，まず，**検討対象市場を画定**すべきである旨主張する。しかしながら，本件においては，本件非係争条項により，技術の研究開発意欲が損なわれ，公正な競争秩序への悪影響が及ぶおそれがあることが問題とされているのであるから，まず，どのような技術に係るOEM業者の研究開発意欲が損なわれる蓋然性があるか否かについて検討し，当該研究開発意欲が損なわれることにより影響を受ける取引市場を本件における検討対象市場として，その市場における公正な競争秩序への悪影響の有無を判断すべきである。

(2) 本件非係争条項の不合理性

適用対象となる特許権について：

被審人は，ウィンドウズシリーズで利用されている技術については，特許法第29条第1項の要件を欠き，特許権を取得できないのであるから，本件非係争条項が将来の特許権について適用される余地は無い旨主張するが，被審人はすべてのライセンシーに対してウィンドウズシリーズのリバースエンジニアリングを禁止しており，また，ウィンドウズシリーズの情報は開示されているものではないから，ウィンドウズシリーズに利用されるすべての技術について，必ずしも特許法第29条第1項の要件を欠くこととなるものではない。

適用対象となる製品について：

ライセンス対象製品がOEM業者の特許権を侵害している場合，当該特許権侵害に係る発明又は特徴及び機能が，ライセンス対象製品の将来製品，交換製品又は後継製品（「後継製品等」）において使用されている場合には，後継製品等のライセンス契約に本件非係争条項が存在していなくとも，またOEM業者が後継製品等についてはライセンスを受けていなくとも，ウィンドウズシリーズについてライセンスを受けて，ライセンス対象製品を販売している限り，本件非係争条項の将来的効力により，OEM業者は，後継製品等に含まれる当該発明又は特徴及び機能に関しても，被審人等に対して特許権侵害訴訟の提起等をすることができない。

結論：

本件非係争条項は，OEM業者に対して特許権侵害の主張を可能とするための情報を開示しない状態で，極めて広い範囲にわたるOEM業者の保有する特許権

を，極めて長期間にわたり，事実上，一方的かつ無償で，被審人らに利用させることを可能とさせるものであり，OEM業者と被審人間の均衡を欠いた不合理なものである。

(3) OEM業者は，本件非係争条項が付された直接契約の締結を余儀なくされていたか否か

　被審人のパソコン用OS市場における地位について，平成12年には，ウィンドウズシリーズが全世界におけるパソコン用OSの90パーセントを占め，年々その割合が増加しており，我が国のパソコン用OS市場におけるウィンドウズシリーズの占める地位がそのような状況の例外であるとうかがうべき事情はないから，OEM業者にとって，パソコン製造販売事業を継続するためには，ウィンドウズシリーズのOEM販売の許諾を受けることが必要不可欠であると認められる。また，本件では，OEM業者にとって，最新バージョンのウィンドウズシリーズの販売開始とともに，当該ウィンドウズシリーズを搭載したパソコンを販売していくことが，パソコン製造販売事業を継続していくために必要不可欠であることが認められる。

　間接契約という選択肢について，ウィンドウズシリーズのパソコン用OSに占める地位と直接契約と間接契約の差異に照らすと，事業戦略におけるビジネス判断において，特許権を侵害されていた場合の損害賠償請求権を考慮して契約方法を取捨選択するのが通常であるとは考えられない上，そのような選択は，侵害されている自社特許権の内容をOEM業者が知っている場合に初めて可能なものであるが，被審人はこのための情報を開示しておらず，また，直接契約によるロイヤリティと間接契約によるロイヤリティの価格差に加えて，間接契約による場合には，リカバリーディスクもなく，プロダクトアクティベーションの実施も必要となり，エンドユーザーに対して利便性が損なわれたパソコンしか提供できず，その上，被審人の販売代理店からウィンドウズシリーズが格納されているCD3枚が入った「システムビルダーパック」を購入して，これをインストールすることになるが，大量のハードウェアにウィンドウズシリーズを搭載する方法として，これは極めて非効率な方法であること等をも考慮すると，直接契約と間接契約における差異は甚大である。

　本件非係争条項の削除の可能性について，被審人は，OEM業者との交渉におけるOEM業者の要請に応じて本件非係争条項を頻繁に修正してきており，OEM業者が真摯に交渉すれば本件非係争条項は削除されたと主張するが，被審

人が行った本件非係争条項の修正は，いずれも本件非係争条項が有する事実上の無償のライセンスとしての性質を失わせない範囲内のものであり，これを超えて本件非係争条項の削除の可能性をうかがわせる事情は認められない。また，クロスライセンス契約が締結された場合には，直接契約から本件非係争条項が削除されていることが認められるが，クロスライセンス契約が締結された例は，平成12年ころより前のことであり，それ以降においてクロスライセンス契約が可能となるのは，新バージョンのウィンドウズシリーズに新たに付け加えられた「特徴及び機能」に関して特許権侵害を明白に立証できるだけの根拠となる資料が存在した場合に限られていた。

　OEM業者は，パソコンの製造販売事業を継続するために，新バージョンのウィンドウズシリーズについて直接契約によってOEM販売の許諾を受けざるを得ない状況にいたのであるから，OEM業者は，不合理な本件非係争条項の付された直接契約の締結を余儀なくさせられていたものと認められる。

(4)　平成16年7月31日以前においてOEM業者のパソコンAV技術の研究開発意欲が損なわれる高い蓋然性が存在したか否か

　本件非係争条項は，その将来的効力により，本件非係争条項の対象となる製品がライセンス対象製品のみならず将来製品にも及び，かつ，極めて長期間にわたり，さらに，ウィンドウズシリーズの機能の拡張に伴い，広範な特許権が将来的に無償ライセンスの対象となっていく可能性があるところ，①ウィンドウズシリーズはパソコンOS用市場において，平成15年当時においては94パーセントという高い市場占有率を有していることから，いったんOEM業者の特許権に係る技術がウィンドウズシリーズに取り入れられてしまった場合には，パソコンを利用するほとんどすべての者が当該OEM業者の特許権を利用することができることになり，OEM業者は自社のパソコンAV技術を第三者に許諾するという方法で技術開発の対価を回収することが困難となること，②これらの特許権を利用できる者の中には，当該特許権を開発したOEM業者の同業者である他のOEM業者も含まれているため，OEM業者は自ら開発したパソコンAV技術を第三者に許諾せず自社製品のみに利用して自社製品を差別化するという方法を選択することも困難となること，③ウィンドウズシリーズの技術情報の開示が不十分であって，OEM業者にとって，自社の特許権がウィンドウズシリーズにおいて利用されているかが不明であり，契約締結時の交渉において特許権侵害の主張を被審人に対して行うことができないこと，そして④被審人はウィンドウズシリーズの

AV機能の拡張・強化を行っており，本件非係争条項については，複数のOEM業者が，本件非係争条項が自社のパソコンAV技術に係る特許権に影響を与える旨の懸念を表明して，被審人に対してその削除を要求していたことからも，OEM業者は，現実にも，パソコンAV技術についてウィンドウズシリーズに取り込まれる可能性を認識しつつ，パソコンAV技術を開発しなければならない状況にあったと認められる。これらにかんがみると，本件非係争条項の付された直接契約の締結を余儀なくされることは，OEM業者によるパソコンAV技術の研究開発の意欲を妨げることになるものと推認することができるというべきである。

　審査官は，本件非係争条項により，本来得られるはずのライセンス収入を得ることができず，これを将来の技術開発投資に配分できず，**技術開発の循環システム**に支障を生じさせることも技術研究開発意欲が損なわれることに当たると主張する。証拠によれば，本件事案のライセンシーの一部においては，ライセンス収入の一定割合が技術開発の投資に充てられるシステムを採っていたことが認められ，このようなシステムが各OEM業者に一般的に採用されていたかどうかは明らかではないものの，少なくとも，ライセンス収入の多寡が当該技術部門に係る技術開発の資金の多寡に影響を及ぼすであろうことは容易に推測できるところであるから，審査官の上記主張は，その限度において妥当する。

　AV技術としての利用について，被審人は，パソコンAV技術はAV技術と同一であり，OEM業者は他のAV製品にAV技術を利用することができるのであるから，本件非係争条項によってパソコンAV技術の研究開発意欲は損なわれないと主張する。確かに，パソコンAV技術とは，AV技術を含むものである。しかしながら，パソコンAV技術がAV家電機器にも利用される技術であり，パソコンAV技術が利用される可能性のあるAV家電製品の市場規模が巨大であったとしても，パソコン市場において当該技術を利用できなくなる可能性があることは，そのような可能性が存在しない場合に比べて，事業者の研究開発資金の投入の程度に差異が生じるであろうことは当然予想されるところであり，OEM業者のパソコンAV技術の研究開発意欲が損なわれる蓋然性を覆すものとはならない。

　そして，本件において研究開発意欲が損なわれることが問題とされるパソコンAV技術に係るパソコン市場の市場規模は，約1.6兆円であり，AV家電機器市場の市場規模である約2.3兆円に比べても相当程度の大きな市場規模を有するものであることなどに照らすと，パソコンAV技術に対する企業の資本の投下金額

も本件非係争条項が存在するか否かによって影響されることが推認される。くわえて，AV技術の中にも用途に特化した技術開発が行われていることがうかがわれることなどに照らし，パソコン用に特化したAV技術が少なからずあるものと認められ，このような技術の分野においては，被審人の主張が当たらないことが明らかである。したがって，パソコンAV技術の多くがAV家電機器においても使用することができる技術であったとしても，このことをもってパソコンAV技術に係る研究開発意欲が損なわれる蓋然性が否定されるものではない。

(5) 平成16年8月1日以降においてもOEM業者のパソコンAV技術の研究開発意欲が損なわれる蓋然性が高いか否か

　本件非係争条項における「<u>特徴及び機能</u>」との文言は，その文言自体があいまいであるにもかかわらず，この点について，被審人は，本件事案のライセンシーの1社に対して，「特徴及び機能」かどうかはソフトウェアに存在する機能であって，それがどのように使用されているかではない旨の回答をしているのみであり，その他OEM業者に対して，「特徴及び機能」についての明確な説明を行っていないことにかんがみると，OEM業者の特許権が行使できない対象製品の範囲が不明確といわざるを得ず，また，被審人の恣意的な解釈により「特徴及び機能」の範囲が拡大される可能性も否定できない。

　本件では，平成16年8月1日時点において，既にウィンドウズシリーズにOEM業者が保有するパソコンAV技術の中核的技術が利用されている旨のOEM業者の認識があり，当該認識が合理的な根拠を有するものと認められることから，直接契約から本件非係争条項が削除された後においても，過去の直接契約における本件非係争条項の<u>将来的効力</u>により，OEM業者のパソコンAV技術の研究開発意欲が損なわれる高い蓋然性がなお継続していると認めるのが相当である。

(6) 本件非係争条項によるパソコンAV技術取引市場における競争への悪影響の有無

　本件非係争条項は，パソコンAV技術取引市場におけるOEM業者の地位を弱め，被審人の地位を強化するものである。そして，OEM業者と被審人はパソコンAV技術取引市場において競争者の関係にあり，かつ，OEM業者は有力なパソコンAV技術を保有する事業者であることを勘案すると，本件非係争条項は，被審人のパソコンAV技術に対抗するパソコンAV技術やこれに関する製品の

出現を妨げ，パソコン AV 技術取引市場における競争を停滞，排除させるおそれを有するものであり，パソコン AV 技術取引市場における競争秩序に悪影響を及ぼすものである。また，そのおそれは，平成16年7月31日以前における被審人のパソコン AV 技術取引市場における地位及びそのネットワーク効果をも考慮すると，本件非係争条項が削除された同年8月1日以降現在に至るまで継続されていると認められる。

そして，被審人は，本件非係争条項により，本件事案のライセンシー数社とのメディアプレーヤーに係る競争においても，より低いコストで，安定性の優れたパソコン AV 技術を開発できるという意味において競争上有利な地位を獲得することができることとなる。このような他製品を排除するおそれのある被審人の行為は，様々な品質や性能を有する多様な製品の中から，価格と品質に応じて製品を選択するという消費者の利益を最終的に損なわせることにもつながるものである。

(7) 本件非係争条項によるパソコン市場における競争への悪影響の有無

パソコンの差別化はパソコンにおける AV 機能以外の機能によっても行うことができ，OEM 業者は，様々な戦略をもって，パソコン販売に係る競争を行っていることが認められるのであるから，パソコン市場における公正な競争秩序への悪影響を判断するためには，少なくとも，パソコンにおける AV 機能の役割を含めパソコン AV 技術による製品差別化が困難となることによるパソコン市場における影響の程度についての分析が必要となるが，本件記録上，これらパソコン市場における公正な競争秩序への悪影響を認定・判断するに足りる証拠は十分とはいえない。

(8) 本件非係争条項は正当化事由を有するか否か

平成13年1月1日以降現在に至るまで本件非係争条項の効力が継続することにより，パソコン AV 技術取引市場における公正な競争秩序への悪影響が認められるものであるが，例外的に，本件非係争条項がパソコン AV 技術取引市場における競争を促進する目的・機能を有し，さらに当該目的・機能を達成する手段としての必要性・合理性の有無・程度等からみて，本件非係争条項が公正な競争秩序に悪影響を及ぼすおそれがあるとはいえない事情が認められる場合には，当該事情を公正競争阻害性の判断において考慮する必要がある。

確かに，複数の OEM 業者も，本件非係争条項の利点として，他の OEM 業者

から特許権を行使されないという点を述べており，ウィンドウズシリーズが有するプラットホームとしての機能にかんがみると，その安定性の確保が重要であることは認められる。

　しかしながら，本件非係争条項は，パソコン用 OS 市場における有力な地位を利用して，パソコン AV 技術の競争者である OEM 業者に本件非係争条項の受入れを余儀なくさせて特許権侵害訴訟の提起等を否定するものであり，また，そのことを通じて，パソコン用 OS 市場における被審人の地位を強めるものであるから，そのような不当な手段である本件非係争条項によって被審人の主張するようなウィンドウズシリーズの安定効果が図られるとしても，その競争に対する悪影響の認定を覆すに足りるものとは評価されない。

　さらに，被審人が主張するようなウィンドウズシリーズの安定性は，本件事案のライセンシー数社が指摘するように，本件非係争条項を，特許権による差止請求のみを禁止する内容に変更するという方法や，その他のライセンシー等と締結したクロスライセンス契約等の他の契約を締結する方法など，本件非係争条項に比べより競争制限的ではない他の方法でも達成することが可能であったこと及び，被審人が主張する上記安定性は，主にウィンドウズシリーズのパソコン用 OS 機能において求められるものであるから，「Windows Media Player」等の AV 機能を実現するアプリケーションソフトウェアをウィンドウズシリーズから分離してパソコン用 OS のみを販売するという方法（被審人は，平成17年1月ころの欧州委員会の決定に従って，「Windows Media Player」が搭載されていない「Windows XP Home Edition N」を発売していること（販売時期は不明）が認められ，このことは，「Windows Media Player」を含まないウィンドウズシリーズを販売することが可能であることを示している。）によって図ることも可能であったことを考慮すると，被審人の主張する競争促進効果は，本件非係争条項のパソコン AV 技術取引市場における悪影響を覆すに足りるものとはなり得ない。

以上

第14講

優越的地位の濫用に当たるとされる実務的指標と，違反を回避するための注意点

【図表】　商談メモ

> 前略，いつもお世話になっております。
> 昨日はお忙しい中にお越しいただき状況ご報告ありがとうございました。
> ……
> 当社は，他社にない独創的なアイデア商品を広告によって宣伝して消費者の指名買いを引き出すというリスクの高い提案をしており，広告効率を勘案し商品が売出しの広告時に小売店様に並ばない事態を避けるため，小売店様の導入リスクを軽減することを目的に，当社が売行きが悪く失敗と認めた商品については，返品又は値引き販売の費用の負担を提案する販売方針を採用しております。
> ……
> 今回の減額（4件）は，いずれも，対象商品の売行きが悪かったことから，当社として値引き販売費用の負担を提案させていただきます。
> そのうち減額（1件目）の対象商品はユニークアイデア商品であり，このような商品は広告が効果を発揮する一方で，発売とともにデッドストック化するおそれもあるハイリスクハイリターン商品であるところ，この対象商品は発売とともにデッドストック化したため，当社が値引き販売の実施に伴う費用負担を申し出たものです。

「トイザらス事件」（審判審決平27・6・4）
（並びに，「山陽マルナカ事件」「エディオン事件」「ラルズ事件」及び「ダイレックス事件」において関連する判示部分）
事案の手がかり：「商談メモ」（本講【図表】）

I　証拠からみた，独禁法違反認定の鍵

　本講では，トイザらス事件[1]（以下，本講において「本件事案」という。）を取り上げる。

1．「返品」や「減額」の受け入れをめぐる商談

　まず，下記の【図表】をご覧いただきたい。

【図表】　商談メモ

> 前略，いつもお世話になっております。
> 昨日はお忙しい中にお越しいただき状況ご報告ありがとうございました。
> ……
> 当社は，他社にない独創的なアイデア商品を広告によって宣伝して消費者の指名買いを引き出すというリスクの高い提案をしており，広告効率を勘案し商品が売出しの広告時に小売店様に並ばない事態を避けるため，小売店様の導入リスクを軽減することを目的に，当社が売行きが悪く失敗と認めた商品については，返品又は値引き販売の費用の負担を提案する販売方針を採用しております。
> ……
> 今回の減額（4件）は，いずれも，対象商品の売行きが悪かったことから，当社として値引き販売費用の負担を提案させていただきます。
> そのうち減額（1件目）の対象商品はユニークアイデア商品であり，このような商品は広告が効果を発揮する一方で，発売とともにデッドストック化するおそれもあるハイリスクハイリターン商品であるところ，この対象商品は発売とともにデッドストック化したため，当社が値引き販売の実施に伴う費用負担を申し出たものです。
> また減額（2件目及び3件目）については，平成20年に発売を開始した旧商品の売行きが悪くなったため，当社がパッケージ等を変更して再度貴社に販売いたしましたが，それでも売行きが悪かったため，当社が値

---

[1]　審判審決平27・6・4審決集62巻119頁（以下「本件審決」という。）。

> 引き販売の実施に伴う費用負担を申し出たものです。
> さらに減額（4件目）については，平成22年に発売を開始した旧商品の売行きが悪いため，当社が商品名等を変更して再度貴社に販売いたしましたが，それでも売行きが悪かったため，当社が値引き販売の実施に伴う費用負担を申し出たものです。
> ……

　これは，本件事案の被審人である日本トイザらス株式会社（以下「トイザらス」という。）と，その取引先事業者（公表された本件審決では「L社」と表記されている。）との間で交わされた商談に関するメモや，両者間で交わされた書面（本件審決において，証拠として引用されていたもの）の内容を，本件審決の認定に基づき，便宜上一体のものとして再現を試みたものである。

(1) トイザらス側の方針

　トイザらスは，玩具等の子ども・ベビー用品全般を専門的に取り扱う小売業者である。

　トイザらスでは，①従来から，会社の方針として，売行きが悪く在庫となった商品などの売上不振商品の売切りを目的として値引き販売を実施した場合，その損失を補塡するため，当該商品の納入業者から値引き相当額の全部又は一部を収受することとし，あるいはその納入業者に対して返品を行うこととしており，②特に2008年4月の取締役会において，業績回復のため，売上不振商品について，商品群及び店舗ごとの改善や，適正な在庫数の確保等の方針が承認可決され，③この方針に基づき，社内会議において，納入業者から収受する予定額の報告や，返品における具体的な交渉方法などの個別具体的な指示等，組織的かつ計画的な一連の行為が採られていた。

(2) L社側の方針

　他方で，【図表】の商談メモ等からは，L社の側でも，このような売上不振商品について，状況に応じて自らの費用負担で返品や減額を提案する旨の方針が採られていたことが分かる。そして，本件事案において問題視されていた個別の減額（4件）についても，【図表】の商談メモ等を踏まえ，L社からの申出により行われたものであるとされた。そして，これがトイザらスによって受け入れられることにより，トイザらスは，減額を原資とした値引き販売を実施することにより（売上不振の）対象商品を早期に消化することができ，これによってL社は，さらに新たな商品を販売するこ

とができたとされていた。

(3) 本件事案の概要とトイザラスの主張

　本件事案は，トイザラスが，遅くとも平成21年1月6日から平成23年1月31日までの間，その納入業者のうちの117社（「特定納入業者」として特定列挙されていた。）に対して，自己の取引上の地位が優越していることを利用して，正常な商習慣に照らして不当に，（前記のうち63社に対して）取引に係る商品を受領した後に引き取らせ（以下「返品」という。），また，（前記のうち80社に対して）取引の対価の額を減じていた（以下「減額」という。）ことが，優越的地位の濫用に該当するとされた事案である。

　なお，優越的地位の濫用については，平成21年の法改正により課徴金が賦課されることとなり，その施行日（平成22年1月1日）以後に係るものについて，特定納入業者のうちの61社からの購入額を前提に，3億6908万円の課徴金納付が命じられていた。そして，トイザラスは，そのうち，特に14社との関係で，違反行為の存在や，課徴金額（1億6473万円を超える部分）について，不服申立てを行っていた。

　これら14社（L社のほか，後出のA社，C社，F社，K社，M社，N社を含む。）のうち，トイザラスは，5社に対して返品を行い，13社に対して減額を行ったとされていた（ただし，L社についてはもっぱら減額行為のみが争われており，返品については特に取り沙汰されていない。）。

　本件事案において，トイザラスは，取引当事者間において十分に協議がなされ，両者の合意の下，取引の相手方の意向に沿う内容で，一連の取引関係において取引の相手方の利益となる範囲で返品や減額を受け入れる場合には，正常な商慣習に照らして不当に不利益を与える場合には当たらず，不当な返品や減額にはならないと解され，特に，返品や減額が取引の相手方の提案によりなされた場合には，不当な返品や減額にならないことは一層明らかであるとしていた。

　これに対して，審査官からは，まず返品と減額とは扱いを異にすべき旨が主張され，その理由として，「減額は，取引の相手方にとっては売上額が減少し，通常は不利益となるため，不利益となることが明らかである減額に対して行われる『合意』及び『申出』は，取引の相手方の自由かつ自主的な判断によって行われたものではないおそれが返品に比してより一層高いから，原則として，当該『合意』及び『申出』を減額が濫用行為に該当するか否かを判断するに当たって考慮する必要性は乏しい。」とされ，その見解によれば，一方で返品については，「取引の相手方から商品の返品を受けたい旨の申出があり，かつ，当該取引の相手方が当該商品を処分することが当該取引の相手方の直接の利益となる場合」には例外的に濫用行為とはならないが，減額については，特に，これと同旨の例外は設けられていなかった（これ自体は，公取委

「優越的地位の濫用に関する独占禁止法上の考え方」（以下「優越GL」という。）の記載とも整合的であった。）。なお、この「直接の利益となる場合」の意味について、本件審決では明確に述べられていないが、優越GLでは、「例えば、取引の相手方の納入した旧商品であって取引先の店舗で売れ残っているものを回収して、新商品を納入した方が取引の相手方の売上げ増加となるような場合など実際に生じる利益をいい、返品を受けることにより将来の取引が有利になるというような間接的な利益を含まない。」と説明されていた。

以上に対して、本件審決では、おおむね上記審査官の主張を踏まえつつ、事案に即して、減額についても「取引の相手方から値引き販売の原資とするための減額の申出があり、かつ、当該値引き販売を実施して当該商品が処分されることが当該取引の相手方の直接の利益となる場合」には例外的に濫用行為とはならないことが認められた（後述2.(2)）。L社に対する減額が濫用行為に当たらないとされた点を含め、本件審決において減額の濫用行為該当性が否定された9社に対する19件のうち、8社に対する15件は、この（本件審決により追加された）例外に照らして示された判断であった。

2．減額（や返品）が「濫用」に該当することの意味

(1) 「優越的地位」と「濫用」の先後関係

本件審決は、「優越的地位」の要件について、「乙にとって甲との取引の継続が困難になることが事業経営上大きな支障を来すため、甲が乙にとって著しく不利益な要請等を行っても、乙がこれを受け入れざるを得ないような場合」をいうと述べる。その上で、「（もう一方の要件である『濫用』は）通常の企業行動からすれば当該取引の相手方が受け入れる合理性のないような行為であるから、甲が濫用行為を行い、乙がこれを受け入れている事実が認められる場合、これは、乙が当該濫用行為を受け入れることについて特段の事情がない限り、乙にとって甲との取引が必要かつ重要であることを推認させるとともに、『甲が乙にとって著しく不利益な要請等を行っても、乙がこれを受け入れざるを得ないような場合』にあったことの現実化として評価できるものというべきであり、このことは、乙にとって甲との取引の継続が困難になることが事業経営上大きな支障を来すことに結び付く重要な要素になる。」という考え方を示した。

そして、14社の各社ごとに、まず（返品や減額について）濫用行為該当性が検討され、何らかの濫用行為の存在を前提に、優越的地位の有無を検討するという順序で個別の判断が示されている（このような順序での要件の検討について後述3.）。

この点、本件事案では、まず、濫用行為の争われ方に特徴的な点があった。すなわち、前記のように、課徴金の賦課の点で、行為が「改正法施行日以後のもの」と、そ

の「前のもの」に分けて議論され，基本的に（課徴金が賦課されない）後者について本件審決は，「（トイザらスが）具体的な主張をしていない」ことを踏まえつつ，「例外事由に当たるなどの特段の事情はうかがわれないから…あらかじめ計算できない不利益を与えたものと推認され，濫用行為に当たる。」との判断を示していた。そして，濫用行為の存在が何らかの点で肯定された取引相手との関係では，結論として，その優越的地位もすべて肯定されていた。ただし，L社については，前記と同様に，トイザらス自身は「改正法施行日前のもの」について「具体的な主張をしていない」ということではあったが，本件審決は，【図表】の商談メモ等に基づき，「Lにあらかじめ計算できない不利益を与えるものではなく，濫用行為に当たるとは認められない。」との判断を示しており，L社との関係では，濫用行為の存在は全面的に否定されていた。そして，濫用行為の存在が否定された取引相手との関係では，優越的地位の有無の詳細は判示されないこととなり，事実，L社との関係ではトイザらスの優越的地位の有無について特段の言及はなされていない。

　このように，本件審決では，濫用行為該当性の判断が，違反の成否に直結し兼ねない重要性を帯びていた。例えば，F社など，商品の輸入等に必要なノウハウを備え，また，製品の共同開発などで相互に必要とするビジネスパートナーであるから，F社として著しく不利益な要請に応じざるを得ない立場にはなく，あるいは，トイザらスからみてもF社以外の取引先に変更できる可能性は極めて低いというような主張がなされていた取引相手との関係でも，本件審決は，仮にそのような事情があったとしても，（濫用行為の存在等を踏まえ優越的地位にあるとされた）認定を覆すには足りないとも判示している。

　なお，A社については，特に改正法施行日以後の2件の減額について濫用行為該当性が争われたが，結論として，1件については該当（また，これを踏まえ「優越的地位」も肯定），残る1件については非該当（なお，その理由もL社同様，本件審決により新たに示された例外事由に該当するというものであった。）とされている。これは，見方を変えれば，トイザらスのA社に対する「優越的地位」は肯定しつつ，ときに「濫用」は否定され得ることを示しているとも言える。

(2)　濫用の「例外」の判断方法

　本件審決では前記のように，特に減額について，優越GLでは明記されていない例外事由が示され，これに基づいて多くの減額事例が濫用行為非該当とされた。これは，端的に言えば，優越GLにおいて示されている「例外」は網羅的なものではなく，事案に応じた追加的な検討の余地があり得ることを示していると言えよう。なお，この点について，減額（独禁法2条9項5号ハ）を，協賛金等の経済上の利益の提供（同

号ロ）と類似するものとして捉え，この協賛金等に関する濫用行為該当性について，優越GLにおいて示されている考え方に準じて評価検討すべきであるという考え方もありそうである。しかしながら，本講の【図表】にも示されるように，L社のような立場で，一定の状況下で自らの費用負担でトイザらス側に提案を行うという方針を採る際に，「返品」と「減額」は選択的に併置されていることがある。本件審決は，「減額」についても「返品」（同号ハ）と同義の例外が認められることを正面から認めたものと捉える方が，事案に即した規範の定立として適切であろう。

なお，本件事案では前記以外にも，「減額」について，優越GLには特に明記されていない例外事由が肯認されている。すなわち，C社に対する減額については，トイザらスとの間で，新製品を継続的に導入するために，C社が年度の初めに定めた値引き販売に伴う費用負担についての予算の範囲内で，廃番となった商品の在庫一掃を促進するための値引き販売費用を各2分の1の割合で負担することをあらかじめ合意していたことが認められ，トイザらスが，その条件に従って限度額及び対象商品の範囲内で行った減額として，濫用行為該当性が否定されている。これも，その記載振りとしては，むしろ返品の兼ね合いでのみ挙げられている「商品の購入に当たって，当該取引の相手方との合意により返品の条件を（明確に）定め，その条件に従って返品する場合」という例外に即しての判断のように見える。ただし，本件事案において，減額の濫用行為該当性がこの観点で否定されているのはこのケースのみであり，本件審決が一般論として定立した減額に関する例外事由にもその言及はない（本件審決別紙審決案21頁）。また，同様の主張（対象商品の売買契約締結の際に合意された条件に基づく，値引き販売費用の一部負担）がなされたM社に対する減額の件については，トイザらスの主張は認められず，濫用行為該当性が肯定されている。しかしながら，少なくとも，前記のように，C社に対する減額について濫用行為該当性が否定されており，また，M社に対する減額についても，あくまで関係証拠上，事前に合意があったことをうかがわせる記載がないなどの判断によるものであって，優越GLに明記のない例外事由はそもそも認められ得なかった（主張自体失当）わけではなく，事実関係次第では認められ得たということになろう。

3．本件審決の意義

以上のように，本件事案では，減額について，取引相手の側からの申出によるものであったか否かが，違反の成否を左右するポイントの1つとなったが，返品の関連でも，行為当時の電子メールの記載等に基づいて，申出の有無に関する判断が分かれたケースがあった。

一方で，K社に対する返品について，K社の担当者から，「店頭で旧・新両方売る

ことは可能でしょうか？」などと連絡されていたという経緯から，審査官は，K社が旧商品と新商品の併売を求めていたと主張したが，本件審決では，当該電子メールでのやり取りの全体を見れば，K社担当者が，終始，商品が欠品となることを心配して併売を考えていたことは明らかであり，その後，社内調整等により併売の必要性がなくなったので，当該返品は，K社から申出があり，かつ，K社が当該返品の対象商品を処分することがK社の直接の利益となる場合に当たり，濫用行為ではないとされた。

他方で，N社に対する返品について，行為当時の電子メールから（その前後の記載も併せて），N社として，旧商品に加えて新商品についてもJAN登録（商品ごとに付される商品コード登録）した上で，旧商品と新商品を併売して自然に旧商品をなくすことを希望していたと認められ，N社がトイザらスに対し，旧商品の返品を依頼したとは認められないと判示された。

つまり，本件審決では，濫用が疑われる個別の行為ごとに，行為当時の証拠資料等を踏まえ，優越GLにおいて示されている判断方法にも照らしつつ，事案に即した判断（例外的に濫用に該当しない場合の追加）が示されており，また，優越的地位の有無の認定においても，この濫用行為の存在が，実務上相当程度の比重をもって捉えられてきたという実情を端的に体現したものとなっている。

この点，本件事案より後の優越的地位の濫用事案に関する審決では，まず「優越的地位」の有無が検討され，その上で「濫用」の有無が検討されており，その記述の順序自体は，少なくとも（本件審決の構成よりも）条文の文理に即したものとして評価できるようにも思われる。

反面，（実際には）濫用行為該当性が引き続き優越的地位の有無の判断において重い比重を持って捉えられつつ，記述の順序としては優越的地位に関する結論が先に提示され，かつ，特にそういった地位にないとされる場合には（その判断において重い比重をもって捉えられていたはずの）濫用行為非該当とされた点についての関係証拠等の詳細にまでは立ち入らないという判示となってしまう場合，例えば本件事案のL社のようなケースで，濫用行為該当性の有無について，優越GLには必ずしも明記されていない例外についても事案に応じた形で考慮されていても，そのような判断の背景事情が見えにくくなってしまうという可能性もあり，留意が必要である。

本件審決は，前記のような観点から，優越的地位の濫用についての公取委の認定判断のあり方を「見える化」した意義を有すると思われる。

II 事案検討から得られる教訓

IIでは，改めて，これまでの優越的地位濫用事件における本件事案の意義を明らかにするとともに，今後の優越的地位濫用事件審査の方向性も見据えた上で，社内調査において有用と思われる実務的な観点など，違反の発見や予防の観点から，事業者が留意すべき実務上のポイントとして参考にすべきと思われる論点について検討する。

1．本件審査の経緯，本件事案の意義，今後の優越的地位濫用事件審査の方向性

(1) 本件事案の審査の経緯

本件は，トイザらスが，自己の取引上の地位が優越している納入業者63社に対し，取引に係る商品受領後当該商品を当該取引の相手方に引き取らせたこと（返品）及び納入業者80社に対し，取引の対価を減じていたこと（減額）が，優越的地位の濫用に当たるとして，公取委が，平成23年12月13日，排除措置命令及び3億6908万円の課徴金納付命令を行ったものである。

トイザらスは，違反行為の対象とされた納入業者のうち，14社については違反行為が存在しないとして，排除措置命令及び課徴金納付命令のうち，14社に関する部分の取消を求めて審判開始請求を行った。

そして，平成27年6月4日，被審人トイザらスの請求を一部認容し，排除措置命令のうち，一部の納入業者に関する部分を取り消すとともに，課徴金納付命令のうち，2億2218万円を超えて納付を命じた部分を取り消す本件審決が出された。被審人トイザらスは，本件審決を争わなかったことから，本件審決が最終判断となった。

(2) 優越的地位濫用事件における本件事案の意義

優越的地位の濫用行為は，中小零細事業者に不当な不利益を及ぼすものとして，近年，公取委では積極的な執行活動を行ってきている。

とりわけ，大規模小売業者による納入業者に対する優越的地位の濫用事件が積極的に摘発されてきた。次頁の表は，同種事件に対して初めて法的措置が採られた昭和57年の三越事件以降，本件事案までの，優越的地位濫用事件に対する法的措置の一覧である。

特に，平成16年以降は，毎年のように複数の事件に対し法的措置が採られており，平成16年のカラカミ観光（ホテル業者）及び平成17年の三井住友銀行以外は，すべて違反行為者は大規模小売業者等である。また，違反行為の内容を見ると，平成21年の

措置年月日	事件名	違反行為の内容
S57.6.17 同意審決	三越事件	購入強制，金銭提供要請
H10.7.30 勧告審決	ローソン事件	金銭提供要請，低価格納入要請
H16.4.14 勧告審決	ポスフール事件	減額
H16.4.15 勧告審決	山陽マルナカ事件	従業員等派遣要請，減額，返品，購入強制
H16.11.11 勧告審決	ミスターマックス事件	従業員等派遣要請，金銭提供要請，返品
H16.11.18 勧告審決	カラカミ観光事件	購入強制
H16.12.6 勧告審決	コーナン商事事件	従業員等派遣要請，金銭提供要請
H17.1.7 勧告審決	ユニー事件	従業員等派遣要請，低価格納入要請
H17.5.12 勧告審決	フジ事件	従業員等派遣要請，減額
H17.12.26 勧告審決	三井住友銀行事件	購入強制
H18.10.13 排除措置命令	バロー事件	従業員等派遣要請，金銭提供要請，購入強制
H19.3.27 排除措置命令	ニシムタ事件	従業員等派遣要請，減額，返品
H19.6.22 同意審決	ドン・キホーテ事件	従業員等派遣要請，金銭提供要請
H20.5.23 排除措置命令	マルキョウ事件	従業員等派遣要請，減額，返品
H20.6.23 排除措置命令	エコス事件	従業員等派遣要請，金銭提供要請，減額
H20.6.30 排除措置命令	ヤマダ電機事件	従業員等派遣要請
H21.3.5 排除措置命令	大和事件	従業員等派遣要請，購入強制
H21.6.19 排除措置命令	島忠事件	従業員等派遣要請，減額，返品
H21.6.22 排除措置命令	セブン-イレブン・ジャパン事件	見切り販売制限
H22.7.30 排除措置命令	ロイヤルホームセンター事件	従業員等派遣要請，返品
H23.6.22 排除措置命令・課徴金納付命令 H31.2.20 審判審決 R2.12.11 東京高判 R3.1.29 取消審決	山陽マルナカ事件	従業員等派遣要請，金銭提供要請，返品，減額，購入強制
H23.12.13 排除措置命令・課徴金納付命令 H27.6.4 審判審決	トイザらス事件	減額，返品

セブン－イレブン・ジャパン以外は，従業員派遣要請，金銭提供要請，返品，減額，購入強制という典型的な違反行為のうちのどれかに当たる。

そうした活発な執行方針の下で，本件事案も類似の事件として取り上げられたと言える。

なお，違反行為者の対応を見ると，昭和57年の三越事件及び平成19年のドン・キホーテ事件では，審判手続が行われ，同意審決が出されているが，その他の事件では，違反事業者が勧告ないし排除措置命令を受け入れることにより終結している。

そうした中で，排除措置命令に対し審判開始請求が行われ，審判手続が開始されたのは，平成19年のドン・キホーテ事件以降では，平成23年6月排除措置命令の山陽マルナカ事件（後出）が初めてであり，それに続くのが，同年12月排除措置命令の本件事案である。そして，審判手続を経て，初めての審判審決が出されたのが，平成27年6月4日の本件審決である。

本件事案以前に審判が行われた昭和57年の三越事件及び平成19年のドン・キホーテ事件において，被審人は何を争い，何が審判の争点となったのかについては，同意審決書に具体的な記載がないので不明である。

他方，山陽マルナカ事件及び本件事案の審判においては広範な内容が争点となったが，審判請求が行われた理由としては，平成21年の独禁法改正により，優越的地位濫用行為に課徴金が課されることとなっていたことが挙げられる。法改正の施行日が平成22年1月1日であったところ，両社の違反行為が同施行日を跨いで継続していたため，課徴金納付命令の対象となったことが，両社の対応に大きな影響を及ぼしたのではないかと考えられる。

いずれにせよ，**本件審決は，優越的地位濫用事件に対する排除措置命令及び課徴金納付命令に対する初めての確定審判審決である**という点において意義がある。

(3) 優越的地位濫用事件に対する審査の状況等

ア．課徴金の賦課対象となる以前

平成22年1月1日より前に違反行為が終了していた優越的地位濫用事件については，課徴金の賦課対象ではなかったが，公取委は違反行為の対象となった納入業者及びその違反行為に係る金額の認定を行っていた。

例えば，平成22年7月に排除措置命令のなされたロイヤルホームセンター事件では，「平成18年11月から平成21年11月までの間に実施した延べ25店舗の閉店又は全面改装に伴い，自社の店舗で販売しないこととした商品の納入業者約280名に対し，総額約4億6200万円に相当する当該商品を返品していた。」等と排除措置命令において事実認定されている。また，平成21年6月に排除措置命令のなされた島忠事件では，「平

成19年5月から平成20年12月までの間に，延べ11店舗の閉店又は改装に際し，当該店舗の商品のうち，当該店舗及び他の店舗において販売しないこととした商品の納入業者約350名に対し，総額約1億6000万円に相当する当該商品を返品している。」等と排除措置命令において事実認定されている。

「約280名」，「約350名」との排除措置命令の記載振りからすると，優越的地位濫用行為の対象納入業者に該当するか否かの判断・認定があいまいなままとなった納入業者が存在した可能性もある（ただし，これらの数字が，そういった該当性のあいまいな納入業者を含んだものであったか否かは不明である。）。

なお，それら事件において命じられた排除措置の内容は，違反行為を取りやめていることの確認と取引先納入業者への周知が中心であったため，違反行為の対象であるか否かが明確でない納入業者の存在は，排除措置の実施において必ずしも障害とはならなかったと思われる。

そのため，排除措置命令の事前手続において，違反行為の対象納入業者の提示・説明を受けた違反事業者として，対象納入業者に当たるとの公取委の認定に納得できない点があったとした場合，その旨反論はしたとしても，敢えて審判開始請求をするまでには至らなかったのかもしれない。

イ．課徴金の賦課対象となった以降
(ア) 山陽マルナカ事件

課徴金の賦課対象となる濫用行為が含まれる初めての事件である山陽マルナカ事件の排除措置命令平23・6・22審決集58-1巻193頁・312頁における関係納入業者の認定について見ると，「山陽マルナカとの取引の継続が困難になれば事業経営上大きな支障を来すことになり，このため，山陽マルナカとの取引を継続する上で，納入する商品の納入価格等の取引条件とは別に，山陽マルナカからの種々の要請を受け入れざるを得ない立場にあり，その取引上の地位が山陽マルナカに対して劣っていた納入業者」を「特定納入業者」と称し，例えば，「平成19年1月から平成22年5月までの間に実施した新規開店，全面改装，棚替え等に際し，これらを実施する店舗に商品を納入する特定納入業者約140社に対し，延べ約4200人の従業員等を派遣させ」等と，前記の課徴金賦課以前の事件と同様の記載方法を採っている。

そして，上記「特定納入業者」の一覧及び，そのうち例えば上記の従業員派遣を命じた特定納入業者約140社の一覧が，事前通知された排除措置命令案・課徴金納付命令案には添付されておらず，別途「課徴金算定対象事業者一覧表」が「参考資料」として届けられていたとされる。

山陽マルナカ事件は，審判手続が開始され，その審判請求に一部理由ありとする審判審決平31・2・20審決集65-1巻95頁が下された後，審決取消訴訟が提起されたと

ころであるが，東京高判令2・12・11審決集67巻434頁により，その審決が取り消されるに至った。そして，この取消判決を経て，最終的には公取委審決令3・1・27審決集67巻122頁によって，排除措置命令・課徴金納付命令はすべて取り消されている。

すべて取消しとなった大きな理由は，上記「特定納入業者」の具体的な商号が，事前通知された排除措置命令案・課徴金納付命令案に添付されておらず，別途「課徴金算定対象事業者一覧表」が「参考資料」として届けられていたことが，本件排除措置命令における理由の記載の瑕疵に当たるとされたことである。

(イ) **本件事案**

山陽マルナカ事件から半年後に排除措置命令の行われた本件事案を見ると，山陽マルナカ事件と同様に，トイザらスに直接販売して納入する納入業者のうち，その取引上の地位がトイザらスに対して劣っていた納入業者を「特定納入業者」と称し，それを排除措置命令書の別表に記載し，その上で，「日本トイザらスは，平成21年1月6日から平成23年1月31日までの間に，特定納入業者63社に対し，総額約2億3320万円に相当する売上不振商品等の返品を行っていた。」，「自社の売上不振商品等の割引販売に際し，特定納入業者80社に対し，総額約4億746万円を当該特定納入業者に支払うべき代金の額から減じていた。」と，違反行為の対象となった特定納入業者数及び関連する金額を記載するとともに，別表において個別に確認できるようにしている。山陽マルナカ事件において問題となった理由記載の瑕疵は治癒されていた。

なお，本件事案以降の排除措置命令も基本的には同様の記載方法が用いられている。

例えば，下記のラルズ事件においては，自社と継続的な取引関係にある納入業者のうち，その取引上の地位がラルズに対して劣っている納入業者を「特定納入業者」と称し，それを排除措置命令書の別表に記載し，その上で，「ラルズは，特定納入業者のうち53名に対して，平成21年4月20日から平成24年3月13日までの間に新規開店又は改装開店を実施した15店舗に，少なくとも延べ1800人の従業員等を派遣させて使用していた。」，「ラルズは，特定納入業者のうち54名に対して，平成21月20日から平成24年3月13日までの間に，新規開店又は改装開店の際に実施するオープンセールに際し，少なくとも総額7600万円に相当する金銭を提供させていた。」と記載されている。

ウ．**本件事案以降の優越的地位濫用事件に対する審査の状況等**

本件事案以降の優越的地位濫用事件に対する法的措置の状況は次頁の表のとおりである。

本件事案以降も，平成26年までは，大規模小売業者の事件について毎年1件の排除措置命令・課徴金納付命令が出されたが，3件すべてについて，審判開始請求が行われ，審判審決が出された後，審決取消請求訴訟が提起された。

このうち，ラルズ事件（後出）における東京高判令3・3・3審決集67巻444頁が，

最高裁による上告不受理令4・5・18審決集69巻89頁により，優越的地位濫用事件における初めての確定裁判例となった。

なお，平成27年以降，優越的地位濫用事件は，警告公表事件として処理されたものはあるものの，法的措置が採られることはなく，さらに，令和2年8月のゲンキー事件以降の5件は，平成28年独禁法改正により新たに導入された確約手続により処理されている。

確約手続は，独禁法違反の疑いについて公取委の行う確約手続通知に対し，関係人から確約計画の認定申請が行われ，公取委が当該確約計画を認定することにより事件を処理する制度であり，独禁法違反行為が認定されるものではない。

なお，確約計画の内容として，金銭的価値の回復が盛り込まれることがあり，ゲンキー事件以下，BMW事件を除く4件では，不利益を受けた納入業者に対する金銭的価値の回復が行われた。もっとも，その対象となった納入業者及び回復された具体的な金額は公表されていない。

措置年月日	事件名	違反行為の内容
H24.2.16 排除措置命令・課徴金納付命令 R元.10.2 審判審決 【審決取消訴訟提起】	エディオン事件	従業員等派遣要請
H25.7.3 排除措置命令・課徴金納付命令 H31.3.25 審判審決 R3.3.3 東京高判 R4.5.18 最高裁上告不受理決定	ラルズ事件	従業員等派遣要請，金銭提供要請，購入強制
H26.6.5 排除措置命令・課徴金納付命令 R2.3.25 審判審決 東京高判（R5・5・26） 【上告受理申立て】	ダイレックス事件	従業員等派遣要請，金銭提供要請
R2.8.5 確約計画認定	ゲンキー事件	従業員等派遣要請，金銭提供要請，購入強制，返品
R2.9.10 確約計画認定	アマゾンジャパン事件	減額，金銭提供要請
R3.3.12 確約計画認定	BMW事件	過度な販売計画台数強制，新規登録強制
R5.4.6 確約計画認定	ダイコク事件	返品，従業員等派遣要請
R6.1.25 確約計画認定	東京インテリア家具事件	従業員等派遣要請，金銭提供要請

(4) 優越的地位濫用事件審査の方向性と事業者の対応

ア．優越的地位濫用事件審査の方向性

　優越的地位濫用行為が課徴金賦課の対象となる以前においては，個別の取引先納入業者に対して，違反行為者が優越的地位にあるか否か及び濫用行為を行ったか否かの認定が争点となることはなく，公取委の違反認定及び排除措置命令がそのまま受け入れられることが多かったことが見て取れる。

　他方，課徴金賦課対象となった平成22年1月1日以降は，個々の取引先納入業者に対する優越的地位や濫用行為の認定が課徴金の算定額に直接影響することから，違反行為者の側においても，個々の取引先納入業者ごとの認定根拠を厳しく問うことが多くなり，いきおい，審判請求や審決取消訴訟提起に至ることが多くなったことが見て取れる。

　今後とも，優越的地位濫用事件の審査においては，個々の取引先納入業者ごとに違反行為の対象であるか否かを，証拠に基づき認定することが必要となる。このため，公取委においては，優越的地位濫用事件の審査には，多大の手間と時間を要することとなるものと思われる。

　他方，確約手続は，違反行為の認定はされないものの，違反事件の迅速処理に資する制度であり，さらに，確約計画に金銭的価値の回復が盛り込まれれば，不利益を受けた取引先納入業者の救済につながる面もあることから，少なくとも，従来のような大規模小売業者等による中小納入業者に対する典型的な優越的地位濫用事件の処理は，排除措置命令・課徴金納付命令より確約手続による処理が選好される可能性がある。

　もっとも，優越的地位濫用事件であれば，どのような事件であっても，関係人の方から確約協議を申し込めば，公取委が確約手続による処理に応じるというものでもない。

　例えば，過去の事件で見ると，三井住友銀行事件や，セブン-イレブン・ジャパン事件のように，典型的な優越的地位濫用事件からは外れるような特色のある事件については，確約手続ではなく，正式事件処理を目指して審査が行われる可能性もあると言える。

イ．事業者に求められる対応

　事業者の側においては，先ずは違反行為の未然防止の取組みが求められることは言うまでもないが，仮に公取委の審査を受けることとなった場合には，確約手続の利用も念頭に置きつつ，違反事件審査への対応を行っていく必要がある。

　とりわけ，確約手続を利用することとした場合において，確約計画に金銭的価値の回復を盛り込むことが求められる場合，制度上は，取引先納入業者のうち，どの納入業者を回復措置の対象とするかの画定は，公取委が行うのではなく，事業者側が行い，それについて公取委の認定を受けることが予定される。

不利益を及ぼしたすべての取引先納入業者を回復措置の対象とするのであれば計画の策定は困難ではないかもしれないが，そうではなく，自社に対する取引上の地位が劣っていると見られる取引先納入業者を選別し，それら納入業者のうち，不利益行為に該当する行為を行ったと見られる先に絞って回復措置の対象とするのであれば，本件事案及びその後の事件で示された優越的地位及び濫用行為の認定の考え方も踏まえ，事業者の側において，取引先納入業者及び公取委の双方に対して説得的な基準・考え方に基づく仕分け作業が必要となるであろう。

2．社内調査等に関する視座としての「不利益（濫用）行為」

(1) 近時の判審決例の状況

本件事案以降の同種事案に関する判審決例が，本件審決と異なる点は，「優越的地位」と「濫用」に関する検討の順序である。一例として，本件審決における主要な判示部分の大項目（厳密には，審決添付の審決案の「第6　審判官の判断」の主たる項目の表題）と，本件審決以降に下された事案であるラルズ事件審判審決[2]の判示において，それに対応する表題とを比較すると以下のとおりとなる。

本件審決	ラルズ事件審判審決
第6　審判官の判断 1　争点1 　(1)　優越的地位の濫用規制の趣旨について 　(2)　優越的地位について 　(3)　本件の濫用行為について 　(4)　本件における検討 　　ア　Fに対する行為 　　　(ア)　濫用行為について 　　　(イ)　優越的地位について 　　イ　Gに対する行為 　【以下同様】 2　争点2	第6　当委員会の判断 1　争点1 　(1)　優越的地位の濫用規制の趣旨 　(2)　優越的地位の濫用の判断基準 　(3)　被審人の取引上の地位が88社に対して優越しているか否か 　　ア　被審人の市場における地位 　　イ　被審人と88社の関係 　　ウ　不利益行為を受けるに至った経緯や態様等 　　エ　小括 　　オ　被審人の主張について 　(4)　本件各行為は不利益行為に当たるか

---

[2] 時系列的には，ラルズ事件審判審決平31・3・25審決集65-1巻314頁よりも前に，前掲山陽マルナカ事件審判審決（平31・2・20）が下されているが，ここでは説明の便宜上，当該事案に関する審決取消訴訟において公取委の判示に対する司法の実態判断が下されている前者を扱う。なお，その他の事案としては，エディオン事件審判審決令元・10・2審決集66巻53頁，ダイレックス事件審判審決令2・3・25審決集66巻184頁がある。

	ア 本件従業員等派遣を受ける行為 …… (5) 88社が不利益行為を受け入れるに至った経緯や態様等 (6) 優越的地位の濫用に該当するか (7) 本件各行為は独占禁止法上一つの優越的地位の濫用に該当するか 2 争点2

　Ⅰでも指摘したように，左右を見比べて特徴的に異なっているのは，「不利益（濫用）行為」と「優越的地位」とに関する検討の順序である。本件審決では，まず（返品や減額について）濫用行為該当性が検討され，何らかの濫用行為の存在を前提に，優越的地位の有無を検討するという順序で個別の判断が示されている。これに対して，ラルズ事件審判審決では，まず「優越的地位」の有無が検討され，その上で「不利益行為」の有無が検討されるという順序となっている。
　なお，「濫用行為」と「不利益行為」の関係について述べる。
　上記のとおり，本件審決は，具体的な行為が「濫用行為」に該当するか否かの議論から始まる。そして，例えば，「返品」及び「減額」については，「買取取引において，取引の相手方の責めに帰すべき事由がない場合の返品及び減額は，一旦締結した売買契約を反故にしたり，納入業者に対して，売れ残りリスクや値引き販売による売上額の減少など購入者が負うべき不利益を転嫁する行為であり，取引の相手方にとって通常は何ら合理性のないことであるから，そのような行為は，原則として，取引の相手方にあらかじめ計算できない不利益を与えるものであり，当該取引の相手方の自由かつ自主的な判断による取引を阻害するものとして，濫用行為に当たると解される。」とする。
　他方，ラルズ事件審判審決は，「優越的地位」と「濫用」を分けた上で，被審人の優越的地位の議論から始まる。そして，被審人が「優越的地位」にあると認められる場合に，独禁法2条9項5号イ〜ハの行為を行った場合，正常な商慣習に照らして不当にそれら行為を行ったとして，優越的地位の濫用に該当するとする。
　そして，本件審決より後の審決においても，「濫用行為」との表現は用いられておらず，独禁法2条9項5号イ〜ハの行為を「不利益行為」と呼んでいる。
　改めて，本件審決の論旨をたどってみると，まず「優越的地位」の意義について，優越GLを踏まえつつ，「甲が取引先である乙に対して優越した地位にあるとは，乙にとって甲との取引の継続が困難になることが事業経営上大きな支障を来すため，甲が乙にとって著しく不利益な要請等を行っても，乙がこれを受け入れざるを得ないよ

うな場合である。この判断に当たっては，乙の甲に対する取引依存度，甲の市場における地位，乙にとっての取引先変更の可能性，その他甲と取引することの必要性を示す具体的事実を総合的に考慮する。」（下線は筆者）ことが確認されている。

特に，この下線を引いた「著しく不利益な要請等を行っても…受け入れざるを得ない」のあたりからは，比較的容易に，「そうであるとすると，実際に『著しく不利益な要請等が行われて，受け入れざるを得ないということで受け入れられている』なら，優越的地位が認められることになるのではないか。」という発想が導かれ得ると思われる。実際，本件審決の上記判示も，そのような理解に基づいて示されたと理解できる。そして，そういった濫用行為というのは，「通常の企業行動からすれば当該取引の相手方が受け入れる合理性のないような行為であるから，甲が濫用行為を行い，乙がこれを受け入れている事実が認められる場合，これは，乙が当該濫用行為を受け入れることについて特段の事情がない限り，乙にとって甲との取引が必要かつ重要であることを推認させるとともに，『甲が乙にとって著しく不利益な要請等を行っても，乙がこれを受け入れざるを得ないような場合』にあったことの現実化として評価できるものというべきであり，このことは，乙にとって甲との取引の継続が困難になることが事業経営上大きな支障を来すことに結び付く重要な要素になる。」と判示されるに至ったと考えられる。

なお，当然のことながら，仮に本件審決のような判断枠組みによるとして，不利益（濫用）行為の受入れがあれば，直ちに優越的地位が認められるという結論が導かれるわけではない。実際，様々な理由で，そういった不利益が合理的に納得ずくで受け入れられることもあり得る。優越 GL でも，優越的地位の判断においては，「乙の甲に対する取引依存度，甲の市場における地位，乙にとっての取引先変更の可能性，その他甲と取引することの必要性を示す具体的事実を総合的に考慮する。」とされている。

しかしながら，そうであるとしても，本件審決のような推認を認める立論に対しては，例えば，「優越的地位」と「濫用」という，本来2つあるべき要件事実を事実上1つにしてしまうものではないか，といった批判がなされることとなった。

この点，例えば民事訴訟の中で優越的地位の濫用の成否が問題となることもあり，その際の裁判所の判断枠組みでは，まず「優越的地位」の要件を検討してから，それを「利用」した「濫用」の有無，という順序になっている場合がある。それとの比較なども踏まえつつ，先に「濫用」の判断から入るのは順序が逆ではないのか，という指摘もなされることとなった。

そして，おそらくはそういった批判を踏まえて，本件審決よりも後の優越的地位濫用事件に関する審判審決では，上記のラルズ事件審判審決のように，判断枠組みが変

わっているように見える。なお，この判断枠組みに関する限り，山陽マルナカ事件審判審決，エディオン事件審判審決，ダイレックス事件審判審決のいずれも同様である。

このような経緯からすると，本件審決で示されていたような判断枠組みは否定された，という評価が生まれてくるようにも思われる。しかしながら，以下に述べるように，本件審決によって示されていた濫用行為あるいは不利益行為の検討から入るという手法は，必ずしも否定されたということではなく，引き続き実務的に有用な考え方として採用され続けていると考えられる。

その理由について，例えばラルズ事件審判審決の論旨を見てみることとする。そこでは，上記のとおり，その検討の順序自体は「被審人の取引上の地位が88社に対して優越しているか否か。」，「本件各行為は不利益行為に当たるか。」という流れで示されている。ただし，優越的地位の有無が検討される対象として選び出された「88社」について見ると，その「88社」が検討対象として選び出された理由は，「従業員等の派遣要請」，「オープンセール協賛金の提供要請」，「創業祭協賛金の提供要請」，「スーツ等の購入要請」といった，その事案で問題とされた不利益行為の相手方であったか否かという観点からのものだった。

要するに，書き順は「優越的地位」からになっているけれども，発想としては，不利益行為を入り口にしていて，そこからの絞込みということになっているということである。

このように，おそらく公取委の審査実務を想定した場合の議論においては，不利益行為についての検討から入るというのは，引き続き有効なアプローチであるように思われる。

ただし，その上で，「不利益行為を敢えて甘受する事業者に対して行為者は優越的地位にあるはずという推認を強く働かせた。」という，推認の強さについて，本件審決よりも後の審判審決では，安易に推認が認められてしまうことのないよう，より慎重な姿勢が意識されることとなった，という違いが認められるということのように思われる。これは，審査を行う当局側の立場から言えば，不利益行為の存在が確認できた時点で，改めて，個別取引先ごとの優越的地位の認定にどこまで調査コストをかけるかという違いとも言えよう。

なお，ラルズ事件では，審決取消訴訟が提起され，それに対する東京高裁判決が下されている。そこでは，基本的に審決の結論が支持されているところ，優越的地位の有無に関する判断については，若干の軌道修正が加えられているようにも見える。

すなわち，まず，公取委の審決では，優越的地位の認定において，「『不利益行為』を甲が行い，乙がこれを受け入れている事実が認められる場合，これを受け入れるに至った経緯や態様によっては，それ自体，甲が乙にとって著しく不利益な要請等を

行っても，乙がこれを受け入れざるを得ないような場合にあったことをうかがわせる重要な要素となり得る。」ということが指摘されていた。その上で，「甲が乙に対して優越した地位にあるといえるか否かについては，①乙の甲に対する取引依存度，②甲の市場における地位，③乙にとっての取引先変更の可能性，④その他甲と取引することの必要性，重要性を示す具体的事実のほか，<u>乙が甲による不利益行為を受け入れている事実が認められる場合，これを受け入れるに至った経緯や態様等を総合的に考慮して</u>，乙にとって甲との取引の継続が困難になることが事業経営上大きな支障を来すため，甲が乙にとって著しく不利益な要請等を行っても，乙がこれを受け入れざるを得ないような場合であるかを判断するのが相当である。」（下線は筆者）とされていた。

　これに対して，審決取消訴訟の東京高判では，審判審決で挙げられていた①から④と重複する項目が挙げられたところで考慮要素の列挙が終わっている。すなわち，「優越的地位の有無を判断するに当たっては，①行為者の市場における地位や，②当該取引の相手方の行為者に対する取引依存度，③当該取引の相手方にとっての取引先変更の可能性，④その他行為者と取引することの必要性，重要性を示す具体的な事実などを総合的に考慮するのが相当というべきである。」とされ，不利益行為を受け入れるに至った経緯や態様等は，考慮要素として正面からは取り上げられていない。

　ただし，実際の当てはめの判断の中では，優越的地位の認定の兼ね合いで，この事案で問題視された不利益行為の存在が列挙されている。具体的には，「88社のうち53社は本件従業員等派遣を行い，54社はオープンセール協賛金を提供し，86社は創業祭協賛金を提供し，18社の従業員等は本件商品の購入をしていたこと，これらは，原告の役員等の指示に基づき，組織的計画的継続的に，広範囲に及ぶ不特定多数の納入業者に対してなされた原告の要請に応じて行われたものであること（本件各行為）がそれぞれ認められ」ることが，優越的地位の認定の兼ね合いで，言及されている。

　その上で，「<u>後記のとおり</u>，本件各行為は88社に対する不利益行為に該当すると認めるのが相当であり，前記(2)で判示した原告と88社の関係性から，88社は，その企業活動を維持等するために，原告が納入業者に対する不利益行為の要請等を行えば，納入業者においてはこれに応じざるを得ないような関係が存在していたことがうかがわれるものといえる。［これら］の諸事情を総合的に考慮すれば，88社にとって，原告との取引の継続が困難になることが事業経営上大きな支障を来すため，原告が著しく不利益な要請等を行っても，これを受け入れざるを得ないような場合に該当し，原告の取引上の地位が88社に対して優越していたと認めるのが相当である。」（下線は筆者）と判示されている。特に，その下線の「後記のとおり」とは，同判決において，実際に，不利益行為該当性の判断自体は検討順序として「後記」となっているということである。

このように，判決書きの記載順序として「後記」される不利益行為該当性が，実のところ優越的地位の判断において先回りして視座を与える役回りを担うという点で，本件審決において示されていた判断枠組みは，引き続き同種事案において通底して有用性を認められ続けていることになる。

その他の要件については，「優越的地位にある行為者が，相手方に対して不当に不利益を課して取引を行えば，通常，『利用して』行われた行為であると認められる。」と説明されている。また，「正常な商慣習」というのは，公正な競争秩序の維持・促進の立場から是認されるものを言うので，現に存在する商慣習に合致しているからといって，直ちにその行為が正当化されることにはならないと説明されている。

そして，この「正常な商慣習に照らして不当に」の要件，あるいは公正競争阻害性の要件とも言われるが，その判断は，しばしば，濫用行為あるいは不利益行為の要件とも密接に関連しており，不利益行為の要件について判断される事情に加えて，新たに公正競争阻害性の判断のために考慮される事情というのはあまりない，といった指摘もされている。例えば，利益と不利益を考慮した上で，自由かつ自主的に従業員派遣を受け入れたのなら，「正常な商慣習に照らして不当に」とは言えないのではないか，ということと同時に，それは「不利益」とは言えないのではないか，ということにもなる。

以上を要するに，優越的地位の濫用については，不利益（濫用）行為の要件が実務上ポイントになってくるように思われ，例えば，社内調査等において違反を見つけることや，その未然防止のための要注意点の洗い出しについて，先ずは不利益（濫用）行為に着目することが有用あるいは効率的であると思われる。

(2) 「不利益（濫用）行為」に関する公取委の法運用の概況
ア．不利益行為について

では，不利益（濫用）行為に該当するとされるのは，どういった行為か。

既に述べたように，ラルズ事件以降においては，「濫用行為」との表現は用いられず，独禁法2条9項5号イ～ハの各行為を「不利益行為」と呼び，「不利益行為」該当性の有無を議論する。具体的には以下のとおりである。

　○独禁法2条9項5号イ … 「継続して取引する相手方に対して，当該取引に係る商品又は役務以外の商品又は役務を購入させること」（**購入強制**）
　○同号ロ … 「継続して取引する相手方に対して，自己のために金銭，役務その他の経済上の利益を提供させること」（**従業員等派遣要請，金銭提供要請**）
　○同号ハ … 「取引の相手方からの取引に係る商品の受領を拒むこと」（**受領拒否**）

「取引の相手方から取引に係る商品を受領した後当該商品を当該取引の相手方に引き取らせること」（**返品**）

「取引の相手方に対して取引の対価の支払を遅らせ，若しくはその額を減じること」（**支払遅延**，**減額**）

「その他取引の相手方に不利益となるように取引の条件を設定し，若しくは変更し，又は取引を実施すること」（**取引条件の不利益設定・変更・実施**）

そして，上記の「不利益行為」を，「自己の取引上の地位が相手方に優越していることを利用して，正常な商慣習に照らして不当に行うこと」が，不公正な取引方法に該当する。

イ．不利益行為該当性の判断

優越的地位の濫用に関して，事業者が留意すべき実務上のポイントとして，先ずは，上記の「不利益行為」に該当する行為を行わないようにすることが重要である。したがって，社内調査等において，取引先に対する従業員派遣要請，金銭提供要請，返品，減額等に当たる行為が行われていることが判明した場合には，それらの行為が上記の「不利益行為」に該当するのか否かの確認が必要であるということになる。

もっとも，外形上「従業員派遣要請」，「金銭提供要請」，「返品」，「減額」等と見られる行為がすべて「不利益行為」に該当するわけではない。

優越的地位濫用規制における「不利益」については，①**相手方にあらかじめ計算できない不利益を与えることとなる場合**と，②**相手方が得る直接の利益等を勘案して合理的であると認められる範囲を超えた不利益を与えることとなる場合**に分けることができる。

例えば，「従業員派遣要請」に関して言えば，「従業員等を派遣する条件等が不明確で，相手方にあらかじめ計算できない不利益を与えることとなる場合や，従業員等を派遣する条件等があらかじめ明確であっても，その派遣等を通じて相手方が得る直接の利益等を勘案して合理的と認められる範囲を超えた負担となり，相手方に不利益を与えることとなる場合」には「不利益行為」に当たる。

また，「金銭提供要請」に関して言えば，「協賛金等の負担要請，算出根拠，使途等が不明確で，相手方にあらかじめ損益の計算ができない不利益を与えることとなる場合はもとより，協賛金等の負担の条件があらかじめ明確であっても，相手方が得る直接の利益等を勘案して合理的と認められる範囲を超えた負担となり，相手方に不利益を与えることとなる場合」には，「不利益行為」に当たる。

また，相手方との従来の取引条件の内容について，相手方に事前に説明・協議することなく，一方的に相手方に不利益となるように変更する場合にも，「不利益行為」に当たる。

反対に，相手方に求める負担と相手方が得られる直接の利益を具体的に提示しつつ，それが合理的に釣り合っていることを事前に説明し，相手方の明確な了承が得られているのであれば，「不利益行為」には当たらないであろう。この点は，相手方において自らが負う負担と得られる直接利益を合理的に勘案の上，相手方から自発的な金銭提供提案が行われ，それを受けて事業者が行う場合についても同様である。

　上記の検討を踏まえると，「**相手方が得られる直接の利益を勘案して合理的な範囲の負担とすること**」及び「**相手方の明示の同意を得ること**」の２つの条件を満たして行われているのであれば，外形上「従業員派遣要請」，「金銭提供要請」，「返品」，「減額」等と見られる行為であっても，上記①又は②の「不利益」に当たらず，「不利益行為」には該当しないものと思われる。

　なお，相手方の同意が明確であると言えるためには，相手方が得られる直接の利益を勘案して合理的な範囲の負担となっていることが前提条件である。当該条件が満たされていなければ，「相手方の同意」を得ているといっても，当該相手方は，その取引上の地位が劣っているため，取引への悪影響をおそれ，不本意ながら同意したに過ぎない可能性があるからである。

ウ．具体的な法運用状況

　以上のような考え方を念頭において，以下本件事案における具体的な法運用の状況等を見ていくこととする。

　まず，課徴金賦課の対象となるという現行の法制となって以降の，本件審決とそれ以降の正式処分事案について，改めて問疑された不利益（濫用）行為を整理すると以下のとおりとなる。

本件事案	減額	２条９項５号ハ
	返品	２条９項５号ハ
山陽マルナカ事件	従業員等派遣要請	２条９項５号ロ
	金銭提供要請	２条９項５号ロ
	返品	２条９項５号ハ
	減額	２条９項５号ハ
	購入強制	２条９項５号イ
ラルズ事件	従業員等派遣要請	２条９項５号ロ
	金銭（協賛金）提供要請	２条９項５号ロ
	購入強制	２条９項５号イ
エディオン事件	従業員等派遣要請	２条９項５号ロ
ダイレックス事件	従業員等派遣要請	２条９項５号ロ

	金銭（協賛金）提供要請	2条9項5号ロ
	金銭（火災関連金）提供要請	2条9項5号ロ

　本件審決以降に法的措置（確約計画認定を除く。）の対象とされた事件における不利益行為はいずれも，下請法において禁止行為とされている類型とも重複する，典型的な不利益行為である。
　理解の便宜のため，下請法上の禁止行為と優越的地位の濫用との対応関係を整理すると，以下のような概要となる。

下請法	禁止行為	優越的地位の濫用
4条1項1号	受領拒否	2条9項5号ハ
4条1項2号	下請代金の支払遅延	2条9項5号ハ
4条1項3号	下請代金の減額	2条9項5号ハ
4条1項4号	返品	2条9項5号ハ
4条1項5号	買いたたき	2条9項5号ハ
4条1項6号	購入強制・利用強制	2条9項5号イ
4条1項7号	報復措置	
4条2項1号	有償支給原材料等の対価の早期決済	（2条9項5号ハ）
4条2項2号	割引困難な手形の交付	（2条9項5号ハ）
4条2項3号	不当な経済上の利益の提供要請	2条9項5号ロ
4条2項4号	不当な給付内容の変更・やり直し	2条9項5号ハ

　外形的に不利益行為に該当するように見える場合でも，一定の条件が満たされる場合には，結論として不利益行為該当性が否定される場合があるとされており，優越GLにおいても，不利益行為の類型ごとに，満たされるべき条件が説明されている。
　優越的地位の濫用の抑止という観点からは，この例外事由は過度に広範に，安易に認められるべきではないとされるが，必ずしも優越GLで列挙されている事由に限定されるわけではない。本件審決においても，「減額」という不利益行為について優越GLでは明記されていない例外が認められていたことは，Ⅰで述べたとおりである。
　事案にもよると思われるが，例えば本件事案では，関係証拠の評価に基づいて，そのような判断に至ったものと考えられる。
　すなわち，Ⅰにおいて検討の対象とした本件事案のL社に対する「減額」という不利益行為についての検討の際に，Ⅰの【図表】にも示されるように，一定の状況下で自らの費用負担でトイザらス側に提案を行うというL社自身の方針の中で，「返品」

と「減額」は，採り得る方策として選択的に併置されていた。このような取引実態を背景としつつ，たまたま「返品」という手段が選択されたときには不利益行為性が否定されるのに，「減額」という手段が選択されていたとするとそれが否定され得ないというのは，実態にそぐわない結論を招いてしまうことになる。

Ⅰでは，本件事案において，前記以外にも「減額」について優越GLには特に明記されていない例外事由が肯認されていることを述べた。それらも上記と同様に，事案の実態に即した関連証拠に対する評価に基づく帰結であると考えられるが，全体としての状況を整理すると以下のとおりとなる。

特に，減額についての例外②が，優越GLには明記されておらず，本件審決によって追加（新たに創設されたとも言える。）されていたものであるが，内容的には優越GLで返品について例外③として既に記載されていたものと同趣旨と言える。

行為類型	審決の規範定立部で認められていた例外
返品	①商品の購入に当たって，当該取引の相手方との合意により返品の条件を明確に定め，その条件に従って返品する場合（ただし，返品が当該取引の相手方が得る直接の利益等を勘案して合理的であると認められる範囲を超えた負担となり，当該取引の相手方に不利益を与えることとなる場合には，当該取引の相手方の自由かつ自主的な判断による取引を阻害するものとして，濫用行為に当たることとなる。）
	②あらかじめ当該取引の相手方の同意を得て，かつ，商品の返品によって当該取引の相手方に通常生ずべき損失を自己が負担する場合
	③当該取引の相手方から商品の返品を受けたい旨の申出があり，かつ，当該取引の相手方が当該商品を処分することが当該取引の相手方の直接の利益となる場合
減額	①対価を減額するための要請が対価に係る交渉の一環として行われ，その額が需給関係を反映したものであると認められる場合
	②当該取引の相手方から値引き販売の原資とするための減額の申出があり，かつ，当該値引き販売を実施して当該商品が処分されることが当該取引の相手方の直接の利益となる場合

対象者	行為類型	濫用についての審決の認定	備考
F	返品[3]	該当	

---

[3] 本件審決中では，違反の成否が問われた具体的な行為について，例えば「返品①」のように付番されて記述されているが，本講では，規範定立部で示された例外事由についての付番と混乱が生じ得ることを避けるべく，あえて具体的な行為についての付番は省略する。

G	減額（改正法施行後）	該当	
	減額（改正法施行前）	該当	被審人から具体的な主張がなかった。
H	減額（改正法施行後）	非該当 （減額例外②を充足）	
	減額（改正法施行前）	該当	被審人から具体的な主張がなかった。
I	減額（改正法施行後）	非該当 （減額例外②を充足）	
	減額（改正法施行前）	該当	被審人から具体的な主張がなかった。
J	減額（改正法施行後）	非該当 （減額例外②を充足）	
	減額（改正法施行前）	該当	被審人から具体的な主張がなかった。
B	減額（改正法施行後）	非該当 （減額例外②を充足）	
	減額（改正法施行前）	該当	被審人から具体的な主張がなかった。
C	返品（改正法施行後）	該当	
	返品（改正法施行前）	該当	被審人から具体的な主張がなかった。
	減額（改正法施行の前後を含む。）	非該当 （返品例外①に準じた条件を充足）	<u>規範定立部では挙げられていない例外事由に基づいて判示されている。</u>
K	返品（改正法施行後）	非該当 （返品例外③を充足）	
	減額（改正法施行後）	非該当 （減額例外②を充足）	
	減額（改正法施行前）	該当	被審人から具体的な主張がなかった。
D	減額（改正法施行後）	非該当 （減額例外②を充足）	
L	減額（改正法施行後）	非該当 （減額例外②を充足）	
	減額（改正法施行前）	非該当	被審人から具体的な主張がなかったが，改正法施行後の減額と同様と認められた。

M	減額（改正法施行後）	該当	被審人からは，返品例外①に準じた条件の充足が主張されていたが，事実面で否定された。
N	返品（改正法施行後）	該当	
	返品（改正法施行前）	該当	被審人から具体的な主張がなかった。
	減額（改正法施行前）	該当	被審人から具体的な主張がなかった。
O	返品（改正法施行後）	非該当（返品例外③を充足）	
	減額（改正法施行前）	該当	被審人から具体的な主張がなかった。
A	減額（改正法施行後）	該当	被審人からは，減額例外②の条件の充足が主張されていたが，事実面で否定された。
	減額（改正法施行後）	非該当（減額例外②を充足）	
	減額（改正法施行前）	該当	被審人から具体的な主張がなかった。

　以下はⅠの記述の再掲となるが，上記表中の下線部のとおり，C社に対する減額については，トイザらスとの間で，新製品を継続的に導入するために，C社が年度の初めに定めた値引き販売に伴う費用負担についての予算の範囲内で，廃番となった商品の在庫一掃を促進するための値引き販売費用を各2分の1の割合で負担することをあらかじめ合意していたことが認められ，トイザらスが，その条件に従って限度額及び対象商品の範囲内で行った減額として，濫用行為該当性が否定されている。これも，その記載振りとしては，むしろ返品の兼ね合いでのみ挙げられている「商品の購入に当たって，当該取引の相手方との合意により返品の条件を（明確に）定め，その条件に従って返品する場合」という例外に即しての判断のように見える。ただし，本件事案において，減額の濫用行為該当性がこの観点で否定されているのはこのケースのみであり，本件審決が一般論として定立した，減額に関する例外事由にもその言及はない（本件審決別紙審決案21頁）。また，同様の主張（対象商品の売買契約締結の際に合意された条件に基づく，値引き販売費用の一部負担）がなされたM社に対する減額の件については，トイザらスの主張は認められず，濫用行為該当性が肯定されている。

しかしながら，少なくとも前記のように，C社に対する減額について濫用行為該当性が否定されており，またM社に対する減額についても，あくまで関係証拠上，事前に合意があったことをうかがわせる記載がないなどの判断によるものであって，優越GLに明記のない例外事由はそもそも認められ得なかった（主張自体失当）わけではなく，事実関係次第では認められ得たということになろう。

また，優越的地位の濫用については，正式処分とは別に，効率的かつ効果的な調査を行い，濫用行為の抑止・早期是正に努めるべく，平成21年に，公取委の審査局内に「優越的地位濫用事件タスクフォース」が設置されており，「注意」による処理が行われている[4]。その公取委の公表資料（一例として，令和5年度における優越タスクの取組状況）において採用されている「注意事案の行為類型一覧」の「行為類型」は，以下のような内容となっており，優越的地位の濫用に関する法文の用語例というよりも，下請法の禁止行為類型に準じたものとなっている。

購入・利用強制
協賛金等の負担の要請
従業員等の派遣の要請
その他経済上の利益の提供の要請
受領拒否
返品
支払遅延
減額
取引の対価の一方的決定
不当な給付内容の変更及びやり直し
その他

以上を要するに，優越的地位の濫用に関する公取委の法運用においては，正式処分のみならず警告・注意等の事案に関しても，嫌疑の対象とされてきている不利益行為は，下請法において禁止行為とされているような典型的な不利益行為の類型であると言える。そして，それらの典型行為は，少なくとも行為類型の外形として，その意義や外縁が比較的明確に確定されており，また広く認識されていると思われるので，社内調査等においても，これを切り口（端緒）として利用することには実務的な有用性

---

[4] 通常，事案の内容は公表されない。これに対し警告の事案については，通常，その内容が公表される。

が認められる。

エ．非典型の不利益（濫用）行為について

　以上で述べた内容とは別に，近時の事案の中には，典型的な不利益行為には当たらないような行為について，優越的地位の濫用の成否が問われるようなケースが，公取委による調査案件の中にも見受けられている。

　例えば,あるデジタルマーケットプレイスに関して,出店者に対して送料を無料にするよう要請があったとされたケース[5]や，ある外国自動車メーカーの日本法人が，その販売代理店に対して，必要以上の台数の車両の新車の登録を余儀なくさせていたのではないかといったケース[6]などを挙げることができる。なお，これらのケースでは，例えば事案の処理として，確約手続によって解決されるということも見受けられている。

　また，例えば，二当事者間における民事紛争の中で優越的地位の濫用の成否が問われるような場合に，必ずしも典型的な不利益行為には当たらないような行為について違反の成否が問われることもある[7]。

　この種の事案では，上記のような，協賛金等の負担要請といった典型的な不利益行為を想定しつつ，優越的地位の濫用についての実務的な検討の入り口として，不利益行為の存否というところから始めるという手法が同様に妥当するとは限らないように思われる。

　そもそも，不利益行為には，「取引の相手方に不利益となるように取引の条件を設定し，若しくは変更し，又は取引を実施すること」（2条9項5号ハ）という，かなり広く様々な行為が含まれる。そこには，「優越的地位」が認められて初めて「不利益」と評価すべきもの，言い換えれば，かかる「地位」が認められなければ，そもそ

5　（令和2年2月28日）楽天株式会社に対する緊急停止命令の申立てについて（https://www.jftc.go.jp/houdou/pressrelease/2020/feb/200228.html）
　　また，（令和2年3月10日）楽天株式会社に対する緊急停止命令の申立ての取下げについて（https://www.jftc.go.jp/houdou/pressrelease/2020/mar/200310.html）

6　（令和3年3月12日）ビー・エム・ダブリュー株式会社から申請があった確約計画の認定について（https://www.jftc.go.jp/houdou/pressrelease/2021/mar/210312.html）

7　最近においては，㈱カカクコムが運営する飲食店ポータルサイトである「食べログ」に掲載される各飲食店に付される「評点」を算出するアルゴリズムについて，㈱カカクコムが，チェーン店飲食店に関して高評価をした口コミについて当該チェーン店飲食店の評点の算出に与える影響を小さくする変更を行ったことが，「取引条件等の差別取扱い」（独禁法2条9項6号イ，一般指定4項）及び「取引の相手方に不利益となる取引の実施」として「優越的地位の濫用」（独禁法2条9項5号ハ）に当たるとして，焼肉チェーン店を運営する㈱韓流村が，㈱カカクコムに対し，違反行為の差止め及び売上減等による損害賠償請求を行った事例がある（東京地判令4・6・16及び東京高判令6・1・19（後者についてhttps://www.courts.go.jp/app/files/hanrei_jp/890/092890_hanrei.pdf））。

も「不利益行為」に該当しないものも含まれてくることがある。社内調査という観点から言えば，「不利益」の内容が非典型であり，それ故に不定形であるため，違反の有無について気付きを与える契機となりにくいということになる。

したがって，今後さらに，そういった非典型行為について優越的地位の濫用が適用されていくケースが広がっていく場合には，改めて，一方でその予防や対処法についてのさらなる検討が必要となり得るが，反面，そもそもの嫌疑の妥当性自体についても慎重な検討が必要となる。この点については，優越的地位濫用規定の適用を広げ過ぎなのではないか，という批判的検討も可能であろう。なお，上記のように，優越的地位の濫用について確約手続による解決という手法が活用されていくとすれば，この確約手続では違反の認定がされないため，排除措置命令等で違反が認定される場合とは異なり，要件の充足についての判断の整合性ということが厳密に問われるわけではなく，その事後検証も困難とならざるを得ない。

3．優越的地位

それでは，「優越的地位」について事業者が留意すべき実務上のポイントとしては，何が考えられるか。そもそも，個々の取引先に対する優越的地位の有無については，証拠に基づく各取引先ごとの認定が必要ではあるものの，例えば公取委による行政処分の対象とされてきたような事案では，その取引の実態に伴い，ある程度類型的に，少なくとも（必ずしも）事業者の側からは見えにくい取引先の側の事情も考慮された形で決まってくる面もある。したがって，優越的地位濫用の嫌疑を避けるためには，「不利益行為」に当たる行為を行わないようにすることが先決であり，「不利益行為」の対象取引先に対して，優越的地位に当たるとの認定を回避するために取引関係の在り方を変えるという対応は現実的ではないと言えよう。このように，優越的地位の認定について，事業者はいわば受動的な立場にあると言える。

もっとも，既に述べたように，優越的地位濫用の嫌疑を受けた事業者が，確約手続を利用することとした場合には，各取引先ごとに，自らの立場（優越的地位の有無）について，能動的に評価検討を行うべき場合も生じ得る。例えば，確約計画に金銭的価値の回復を盛り込むことが求められる場合，自社が優越的地位にあると認定され得る取引先に対する不利益行為に絞って回復措置の対象とすることを検討するのであれば，その判断基準の確立及び具体的な仕分け作業にあたっては，本件事案及びその後の事件で示された優越的地位の認定の考え方が参考となる。

(1) **本件審決**

まず，不利益行為についての考え方に関しては，本件審決には，現時点でも多くの

示唆を与える先例としての意義を認めることができる。

他方で，優越的地位の認定については，その後の判審決例による認定判断のあり方に着目しておくべきであろう。既述のとおり，「不利益行為を敢えて甘受する事業者に対して行為者は優越的地位にあるはずという推認を強く働かせた」という，推認の強さについて，本件審決よりも後の審判審決では，安易に推認が認められてしまうことのないよう，より慎重な姿勢が意識されることとなった，という違いが見受けられている。

まず，本件審決において「濫用行為」の認定と「優越的地位」の認定とが，どのような相関関係にあったかを整理すると以下のとおりとなる。

対象者	行為類型	濫用についての審決の認定	優越的地位
F	返品[8]	該当	○
G	減額（改正法施行後）	該当	○
	減額（改正法施行前）	該当	
H	減額（改正法施行後）	非該当（減額例外②を充足）	
	減額（改正法施行前）	該当	○
I	減額（改正法施行後）	非該当（減額例外②を充足）	
	減額（改正法施行前）	濫用に該当	○
J	減額（改正法施行後）	非該当（減額例外②を充足）	
	減額（改正法施行前）	該当	○
B	減額（改正法施行後）	非該当（減額例外②を充足）	
	減額（改正法施行前）	該当	○
C	返品（改正法施行後）	該当	○
	返品（改正法施行前）	該当	
	減額（改正法施行の前後を含む。）	非該当（返品例外①に準じた条件を充足）	

---

8 前掲注3参照。

社	行為	判断	
K	返品（改正法施行後）	非該当（返品例外③を充足）	
	減額（改正法施行後）	非該当（減額例外②を充足）	
	減額（改正法施行前）	該当	○
D	減額（改正法施行後）	非該当（減額例外②を充足）	
L	減額（改正法施行後）	非該当（減額例外②を充足）	
	減額（改正法施行前）	非該当	
M	減額（改正法施行後）	該当	○
N	返品（改正法施行後）	該当	○
	返品（改正法施行前）	該当	
	減額（改正法施行前）	該当	
O	返品（改正法施行後）	非該当（返品例外③を充足）	
	減額（改正法施行前）	該当	○
A	減額（改正法施行後）	該当	○
	減額（改正法施行後）	非該当（減額例外②を充足）	
	減額（改正法施行前）	該当	○

　以上のとおり，本件審決では，濫用行為該当性が認められた行為については，結論としてすべて優越的地位にあることが認められていた。

　なお，Ⅰでも触れた点であるが，念のため，逆は必ずしも真ではなく，本件審決においても，「優越的地位」は肯定しつつ，ときに「濫用」は否定され得るということが生じていた。例えば，A社については，特に改正法施行日以後の2件の減額について濫用行為該当性が争われたが，結論として1件については該当（また，これを踏まえ「優越的地位」も肯定），残る1件については非該当（なお，その理由もL社同様，本件審決により新たに示された例外事由に該当するというものであった。）とされている。これは，見方を変えれば，トイザらスのA社に対する「優越的地位」は肯定しつつ，ときに「濫用」は否定され得ることを示しているとも言える。

　Ⅰで検討の対象としたL社のように，濫用行為の存在自体が全面的に否定された結果，本件審決では，L社についての優越的地位の有無は判示されていない。ただし，この点は，優越的地位の有無を判断する対象を「不利益行為の相手方であったか否

か」で選別するという判断枠組みを採る限り，ラルズ事件以降も特に異ならない。

(2) 山陽マルナカ事件審判審決以降の判審決の状況
ア．山陽マルナカ事件審判審決
　山陽マルナカ事件審判審決において，優越的地位の認定に際して考慮すべき要素を列挙するための規範定立の部分で述べる内容は，上記のとおり，基本的には本件審決と異なるところはない。
　ただし，山陽マルナカ事件審判審決では，本件審決において採用されていたような，濫用行為からの推認という判断枠組みは採らず，替わって以下のような論旨でその判示を行っている。
　すなわち，まず被審人山陽マルナカの市場における地位について，「被審人は，岡山県の区域内において食料品等の小売業を営む事業者として有力な地位にあったと認められ」，「岡山県を営業区域とする食料品等の製造業者及び卸売業者は，被審人と継続的に取引を行うことで，被審人を通じて，同県の区域内の消費者に幅広く自社の取扱商品を供給することができ，同区域内において多額かつ安定した売上高を見込むことができることになるから，一般的にいえば，被審人と取引することの必要性及び重要性は高いと評価することができる。」とする。その上で，被審人山陽マルナカと165社の関係について，その165社を5グループに大別した上で，うち32社について「被審人に対する取引依存度が大きいこと」，うち28社については「取引先に対する取引依存度における被審人の順位が高いこと」，うち51社について「被審人との取引を主に担当している営業拠点（岡山県を営業区域とする支社，支店，営業所，事業所等のほか，総合スーパーや食品スーパーを所管する営業部門）の被審人に対する取引依存度が大きいこと，あるいは，同営業拠点の取引先に対する取引依存度における被審人の順位が高いこと」，うち16社について「資本金額，年間総売上高，掲記の各証拠から認められる従業員数などに照らして16社の事業規模が極めて小さいと認められること」を指摘し，これらの4グループについて，「被審人との取引の継続が困難になることは事業経営上大きな支障を来すものとうかがわれる。」とした。
　その際，特に，第4のグループとされた16社の中には，最も低いレベルのものとして，被審人に対する取引依存度は約0.2%～約0.4%，取引依存度における被審人の順位は第50位～第68位といったものも含まれている（納入業者94）。なお，これらの優越的地位が肯定された4グループのいずれについても，アンケート調査により得られた回答を踏まえつつ，おおむね，「回答内容等はこれら客観的状況に沿うものといえる。」との指摘を添えている。
　他方で，残る38社については，他の4グループと同等の状況にあるとは認められな

いとして,「被審人が38社に対して優越的な地位にあったと認めるに足りる的確な証拠はない。」とした。

なお,既に述べたように,同事件の審決取消訴訟における東京高判は,同事案の排除措置命令及び課徴金納付命令の主文や理由に記載不備の違法があったとして審決の(一部)取消を認め,その後に公取委により,同判決を踏まえ,同事案の排除措置命令及び課徴金納付命令の全部を取り消す趣旨の審決が下されている。

他方で,同事案の審判審決で示されていた内容が,その実体面において不当(取消相当)と認められたと考えるべき状況にはなく,本講において,優越的地位の濫用に関する実務を検討するにあたっても,引き続き検討対象に含める意義はあると考える。

イ．ラルズ事件審判審決

ラルズ事件審判審決においても,優越的地位の認定に際して考慮すべき要素を列挙するための規範定立の部分で述べる内容は,前記2.(1)のとおり,基本的には本件審決と異なるところはない。

ただし,ラルズ事件審判審決では,本件審決において採用されていたような濫用行為からの推認という判断枠組みは採らず,替わって以下のような論旨でその判示を行っている。概要は,山陽マルナカ事件審判審決と同様である。

すなわち,まず被審人ラルズの市場における地位について,「被審人は,北海道の区域内において食料品等の小売業を営む事業者として,殊に食品スーパーの分野において有力な地位にあったと認められ」,「北海道を営業区域とする食料品等の製造業者及び卸売業者にとっては,同区域内において有数の事業規模を誇り,更にその規模を拡大しているなど,同区域内の食品スーパーとして有力な地位にある被審人と継続的に取引を行うことで,被審人を通じて,同区域内の消費者に幅広く自社の取扱商品を供給することができ,多額かつ安定した売上高を見込むことができるのみならず,更なる販売数量や売上高の増加も見込むことができることになるから,一般的にいえば,被審人と取引することの必要性及び重要性は高いと評価することができる。」とされている。その上で,被審人ラルズと88社の関係について,その88社を4グループに大別した上で,うち27社については「被審人に対する取引依存度が大きい(高い)こと」,34社について「取引先に対する取引依存度における被審人の順位が高いこと」,22社については「被審人との取引を主に担当している営業拠点(北海道を営業区域とする支社,支店,営業所,事業所等のほか,総合スーパーや食品スーパーを所管する営業部門)の被審人に対する取引依存度が大きいこと,あるいは,同営業拠点の取引先に対する取引依存度における被審人の順位が高いこと」,残る5社については「資本金額,年間総売上高,掲記の各証拠から認められる従業員数などに照らして5社の事業規模が極めて小さいと認められること」を指摘し,「被審人との取引の継続が困

難になることは事業経営上大きな支障を来すものとうかがわれる。」とした。

これらのうち，第4のグループとされた5社の中には，最も低いレベルのものとして，原告に対する取引依存度は約0.2％又は約0.3％，取引依存度における原告の順位は上位第6位〜第10位といったものも含まれている（納入業者83）。なお，その際，4グループのいずれについても，アンケート調査により得られた回答を踏まえつつ，「回答内容等はこれら客観的状況に沿うものといえる。」との指摘を添えている。その上で，88社については，いずれも被審人による不利益行為を受け入れていた事実が認められることから，「88社は，被審人が著しく不利益な要請等を行っても，これを受け入れざるを得ないような場合にあったことがうかがわれる。」として，最終的に，88社に対する被審人ラルズの優越的地位を認めていた。

なお，同事件の審決取消訴訟における東京高判による優越的地位に関する判示では，前記2.(1)のとおり，判断において考慮されるべき要素に関する規範定立の際に，「不利益行為の受け入れ」はその考慮要素から外されていた。さらに，審決と異なり，この「不利益行為の受け入れ」について，「甲が乙にとって著しく不利益な要請等を行っても，乙がこれを受け入れざるを得ないような場合にあったことをうかがわせる重要な要素となり得る」という部分も，外されていた。他方で，同判決は，88社を4グループに大別して各グループごとにおおむね同事件審決と同様の事項を指摘し，また，あてはめとしては，「不利益行為を受け入れるに至った経緯や態様等」を挙げた上で，結論として88社に対する優越的地位を認めており，実質的には同事件審決による判示と特に異ならないと言える。

ウ．エディオン事件

エディオン事件においても，優越的地位の認定に際して考慮すべき要素を列挙するための規範定立の部分で述べる内容は，前記2.(1)のとおり基本的には本件審決と異なるところはない。

ただし，エディオン事件審判審決でも，本件審決以降の同種各事案と同様に，（本件審決において採用されていたような）濫用行為からの推認という判断枠組みは採らず，替わって以下のような論旨でその判示を行っている。

すなわち，まず被審人エディオンの市場における地位について，「被審人は，家電量販店として有数の規模を誇り，しかも，その事業規模は年々拡大していたことからすると，本件対象期間において，家電製品等の小売業を営む家電量販店として有力な地位にあったものと認められ」，「家電製品等の製造業者及び卸売業者は，被審人と継続的に取引を行うことで，被審人を通じて，家電製品等の自社の取扱商品を消費者に幅広く供給することができ，多額かつ安定した売上高を見込むことができることになるから，一般的にいえば，被審人と取引することの必要性及び重要性は高いと評価す

ることができる。」とされている。その上で，被審人エディオンと127社の関係について，その127社を4グループに大別した上で，うち27社については「被審人に対する取引依存度が大きい（高い）こと」，59社については「取引先に対する取引依存度における被審人の順位が高いこと」，6社については「資本金額，年間総売上高，従業員数などに照らして6社の事業規模が極めて小さいと認められること」を指摘し，これらの3グループについて，「被審人との取引の継続が困難になることは事業経営上大きな支障を来すものとうかがわれる。」とした。

その際，特に，第3のグループとされた6社の中には，最も低いレベルのものとして，被審人に対する取引依存度は約0.3％〜約0.4％，取引依存度における被審人の順位は第57位〜第62位といったものも含まれている（納入業者45）。なお，これらの優越的地位が肯定された3グループのいずれについても，アンケート調査により得られた回答を踏まえつつ，「回答内容等はこれら客観的状況に沿うものといえる。」との指摘を添えている。その上で，それら3グループの計92社については，いずれも被審人による不利益行為を受け入れていた事実が認められることから，「被審人が著しく不利益な要請等を行っても，これを受け入れざるを得ないような場合にあったことがうかがわれる。」として，最終的に92社に対する被審人エディオンの優越的地位を認めていた。

他方で，残る35社については，他の3グループと同等の状況にあるとは認められないとして，「被審人の取引上の地位が35社に対して優越していたとまで認めるに足りる的確な証拠はない。」とした。

なお，同事案については本講脱稿の時点で審決取消訴訟が継続中である。

エ．ダイレックス事件

ダイレックス事件においても，優越的地位の認定に際して考慮すべき要素を列挙するための規範定立の部分で述べる内容は，前記2.(1)のとおり基本的には本件審決と異なるところはない。

ただし，ダイレックス事件審判審決でも，本件審決において採用されていたような濫用行為からの推認という判断枠組みは採らず，替わって山陽マルナカ事件審判審決やラルズ事件審判審決と同様に以下のような論旨でその判示を行っている。

すなわち，まず，被審人ダイレックスの市場における地位について，「被審人は，本件期間中において，事業を急速に拡大し，消費者に人気のある小売業者であり，総合ディスカウント業を営む事業者として有力な地位にあったと認められ」，「食料品，酒類，日用雑貨品，家庭用電気製品，衣料品等の製造業者及び卸売業者としては，被審人と継続的に取引を行うことで，被審人を通じて，消費者に幅広く自社の取扱商品を供給することができ，多額かつ安定した売上高を見込むことができることになるか

ら、一般的にいえば、被審人と取引することの必要性及び重要性は高いと評価することができる。」とされている。その上で、被審人ダイレックスと78社の関係について、その78社を5グループに大別した上で、うち40社については「被審人に対する取引依存度が大きいこと」、24社について「取引先別の売上高の順位における被審人の順位が高いこと」、4社については「資本金額及び年間総売上高に照らして当該納入業者の事業規模が極めて小さいこと」、残る1社については「被審人との取引を主に担当している営業拠点（全社的に見ても、売上高が高く、営業上重要と認められる。）における取引先別の売上高の順位における被審人の順位が高いこと（2位〜3位）」を指摘し、これらの4グループについて、「被審人との取引の継続が困難になることは事業経営上大きな支障を来すものとうかがわれる。」とした。

　その際、最も低いレベルのものとして、例えば第4のグループとされた1社の場合、被審人に対する取引依存度は直近3期平均で1.1％、取引先別の売上高の順位における被審人の順位は第18位〜第20位であった（納入業者73）。なお、これらの優越的地位が肯定された4グループのいずれについても、認定根拠として、併せてアンケート調査により得られた回答が指摘されている。その上で、これら4グループの計69社については、いずれも被審人による不利益行為を受け入れていた事実が認められることから、「被審人が著しく不利益な要請等を行っても、これを受け入れざるを得ないような場合にあったことがうかがわれる。」として、最終的に69社に対する被審人ダイレックスの優越的地位を認めていた。

　他方で、残る9社については、他の4グループと同等の状況にあるとは認められないとして、「9社に対しては、被審人の取引上の地位は当該納入業者に対して優越していたものと認めることはできない。」とした。

　なお、同事件の審決取消訴訟における東京高判令5・5・26審決集未掲載による優越的地位に関する判示では、前記2.(1)で説明したラルズ事件東京高判とはやや異なり、判断において考慮されるべき要素に関する規範定立に関する判示において、必ずしも「不利益の受け入れ」をその考慮要素から外していない。すなわち同判示では、まず「優越的地位の該当性についての判断をするに当たっては、①行為者の市場における地位、②当該取引の相手方の行為者に対する取引依存度、③当該取引の相手方にとっての取引先変更の可能性、④その他行為者と取引することの必要性、重要性を示す具体的な事実（行為者との取引額、行為者の今後の成長可能性、取引の対象となる商品・役務を取り扱うことの重要性、事業規模の相違等）を総合的に考慮するのが相当である。」と述べ、基本的に上記ラルズ事件東京高判と同じ考慮要素を挙げている。ただしこのダイレックス事件東京高判は上記に引き続いて、「なお、取引関係にある当事者間の取引を巡る具体的な経緯や態様には、当事者間の相対的な力関係が如実

反映されることが少なくないから，実際に取引の相手方が行為者による客観的に不利益な行為を受け入れている場合には，これを受け入れるに至った経緯や態様等を総合的に勘案して，行為者の優越的地位該当性を判断することが合理的であるといえる。」とも述べている。また，その上で，同事件審判審決において優越的地位が認定されていた69社・4グループについて，各グループごとにおおむね同審決と同様の事項を指摘しつつ，あてはめにおいて「いずれも本件各行為の全部又は一部を受け入れていた事実が認められる。」とも併せ指摘していた。

4．本講のまとめ

Ⅱの1.(3)ウにおいて，ラルズ事件審判審決が，その検討の順序としては「被審人の取引上の地位が88社に対して優越しているか否か」，「本件各行為は不利益行為に当たるか」という流れであるものの，その優越的地位の有無が検討される対象として選び出された「88社」は，「従業員等の派遣要請」等，その事案で問題とされた不利益行為の相手方であったという理由によって選別されており，要するに，書き順は「優越的地位」からとなっているけれども，発想としては，「不利益行為」を入り口にしていて，そこからの絞り込みということになっている（そして，その構造は同事件の審決取消訴訟東京高判でも維持されている。）ということを指摘した。

前記のとおり，山陽マルナカ事件審判審決，エディオン事件審判審決，ダイレックス事件審判審決も，状況は同様である。そして，「優越的地位の認定にあたり，不利益行為が受け入れられていた事実を考慮する」ということについて，上記のとおり，ラルズ事件東京高判ではその規範定立からは外されてニュアンスとして薄められていたかのようにも見えていたものが，ダイレックス事件東京高判の規範定立では「なお書き」として言及されるに至っている。そういった観点からは，社内調査における着眼点として，特に典型的な不利益行為との兼ね合いでは，それらの不利益行為の存否を切り口として，それが優越的地位を利用したものというべきか否かについて，肯定的に判断を下すべき対象群から，その外縁をどのように画するかというアプローチを採ることには実務的な有用性が認められる。

ところで，上記では，本件審決と，それ以降の同種各事案での判審決の判示とでは，不利益行為から優越的地位の存在を推認することを是とする度合いが相当程度減少し，優越的地位の認定に際して，改めて諸般の要素の調査・考慮が求められる度合いが高まっていることを示した。

では，そういった諸般の要素の考慮という点について，何か一定の相場観といったものが示されてきているという状況にあると言えるだろうか。この点，例えば，代表的な考慮要素の1つとされる取引依存度についてみると，「(最も低いレベルのものと

して）被審人に対する取引依存度は約0.2パーセントないし約0.4パーセント」（山陽マルナカ事件審判審決），「（最も低いレベルのものとして）原告に対する取引依存度は約0.2％又は約0.3％」（ラルズ事件東京高判），「（最も低いレベルのものとして）被審人に対する取引依存度は約0.3パーセントないし約0.4パーセント」（エディオン事件審判審決），「被審人に対する取引依存度は直近3期平均で1.1パーセント」（ダイレックス事件審判審決）という状況にあり，この程度の取引依存度でも優越的地位が認められ得るとなると，少なくとも取引依存度のみでは一義的に明快な指標となり得るものとは思われない。また，他の考慮要素として挙げられる要素についても，状況は異ならない。

そこで，改めて検討するに，そもそも，この種の（すなわち，複数の取引先事業者が関係する「行為の広がり」が見られるような）事案においては，優越的地位の存在が認められる取引先事業者の範囲を厳密に（特に専ら社内調査で）画定することは極めて困難であるというところから議論を始めるべきではないか，ということのように思われる。少なくとも，公取委による正式処分事例の中でも，排除措置命令・課徴金納付命令の時点と，それらに対する審判審決の時点で，その範囲の画定に変動が生じるという事態が見受けられていること自体，その画定の判断が極めて困難であることを図らずも示している。

仮に，そのような前提に立ったとしても，少なくとも，疑義なく自らの優越的地位の存在が肯定されるような取引先事業者が存在する以上，違反の存在と，不利益の回復といった改善措置の必要性自体には変わりはない。もちろん，改善の救済範囲にどこまで含めるべきかの確定といった問題は当然生じるが，それは事案の状況や進展に応じて個別に（柔軟に）対応することで解決策を見出していくべきことになろう。これは，純然たる社内調査の場面であれ，あるいは当局による調査対応や確約手続対応など，いずれの場合も基本的には異ならない。

これに対して，優越的地位が認められるべき限界的な線が判然としないのでは不都合が生じることが想定される場面として，例えば非典型的な不利益行為が嫌疑の対象とされている場合や，優越的地位の濫用の成否が二当事者間の問題としてのみ問題とされているような場合が考えられる。

Ⅱは，本件事案を中心に，公取委の正式処分の対象とされた事案を素材として検討を行うことを企図するものであるので，上記の場面についての検討は別の機会に譲る。

ただし，特に，二当事者間でのみ違反の成否が問われているような場合との比較において，本件事案のような行為の広がりが見受けられるような場合には，次のような点を指摘できるのではないかと思われる。すなわち，本件事案のような場合には，ある種の横並び的な影響あるいは圧力による，不利益の受入れということがあり得るの

ではないかという点である。典型的には，例えば，本件審決における取引先事業者Ａに対する行為の関連で，同社が不利益を受け入れた経緯の中に，「他の納入業者も同様の要請を受け，要請に応じていることから，自社のみ断ることはできなかった。」といった事情があったことが認定されている。これは，同事案の同社に特有の事情ということではなく，この種の事案においてしばしば見受けられる状況である。なお，これに関連して，例えば，山陽マルナカ事件では，「他の納入業者も同様の要請を受け，要請に応じていることから，当社のみ断ることができなかったため。」という不利益の受入れは，競合他社との競争上不利にならないようにするためという意味で，不利益を受け入れることについての「合理的な理由」であり，「自由かつ自主的な判断に基づき行ったものであって，これによる著しい不利益も被っていない。」と言えるのではないかが争われた（結論は，受入れへの見返りが約束されていなかった以上，納入業者の一方的かつ漠然とした期待に過ぎないとして否定）。また，エディオン事件審判審決では，公取委からの報告命令における設問について，取引先事業者から，「他の納入業者が従業員等を派遣していることから，貴社のみ従業員等を派遣しないとすることが難しかったため」との回答が選択されていた場合について，「その不利益は被審人との関係で生じたものではなく，他の納入業者との競争から生じたもの」であって，優越的地位を「利用して」の要件を満たさないというべきではないかが争われた（結論としては，そういった回答が見受けられるとしても，「被審人の従業員等派遣の依頼にやむなく応じていた」のであって，不利益行為に当たらない例外事由に当たるなどの特段の事情が「なかったことがうかがわれる。」とされ，最終的には，優越的地位を「利用して」に当たらないのではないかとの主張も否定）。

　なお，以上のように，行為の広がりが見受けられるような場合に，ある種の横並び的な影響あるいは圧力にも着目すると，相対的な比較として，二当事者間の問題について優越的地位の濫用が認められる場合と，多数当事者に対して優越的地位の濫用が認められる場合の外縁（違反の成立が認められる限界事例的な取引先事業者）との間には，感覚的な相違があり，後者において優越的地位の存在が認定されたような状況のみを切り出して，それを純然たる二当事者間での優越的地位の有無の判断の指標としようとすることには，困難が生じ得るようにも思われる。

　ただし，本講は，このような相違があること（要するに，公取委による法適用の場面と，民事紛争における裁判所による法適用の場面では，優越的地位の認定基準に相違があるのではないかということ）の当否自体を論じるというよりも，少なくとも公取委の法運用において，結果として，後者ではそれ単体として優越的地位ありとはされないような関係性にあるような場合でも，全体として違反の中に含められてしまうことがあるという想定を前提に，そうであるなら，違反行為の未然防止や事後改善の

ための社内調査において、そういった多数当事者事案と二当事者事案との相違の可能性に留意しておくことが得策である、ということを指摘しようとするものである。

5. その他の論点

以下では、優越的地位の濫用に関して、事業者が留意すべき実務上のポイントとして有益と思われるその他の論点に触れておきたい。

(1) 違反行為の実施と違反行為期間の認定
ア. 違反行為期間の認定

既に述べたように、平成22年1月1日より、優越的地位濫用行為は、課徴金賦課の対象となった。

独禁法20条の6は、「事業者が、第19条の規定に違反する行為（第2条第9項第5号に該当するものであって、継続してするものに限る。）をしたときは、…当該事業者に対し、当該行為をした日から当該行為がなくなる日までの期間（…）における、当該行為の相手方との間における政令で定める方法により算定した売上額（当該行為が商品又は役務の供給を受ける相手方に対するものである場合は当該行為の相手方との間における政令で定める方法により算定した購入額とし、当該行為の相手方が複数ある場合は当該行為のそれぞれの相手方との間における政令で定める方法により算定した売上額又は購入額の合計額とする。）に100分の1を乗じて得た額に相当する額の課徴金を国庫に納付することを命じなければならない。」と規定している。

本件事案の審判において、トイザらスは、20条の6の規定振りからすれば、違反行為期間は取引先ごとに算定することが前提となっていると主張したが、本件審決では否定された。

本件審決は、「濫用行為が複数みられるとしても、また、複数の取引先に対して行われたものであるとしても、それが組織的、計画的に一連のものとして実行されているなど、それらの行為を行為者の優越的地位の濫用として一体として評価できる場合には、独占禁止法上一つの優越的地位の濫用として規制されることになり、課徴金算定の基礎となる違反行為期間についても、それを前提にして、濫用行為が最初に行われた日を『当該行為をした日』とし、濫用行為がなくなったと認められる日を『当該行為がなくなる日』とするのが相当である。」とした。

単純化した仮想事例を取り上げる。例えば、納入業者がA、Bの2社あり、Aに対しては従業員派遣要請を1月1日に開始し、1月31日に終了させ、その後は従業員派遣要請を行っておらず、また、Bに対しては12月1日になって初めて金銭提供要請を開始し、12月31日をもって金銭提供要請を終了したという場合を想定する。

トイザらスの主張は，この場合，Aからの1月分の購入額とBからの12月分の購入額の合計額が課徴金算定対象となるのではないか，というものである。

これに対し，審決の判断は，A社及びB社に対して行われた違反行為が，組織的，計画的に一連のものとして行われていたような場合には，違反行為が最初に行われたのが1月1日であり，違反行為がなくなったのが12月31日であるから，A社及びB社双方からの，1月1日から12月31日までの1年分の購入額の合計額が課徴金算定対象となるということである。

この考え方は，ラルズ事件東京高判においても認められている。

すなわち，「優越的地位の濫用行為において，独禁法2条9項5号所定の異なる行為類型に該当する行為がされている場合においても，違反行為を同号所定の異なる行為類型ごとに捉えるのではなく，当該濫用行為が事業者の方針に基づくものであり，役員等の指示に基づき組織的，計画的に一連の行為として行われているときには，全体として1個の違反行為がされたものとして，一律に違反行為期間を認めるのが相当」，「1個の違反行為につき相手方が複数ある場合における違反行為期間については，一律に，始期である『当該行為をした日』とは，複数の相手方のうちいずれかの相手方に対して最初の当該行為をした日をいい，違反行為期間の終期である『当該行為がなくなる日』とは，複数の相手方のすべての相手方に対して当該行為が行われなくなった日をいうものと解するのが相当」と判示する。

なお，違反行為期間における複数の相手方との取引額全体を課徴金算定基礎とすることが相当である理由として，「違反行為期間中であれば，事業者は不利益行為を要請し得る状態にあり，相手方も不利益行為の要請を受け得る状態にあったものと解されるから，前記違反行為期間中に，相手方によっては現実に濫用行為を受けていない期間があるとしても，当該期間の取引額も課徴金の算定基礎とするのが合理的というべき」と判示する。

イ．事業者に求められる対応

以上のように，優越的地位濫用行為を組織的，計画的に一連のものとして実行していたと認定された場合，その最初の不利益行為の実施日から，すべての不利益行為を取りやめた最後の日までの間の，違反行為者の優越的地位が認定され，かつ不利益行為の対象となったすべての相手方との取引額の合計額が課徴金算定対象売上額となる。

したがって，事業者においては，「不利益行為」が，「組織的，計画的に」行われていないかという点に特に注意を払う必要がある。

なお，「組織的・計画的」に関し，上記のラルズ事件東京高判は，「事業者の方針に基づくものであり，役員等の指示に基づき組織的，計画的に一連の行為として行われているとき」と判示している。「事業者の方針に基づくもの」と「役員等の指示に基

づき」の関係は必ずしも明らかではないが，役員ないし役員に近い権限を有する，例えば営業本部長等の高位役職者の指示に従い，組織として一貫して行われている場合には，「事業者の方針に基づくもの」に該当すると言えそうである。

　それでは，特定の支店や特定の営業部門限りにおいて，特定の営業課長や営業チーフといった中間管理職の者が行った場合はどうか。例えば，X支店では，店舗改装準備のため，生鮮品バイヤーが店長の了解を得ることなく，生鮮品購入先への従業員派遣要請を行い，Y支店では，期末の利益補填のため，食品営業課長が店長の了解を得ることなく，一部取引先に期末協力金要請を行ったという場合はどうか。

　X支店，Y支店とも，店長等の了解を得ることなく，担当者が独自の判断で，自ら又は部下の営業員に命じて，同様の行為を継続的に実行していたような場合においては，「役員等の指示に基づき」の要件を満たさない可能性もあるが，「店長等の了解を得ていないこと」で，違反に当たらないことになるとは通常考えられず，組織的，計画的に一連の行為として行われた場合に当たると認定されることも十分にあり得る。

　したがって，事業者としては，「不利益行為」に該当しそうな行為が，継続的に行われていることを発見した場合には，当該行為を取りやめる，又は既に述べたように，「相手方に不利益を与えることとなる場合」に当たらないような仕組みに改めることにより，「不利益行為」の解消に努める必要がある。

　なお，逆に言えば，「不利益行為」の実行に，組織性・計画性・一連性の認められない場合，例えば，前記の例で言えば，X支店による従業員派遣要請は，店舗改装の際の数日間だけで終わり，その後行われていないという場合や，また，X支店，Y支店とも，「不利益行為」が継続的に行われてはいたが，共に店長は知らされておらず，両支店の行為の間に組織性・一貫性が認められないような場合，X支店の不利益行為とY支店の不利益行為は，一つの優越的地位濫用行為との認定がなされないのみならず，そもそも公取委において法的措置を目指す正式審査の対象として取り上げられない可能性もある。

　それでも，「不利益行為」が行われているという情報が公取委の知るところとなれば，前記の「優越的地位濫用事件タスクフォース」の審査を受け，「注意」処分を受ける可能性はある。したがって，事業者においては，行われていることを発見した「不利益行為」が，単発的なものであり，組織性・計画性・一連性が認められないことが判明したとしても，その解消に努める必要があると言える。

(2) **違反行為の取りやめ・終了**

ア．**違反行為の終期の認定**

　本件事案において，トイザらスは，公取委が本件について審査を開始したところ，

平成23年2月1日以降違反行為を取りやめていることから，違反行為の終期は，平成23年1月31日と認定されている。

本件審判において，違反行為の終期の認定は争点とはなっていなかったので，どのような経緯により，トイザらスの違反行為が取りやめられたと認定されたのかは明らかではない。

他方，ラルズ事件においては，「違反行為のなくなる日」がいつであったかが争点となった。

ラルズ事件において，公取委は，平成24年1月17日に立入検査を行った。これを受け，翌18日，ラルズの会長が，本部の全従業員を招集し，疑いを持たれた行為は即刻中止すること等を命じ，その旨が，営業部門のすべてのGM及び各店舗の店長，バイヤーに周知された。それ以降，ラルズは，本件各行為に係る要請を特定納入業者に対して行っていない。したがって，違反行為がなくなる日は，同年1月17日であるというのがラルズの主張であった。

さらに，平成24年1月20日ころ，ラルズ会長名義の文書を従業員に配布し，「本件立入検査を受けたこと，全社を挙げて検査にも協力していること，再発防止に全力を挙げて取り組むつもりであること，同日付けで『公正取引推進委員会』を設立したこと」等を周知した。

また，平成24年1月23日に経営会議を開催し，同経営会議において，「公正取引推進委員会」において新たにルールを策定するまでは，公取委から疑いをかけられている行為を勝手に行わないこと等を，各部署に対して周知することとされ，平成24年1月28日に電子メールにより同経営会議におけるラルズ会長の発言記録が各部署に対して周知された。

次に，平成24年3月14日，ラルズは取締役会を開催し，被疑事実に係る行為の取りやめ，再発防止に関する決意表明及び決議内容等を文書で取引先納入業者に送付することを可決した。ラルズは，同日，仕入れ担当者の大半が出席する社内研修で取締役会決議内容を周知するとともに，取引先納入業者に対し，被疑行為を取りやめることを内容とする文書を送付した。

他方で，本件立入検査の日よりも前に，ラルズは創業祭協賛金提供要請を行っていたところ，当該協賛金の支払期限が立入検査後であり，複数の納入業者が要請を受けた協賛金を，3月21日や30日にラルズ口座に振り込んでいた。ラルズは，平成25年4月1日に，公取委審査官から，上記協賛金が立入検査後に振り込まれている旨の指摘を受け，平成25年4月5日に当該協賛金を返還した。

「当該行為がなくなる日」について，ラルズ事件審判審決は，「優越的地位の濫用行為は，違反行為者が取引の相手方に対して不利益な要請を行い，これに応じさせる態

様を含む違反行為であるから，…違反行為がなくなったと判断されるためには，単に違反行為者の内部において不利益な要請を今後行わない旨の意思決定をし，これを違反行為者の内部に周知するだけでは足りず，さらに，既に違反行為者が行った不利益な要請に対して，当該要請の相手方においてこれに応じることがないような対策（例えば，当該要請の相手方に対して，当該要請に応じる必要がない旨を周知することや，自社の従業員等に対し，当該相手方が要請に応じてきた場合にはこれを受け入れてはならないことを徹底することなど）を伴う必要がある。」と判示する。

　その上で，「被審人の平成24年1月28日までの一連の取組からは，…既に被審人が行った不利益な要請に対して，相手方である納入業者がこれに応じることがないような対策を講じていたとはうかがえない。このことは，…その後…複数の納入業者が被審人からの創業祭協賛金の要請に応じていたことからみても明らかである。…他方，被審人は，同年3月14日の取締役会において，被疑事実に係る行為の取りやめ及び再発防止に関する決意表明並びにその文書を取引先へ送付することに関する本件取締役会決議を行っており，同日，取引先である納入業者に対し，上記決議に係る文書を送付したことがうかがわれる。そうだとすれば，…被審人としては，本件取締役会決議と上記文書の送付をもって，既に被審人が行った不利益な要請に対して，納入業者がこれに応じることがないような対策を講じたということができるから，……『当該行為がなくなる日』は，平成24年3月13日と認めることができる。」とした。

　ラルズ事件審判審決の判断は，同東京高判においても認められている。

イ．事業者に求められる対応

　優越的地位濫用行為が組織的，計画的に一連のものとして実行されていたと評価される場合，その一体として評価される違反行為がなくなったと認められる措置を講じることが必要であり，それが「当該行為がなくなる日」となる。

　組織的・計画的に一連のものとして行われた優越的地位濫用行為がなくなったと判断されるためには，違反行為者の内部において不利益行為を今後行わないように意思決定し，これを内部周知するだけでは足りない。それに加えて，既に違反行為者が行った不利益要請等に対し，それを受けた相手方がこれに応じることのないような周知対策等を併せて行うことが必要となる。

　すなわち，事業者においては，以下の行為を行う必要がある。

①　違反行為者の代表者等しかるべき地位の者又は取締役会等の違反行為者の事業活動上の意思決定機関において，違反行為を取りやめ，今後行わないことを決定し，役員，従業員等に周知すること

②　違反行為をとりやめ，今後行わないことを外部の取引先に周知するとともに，要請に応じようとしてきた相手方からそれを受け入れないよう関係従業員に徹底

するなどにより，既に行った要請について，要請の相手方においてこれに応じることのないような対策を講じること。

なお，前記のとおり，ラルズ事件では，違反行為のなくなる日とされた平成24年3月13日よりも後の日に，複数の納入業者から創業祭協賛金の振込を受け，それを1年以上保持した後，審査官の指摘によって，返却している。この点については，審決，判決ともに，3月14日の納入業者への通知により，以前に行われた要請行為は解消したものと言えるから，当該要請によって提供させたものには当たらないとしている。

すなわち，以前行った要請は解消したとの通知を受けたにもかかわらず，一部納入業者が支払った協賛金は，もはや本件で問題となった協賛金提供要請に応じたものには当たらないということである。

そうであれば，要請は解消したとの通知さえ行っておけば，返却の機会を逸しても違反行為が終了していないとの認定を受けるおそれはなさそうではある。しかしながら，当該支払を行った納入業者の担当者は，通知を受けたことを認識しておらず，以前受けた要請に従って納付したとの認識であった可能性もあることから，返却しておく方が適切と言えよう。

あとがき

　私が，公正取引委員会事務局に新卒として入局したのは，1982年（昭和57年）4月であり，第14講で触れた，優越的地位濫用事件に対して初めて法的措置が採られた三越事件の同意審決が出される直前でした。当時は，独禁法違反事件に対する法的措置も多くはなく，ましてや，審判事件は数えるほどしかなかったので，新人ながら三越事件の社会的インパクトの大きさは記憶に残っています。また，当時は，独禁法の参考書籍としては，故今村成和先生や故正田彬先生の著作や判例百選くらいが主なものでした。

　翻って今日，独禁法は，経済憲法として，我が国のみならず各国の事業経済活動において重要な役割を担うようになり，各企業においても，事業活動の遂行の際に独禁法の規制は無視できないものとなっています。経済社会における独禁法の役割の強化に伴い，独禁法に関する書籍も，入門書・体系書から，入札談合，企業結合，課徴金減免申請等テーマを絞った解説書，逐条解説書，実務的な解説書等々と正に百花繚乱であり，独禁法学者にとどまらず，弁護士，公取委の現役・OBを含め，様々な実務家も執筆者に名を連ねています。このように，独禁法関連書籍出版市場には，多くの新規参入が見られ，競争が活発に行われていて，競争政策の観点からは好ましい状況と言えるでしょう。

　他方，新規参入組としては，何らか特徴を打ち出さなければ，名声を確立した既存書籍に加えて，新たに購読してもらうことは難しいということになります。

　本書は，「はじめに」において述べられたように，個別の独禁法違反事件について，その事案特有の事情や，そうした事情を踏まえて示された規範の内容についての検討を通じて，事案の「追体験」を試みることを通して，事業者が類似の状況に直面した際の教訓・心得を得ようとするものであることを特徴とします。内容的には，判例評釈のような講学的分析・記述も多く含まれ，また，判審決や最高裁調査官解説の引用箇所も少なくありませんが，その目的はあくまでも，読者が当該事案の「追体験」をし，事業者にとっての教訓を導き出すことにあります。そうした著者の狙いが読者に伝わっていれば幸いです。

　各講のⅠは，過去に，向弁護士が雑誌記事として連載した内容であり，当該違反事件の判審決の記載を基に，重要な証拠となった電子メール，電話メモ，社内会議や他社との会議に関する議事録等を再現し，それがどのように評価されたかを説明しています。

　公取委の事件審査の現場では，物証よりも供述調書が主たる証拠となりますが，物

証を頼りに供述を得ることも多いので，いくつかの物証が審査において重要な役割を果たすこともありますし，また，企業の内部監査などにおいては，文書の記載などから独禁法違反の疑いが表面化することが多いと思われるので，物証の評価から事件の内容に分け入るⅠのアプローチは，新鮮かつ興味深い，本書の特徴と言えます。

　各講のⅡは，各事例の事実関係をできるだけ詳細に拾い上げ，それらの検討を通じて事業者にとっての教訓を得ようとする内容です。まず，向弁護士が記述した原案に，私が気付いた点を適宜加筆・修正し，さらに全体の推敲を重ねたものであり，項目ごとに記述を分担する形での作業ではなかったので，Ⅱはまさに共著という形です。

　最後に，執筆に当たっては公表された資料のみを参照し，それに個人的な見解を加えたものであって，私が，公取委在職中に知り得た，非公知の情報を基にしたものではないことをお断りしておきます。

桃尾・松尾・難波法律事務所アドバイザー
南　部　利　之

索　引

ア行

アウトバウンド　272
アフィリエート　193, 203
意見聴取手続　26
意識的並行行為　25
一括ライセンス　338
一発課徴金納付命令　124, 143, 155
一般競争入札　49
違法宣言審決　281
インピュテーションルール　275
エージェンシーモデル　215
ADSL事業（警告事案）　293
エディオン事件　405
OEMレベル・ライセンシング　335
大石組入札談合事件　43
奥村土木興業㈱に対する排除措置命令取消請求事件　24
岡崎管工事件　53

カ行

概括的認識　63, 83
改良期間　325
カウンセリング販売　234
花王事件　234, 358
価格維持効果　234, 247
　市場閉鎖効果を通じての――　208
価格決定権限　23, 102, 157
確約手続　384
課徴金減免（リニエンシー）申請　36, 52, 178
　――の失格事由　52
課徴金の納付を命じる審決　96, 124
加藤化学に対する件　19
加入者光ファイバ　273
カルテル破り　27
勧告審決　11, 179
間接カルテル　109
間接ネットワーク効果　307（脚注）
技術的必須知的財産権　324, 332
機微情報　170
ギブアンドテイク　84

共同事業会社　191
協力（違反行為者への）　51, 125
金銭的価値の回復（確約計画における）　385, 400
具体的（な）競争制限効果　142, 175
クロスコベナント（条項）　326
クロスライセンス（条項）　325
原告適格（審決取消訴訟）　309（脚注）
原盤権　190
高速バスの共同運行に係る独占禁止法上の考え方　217
行為の広がり　409
国際（クロスボーダー）カルテル　96, 154

サ行

作為（不作為）　285
作為性（人為性についての）　311, 312
山陽マルナカ事件　382, 403
試行錯誤（トライ・アンド・エラー）　114
失格事由（課徴金減免申請の）　52
実行期間（課徴金算定期間）　143
市場閉鎖（投入物閉鎖）　264, 268, 356
市場閉鎖効果を通じての価格維持効果　208
事前審判制度　179, 238
指名競争入札　49
社会保険庁シール談合刑事事件　47
自由心証主義　13
順次共謀　25
商業的必須知的財産権　325, 332
証拠の破棄隠滅　54, 247
情報交換（の蓄積）　168
情報遮断措置　222
除斥期間　143
自力救済　265
人為的要素　313
審級の利益　314
シングルチップ化　327, 331, 354
垂直的制限　252
制裁の要素（課徴金納付命令の）　175, 321
接続料（金）　274
設備情報　273

想定落札金額　50

タ行

ダークファイバ　273
対抗措置　265
ダイレックス事件　406
談合破り　183
知的財産権の行使に対する適用除外　260
知的財産の利用に関する独占禁止法上の指針　333
調査協力減算制度　37
著作権等管理事業法　299, 319
デジタルコンテンツと競争政策に関する研究会報告書　319
デッドストック　372
電子書籍価格カルテル事件　214
当該商品又は役務　175, 177
投入物閉鎖（市場閉鎖）　264
導入リスク　372
取引依存度　408
取引自由の原則　265, 266

ナ行

ネガティブ条件　203, 223
（間接）ネットワーク効果　307（脚注）
ノーライセンス・ノーチップ　335

ハ行

排除型私的独占に係る独占禁止法上の指針　268, 274, 279, 281
排除勧告　11
排除の意図　286, 289
発注区分　47
非係争（義務）条項　334, 337, 360
非典型の不利益（濫用）行為　399
秘匿（課徴金減免申請の事実）　54
標準規格　332
標準必須特許　334
不可欠設備　284
不作為（による排除行為）　285, 311
FRAND宣言　334
フリー物件（宣言）　181, 183, 187
閉鎖的流通経路　208, 233, 249
平成17年（独禁法）改正　37, 238
平成21年（独禁法）改正　228, 320, 374
平成25年（独禁法）改正　26
平成28年（独禁法）改正　384
ヘッドランプ等受注調整事件　53
ホールセールモデル　215
ポリプロピレンカルテル事件　23

マ行

マージンスクイーズ　274
マイクロソフト非係争条項事件　333
無償（ライセンス）許諾　340

ヤ行

優越的地位の濫用に関する独占禁止法上の考え方　375
優越的地位濫用事件タスクフォース　398
ユーザー料金　274

ラ行

ラルズ事件　386, 404
離脱（基本合意からの）　53
リニエンシー（課徴金減免申請）　36, 52, 178
　——の失格事由　52
流通・取引慣行に関する独占禁止法上の指針　240
流通の効率化　236
令和元年（独禁法）改正　37, 142, 178

ワ行

ワイヤーハーネス受注調整事件　53

【著者略歴】

向　宣明（むかい・のぶあき）

現職：桃尾・松尾・難波法律事務所パートナー弁護士，一橋大学大学院法学研究科ビジネスロー専攻客員教授（独占禁止法），立命館大学法科大学院非常勤講師（独占禁止法）
1996年4月弁護士登録。同月桃尾・松尾・難波法律事務所入所。

〔主要著作〕
『競争法における強制ライセンス等の実務』（中央経済社・2010年）
『独禁法のフロンティア』（共著・商事法務・2019年）
『独占禁止法の実務手続』（共編著・中央経済社・2023年）
『経済法判例・審決百選〔第3版〕』（共著・有斐閣・2024年）

南部　利之（なんぶ・としゆき）

現職：桃尾・松尾・難波法律事務所アドバイザー
1982年4月公正取引委員会事務局入局。消費者取引課長，官房国際課長，審査局管理企画課長，経済取引局総務課長，審査局犯則審査部長，官房審議官（国際担当），官房総括審議官，審査局長を経て，2019年7月退官。同年12月桃尾・松尾・難波法律事務所入所。

独占禁止法　ビジネスに活かす事案からの教訓

2024年10月1日　第1版第1刷発行

著　者	向　　　　　宣　　明
	南　部　　　利　之
発行者	山　　本　　　　継
発行所	㈱中　央　経　済　社
発売元	㈱中央経済グループ パブリッシング

〒101-0051　東京都千代田区神田神保町1-35
電　話　03(3293)3371(編集代表)
　　　　03(3293)3381(営業代表)
https://www.chuokeizai.co.jp
印刷／東光整版印刷㈱
製本／誠　製　本　㈱

Ⓒ 2024
Printed in Japan

＊頁の「欠落」や「順序違い」などがありましたらお取り替えいたしますので発売元までご送付ください。（送料小社負担）
ISBN978-4-502-49291-4　C3032

JCOPY〈出版者著作権管理機構委託出版物〉本書を無断で複写複製（コピー）することは，著作権法上の例外を除き，禁じられています。本書をコピーされる場合は事前に出版者著作権管理機構（JCOPY）の許諾を受けてください。
JCOPY〈https://www.jcopy.or.jp　eメール：info@jcopy.or.jp〉

書籍紹介

日本組織内弁護士協会〔監修〕
「Q&Aでわかる業種別法務」シリーズ

 Point
- 法務の現場で問題となるシチュエーションを中心にQ&Aを設定
- 執筆者が自身の経験をふまえて,「実務に役立つ」視点から解説
- 参考文献・関連ウェブサイトを随所で紹介。本書を足がかりに,さらに理解を深めるための情報を提供しています。

銀 行
桑原 秀介・西原 一幸〔編〕

不動産
河井 耕治・永盛 雅子〔編〕

自治体
幸田 宏・加登屋 毅〔編〕

証券・資産運用
榊 哲道〔編〕

製 造
髙橋 直子・春山 俊英・岩田 浩〔編〕

学 校
河野 敬介・神内 聡〔編〕

物流・倉庫・デリバリー
江夏 康晴・濱田 和成・山本 祐司・渡部 友一郎〔編〕

キャッシュレス決済
上野 陽子〔編集代表〕 伊藤 淳・中崎 隆〔編〕

医薬品＊
岩本 竜悟〔編集代表〕
平泉 真理・水口 美穂・三村 まり子・若林 智美〔編〕

医療機器＊
岩本 竜悟〔編集代表〕
平泉 真理・水口 美穂・三村 まり子・若林 智美〔編〕

＊「医薬品・医療機器」(2019年11月刊) を大幅に加筆し分冊化して,刊行するものです。

中央経済社